자바로 쉽게 배우는

알고리즘

이충기 지음

저자 소개

이충기

1979년 서울대학교 계산통계학과(이학사)
1981년 서울대학교 계산통계학과(이학석사)
1993년 조지아공과대학교 전산과학대학(전산학박사)
1994 ~ 1996 한국전산원 전산망 표준본부 선임연구원
2000 ~ 2001 명지대학교 정보통신교육연구센터 센터장
2003 ~ 2004 조지아공과대학교 전산과학대학 방문교수
2010 ~ 2011 퍼듀대학교 컴퓨터과학과 방문교수
1996 ~ 현재 명지대학교 컴퓨터공학과 교수

관심분야 | 모바일 컴퓨팅, 공학 교육
E – mail | cklee@mju.ac.kr

자바로 쉽게 배우는 알고리즘

초판인쇄 2019년 8월 26일
초판발행 2019년 9월 2일

지은이 이충기
펴낸이 김민수
펴낸곳 (도서출판)배움터 / **주소** 경기도 파주시 광인사길 143
출판사 등록일 2005년 1월 31일 / **신고번호** 제406–40600002510020050000003호
대표전화 (031)955–7990 / **팩스** (031)955–0768

책임편집 김민보 / **편집** 신성민, 유제훈, 권소정 / **디자인** 유준범
마케팅 최복락, 심수경, 차종필, 백수정, 최태웅, 김범용, 김민정
인쇄 성광인쇄 / **제본** 은정문화사

ISBN 978–89–89383–79–6 93560
정가 20,000원

- 이 도서의 국립중앙도서관 출판예정도서목록(CIP)은 서지정보유통지원시스템 홈페이지(http://seoji.nl.go.kr)와 국가자료공동목록시스템(http://www.nl.go.kr/kolisnet)에서 이용하실 수 있습니다. (CIP제어번호: 2019032747)

머리말

알고리즘은 컴퓨터보다 훨씬 더 폭넓게 쓰이고 있고 컴퓨터가 나오기 훨씬 이전부터 사용되어 왔다. 실제로 알고리즘은 4차산업혁명의 중심이 되는 소프트웨어 분야에서 핵심 역할을 담당하고 있다. 수년 전에 딥마인드가 개발한 인공지능 바둑 프로그램인 알파고가 등장하여 세계 최고 수준의 프로 바둑 기사들을 모두 이겨서 세상을 깜작 놀라게 하였다. 알파고가 사람이 도저히 이길 수 없는 막강한 실력을 갖춘 것은 강화 학습이라는 알고리즘에 기인한다. 구글 브라우저가 전 세계의 브라우저 시장을 완전히 장악한 것도 구글이 사용한 검색 알고리즘의 뛰어난 성능때문이다. 알고리즘은 인공지능, 5G, IOT, 자율 주행, 블록 체인, 빅 데이터 분석 등과 같은 최첨단 기술의 핵심이라고 볼 수 있다.

알고리즘은 컴퓨터 과학의 기본일 뿐만 아니라 공학, 자연 과학과 경영학 등과 같은 인접 학문 분야에서도 아주 중요하다. 알고리즘 개발은 우리가 매일 마주치는 도전 과제들의 더 나은 해결 방법을 찾는 것을 의미한다. 최근에 대학 교육의 주요 목표중의 하나가 학생들의 문제 해결 능력을 배양하는 것이다. 이 목표를 이루기 위해 알고리즘이 문제를 해결하기 위한 특유의 전략을 제시해 주기 때문에 알고리즘 개발 능력을 배우는 것이 꼭 필요하다.

지금까지 많은 알고리즘 책들이 출판되었다. 최근 학생들은 암기 위주의 교육을 주로 받아 논리적 사고 능력이 부족하여 알고리즘을 이해하는 능력이 현저히 떨어지는 것처럼 보인다. 따라서 보다 쉽게 쓰여진 알고리즘 책에 대한 수요가 늘고 있다. 특히 학생들이 문제 해결을 잘 하기 위해서 필수적인 알고리즘 작성 과정에 초점을 맞춘 책은 적어도 국내에는 거의 나오지 않았다. 또한 본인의 10여년의 강의 경험에 의하면 학생들은 알고리즘을 보고 프로그램을 작성하는 것도 어려워함을 알 수 있었다. 그래서 학생들이 쉽게 이해할 수 있고 알고리즘뿐만이 아니라 알고리즘에 따라 작성된 완전한 자바 프로그램을 제시하는 책을 쓰게 되었다.

이 책은 알고리즘을 배우고자 하는 학생들이 꼭 알아야 하는 아주 중요한 고전적인 알고리즘들을 다룬다. 이 알고리즘들을 문제 유형보다는 알고리즘 설계 기법들을 중심으로 구성하여 제시하였다. 알고리즘 설계 기법은 일반적인 문제 해결 도구로 여겨진다. 응용 분야가 전통적인 컴퓨팅과 수학적 문제들로 한정되지 않는다. 더욱 더 많은 알고리즘 응용 분야들이 등장하고 있다. 이러한 구성이 알고리즘의 설계 및 분석에 관한 기초 과목에 더 적절하다. 무엇보다 중요한 것은 독자가 알고리즘을 개발할 수 있다는 자신감을 가지게 하는 것이다. 이를 위해 본 교재에서는 매 장의 주제마다 비교적 이해하기 쉽고 중요한 여러 문제들에 대한 알고리즘들을 제공한다. 대부분의 경우에 한 문제를 해결하는 여러 전략들이 있다는 것을 보여 주기 위해 여러 설계 기법들을 사용하여 해결하는 알고리즘들을 제시한다.

이 책은 알고리즘을 쉽게 배울 수 있도록 쓰여 졌다. 먼저 주어진 문제를 해결하기 위한 핵심 아이디어/전략을 제시한다. 다음으로 제시된 아이디어/전략을 작은 크기의 문제 사례에 적용하여 해결하는 과정을 단계별로 보여준다. 그리고 나서 이 과정을 일반화한 알고리즘을 제시하고 효율성을 분석한다. 마지막으로 알고리즘을 자바 프로그램으로 구현하고 실행 결과를 보여준다. 특히 알고리즘들을 쉽게 이해할 수 있도록 비교적 많은 삽화나 그림들을 활용한다. 이 책의 내용을 이해하기 위해서 이산 수학, 자료 구조와 자바 프로그래밍을 알아야 한다. 정렬과 기본적인 그래프 알고리즘에 대해 잘 알고 있는 독자들은 3장과 4장을 건너 뛰거나 빠르게 읽기 바란다.

본인이 텍사스 대학의 컴퓨터과학과 대학원 재학 시 알고리즘 과목을 강의하셨던 Bitner 박사님께 진심으로 감사드린다. 그 교수님은 알고리즘의 작성 과정을 이해하기 쉽게 해 주셨고 알고리즘에 대한 관심과 흥미를 불러 일으켜 주셨다. 이 책의 일부 내용이 그 교수님의 강의에 바탕을 두고 있음을 밝힌다. 이 책의 많은 부분에 직간접적으로 기여한 지난 10여년 동안 본인의 부족한 알고리즘 강의를 수강한 수많은 학생들에 진심 어린 고마움을 표한다.

이 책이 출판되기까지 많은 격려와 도움을 주신 생능출판사의 김승기 사장님과 편집부 직원들에게 깊은 감사를 드린다. 특히 이 책의 초안에 대해 꼼꼼히 읽은 후 이 책의 내용이 쉽게 전달될 수 있도록 전문적인 검토 의견을 주신 한 분의 소프트웨어 개발자와 두 분의 교수님들에게 진심으로 감사드린다. 마지막으로 자식들의 교육에 애쓰셨던 돌아가신 아버지께 진정한 감사를 드리면서 이 책을 바친다. 평생 자식들을 위해 헌신하시고 힘들 때마다 적극적으로 도움을 주셨던 어머니께 깊은 감사를 표한다. 또한 이 책이 나오기까지 많은 관심과 격려를 아끼지 않은 사랑하는 아내, 아들과 며느리에게도 진심으로 감사를 표한다. 특별히 이 책 원고의 문서 작업을 도와준 사랑하는 딸에게도 고마움을 표한다.

2019년 8월
저자 이 충기 씀

강의계획표

이 책을 알고리즘 과목(3학점/3시간)에서 사용하는 강사는 5~7장은 각각 2주 동안 다루고 나머지 장들은 매 주 한 장을 다루기를 권장한다. 다음은 한 학기 강의의 시험 주를 제외한 14주의 강의 계획표이다.

주	해당 장(절)	주제
1	1	알고리즘 소개
2	2	알고리즘의 효율성 분석
3	3	정렬 알고리즘
4	4	기본적인 그래프 알고리즘
5	5	분할 정복
6	5	분할 정복
7	6	동적 계획
8	6	동적 계획
9	7	탐욕 기법
10	7	탐욕 기법
11	8	NP-완전
12	9	되추적
13	10	분기 한정
14	11	근시 알고리즘

만약 학생들이 3장과 4장의 내용을 잘 알고 있다면 이 장들은 건너 뛰어도 된다. 대신 9장과 10장을 2주 동안 다루기를 권장한다. 이 경우의 강의계획표는 다음과 같다.

주	해당 장(절)	주제
1	1	알고리즘 소개
2	2	알고리즘의 효율성 분석
3	5	분할 정복
4	5	분할 정복
5	6	동적 계획
6	6	동적 계획
7	7	탐욕 기법
8	7	탐욕 기법
9	8	NP-완전
10	9	되추적
11	9	되추적
12	10	분기 한정
13	10	분기 한정
14	11	근사 알고리즘

학습연계도

다음 도표는 책에 있는 장들에 대한 선수 관계를 나타낸다. 두 개의 직사각형 사이에 선이 있다면 위에 있는 주제가 아래에 있는 주제보다 먼저 다루어져야 한다는 것을 의미한다.

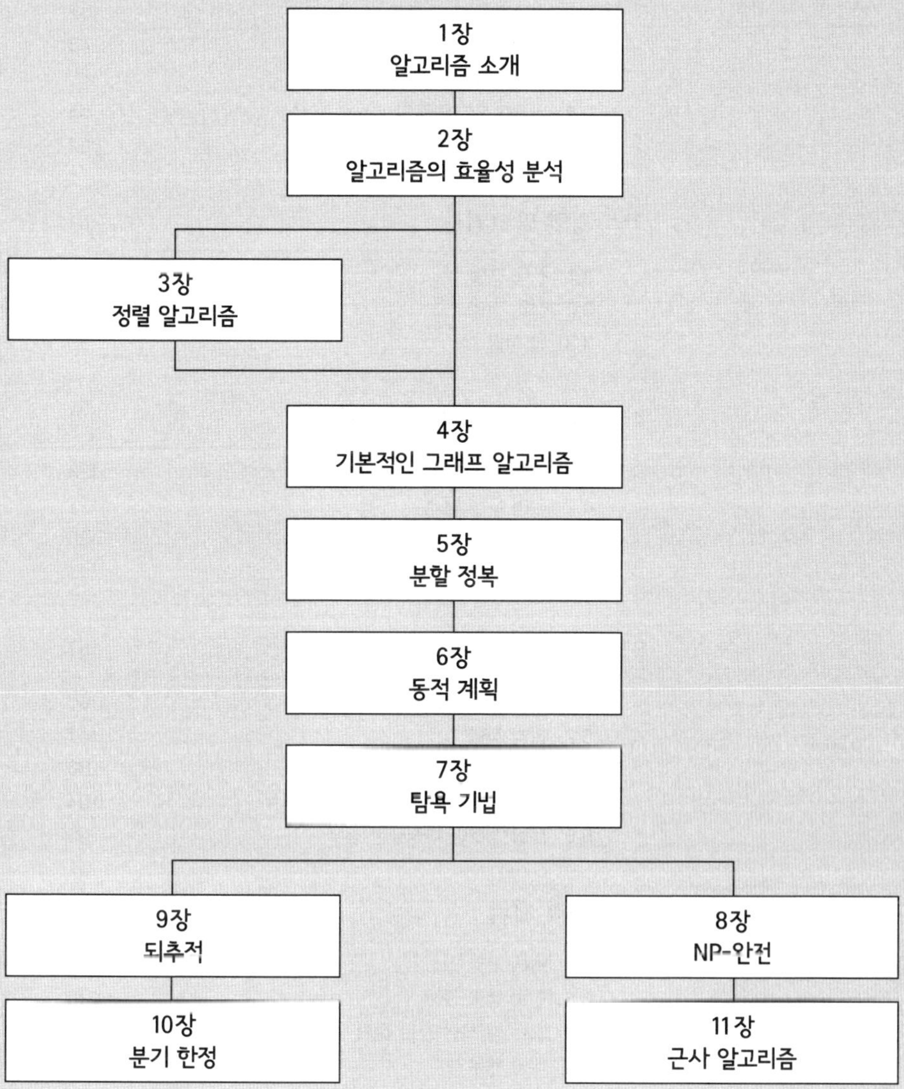

목차

1장

알고리즘 소개

1장

알고리즘 소개

알고리즘(algorithm)은 문제를 해결하는 방법을 순서대로 명확하게 기술한 것이다. 일상생활에서 알고리즘은 많이 사용되고 있다. 예를 들면, 라면 봉지에 적혀 있는 라면 끓이는 방법도 알고리즘이다. 라면 요리법은 **[그림 1-1]**에 보여 진다. 누구나 라면을 끓이기 위해서 라면 요리법을 따르면 된다. 또 다른 예로, KTX를 타기 위해 대중교통으로 서울역으로 가는 방법을 알기 위해 스마트폰의 지도 앱을 사용한다고 가정하자. 앱을 열고 목적지를 입력하면 현 위치에서 서울역까지 대중교통을 이용해서 가는 경로를 구체적이고 명확하게 알려 준다. 앱이 목적지까지 가는 경로를 찾는 방법도 알고리즘이다.

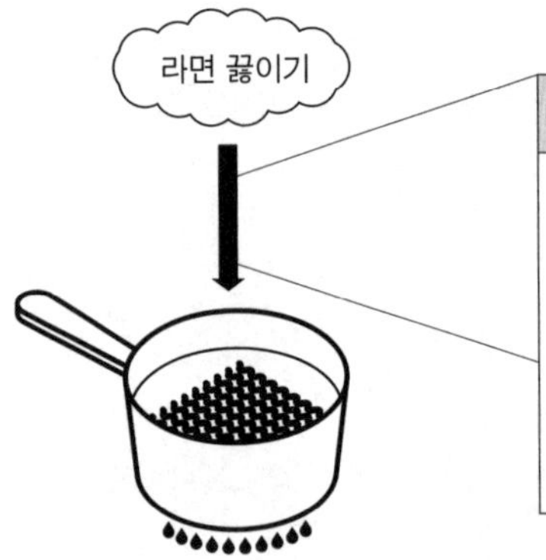

요리법
1. 라면 1개, 냄비와 물 550㎖를 준비한다.
2. 냄비에 물 550㎖를 넣는다.
3. 냄비를 가스렌지에 올리고 가스렌지의 불을 켠다.
4. 물이 끓으면 스프와 면을 냄비에 넣는다.
5. 3분간 더 끓인다.

[그림 1-1] 라면 요리법

알고리즘은 컴퓨터보다 훨씬 더 오래전부터 사용되었다. '알고리즘' 이라는 단어는 9세기경 페르시아 수학자인 알-콰리즈미(al-Kharizmi)의 이름에서 유래했다. 그는 인도로부터 십진법 체계(아라비아 숫자)를 들여 왔고 아라비아 숫자를 토대로 그 당시까지 알려진 대수 계산법을 설명한 책을 썼다. 그러나 최초의 나눗셈 계산 알고리즘은 그의 책보다 훨씬 더 앞서 4,000년 전 수메르 점토 판에 적혀 있다고 한다[3].

왜 알고리즘을 배워야 할까? 컴퓨터 과학자/공학자는 알고리즘을 배워야 할 여러 이유가 있다. 첫째로 컴퓨터로 해결해야 하는 많은 문제들에 대한 더 나은 해결책을 찾기 위해 꼭 필요하다. 왜냐하면 알고리즘 학습이 특정 문제를 해결하는 실제적이고 효율적인 아이디어나 방법을 제시해 주기 때문이다. 둘째로 알고리즘학(algorithmics)은 컴퓨터 과학의 핵심이다. 또한 알고리즘학은 자연과학, 공학 및 경영학 등과 같은 대부분의 학문 분야에서도 필요하다.

컴퓨터 전문가가 아니라고 해도 알고리즘을 배워야 할 이유는 많다. 우리는 소프트웨어 중심 사회에서 매일 여러 프로그램(앱)을 사용하고 있다. 이러한 프로그램을 더 잘 이해하고 더 잘 사용하기 위해 알고리즘 관련 지식이 필요하다. 또한 같은 기능을 수행하는 여러 프로그램들을 서로 비교하며 더 효율적인 프로그램을 선택하는 데에도 도움이 된다. 마지막으로 살아가면서 많은 선택을 할 때 알고리즘의 학습을 통해 얻어지는 컴퓨팅 사고가 큰 도움이 될 수 있다.

1-1 알고리즘이란?

알고리즘은 주어진 문제를 해결하기 위한 단계적 절차 또는 방법이다. 알고리즘은 유효한 입력을 받아 실행한 결과인 해(또는 답)를 출력한다. 컴퓨터를 이용한 문제 해결 과정은 **[그림 1-2]**에 보여진다. 주어진 문제의 요구사항을 분석한 후 해결 방법을 명확하게 기술한 알고리즘을 설계한다. 알고리즘을 특정 프로그래밍 언어(C 또는 자바)로 구현한 것이 컴퓨터 프로그램이다. 이 프로그램을 유효한 입력을 받아 컴퓨터에서 실행하면 해를 출력한다.

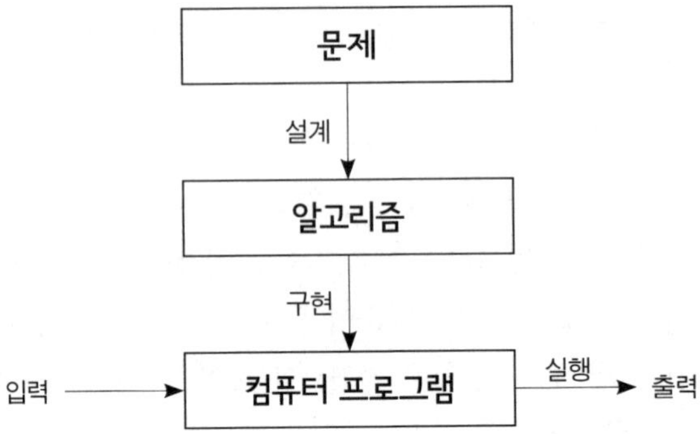

[그림 1-2] 알고리즘의 개념

알고리즘은 다음과 같은 조건들을 만족시켜야 한다.

1. 명확성

알고리즘의 각 단계는 애매모호하지 않고 명확해야 한다. 즉, 각 단계는 정확히 한가지 의미로 해석되어야 한다. 예를 들면, **[그림 1-3]** (a)는 알고리즘이라고 볼 수 없는 라면 요리법을 보여 준다. 1단계에서 마트가 어느 마트인지 라면은 어떤 라면인지 명확하지 않다. 2단계에서는 물 두 컵의 양이 얼마인지 명확하지 않고 3단계에서는 면이 익을 때가 언제인지 명확히 알 수 없다. **[그림 1-3]** (b)는 알고리즘이라고 볼 수 있는 수정한 라면 요리법이다.

(a)
1. 마트에서 라면을 산다.
2. 냄비에 물을 두 컵 붇고 끓인다.
3. 끓을 때 면과 스프를 넣고 면이 익을 때까지 기다린다.

수정 ⟹

(b)
1. 행복 마트에서 XX라면을 산다.
2. 냄비에 물 550mℓ를 붇고 끓인다.
3. 물이 끓을 때 면과 스프를 넣고 3분간 더 끓인다.

(a) 알고리즘이 아닌 요리법

(b) 수정한 라면 요리법

[그림 1-3] 맞게 고친 라면 요리법(알고리즘)

2. 정확성

알고리즘은 모든 유효한 입력에 대해 올바른 해를 출력해야 한다. 유효한 입력은 명확하게 명시되어야 한다. 예를 들면, **[그림 1-4]**는 1부터 주어진 양의 정수 사이의 모든 정수들의 합을 구하는 알고리즘에 5를 입력하면 15를 출력함을 보여 준다. 5는 유효한 입력이고 1 + 2 + 3 + 4 + 5 = 15이므로 이 알고리즘은 정확한 결과를 출력한다. 이 알고리즘에 3.5를 입력하면 유효한 입력이 아니다는 사실을 명확하게 기술해야 한다. 또한 합을 계산할 때 1과 주어진 양의 정수도 포함된다는 사실도 명확하게 기술되어야 한다.

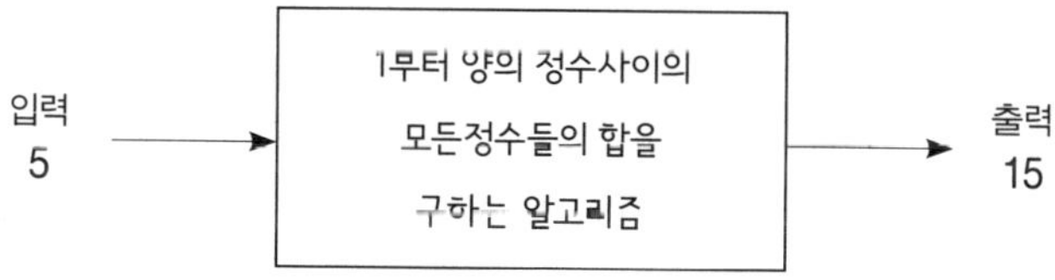

[그림 1-4] 합 계산 알고리즘의 실행 결과

3. 정지성

알고리즘은 유효한 입력이 주어지면 반드시 유한한 시간 내에 종료되어야 한다. 아래 코드에서 변수 product의 값이 0으로 초기화되어 있기 때문에 while 문내에서 product의 값을 2배로 하더라도 product의 값은 항상 0이 된다. 따라서 while 문의 조건식(product < 20)이 항상 참(true)이므로 종료되지 않고 무한 반복된다. 그러므로 이 코드는 알고리즘이 아니다.

```
product = 0
while (product < 20) {
      product = product * 2
}
```

[그림 1-5]는 알고리즘이 만족시켜야 하는 3가지 조건들을 보여 준다. 알고리즘은 명확하게 기술되어야 하고 모든 유효한 입력에 대해 유한한 시간 내에 정확한 결과를 주어야 한다.

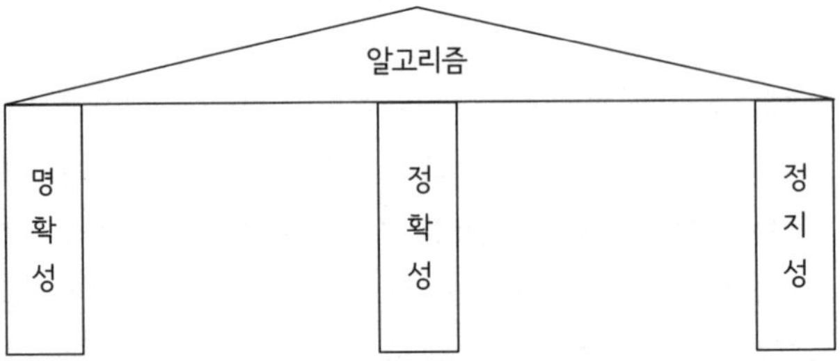

[그림 1-5] 알고리즘의 3가지 조건

주어진 문제를 해결하는 여러 개의 알고리즘들이 있을 수 있다. 이 중 시간적으로(혹은 공간적으로) 효율적인 알고리즘이 선택되어야 한다. 예를 들면, 강의실에서 '홍길동' 이라는 학생을 모두 찾는 문제를 고려하자. 이 학생을 찾기 위한 한 알고리즘은 강의실에 있는 모든 학생에게 순서대로 '홍길동' 인지 물어보는 것이다. 이 알고리즘은 학생들의 수만큼 똑같은 질문을 반복해야 한다. 두 번째 알고리즘은 전체 학생들을 대상으로 '홍길동이라는 학생이 있나요?' 라고 물어보는 것이다. 그러면 한 번만 물어보면 된다. **[그림 1-6]**은 강의실에서 '홍길동' 을 찾기 위한 두 가지 질문(알고리즘)을 보여준다. 따라서 이 문제를 해결하기 위해 훨씬 더 효율적인 두 번째 알고리즘을 선택해야 한다.

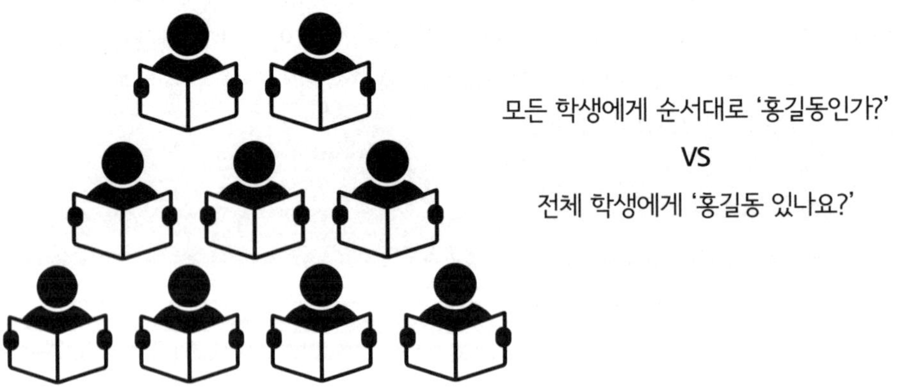

[그림 1-6] 학생을 찾기 위한 두 가지 질문(알고리즘)

1-2 알고리즘적 문제 해결 과정

주어진 문제를 해결하기 위한 알고리즘을 설계하고 분석하고 구현하기 위해 일반적으로 거치는 일련의 단계들은 **[그림 1-7]**에 보여 진다. 정렬된 정수들의 목록에서 주어진 값을 찾는 문제의 해결 과정을 각 단계별로 자세히 설명한다.

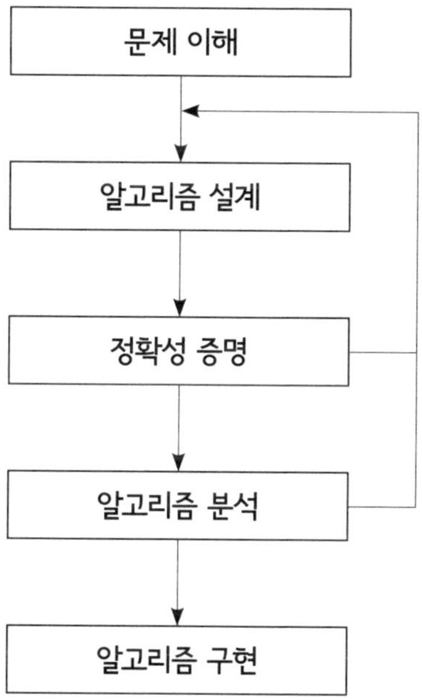

[그림 1-7] 알고리즘의 설계 및 분석 과정

문제 이해

알고리즘을 설계하기 전에 주어진 문제를 완전히 이해해야 한다. 이를 위해 문제를 주의 깊게 읽은 후 문제에 대한 어떠한 의문이 있다면 질문을 해야 한다. 다음으로 문제를 몇 가지 간단하고 작은 예들에 대해 풀어 보고 특별한 경우들을 생각해 보고 필요하다면 다시 의문을 제기해야 한다.

알고리즘의 입력은 문제의 한 사례(instance)를 명시한다. 알고리즘이 다룰 필요가 있는 사례들의 집합을 정확하게 명시하는 것이 매우 중요하다. 만약 이를 소홀히 한다면 알고리즘은 대부분의 입력들에 대해서 정확하게 작동할 수 있으나 약간의 경계선에 있는 값들에 대해서는 틀릴 수 있다. 올바른 알고리즘은 대부분의 경우에 작동하는 것이 아니라 모든 유효한 입력에 대해 정확하게 작동해야 한다는 사실을 명심하라. 문제 이해 단계를 소홀히 한다면 불필요하게 알고리즘 설계, 정확성 증명과 알고리즘 분석 단계에 대한 재작업을 해야만 한다.

[그림 1-8]은 정렬된 정수들의 목록에서 주어진 값을 찾는 문제의 이해 과정을 보여준다. 이 문제에 대한 질문들의 답을 통해 문제를 더 명확하게 정의하면 다음과 같다.

오름차순으로 정렬된 서로 다른 N(양의 정수)개의 정수들의 목록에서 주어진 값을 찾는다. 찾으면 '찾았다' 를 출력하고 찾지 못하면 '없다' 를 출력한다.

문제:	정렬된 정수들의 목록에서 주어진 값을 찾는다.
질문과 답:	1. 정수들이 오름차순이나 내림차순으로 정렬되어 있는가? (오름차순) 2. 출력 결과는 '찾았다' 나 '없다' 로 충분한가? (맞다) 3. 목록에 있는 정수들의 개수는 정해져 있는가? (맞다) 4. 정수들의 값들은 서로 다른가? (맞다)
간단한예	

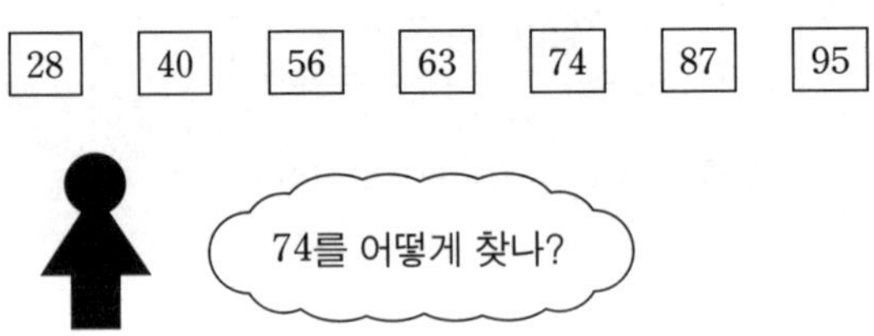

[그림 1-8] 문제 이해 과정

알고리즘 설계

주어진 문제를 해결하는 알고리즘을 설계하기 위해 참고해야 할 알고리즘 설계 기법들이 있다. 알고리즘 설계 기법은 다양한 컴퓨팅 문제들의 알고리즘적 해결에 적용할 수 있는 일반적인 접근법이다. 주요 알고리즘 설계 기법들은 1.4절에서 소개된다. 이 설계 기법들은 알고리즘들을 설계하는 데 유용하다고 입증된 몇 가지 핵심 아이디어들을 추출한다. 이 기법들을 배우는 것은 다음과 같은 이유로 매우 중요하다.

1. 새로운 문제를 해결하는 알고리즘을 설계하기 위한 지침을 제공한다. 물론 이러한 일반적인 각 기법이 해결해야 할 모든 문제에 적용할 수 있는 것은 아니다. 그러나 여러 기법들을 합치면 많은 도움이 되는 강력한 도구 모음이 될 수 있다.
2. 이 기법들은 알고리즘들을 내재하는 설계 아이디어에 따라 분류하는 것을 가능하게 한다. 따라서 이 기법들은 알고리즘들을 분류하고 배우기 위한 자연스러운 방법으로서의 역할을 할 수 있다.

알고리즘 설계 기법들이 알고리즘적 문제 해결을 위한 일반적인 접근법들의 강력한 도구 모음을 제공하지만 특정 문제에 대한 알고리즘을 설계하는 것은 여전히 도전적이고 어려운 과업일 수 있다. 어떤 설계 기법은 단순히 적용하는 것이 불가능할 수 있다. 가끔은 여러 설계 기법들을 합칠 필요가 있다. 특정 설계 기법이 적용 가능한 경우조차 알고리즘을 작성하는 것은 종종 쉽지 않은 창조성을 요구한다. 실제로 설계 기법들 중 선택하고 적용하는 것은 많이 쉬워졌으나 여전히 어렵다.

알고리즘에 의해 수행되는 작업들에 적절한 자료 구조(data structure)를 선택할 때에도 세심한 주의를 기울여야 한다. 절차 지향 프로그램(procedure-oriented program)에서는 알고리즘과 자료 구조를 합친 것이 프로그램이라고 볼 수 있다. 객체 지향 프로그램(object-oriented program)에서도 자료 구조는 알고리즘의 설계와 분석에 핵심적인 부분이다.

문제 이해 과정을 통해 새로 정의된 탐색 문제에 대한 알고리즘의 설계 과정의 일부가 **[그림 1-9]**에 보여 진다. 각 탐색 방법의 탐색 과정의 예를 일반화하면 알고리즘을 작성할 수 있다. 순차 탐색은 이해하기 쉬운 알고리즘이지만 정수들이 정렬되어 있다는 사실을 전혀 이용하고 있지 않다. 반면에 이진 탐색은 정수들이 정렬되어 있다는 사실을 이용하여 한 번 비교할 때마다 주어진 값의 탐색 범위를 반으로 좁혀 가며 찾는 효율적인 알고리즘임을 알 수 있다. 이진 탐색 알고리즘은 2.5절에 제시된다.

순차 탐색

| 아이디어 | x를 배열의 첫 번째 요소부터 순서대로 비교하면서 찾는다.

| 탐색 과정 |

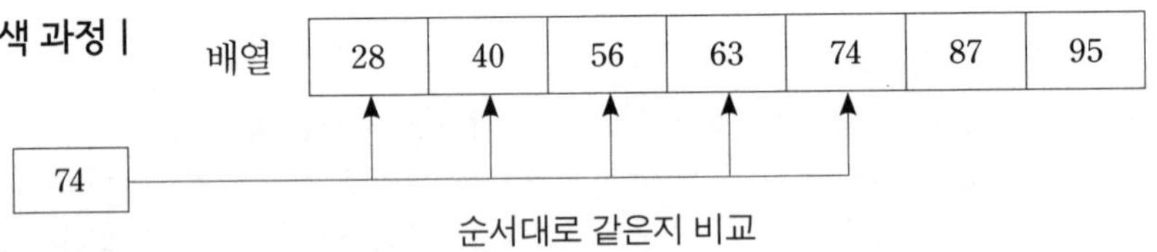

이진 탐색

| 아이디어 | x를 배열의 중간 요소와 비교한다.

경우1 같다 → 찾았다. 종료

경우2 $x >$ 중간 요소 → x를 배열의 오른쪽 반에서 같은 방법으로 찾는다.

경우3 $x <$ 중간 요소 → x를 배열의 왼쪽 반에서 같은 방법으로 찾는다.

| 탐색 과정 |

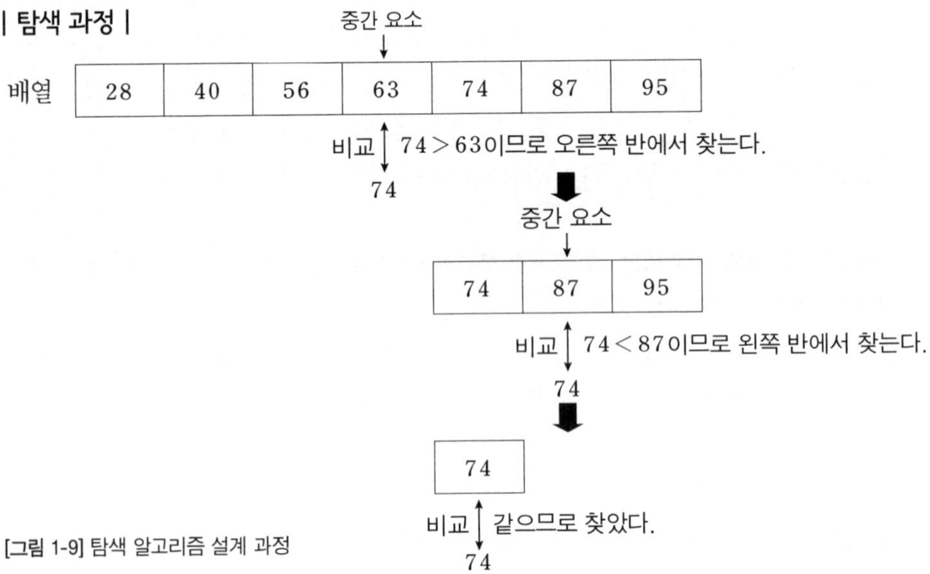

[그림 1-9] 탐색 알고리즘 설계 과정

알고리즘의 정확성 증명

알고리즘이 작성된 후에는 그 알고리즘이 정확하다는 것을 증명해야 한다. 즉, 알고리즘이 모든 유효한 입력에 대해 유한한 시간 내에 정확한 결과를 만들어 낸다는 것을 증명해야 한다. 예를 들면, 최댓값 찾기 알고리즘은 결과 값이 주어진 입력 값들 중 최댓값이고 알고리즘이 종료되는 지를 증명해야 한다. 어떤 알고리즘은 정확성을 증명하는 일이 아주 쉽다. 반면에 다른 알고리즘들은 아주 어려울 수 있다. 정확성을 증명하기 위해 자주 사용하는 기법은 수학적 귀납법(mathematical induction)이다. 알고리즘이 몇 가지 특정 입력들에 대해 정확한 결과를 출력한다는 것을 보여주는 활동이 매우 유용할 수 있다. 그러나 그런 활동이 알고리즘의 정확성을 궁극적으로 증명하지는 않는다. 반면에 한 알고리즘이 틀리다는 것을 증명하기 위해서는 알고리즘이 틀린 결과를 출력하는 한 가지 입력 사례만을 들면 된다.

이진 탐색 알고리즘이 정확하다는 수학적 귀납법에 의한 증명은 관심있는 독자를 위해 이 장의 마지막에 제시된다.

알고리즘 분석

알고리즘이 정확하다면 알고리즘의 다음 관심사는 효율성이다. 알고리즘의 효율성은 다음과 같이 세 가지가 있다.

1. 시간 효율성
2. 공간 효율성
3. 코드 효율성

시간 효율성은 모든 알고리즘에서 가장 중요하게 생각하는 요소이다. 시간 효율성은 알고리즘이 얼마나 빨리 실행되는 지를 나타낸다. 예를 들면, 크기가 100인 배열 안에 정수 값들이 순서대로 저장되어 있을 때 사용자가 입력한 정수를 배열 안에서 찾는 문제를 고려하자.

- 순차 탐색 알고리즘은 입력 정수를 배열의 첫 번째 요소부터 100번째 요소까지 순차적으로 탐색하는 방법이다. 이 알고리즘은 시간 효율성이 낮다. 왜냐하면 입력 정수가 첫 번째 요소에 있으면 한 번 비교하면 되지만 마지막 요소에 있으면 100번 비교해야 하기 때문이다. 따라서 이 알고리즘은 평균적으로 배열의 요소들과 50번 비교해야 한다.

- 이진 탐색 알고리즘은 먼저 입력 정수를 배열의 중간 요소와 비교한다. 입력 정수가 중간 요소보다 크면 배열의 뒤쪽 반에서 같은 방법으로 찾고 작으면 배열의 앞쪽 반에서 같은 방법으로 찾는다. 입력 정수가 중간 요소와 같으면 종료한다. 이 알고리즘은 입력 정수가 배열 내에 존재하지 않는 최악의 경우에도 7($\cong \log_2 100$)번만 비교하면 된다. 〈표 1-1〉은 N(정렬된 정수들의 수)의 값이 커짐에 따라 두 알고리즘의 차이는 더 벌어짐을 보여준다. 따라서 이진 탐색 알고리즘은 순차 탐색 알고리즘보다 시간적으로 매우 효율적이다.

N	순차 탐색	이진 탐색
10	10	4
100	100	7
1,000	1,000	10

〈표 1-1〉 순차 탐색과 이진 탐색의 비교 횟수

공간 효율성은 알고리즘에 따라 작성된 프로그램이 컴퓨터 메모리를 얼마나 사용하는지를 나타낸다. 대부분의 운영체제에서는 메모리를 여러 개의 프로그램이 공유해서 사용하므로 프로그램이 가능한 메모리를 적게 사용하는 것이 중요하다.

코드 효율성은 단순함으로써 알고리즘이 얼마나 이해하기 쉬운가를 나타낸다. 단순함은 다른 효율성들과는 달리 정확하게 정의할 수 없고 수학적으로 조사 연구할 수도 없다. 단순함은 보는 사람의 관점에 따라 다를 수 있다. 하지만 단순함은 추구해야 할 알고리즘의 중요한 특성이다. 왜냐하면, 단순한 알고리즘은 이해하기 쉽고 프로그램하기도 쉽다. 결과적으로 구현 프로그램이 대개 더 적은 오류들을 포함하게 된다. 따라서 프로그램을 수정하기도 쉽다.

개발된 알고리즘이 효율적이지 않다면 알고리즘을 재설계해야 한다. 알고리즘이 효율적이라고 해도 다른 알고리즘들을 찾아보는 것은 가치가 있다. 왜냐하면 그 알고리즘들이 더 효율적이고 더 단순할 수 있기 때문이다.

: 알고리즘 구현

대부분의 알고리즘은 궁극적으로 컴퓨터 프로그램으로 구현되어야 한다. 알고리즘을 틀리게 구현할 수도 있고 비효율적으로 구현할 수도 있다. 알고리즘을 가능한 단순하게 구현하기 위해 알고리즘의 입력은 정확하다고 가정한다. 따라서 입력이 유효한지 확인할 필요는 없다. 하지만 알고리즘을 프로그램으로 구현할 때 입력의 유효성을 검사해야 한다. 이진 탐색 알고리즘을 자바로 구현한 프로그램이 2장의 **[프로그램 2.3]**이다.

1-3 알고리즘의 표현

알고리즘을 설계한 후 어떤 식으로든 표현해야 한다. 알고리즘은 다음과 같이 세 가지 방법으로 표현할 수 있다

1. 자연어(한글 또는 영어)
2. 의사 코드(Pseudocode)
3. 프로그래밍 언어(자바, C 또는 파이선 등)

알고리즘을 표현하기 위해 자연어를 사용하는 것은 아주 명백한 장점이 있다. 하지만 어떤 자연어도 애매모호함이 내재되어 있어 알고리즘을 자연어로 간결하면서도 명확

하게 기술하는 것이 매우 어렵다. 따라서 아주 간단한 알고리즘인 경우에만 자연어로 표현하는 것이 적절하다.

의사 코드는 직접 실행할 수 있는 프로그래밍 언어는 아니지만 거의 실제 프로그램과 유사하게 알고리즘을 표현한 코드이다. 의사 코드는 자연어와 프로그래밍 언어의 혼합이다. 의사 코드는 보통 자연어 알고리즘보다 더 정확하다. 의사 코드를 사용하면 알고리즘을 더 간결하게 기술할 수 있다. 이 책에서는 자바에 가까운 의사 코드를 사용한다.

알고리즘을 특정 프로그래밍 언어로 기술할 수도 있다. 그러면 알고리즘 구현 단계가 필요 없다. 이 책에서는 독자가 알고리즘이 어떻게 자바로 구현되고 구현된 프로그램의 실행 결과를 직접 확인해 볼 수 있도록 추가적으로 거의 모든 알고리즘을 자바 프로그램으로 구현한다.

: 예제

크기가 N(> 1)인 배열 내에 있는 숫자들 중 최댓값을 찾는 문제를 고려하자. 이 문제를 해결하기 위해서 숫자들을 비교해야 한다. 숫자들을 어떻게 비교할 것인가? 주의할 점은 모든 숫자를 적어도 한 번 비교해야 한다. 한 가지 방법은 먼저 배열의 첫 번째 요소를 최댓값이라고 가정한다. 다음으로 최댓값을 배열의 두 번째 요소부터 마지막 요소까지 한 번에 한 요소와 차례대로 비교한다. 만약 비교한 요소가 최댓값보다 크다면 최댓값을 그 요소로 바꾼다. 이 알고리즘을 다음과 같이 한글로 기술할 수 있다.

1. 배열의 첫 번째 요소를 최댓값으로 정한다.
2. 배열의 다음 요소와 최댓값을 비교한다. 만약 다음 요소가 최댓값보다 크다면 최댓값을 그 요소로 바꾼다.
3. 배열 내에 비교할 요소가 남아 있으면 2 단계로 가고 아니면 종료한다.

위 알고리즘을 수행한 후 최댓값이 찾는 답이다.

위 알고리즘을 아래와 같이 의사 코드로 표현할 수 있다. 배열 A는 N(> 1)개의 숫자들을 저장한다고 가정한다. 배열의 첫 번째 요소의 지수는 0이고 마지막 요소의 지수는 N − 1이라고 가정한다. 그리고 배열 A는 A[0 . . N − 1]로 나타낸다.

: 의사 코드

```
알고리즘 FindMaximum(A[0 . . N - 1])
// 배열 내의 최댓값을 찾는다.
// 입력: 크기가 N(> 1)인 숫자들이 배열 A
// 출력: 배열 A 내의 최댓값

max = A[0]

for (i = 1; i < N; i++)
   if (A[i] > max) max = A[i]

return max
```

[**프로그램** 1.1]은 위 알고리즘을 자바 언어로 구현한 프로그램이다.

: 프로그램 1.1 최댓값 찾기

```
// 프로그램 1-1: 배열 내의 최댓값을 찾는다
public class FindMaximum {
   public static void main(String[] args) {
     int[ ]   intArray  =  {72, 60, 83, 47, 89, 95};
     int      maximum;

     maximum =  findMaximum(intArray);

     System.out.println("최댓값 = " + maximum);
   }

   public static int findMaximum(int[ ] A) {
      int i, max;

      // 최댓값을 첫 번째 요소로 정한다
      max = A[0];

      // 최댓값을 두 번째 요소부터 마지막 요소까지 차례대로 비교한다.
      // 만약 비교한 요소가 최댓값보다 크다면 최댓값을 그 요소로 바꾼다.
      for (i = 1 ; i < A.length ; i++)
           if (A[i] > max) max = A[i];

      return  max;
   }
}
```

[프로그램 1.1]을 실행하면 main 메소드에서 findMaximum 메소드를 호출한다. findMaximum 메소드에서 배열을 가리키는 intArray 변수는 A로 바뀐다. findMaximum 메소드에서 최댓값 max를 구하는 과정은 [그림 1-10]에 보여 진다.

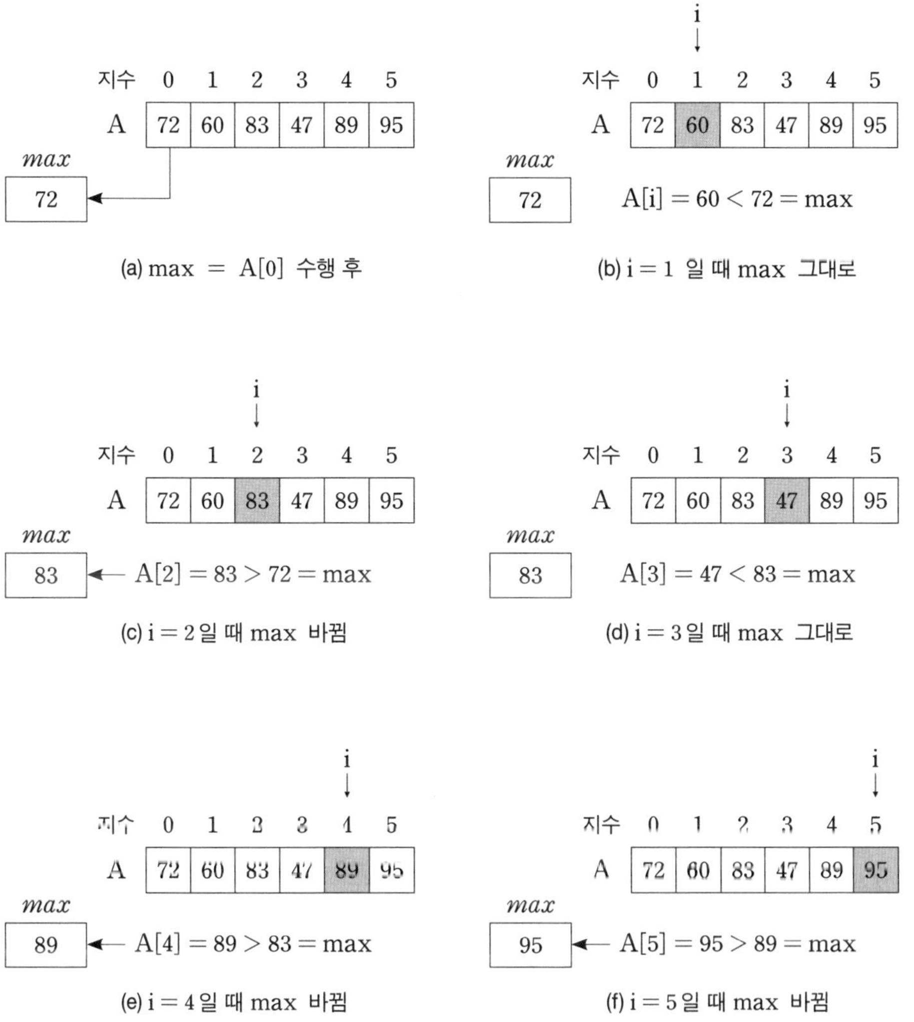

(a) max = A[0] 수행 후

(b) i = 1 일 때 max 그대로

(c) i = 2 일 때 max 바뀜

(d) i = 3 일 때 max 그대로

(e) i = 4 일 때 max 바뀜

(f) i = 5 일 때 max 바뀜

[그림 1-10] 배열 A이 최댓값을 구하는 과정

실행 결과

[프로그램 1.1]을 72, 60, 83, 47, 89, 95를 저장하는 배열에 대해 실행한 결과는 아래와 같다.

최댓값 = 95

1-4 알고리즘의 분류

문제를 해결하는 주요 알고리즘 설계 기법은 다음과 같다.

- 분할 정복(Divide-and-Conquer) – 5장
- 동적 계획(Dynamic Programming) – 6장
- 탐욕 기법(Greedy Technique) – 7장
- 되추적(Backtracking) – 9장
- 분기한정(Branch-and-Bound) – 10장

각 알고리즘 설계 기법을 사용하는 주요 알고리즘들은 해당 장에서 다루어진다.

그 외의 알고리즘 설계 기법들은 다음과 같다.

- 억지 기법(brute-force technique): 컴퓨터의 빠른 성능을 이용하여 비효율적이지만 문제를 억지로 푸는 기법
- 무작위(random) 알고리즘: 무작위성(확률) 개념을 사용하는 기법
- 근사(approximate) 알고리즘: 최적 해에 가까운 해를 찾아 주는 알고리즘
- 병렬(parallel) 알고리즘: 두 개 이상의 프로세서(CPU)를 갖는 병렬 컴퓨터(parallel computer)를 최대한 활용하는 알고리즘
- 분산(distributed) 알고리즘: 클라우드와 같은 분산 컴퓨팅 환경을 활용하여 해를 구하는 알고리즘
- 양자(quantum) 알고리즘: 양자 컴퓨터에서 사용하는 알고리즘
- 유전자(genetic) 알고리즘: 다윈의 진화론의 '적자생존' 개념을 최적화 문제를 해결하는 데 적용하는 알고리즘

알고리즘을 해결하는 문제 유형에 따라 다음과 같이 나누기도 한다.

- 정렬(sorting) 알고리즘: 주어진 목록(혹은 집합)에 있는 항목들을 주어진 순서에 따라 재배열한다.
- 탐색(searching) 알고리즘: 주어진 목록(혹은 집합) 내에서 주어진 값(탐색 키)을 갖는 항목을 찾는다.
- 문자열 처리(string processing) 알고리즘: 한 텍스트(text) 내에서 주어진 단어를 찾는 문자열 매칭(string matching)과 같이 문자열 처리 문제를 해결한다.
- 그래프(graph) 알고리즘: 그래프로 표현 가능한 문제를 해결한다.
- 조합(combinatorial) 알고리즘: 어떤 제약 조건들을 만족시키는 조합 객체(순열, 조합, 부분 집합 등)를 찾는 문제를 해결한다.
- 기하학적(geometric) 알고리즘: 점, 선이나 다각형 등과 같은 기하학적 객체들을 다루는 문제를 해결한다.
- 수치(numerical) 알고리즘: 연속적인 성질을 갖는 수학적 객체들(다항식, 선형 방정식, 미/적분 값 계산, 함수 값 계산 등)을 다루는 문제를 해결한다.

요약

- 알고리즘은 주어진 문제를 해결하기 위한 단계적 절차 또는 방법이다.
- 알고리즘은 명확하게 기술되어야 하고 유한한 시간 내에 모든 유효한 입력에 대해 올바른 해를 주어야 한다.
- 주어진 문제를 해결하는 여러 개의 알고리즘들 중 시간적으로 효율적인 알고리즘을 선택해야 한다.
- 문제를 알고리즘으로 해결하는 단계별 과정들은 다음과 같다.

  1. 문제 이해: 주어진 문제를 완전히 이해해야 한다.

  2. 알고리즘 설계: 주요 알고리즘 설계 기법을 참고하여 알고리즘을 설계해야 한다.

  3. 정확성 증명: 알고리즘이 정확하다는 것을 증명해야 한다.

  4. 알고리즘 분석: 알고리즘의 시간(혹은 공간) 효율성을 분석해야 한다.

  5. 알고리즘 구현: 알고리즘은 컴퓨터 프로그램으로 구현해야 한다.
- 알고리즘은 자연어(한글 또는 영어)나 의사 코드로 표현한다. 알고리즘은 특정 프로그래밍 언어로 구현한다.
- 문제를 해결하는 주요 알고리즘 설계 기법들은 분할 정복, 동적 계획, 탐욕 기법, 되추적, 분기한정과 근사 알고리즘 등이다.
- 알고리즘을 문제 유형에 따라 정렬, 탐색, 문자열 처리, 그래프, 조합, 기하학적이나 수치 알고리즘으로 분류할 수 있다.

수학적 귀납법에 의한 이진 탐색 알고리즘의 정확성 증명

가정: $N(\geq 1)$ — 탐색 범위에 있는 정렬된 정수들의 수

x — 찾는 정수

1. 기본 단계

$N = 1$일 때 x를 목록에 있는 하나뿐인 정수와 한 번만 비교하면 x가 목록에 있는지 여부를 알 수 있으므로 이진 탐색은 맞다.

2. 귀납적 가설

$N \leq k$(양의 정수)일 때 이진 탐색은 x가 목록에 있는지 여부를 알려 준다고 가정하자.

3. 귀납적 단계

$N = k + 1$일 때 이진 탐색은 x가 목록에 있는지 여부를 알려 준다는 것을 증명하자. 이진 탐색은 먼저 x를 N개의 정수들의 중간 요소와 비교한다. 비교 결과는 다음과 같이 세 가지 경우가 있다.

경우 1 x가 중간 요소와 같다.
이 경우는 x를 찾았으므로 이진 탐색은 맞다.

경우 2 x가 중간 요소보다 작다.
이 경우는 x를 목록의 왼쪽 반에서 찾아야 한다. 목록의 왼쪽 반의 크기 N'은 $\left\lfloor \frac{N}{2} \right\rfloor$이다. $N' \leq k$이므로 귀납적 가설에 의해 이진 탐색은 x가 목록에 있는지 여부를 알려 준다.
따라서 이진 탐색은 맞다.

경우 3 x가 중간 요소보다 크다.
이 경우는 경우 2와 비슷한 논리로 맞다.

따라서 이진 탐색은 $N = k + 1$일 때 맞다.

연습문제 EXERCISE

1 자신이 잘 하는 요리를 만드는 알고리즘(방법)을 구체적이고 명확하게 작성하라.

2 자신의 양치질하는 알고리즘(방법)을 구체적이고 명확하게 작성하라.

3 자신이 학교에 갈 준비를 하는 알고리즘을 작성하라. 자신이 아침에 일어나는 시간부터 집을 나서는 시간까지 자신이 하는 모든 일을 고려해야 한다.

4 강의실에 있는 학생들 중에서 키가 평균 키보다 큰 학생들의 수를 구하는 알고리즘을 작성하라.

5 256개의 이름이 정렬되어 있는 목록이 있다. 이 목록에서 주어진 이름을 이진 탐색으로 찾을 때 필요한 이름들 간의 비교 횟수는 얼마인가?

6 오늘은 화요일이다. 오늘부터 1,000일 후는 무슨 요일일까?

7 15명의 용의자가 한 줄로 서 있다. 이 중 1명이 범인이다. 우리는 이 용의자들에게 "범인은 누구인가?"라고 물어보면서 범인을 찾아야 한다. 다음의 경우에 범인을 찾기 위해 몇 번 물어봐야 할까?

(1) 한 용의자를 선택하여 "범인은 누구인가?"라고 물을 때 "범인은 나다."라고 대답한다.

(2) 한 용의자를 선택하여 "범인은 누구인가?"라고 물을 때 다음 중 한 가지로 대답한다.

① "범인은 나다."
② "범인은 나보다 왼쪽에 있다."
③ "범인은 나보다 오른쪽에 있다."

8 동전 40개가 있다. A, B 두 사람이 교대로 동전을 가져간다. 한 번에 하나 이상 5개 이하의 동전을 가져갈 수 있다. 마지막 동전을 가져가는 사람이 이기게 된다. A가 먼저 동전을 가져간다면 A가 항상 이기는 전략을 적어라.

9 두 개의 접시에 동전이 각각 20개와 30개가 놓여있다. A, B 두 사람이 교대로 동전을 가져간다. 하나의 접시에서 동전을 하나 이상 원하는 만큼 가져갈 수 있다. 하지만 두 접시에서 섞어서 가져갈 수는 없다. 마지막 동전을 가져가는 사람이 이긴다. A가 먼저 가져간다면, A가 이기는 전략을 적어라.

10 동전 6개가 있다. A, B 두 사람이 교대로 동전을 가져간다. 한 번에 하나 또는 3개의 동전을 가져갈 수 있다. 마지막 동전을 가져가는 사람이 이기게 된다. A가 먼저 동전을 가져간다면 A 또는 B에게 항상 이기는 전략이 있을까?

11 숫자들의 목록에서 특정 숫자를 찾는 문제에서 순차 탐색을 사용한다고 가정한다.

(1) 최악의 경우를 적어라.

(2) 최선의 경우를 적어라.

12 25마리의 말들이 있다. 한 번에 많아야 5마리의 말들이 함께 경주할 수 있다. 각 말은 모든 경기에서 같은 속도로 달린다고 가정한다.

(1) 가장 빠른 말을 찾기 위한 최소 경주 횟수를 구하라.

(2) 가장 빠른 말과 두 번째로 빠른 말을 찾기 위한 최소 경주 횟수를 구하라.

(3) 가장 빠른 말, 두 번째로 빠른 말과 세 번째로 빠른 말을 찾기 위한 최소 경주 횟수를 구하라.

연습문제 EXERCISE

13 동전들이 들어 있는 10개의 가방들이 있다. 9개의 가방들은 전부 10g인 동전들을 포함한다. 한 가방은 전부 9g인 가짜 동전들을 포함한다. 한 번 무게를 재서 이 가방을 찾아 내는 알고리즘을 작성하라. 디지털 저울을 사용할 수 있다. 이 저울은 올려진 물건의 무게를 알려 준다.

14 $N(>1)$ 명의 군인들이 다리가 없는 넓고 깊은 강을 건너야 한다. 두 명의 소년들이 강가에서 노를 젓는 보트 안에서 놀고 있다. 그 보트는 아주 작아서 단지 두 소년들 혹은 한 소년이나 한 명의 군인만이 탈 수 있다. 배에 한 소년과 한 군인이 같이 탈 수는 없다. 소년들이 강가에서 보트를 가지고 있으면서 군인들을 모두 어떻게 강을 건너게 할 수 있을까? 보트는 강을 몇 번 건너야 할까?

15 강을 건너야 하는 두 쌍의 부부가 있다. 그들은 한 번에 많아야 두 명을 태울 수 있는 보트를 가진다. 모든 남편은 질투심이 많아 자기 부인이 자기 없이 다른 남편과 같이 강의 한 쪽에 있는 것을 허락하지 않는다. 그들은 이러한 제약 요건하에 모두 강을 건널 수 있을까?

16 한 농부가 나룻배로 늑대, 염소와 배추를 강의 다른 쪽으로 옮겨야 한다. 그러나 배가 작아서 배에는 자신과 늑대, 염소와 배추 중 하나만 태울 수 있다. 농부가 없으면 늑대가 염소를 잡아먹고 염소는 배추를 먹어 치울 것이다. 농부가 늑대, 염소와 배추를 모두 다 안전하게 강의 다른 쪽으로 옮기는 방법을 구체적이고 명확하게 순서대로 적어라.

17 7개의 동전 중 1개의 가짜 동전이 있다. 가짜 동전은 진짜 동전보다 약간 가볍다. 이 가짜 동전을 찾아내기 위해서 양팔 저울만 사용해야 한다. 저울을 가장 적게 사용하면서 가짜 동전을 찾아내는 알고리즘을 작성하라.

18 많은 동전 더미 속에 1개의 가짜 동전이 섞여 있다. 가짜 동전은 매우 정교하게 만들어져 누구도 눈으로 식별할 수 없다. 그러나 가짜 동전의 무게는 정상적인 동전보다 약간 가볍다. 이 가짜 동전을 찾아내기 위해서 양팔 저울만 사용할 수 있다. 한 저울에 동전

을 다는 횟수를 최대한 줄여야 한다. 만약 동전들의 개수가 홀수인 경우 가짜 동전을 찾아내는 알고리즘을 작성하라.

19 생선 두 마리만 구울 수 있는 크기의 프라이팬이 하나 있다. 생선 한 면을 익히는 데 1분이 걸린다. 생선 3마리의 양면 전부를 3분 만에 익히는 알고리즘을 작성하라. 생선을 프라이팬에서 넣거나 꺼내는 시간은 고려하지 않는다.

20 네 사람이 오래된 나리를 건너려고 한다. 그들은 모두 강의 한 쪽에 있다. 때는 밤이다. 그들은 회중 전등 1개를 가지고 있다. 한 번에 많아야 2명이 다리를 건널 수 있다. 다리를 건너는 일행은 반드시 회중 전등을 휴대해야 한다. 회중 전등은 강 건너 편으로 던질 수 없다. 일행이 두 명이라면 느린 사람의 걷는 속도로 함께 걸어가야 한다. 다음은 각 사람이 다리를 건너는 데 걸리는 시간이다. 네 사람이 모두 17분만에 다리를 건너 다른 쪽으로 가는 방법을 적어라.

사람	소요 시간(분)
P1	1
P2	2
P3	5
P4	10

2장

알고리즘의 효율성 분석

2장

알고리즘의 효율성 분석

이 장은 알고리즘의 효율성 분석을 다룬다. 알고리즘의 효율성은 보통 시간 효율성과 공간 효율성으로 나누어진다. 시간 효율성은 알고리즘을 구현한 프로그램의 실행 시간이 얼마나 빠른지를 나타낸다. 공간 효율성은 프로그램이 요구하는 메모리 공간의 크기가 얼마나 사용하는지를 나타낸다. 최근 컴퓨터 기술의 비약적인 발전으로 컴퓨터의 속도는 매우 빨라졌고 메모리 크기도 엄청나게 커졌다. 그럼에도 불구하고 컴퓨터(혹은 스마트폰)에 수많은 프로그램이 설치되어 있고 여러 프로그램(혹은 앱)이 동시에 실행되므로 여전히 알고리즘의 시간 및 공간 효율성은 실제적 관점에서 매우 중요하다.

2-1 알고리즘 분석 체계

알고리즘이 문제를 얼마나 효율적으로 해결할 수 있는지를 확인하기 위해 알고리즘의 효율성을 분석할 필요가 있다. 알고리즘의 효율성은 두 가지 종류가 있다. 하나는 시간 효율성(혹은 시간 복잡도)이다. 시간 복잡도는 알고리즘이 얼마나 빨리 수행되는지를 나타낸다. 다른 하나는 공간 효율성(혹은 공간 복잡도)이다. 공간 복잡도는 알고리즘이 수행되는 동안 요구되는 메모리 공간의 크기를 나타낸다.

컴퓨터의 초창기에는 컴퓨터의 시간과 메모리는 아주 귀하고 비싼 자원이었다. 최근에는 엄청난 기술 혁신으로 컴퓨터의 속도와 메모리 크기는 차원이 다르게 향상되었다. 특히 오늘날 알고리즘이 요구하는 메모리 크기는 대부분의 경우에 더 이상 문제가 되지 않는다. 또한 대부분의 문제들을 해결하기 위해 공간보다는 시간에서 괄목할 만한 진전을 이룰 수 있다. 따라서 알고리즘의 효율성 분석은 시간 복잡도 분석에 집중한다. 알고리즘의 공간 복잡도는 꼭 필요한 경우에만 분석한다.

입력 크기

거의 모든 알고리즘은 더 큰 입력에 대해 더 오래 실행된다. 예를 들면, 정수들을 정렬하는 알고리즘에서 10개의 정수들을 정렬하는 경우에는 아주 빨리 정렬할 수 있지만 1억 개의 정수들을 정렬한다면 정렬하는 데 시간이 훨씬 더 많이 걸린다(**[그림 2-1]**). 그러므로 알고리즘의 효율성을 입력 크기를 나타내는 매개변수(parameter)의 함수로 표현하는 것은 아주 타당하고 적절하다.

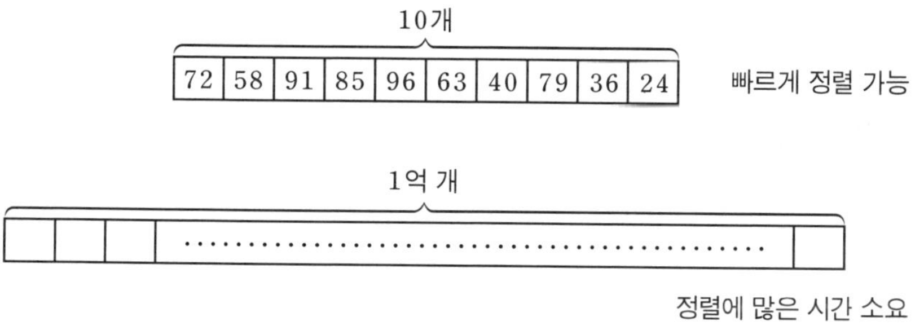

[그림 2-1] 입력 크기에 따른 정렬 시간

대부분의 문제에서 그런 매개변수를 찾는 것은 아주 쉽다. 숫자들을 저장하는 배열의 정렬, 탐색이나 최솟값 찾기 문제에서는 배열의 크기가 입력 크기를 나타내는 매개변수이다. 어떤 문제에서는 입력 크기를 나타내는 매개변수가 두 개일 수 있다. 예를 들면, 지도의 길 찾기 문제에서는 지도를 보통 그래프로 나타낸다. 그래프에서는 정점(vertex)의 개수와 간선(edge)의 개수가 입력 크기이다. 따라서 이 문제의 입력 크기는 두 개의 매개변수로 이루어진다. **[그림 2-2]**는 길 찾기 문제의 입력 크기를 보여준다.

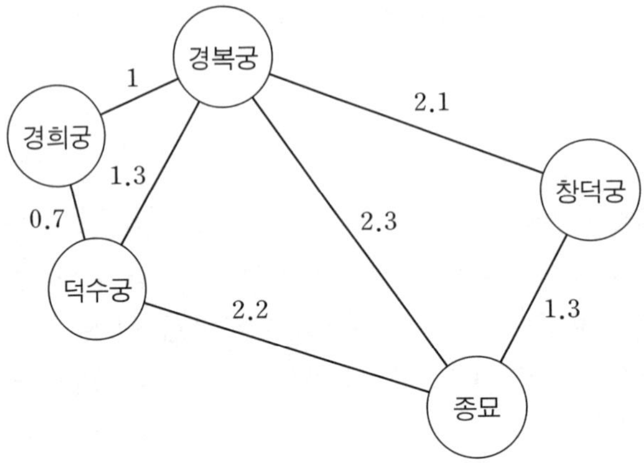

길 찾기 문제

덕수궁에서 창덕궁까지 가는 가장 빠른 길은?

입력크기
정점들의 수(5)
간선들의 수(7)

[그림 2-2] 길 찾기 문제의 입력 크기

: 실행 시간 측정 단위

알고리즘의 시간 복잡도 분석의 다음 주제는 알고리즘의 실행 시간을 측정하는 단위이다. 알고리즘을 구현한 프로그램을 컴퓨터에서 실행시키는 데 걸리는 시간을 측정할 수도 있다. 하지만 이 시간을 사용하는 데 있어 여러 단점들이 있다. 실행 컴퓨터의 속도, 구현 프로그램의 품질, 프로그램을 번역하기 위해 사용된 컴파일러 등에 따라 실행 시간이 다를 수 있다. 따라서 이러한 요인들에 영향을 받지 않는 측정 단위를 사용하는 것이 필요하다.

알고리즘의 각 연산이 수행되는 횟수를 사용할 수도 있다. 하지만 이 방법은 너무 어렵고 실제로 필요하지도 않다. 대신에 알고리즘의 가장 중요한 연산인 기본 연산(basic operation)을 사용한다. 기본 연산은 알고리즘의 실행 시간에 가장 많이 기여하는 연산이다. 기본 연산이 수행되는 횟수를 알고리즘의 시간 복잡도를 측정하는 단위로 사용한다.

알고리즘의 기본 연산을 찾아내는 것은 그렇게 어렵지 않다. 예를 들면, 다음 코드의 중첩 반복문의 가장 안쪽에 있는 반복문안에 있는 연산(sum = sum + i∗j)이 기본 연산이다. 왜냐하면 그 연산이 가장 많이 수행되기 때문이다.

```
sum = 0
for (i = 1 ; i < 10 ; i++)
    for (j = 1 ; j < 10 ; j++)
        sum = sum + i * j
```

대부분의 정렬 알고리즘들은 정렬하는 목록의 요소들을 서로 비교한다. 이 알고리즘들의 기본 연산은 두 요소 간의 비교이다.

알고리즘의 시간 복잡도를 분석하기 위한 체계는 알고리즘의 기본 연산이 수행되는 횟수를 입력 크기에 대한 함수로 표현하여 사용하는 것이다. 2.4절과 2.5절에서 각각 비재귀(non-recursive) 알고리즘과 재귀(recursive) 알고리즘의 기본 연산의 수행 횟수를 계산하는 방법을 다룬다.

증가 차수

알고리즘들의 실행 시간은 입력 크기가 작은 경우에는 거의 차이가 없다. 예를 들면, 크기가 N(> 1)인 숫자들의 배열 내에서 한 숫자를 찾는 순차 탐색과 이진 탐색 알고리즘을 고려해 보자. N이 16인 경우에 찾는 숫자가 없는 경우 순차 탐색과 이진 탐색은 각각 16번과 4번의 비교가 필요하다. 하지만 N이 $1{,}024 = 2^{10}$인 경우에는 순차 탐색과 이진 탐색은 각각 1,024번과 10번의 비교가 필요하다. N이 더 커지면 더 많은 차이가 난다. 따라서 N의 아주 큰 값에 대한 비교 횟수를 나타내는 함수 값이 얼마인지가 중요하다. 이것이 함수의 증가 차수(order of growth)이다. 〈표 2-1〉은 N의 여러 값들에 대한 순차 탐색과 이진 탐색 알고리즘의 비교 횟수를 나타내는 함수들의 값들을 보여준다.

N(입력 크기)	$\log_2 N$(이진 탐색)	N(순차 탐색)
4	2	4
16	4	16
64	6	64
256	8	256
1,024	10	1,024
4,096	12	4,096

〈표 2-1〉 순차 탐색과 이진 탐색의 비교 횟수

알고리즘의 시간 복잡도를 나타내는 함수 값들의 크기가 N의 값이 커짐에 따라 얼마나 빨리 증가하는가는 알고리즘의 분석에 매우 중요한 의미를 가진다. 주요 함수들의 증가율은 다음과 같다.

- 로그 함수($\log_2 N$)는 N의 값이 4배 증가할 때 2만큼 증가한다.
- 1차 선형 함수(N)는 N의 값이 4배 증가할 때 4배 증가한다. 즉, N의 값에 비례하여 증가한다.
- 2차 선형 함수(N^2)는 N의 값이 4배 증가할 때 16배 증가한다.
- 지수 함수(2^N)는 N의 값이 4배 증가할 때 4제곱 증가한다. 지수 함수는 N의 값이 커짐에 따라 함수 값이 기하급수적으로 증가한다. 예를 들면, 한 알고리즘의 기본 연산을 수행하는 데 1조분의 1초가 걸리는 컴퓨터에서 2^{64}개의 기본 연산들을 처리하는 데 약 213일이 소요될 것이고 2^{128}개의 기본 연산들을 처리하는 데 약 10^{19}년이 걸릴 것이다.

2-2 시간 복잡도

알고리즘의 시간 복잡도를 입력 크기를 나타내는 매개변수의 함수로서 나타내는 것이 적절하다. 그러나 알고리즘의 실행 시간은 입력 크기뿐만이 아니라 특정 입력 값에도 좌우된다. 예를 들면, 크기 N의 배열 내에서 주어진 값을 찾는 순차 탐색 알고리즘을 고려하자. 이 알고리즘에서 찾는 값이 배열 내에 없거나 배열의 마지막 요소에 있는 경우가 최악의 경우이다. 이 경우 크기가 N인 모든 가능한 입력에 대해서 배열 요소들의 비교를 가장 많이 하고 최대 비교 횟수는 N이다.

입력 크기가 N인 알고리즘의 최악 경우(worst-case) 시간 복잡도 W(N)은 같은 크기의 모든 가능한 입력들 중에서 알고리즘이 가장 오래 실행되는 경우를 나타낸다. 한 알고리즘의 최악 경우 시간 복잡도를 구하는 것은 원리상으로는 아주 쉽다. 즉, 알고리즘을 자세히 분석하여 어떤 종류의 입력에 대해서 기본 연산이 수행되는 횟수가 최대인지를 확인하고 그 횟수를 입력 크기의 함수로 표현하면 된다. **[그림 2-3]**은 1부터 N사이의 정수들을 무작위로 저장하는 한 배열에서 (N + 1)을 순차 탐색으로 찾는 경우를 보여준다. 이 경우가 최악의 경우이다. 따라서 순차 탐색의 경우 W(N)은 N이다. 이 시간 복잡도는 알고리즘이 어떤 입력에 대해서도 이보다 더 긴 시간이 걸릴 수 없다는 것을 나타낸다. 일반적으로 알고리즘의 시간 복잡도는 최악 경우 시간 복잡도로 나타낸다.

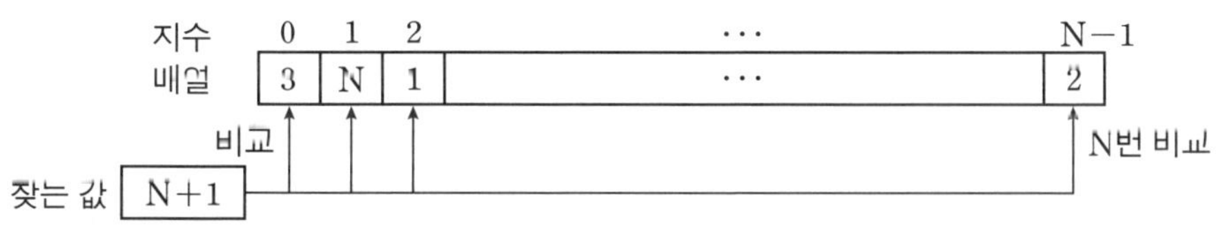

[그림 2-3] 순차 탐색의 최악 경우 비교 횟수

입력 크기가 N인 알고리즘의 최선 경우(best-case) 시간 복잡도 B(N)은 같은 크기의 모든 가능한 입력들 중에서 알고리즘이 가장 빨리 실행되는 경우를 나타낸다. 이 시간 복잡도를 구하는 것도 보통은 쉽다. 기본 연산이 수행되는 횟수가 최소인 경우의 입력을 찾아내고 그 입력에 대해 횟수를 구하면 된다. 순차 탐색에서는 최선의 경우는 찾는 값이 배열의 첫 번째 요소에 있는 경우이다. **[그림 2-4]**는 이 경우를 보여준다. 따라서 순차 탐색의 B(N)은 1이다. 최선 경우 시간 복잡도는 최악 경우 시간 복잡도만큼 중요하지 않지만 유용할 때도 있다. 최선 경우 시간 복잡도는 최적(optimal) 알고리즘을 개발하기 위해 참고할 수 있다.

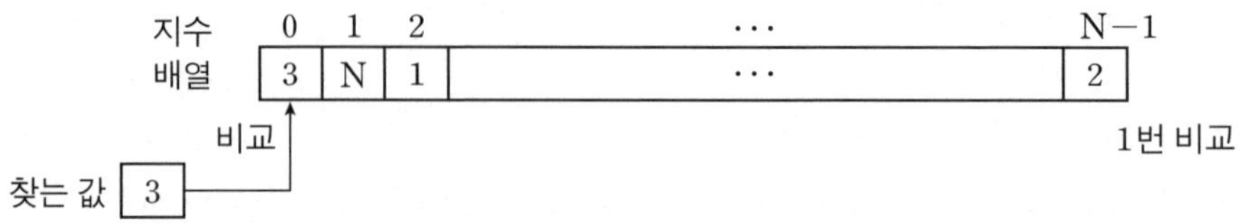

[그림 2-4] 순차 탐색의 최선 경우 비교 횟수

최악 경우 시간 복잡도와 최선 경우 시간 복잡도는 무작위(random) 입력에 대해 알고리즘의 실행 시간이 얼마나 걸릴지에 대한 어떤 정보도 제공하지 않는다. 입력 크기가 N인 알고리즘의 평균 경우(average-case) 시간 복잡도 A(N)은 무작위 입력에 대한 정보를 제공한다. 이 경우 입력의 확률 분포를 가정해야 하는데 대부분의 경우 균일 분포(uniform distribution)라고 가정한다. A(N)은 입력 크기 N에 대해서 알고리즘이 수행될 때 기본 연산의 평균 횟수로 정의한다. **[그림 2-5]**는 순차 탐색에서 평균 경우 비교 횟수를 보여준다. 따라서 순차 탐색의 A(N)은 $\frac{N}{2}$이다. 보통 A(N)을 구하는 것은 쉽지 않다.

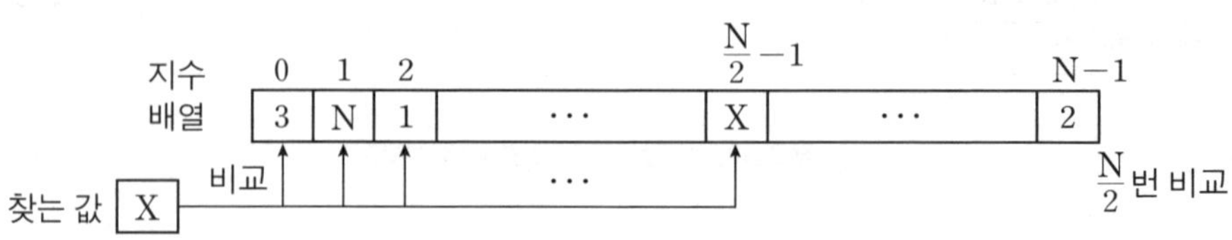

[그림 2-5] 순차 탐색의 평균 경우 비교 횟수

2-3 복잡도의 점근적 표기

알고리즘의 시간(혹은 공간) 복잡도(간단히 복잡도)는 입력 크기인 n의 함수로 나타낸다. 이 함수는 보통 여러 개의 항들을 갖는 다항식이다. 이 항들 중 n의 값이 매우 커질 때 최고 차 항을 제외한 나머지 항들은 무시해도 된다. 예를 들면, 세 개의 알고리즘의 복잡도가 각각 n^2, $2n^2$과 $2n^2 - 3n + 100$이라고 하자. 〈표 2-2〉는, n값에 따른 각 함수의 값을 보여준다.

n	n^2	$2n^2$	$2n^2-3n+100$
10	100	200	270
100	10,000	20,000	19,800
1,000	1,000,000	2,000,000	1,997,100
10,000	100,000,000	200,000,000	199,970,100
100,000	10,000,000,000	20,000,000,000	19,999,700,100
1,000,000	1,000,000,000,000	2,000,000,000,000	2조 - 2,999,900 ≅ 2조

〈표 2-2〉 다항식 값들

n의 값이 커짐에 따라 $2n^2$과 $2n^2 - 3n + 100$의 차이가 많이 줄어 든다. n이 100만일 때 $2n^2$과 $2n^2 - 3n + 100$의 값은 거의 같다고 볼 수 있다. 또한 n의 값이 매우 커지면 n^2과 $2n^2$의 값도 2배 차이가 있기는 하지만 동급이라고 볼 수 있다. 따라서 복잡도가 여러 항들을 갖는 다항식 함수라면 최고 차 항만을 계수 없이 취하여 단순화시킨다. 예를 들면, $2n^2 - 3n + 100$을 n^2으로 단순화시킨다. 이렇게 단순화시킨 함수에 상한(upper bound), 하한(lower bound)과 동일한 등급(tight bound)와 같은 개념을 적용한 것이 점근적 표기(asymptotic notation)이다.

점근적 표기는 입력 크기 n이 무한대로 커질 때의 복잡도를 간단히 표현하기 위해 사용한다. 점근적 표기는 다음과 같이 세 가지가 있다.

O (Big ◯)−표기

Ω (Big Ω)−표기

θ (Big ⊖)−표기

O−표기는 복잡도의 점근적 상한을 나타내고 Ω−표기는 복잡도의 점근적 하한을 나타낸다. θ−표기는 복잡도의 점근적 상한이면서 동시에 점근적 하한임을 나타낸다.

: O−표기

O−표기는 복잡도의 점근적 상한을 나타낸다. O−표기를 약식으로 설명해 보자. 복잡도가 $f(n) = 2n + 100$이라면 n이 100보다 큰 경우 $f(n)$의 값은 항상 $g(n) = 3n$의 값보다 작다. 이 경우 $f(n)$의 O−표기는 $2n + 100 \in O(n)$이다. 이는 n의 값이 매우 커지면 $2n + 100$은 $2n$과 거의 같다고 볼 수 있고 더 나아가 $2n$과 n의 차이도 큰 관점에서 보면 무시해도 좋은 수준이라고 보는 것이다. O−표기를 정식으로 정의하면 다음과 같다.

> **정의** 주어진 복잡도 함수 $f(n)$은 $n \geq n_0$인 모든 정수 n에 대해서 $f(n) \leq c\,g(n)$을 만족시키는 양의 상수 c와 자연수 n_0가 존재한다면 $O(g(n))$에 속한다고 정의하고 $f(n) \in O(g(n))$이라고 표기한다.

[그림 2-6]은 O−표기의 정의를 보여준다. 그림은 $n \geq n_0$ 인 모든 n에 대해서 $f(n)$은 $c\,g(n)$보다 작다는 것을 보여준다. 즉, n이 증가함에 따라 $c\,g(n)$이 $f(n)$의 점근적 상한이라는 사실을 보여준다. O−표기의 몇 가지 예를 들어보자.

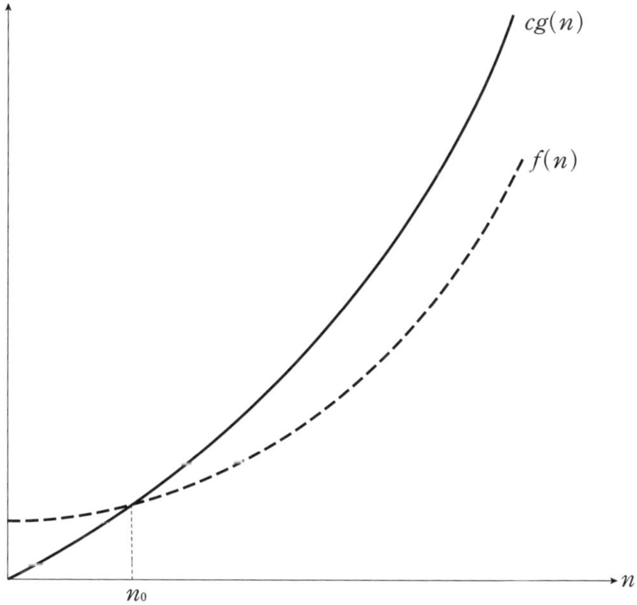

[그림 2-6] O－표기: $f(n) \in O(g(n))$

예 1 $10n + 5 \in O(n^2)$임을 증명해 보자. $n \geq 5$인 모든 n에 대해서 다음 부등식이 성립한다.

$$10n + 5 \leq 10n + n = 11n \leq 11n^2$$

그러므로 O－표기의 정의에서 $c = 11$이고 $n_0 = 5$인 경우이다.

예 2 $\frac{(n(n-1))}{2} \in \mathrm{O}\,(n^2)$임을 증명해 보자. $n \geq 0$인 모든 n에 대해서

다음 부등식이 성립한다.

$$\frac{n(n-1)}{2} \le \frac{1}{2}n^2$$

그러므로 $c = \frac{1}{2}$이고 $n_0 = 0$인 경우이다.

예 3 $n^3 \notin O(n^2)$인가? 모순 유도에 의해 증명해 보자. 이 표기가 틀렸다고 가정하자. 그러면 $n \ge n_0$인 모든 n에 대해서 다음 부등식을 만족시키는 c 와 n_0가 존재해야 한다.

$$n^3 \le cn^2$$

위 부등식의 양변을 n^2으로 나누어 보자.

$$n \le c$$

그러면 상수 c를 아무리 크게 잡더라도 그 보다 큰 n이 존재한다. 그러므로 위의 가정은 틀렸다. 따라서 $n^3 \notin O(n^2)$이다.

Ω－표기

Ω－표기는 복잡도의 점근적 하한을 나타낸다. Ω－표기를 약식으로 설명해 보자. 복잡도가 $f(n) = 2n^2 - 5$이라면 n이 2이상의 값인 경우 $f(n)$의 값은 항상 $g(n) = n$의 값보다 크다. 이 경우 $f(n)$의 Ω－표기는 $2n^2 - 5 \in \Omega(n)$이다. Ω－표기를 정식으로 정의하면 다음과 같다.

정의 주어진 복잡도 함수 $f(n)$은 $n \ge n_0$인 모든 정수 n에 대해서 $f(n) \ge c\,g(n)$을 만족시키는 양의 상수 c와 자연수 n_0가 존재한다면 Ω $(g(n))$에 속한다고 정의하고 $f(n) \in \Omega(g(n))$이라고 표기한다.

[그림 2-7]은 Ω – 표기의 정의를 보여준다. 그림은 $n \geq n_0$인 모든 n에 대해서 $f(n)$은 c $g(n)$보다 크다는 것을 보여 준다. 즉, n이 증가함에 따라 $c\,g(n)$이 $f(n)$의 점근적 하한이라는 사실을 보여준다. Ω – 표기의 몇 가지 예를 들어보자.

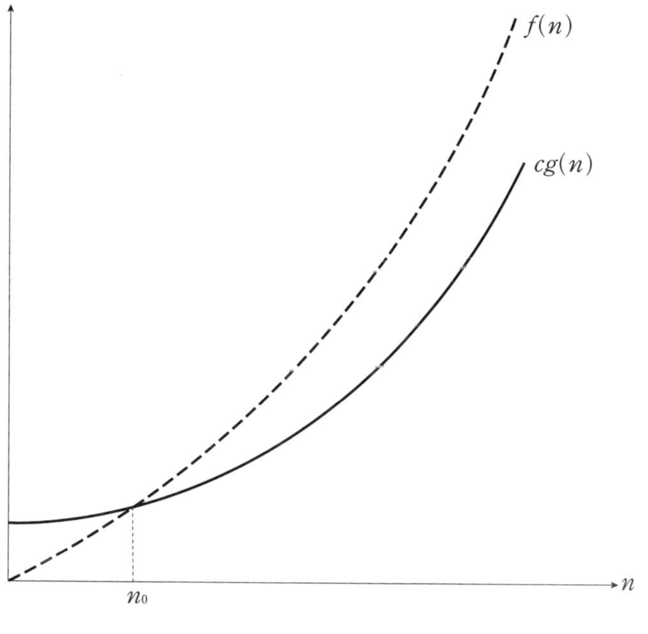

[그림 2-7] Ω – 표기: $f(n) \in \Omega\,(g(n))$

예 4 $\frac{n(n-1)}{2} \in \Omega\,(n^2)$임을 증명해보자. $n \geq 2$인 모든 n에 대해서 다음 부등식이 성립한다.

$$n - 1 \geq \frac{n}{2}$$

위 부등식의 양변에 $\frac{n}{2}$을 곱하자.

$$\frac{n(n-1)}{2} \geq \frac{n}{2} \times \frac{n}{2} = \frac{1}{4}n^2$$

그러므로 Ω−표기의 정의에서 $c = \frac{1}{4}$ 이고 $n_0 = 2$인 경우이다.

예 5 $n^3 \in \Omega(n^2)$임을 증명해보자. $n \geq 0$인 모든 정수 n에 대해서 다음 부등식이 성립한다.

$$n^3 \geq 1 \times n^2$$

그러므로 Ω−표기의 정의에서 $c = 1$이고 $n_0 = 0$인 경우이다.

예 6 $n \notin \Omega(n^2)$인가? 모순 유도에 의해 증명해 보자. 이 표기가 틀렸다고 가정하자. 그러면 $n \geq n_0$인 모든 정수 n에 대해서 $n \geq cn^2$을 만족시키는 양의 상수 c와 자연수 n_0가 존재해야 한다. 이 부등식을 cn으로 나누어 보자.

$$\frac{1}{c} \geq n$$

상수 c가 어떤 값을 갖더라도 이 부등식은 절대로 성립될 수 없다. 따라서 위 가정은 틀렸다. 그러므로 $n \notin \Omega(n^2)$이다.

θ−표기

θ−표기는 복잡도의 점근적 상한이면서 동시에 점근적 하한임을 나타낸다. θ−표기는 O−표기와 Ω−표기가 동시에 적용되는 경우에 사용한다.
예를 들면, 앞에 증명한 대로 $\frac{n(n-1)}{2} \in O(n^2)$이고 $\frac{n(n-1)}{2} \in \Omega(n^2)$이다.

이 경우 $\frac{n(n-1)}{2} \in O(n^2)$이다.

> **정의** 주어진 복잡도 함수 $f(n)$은 $n \geq n_0$인 모든 정수 n에 대해서 다음 부등식을 만족시키는 양의 상수 c_1, c_2와 자연수 n_0가 존재한다면 $\theta(g(n))$에 속한다고 정의하고 $f(n) \in \theta(g(n))$이라고 표기한다.

$$c_1 g(n) \leq f(n) \leq c_2 g(n)$$

[그림 2-8]은 $\theta-$표기의 정의를 보여준다. 그림은 $n \geq n_0$인 모든 n에 대해서 $f(n)$은 $c_1 g(n)$보다 크고 $c_1 g(n)$보다는 작다는 것을 보여 준다. 즉, $f(n)$은 n이 증가함에 따라 $c_1 g(n)$이 $f(n)$의 점근적 하한이면서 동시에 $c_2 g(n)$이 $f(n)$의 점진적 상한이라는 사실을 보여준다. 즉, $f(n)$은 $g(n)$과 같은 증가 차수를 가진다.

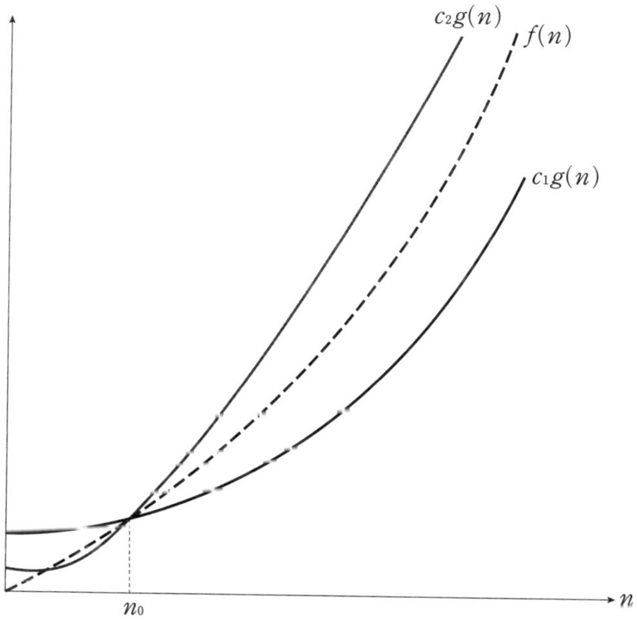

[그림 2-8] $\theta-$표기: $f(n) \in \theta(g(n))$

$\theta-$표기의 한 가지 예를 들어보자.

예 7 $2n^2-5n-3=\theta(n^2)$임을 증명해보자. $n \geq 0$인 모든 n에 대해서 다음 부등식이 성립한다.

$$2n^2-5n-3 \leq 2n^2$$

$n \geq 6$인 모든 n에 대해서 다음 부등식이 성립한다.

$$2n^2-5n-3 \geq n^2$$

따라서 $n \geq 6$인 모든 n에 대해서 다음 부등식이 성립한다.

$$n^2 \leq 2n^2-5n-3 \leq 2n^2$$

따라서 $\theta-$표기에서 $c_1=1,\ c_2=2$이고 $n_0=6$인 경우이다.

복잡도는 $\theta-$표기가 가능한 경우를 제외하고는 보통 O－표기를 사용하여 표현한다.

알고리즘의 복잡도를 O－표기로 표현한 대표적인 복잡도 범주는 다음과 같다.

- O(1): 상수 시간
- O(log n): 로그 시간
- O(n): 1차 선형 시간
- O($n$log n): 로그 선형 시간
- O(n^2): 2차 선형 시간
- O(n^3): 3차 선형 시간
- O(2^n): 지수 시간

상수 시간 알고리즘은 입력 크기 n과 무관하게 상수 시간이 걸린다는 의미이다. 한 신혼부부가 집들이에 $n(>0)$명의 손님들을 초대했다고 가정하자. 손님이 오기 전에 아파트를 청소하는 데 걸리는 시간은 손님의 수와 무관하다. 따라서 청소 알고리즘은 상수 시간 알고리즘이다. 실제로 청소하는 데 시간이 얼마나 걸리는지는 전혀 문제가 되지 않는다. 손님의 수가 몇 명이든 청소 시간은 똑같고 상수이기 때문이다. 실제로 이런 알고리즘은 최고이지만 아주 드물다.

로그 시간 알고리즘은 반복할 때마다 문제의 크기가 상수 인수만큼 작아지는 경우이므로 매우 효율적이다. 이진 탐색이 로그 시간 알고리즘의 예이다.

1차 선형 시간 알고리즘은 입력 크기에 비례하여 시간이 걸리는 경우이다. 한 예로 집들이에서 n명의 손님들을 위한 음식을 준비한다고 하자. 이 경우에는 음식 준비하는 데 걸리는 시간은 손님의 수(n)에 비례한다. 로그 선형 시간 알고리즘의 예는 합병 정렬 알고리즘이다.

2차 선형 시간 알고리즘의 예는 집들이에서 모든 손님은 신혼부부뿐만이 아니라 초대된 다른 손님과 모두 악수를 해야 한다고 하자. 각 손님은 $2+n-1=n+1$번의 악수를 한다. 따라서 모든 손님들이 해야 하는 총 악수 횟수는 $n(n+1)$이다. 그러므로 시간 복잡도는 $O(n^2)$이다.

3차 선형 시간 알고리즘의 예는 두 개의 행렬을 행렬 곱의 정의에 따라 곱하는 다음 코드이다.

```
// 행렬 A[1 . . n, 1 . . n]과 B[1 . . n, 1 . . n]를 곱한 행렬
// M[1 . . n, 1 . . n]을 구한다
for (i = 1; i <= n ; i++)
    for (j = 1 ; j <= n ; j++)
        M[i, j] = 0
        for (k = 1 ; k <= n ; k++)
            M[i, j] = M[i, j] + A[i, k] * B[k, j]
```

지수 시간 알고리즘의 예는 n명의 학생들에게 상을 주는 모든 방법들의 수를 구하는 문제를 고려하자. 상은 누구에게도 주지 않을 수 있고 i, $1 \le i \le n$, 명에게만 줄 수도 있다. 이 경우 학생이 1명 늘어날 때마다 상을 주는 모든 방법들의 수는 2배로 증가한다. 왜냐하면 추가된 학생에게 상을 줄 수도 있고 주지 않을 수도 있기 때문이다. 따라서 학생을 추가하기 전의 상을 주는 모든 방법들의 수에 2를 곱해야 한다. 이 알고리즘의 시간 복잡도는 $O(2^n)$이다. 이런 지수 알고리즘은 n이 매우 커지면 시간이 너무 많이 걸려 사실상 사용할 수 없다. 대신 근사해를 찾는 알고리즘을 사용한다

[그림 2-9]는 대표적인 복잡도 함수들의 증가율을 보여준다.

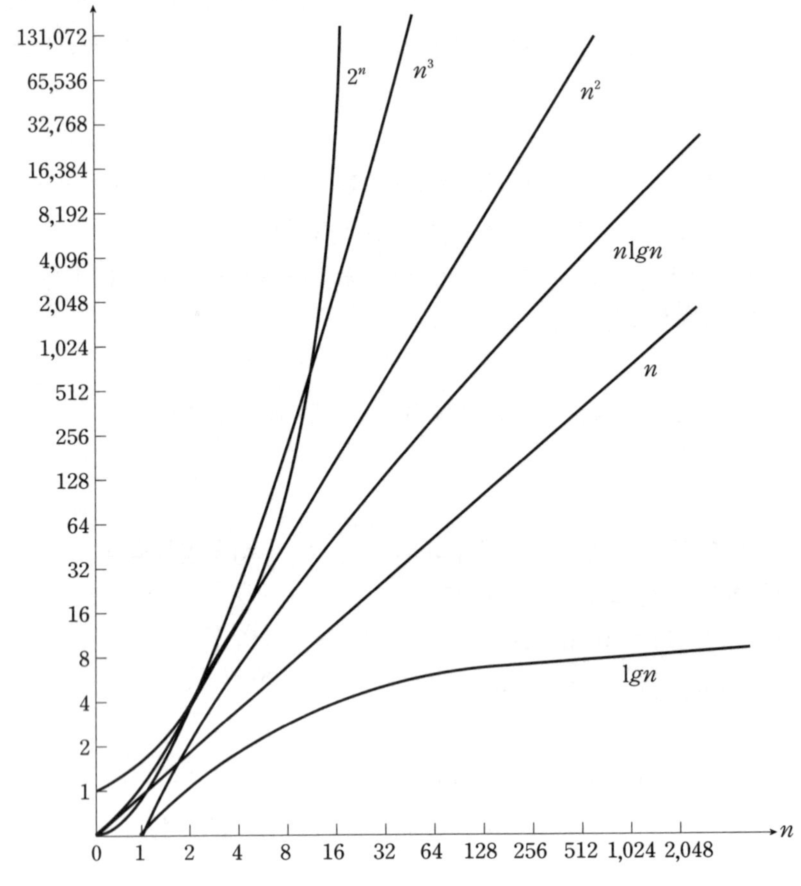

[그림 2-9] θ─ 주요 복잡도 함수의 증가율([1])

2-4 비재귀 알고리즘의 효율성 분석

이 장에서는 2.1절의 알고리즘 분석 체계를 적용하여 비재귀 알고리즘의 시간 복잡도를 분석한다.

예 1: 제곱 계산

양의 정수 n이 주어지면 n^2을 계산하는 아주 간단한 문제를 고려하자. 첫 번째 알고리즘은 아주 단순하게 n과 n을 곱한다.

알고리즘

```
알고리즘 ComputeSquare1(n)
// n²을 계산한다
// 입력: 양의 정수 n
// 출력: n²

return n*n
```

위 알고리즘은 $n*n$ 연산을 한 번 수행한다. 따라서 이 알고리즘의 시간 복잡도는 $1 \in O(1)$이다.

두 번째 알고리즘은 n^2을 계산하기 위해 0에 n을 n번 더한다.

: 알고리즘

```
알고리즘 ComputeSquare2(n)
//  n²을 계산한다
//  입력: 양의 정수 n
//  출력: n²

square = 0

for (i = 1 ; i <= n ; i++)
      square = square + n

return square
```

위 알고리즘의 기본 연산은 반복분 내의 배정문(square = square + n)이다. 이 배정문은 i가 1부터 n까지 n번 수행된다. 따라서 이 알고리즘의 시간 복잡도는 $n \in O(n)$이다.

세 번째 알고리즘은 다분히 의도적으로 n^2를 계산하기 위해 0에 1을 n^2번 더한다.

: 알고리즘

```
알고리즘 ComputeSquare3(n)
//  n²을 계산한다
//  입력: 양의 정수 n
//  출력: n²

square = 0

for (i = 1 ; i <= n ; i++)
    for (j = 1 ; j <= n ; j++)
        square = square + 1

return square
```

위 알고리즘의 기본 연산은 중첩 반복문의 가장 안쪽의 반복문 내의 배정문(square = square + 1)이다. 이 배정문은 i가 1일 때 n번, 2일 때 n번, ⋯ , n일 때 n번 수행된다. 따라서 총 반복 횟수는 $n + n + \cdots + n = n^2$이다. 따라서 이 알고리즘의 시간 복잡도는 $n^2 \in O(n^2)$이다.

: 예2: 누계 계산

배열 FREQ[i], $0 \le i < n$, 는 시험에서 등급 i를 받은 학생들의 수를 저장한다. 등급은 자연수이다. 배열 CUME[i]가 등급 i이하의 등급을 받은 학생들의 수를 저장한다고 가정한다. 예를 들면, n이 5이고 FREQ배열은 다음과 같다고 하자.

지수	0	1	2	3	4
FREQ	1	0	7	5	4

그러면 문제의 정의에 따라 배열 CUME의 각 요소의 값은 다음과 같이 계산된다.

$$
\begin{aligned}
\text{CUME}[0] &= \text{FREQ}[0] = 1 \\
\text{CUME}[1] &= \text{FREQ}[0] + \text{FREQ}[1] = 1 + 0 = 1 \\
\text{CUME}[2] &= \text{FREQ}[0] + \text{FREQ}[1] + \text{FREQ}[2] \\
&= 1 + 0 + 7 = 8 \\
\text{CUME}[3] &= \text{FREQ}[0] + \text{FREQ}[1] + \text{FREQ}[2] + \text{FREQ}[3] \\
&= 1 + 0 + 7 + 5 = 13 \\
\text{CUME}[4] &= \text{FREQ}[0] + \text{FREQ}[1] + \text{FREQ}[2] + \text{FREQ}[3] \\
&\quad + \text{FREQ}[4] \\
&= 1 + 0 + 7 + 5 + 4 = 17
\end{aligned}
$$

: 알고리즘

```
알고리즘 ComputeCumulativeSum1(FREQ[0..n-1])
// 빈도들의 누계를 계산한다
// 입력: 시험 등급들의 빈도의 배열 FREQ[0..n-1]
// 출력: 누계 빈도들의 배열 CUME[0..n-1]

for (i=0;i<n;i++) {
  sum=0

  for (j=0;j <= i;j++) sum=sum+FREQ[j]

  FREQ[i]=sum
}
return CUME
```

위의 예에서 사용한 방법을 일반화시키면 다음과 같은 알고리즘을 얻을 수 있다.
위 알고리즘의 기본 연산은 중첩 반복문의 가장 안쪽의 반복문 내의 배정문(sum = sum + FREQ[j])이다. 이 배정문은 i가 0일 때 1번, 1일 때 2번, ⋯ , $n-1$일 때 n번 수행된다. 따라서 총 수행 횟수는 다음과 같다.

$$1 + 2 + \cdots + n = \sum_{i=1}^{n} i = \frac{n(n+1)}{2} \in O(n^2)$$

따라서 이 알고리즘의 시간 복잡도는 $O(n^2)$이다.

위 알고리즘을 개선할 수 없을까? 아이디어를 얻기 위해 앞의 예에서 배열 CUME의 각 요소의 계산 과정을 자세히 살펴보자. 그 과정에서 중복 계산을 많이 하고 있다는 것을 알 수 있다. 중복 계산을 제거하여 배열 CUME의 각 요소를 다음과 같이 계산할 수 있다.

CUME[0] = FREQ[0] = 1
CUME[1] = FREQ[0] + FREQ[1] = CUME[0] + FREQ[1]
        = 1 + 0 = 1
CUME[2] = (FREQ[0] + FREQ[1])+FREQ[2]
        = CUME[1] + FREQ[2] = 1 + 7 = 8
CUME[3] = (FREQ[0] + FREQ[1]+FREQ[2])+ FREQ[3]
        = CUME[2] + FREQ[3]
        = 8 + 5 = 13
CUME[4] = (FREQ[0] + FREQ[1]+FREQ[2]+ FREQ[3])
          + FREQ[4] = CUME[3] + FREQ[4]
        = 13 + 4 = 17

위의 계산에서 사용한 방법을 일반화시키면 다음과 같은 식이 성립함을 알 수 있다.

$$\text{CUME}[i] = \text{CUME}[i-1] + \text{FREQ}[\text{i}],\ 1 \le \text{i} < n$$
$$\text{CUME}[0] = \text{FREQ}[0]$$

이 식을 이용하면 다음과 같은 알고리즘을 얻을 수 있다.

: 알고리즘

```
알고리즘 ComputeCumulativeSum2(FREQ[0..n-1])
// 빈도들의 누계를 계산한다
// 입력: 시험 등급들의 빈도의 배열 FREQ[0..n-1]
// 출력: 누계 빈도들의 배열 CUME[0..n-1]

CUME[0] = FREQ[0]

for (i=1;i<n;i++) CUME[i]=CUME[i-1]+FREQ[i]

return CUME
```

위 알고리즘의 기본 연산은 반복문 내의 배정문이다. 이 배정문은 i가 1부터 $(n-1)$까지 $(n-1)$번 수행된다. 따라서 이 알고리즘의 시간 복잡도는 $n-1 \in \text{O}(n)$이다. 이 알고리즘은 1차 선형 알고리즘이므로 2차 선형 알고리즘인 이전의 알고리즘보다 효율적이다.

[프로그램 2.1]은 위 알고리즘을 자바로 구현한 프로그램이다.

프로그램 2.1 빈도들의 누계 계산

```
// 프로그램 2.1: 빈도들의 누계 계산
public class ComputeCumulativeSum {
        public static void main(String[] args) {
                int[] FREQ = {1, 0, 7, 5, 4};
                int[] CUME;

                CUME = ComputeCumulativeSum2(FREQ);

                System.out.print("배열 CUME: ");

                for (int i = 0; i < CUME.length; i++)
                     System.out.print(CUME[i] + "\t");
        }

        public static int[]  ComputeCumulativeSum2(int[] FREQ) {
                int n = FREQ.length;
                int[] CUME  =  new  int[n];

                CUME[0] = FREQ[0];

                for (int i = 1 ; i < n; i++) {
                     CUME[i]  = CUME[i - 1] + FREQ[i];
                }

                return  CUME;
        }
}
```

: 실행 결과

[프로그램 2.1]을 앞의 예의 FREQ 배열에 대해 실행한 결과는 아래와 같다.

배열 CUME : 1 1 8 13 17

2-5 재귀 알고리즘의 효율성 분석

이 절에서는 앞 절과 같이 알고리즘 분석 체계를 적용하여 재귀 알고리즘의 시간 복잡도를 분석한다. 먼저 재귀 알고리즘의 아이디어를 소개하기 위해 자주 사용되는 한 예로 시작한다.

: 예 1: 자연수 n의 계승(factorial) 계산

자연수 n의 계승은 다음과 같이 정의된다:

$$n! = \begin{cases} 1 \times 2 \times 3 \times \cdots \times n, & n \geq 1 \\ 1, & n = 0 \end{cases}$$

예를 들면, $5! = 1 \times 2 \times 3 \times 4 \times 5 = 120$

$n!$을 재귀적으로 정의해 보자. 계승의 정의에 따라 $n \geq 1$인 경우

$$\begin{aligned} n! &= 1 \times 2 \times 3 \times \cdots \times (n-1) \times n \\ &= (1 \times 2 \times 3 \times \cdots \times (n-1)) \times n \\ &= (n-1)! \times n \end{aligned}$$

따라서 $n!$의 재귀적 정의는 다음과 같다.

$$n! = \begin{cases} 1, & n = 0 \\ (n-1)! \times n & n \geq 1 \end{cases}$$

위 정의에 따라 n의 계승을 계산하는 재귀 알고리즘을 아래와 같이 작성할 수 있다.

: 알고리즘

알고리즘 F(n)
// n의 계승을 재귀적으로 계산한다.
// 입력: 자연수 n
// 출력: n!(n의 계승)

```
if (n = 0) return 1
else return F(n - 1) * n
```

: 시간 복잡도

이 알고리즘의 입력 크기는 n이다. 이 알고리즘의 기본 연산은 $n \geq 1$인 경우 수행되는 $\mathrm{F}(n-1) * n$의 곱셈이다. $\mathrm{F}(n)$은 다음 식에 의해 계산된다.

$$\mathrm{F}(n) = \mathrm{F}(n-1) \times n, \ n \geq 1$$

[그림 2-10]은 $\mathrm{F}(n)$을 계산하기 위한 곱셈 횟수를 보여 준다.

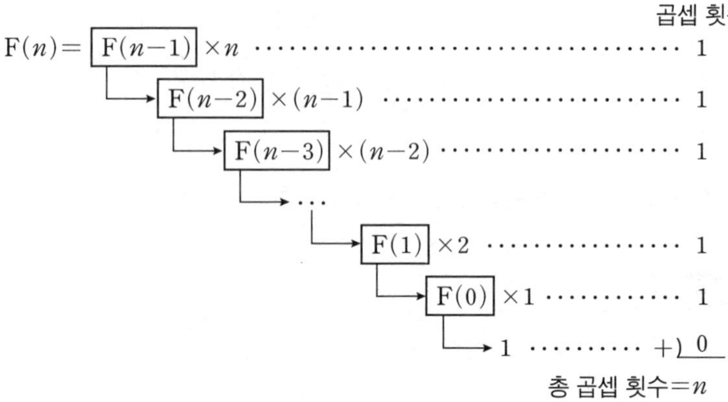

[그림 2-10] F(n)을 계산하기 위한 곱셈 횟수

필요한 곱셈의 횟수를 더 정확하게 수학적으로 계산해 보자. F(n)을 계산하기 위해 필요한 곱셈의 횟수를 M(n)이라고 하자. 그러면 $n \geq 1$인 경우에 M(n)은 F($n-1$)을 계산하기 위해 필요한 곱셈의 횟수에 1을 더한 값이다. $n = 0$일 때는 1을 반환하므로 필요한 곱셈의 횟수는 0이다. 따라서 $M(0) = 0$이다. 그러므로 M(n)에 관한 다음 점화식이 성립한다.

$$M(n) = \begin{cases} M(n-1)+1, & n \geq 1 \\ 0, & n = 0 \end{cases}$$

$n \geq 1$인 경우에 이 점화식을 풀어 보자.

$$\begin{aligned} M(n) &= M(n-1)+1 \\ &= (M(n-2)+1)+1 = M(n-2)+2 \\ &= (M(n-3)+1)+2 = M(n-3)+3 \\ &\quad\vdots \\ &= M(0)+n \\ &= 0+n \\ &= n \in O(n) \end{aligned}$$

따라서 이 알고리즘의 시간 복잡도는 $O(n)$이다.

[프로그램 2.2]는 위 알고리즘을 자바로 구현한 프로그램이다.

프로그램 2.2 자연수의 계승 계산

```
// 프로그램 2.2: 자연수의 계승 계산
public class ComputeFactorial {
        public static void main(String[] args) {
                int answer;
                int n = 10;
                answer = factorial(n);

                System.out.println(n + "의 계승 = " + answer);
        }

        public static int factorial(int n)
        {
            if (n == 0) return 1;
            else return n * factorial(n - 1);
        }
}
```

실행 결과

[프로그램 2.2]를 $n = 10$인 경우에 실행한 결과는 다음과 같다.

10의 계승 = 3628800

예2 : 이진 탐색

크기가 n인 오름차순으로 정렬된 배열 A에 대한 탐색 문제를 다시 고려해 보자. 배열 내의 요소들에 x가 있는지를 탐색하기 위해 오름차순으로 정렬되어 있다는 사실을 이용하는 이진 탐색 알고리즘의 아이디어는 다음과 같다.

- x가 배열의 중간 요소와 같으면 찾았으니 끝낸다.
- x가 배열의 중간 요소보다 작으면 앞쪽에 위치한 배열 반쪽에서 같은 방법으로 x를 찾는다.
- x가 배열의 중간 요소보다 크면 뒤쪽에 위치한 배열 반쪽에서 같은 방법으로 x를 찾는다.

예를 들면, 다음 배열에서 $x = 18$을 이진 탐색으로 찾아보자.

지수	0	1	2	3	4	5	6	7	8	9	10	11	12
배열	10	12	13	14	18	20	25	27	30	35	40	45	47
							↑ 중간 요소						

먼저 $x = 18$을 배열의 중간 요소인 25와 비교한다. 18이 25보다 작으므로 아래와 같이 앞쪽에 위치한 배열의 반쪽에서 x를 찾는다.

지수	0	1	2	3	4	5
배열	10	12	13	14	18	20
			↑ 중간 요소			

다음으로 $x = 18$을 중간 요소인 13과 비교한다. 18이 13보다 크므로 아래와 같이 뒤

쪽에 위치한 배열의 반쪽에서 x를 찾는다.

지수	3	4	5
배열	14	18	20
		↑ 중간 요소	

다음으로 $x = 18$을 중간 요소인 18과 비교한다. 이번에는 값이 같으므로 찾았다고 알리고 끝낸다.

위의 아이디어를 일반화시켜 작성한 이진 탐색 알고리즘은 아래와 같다.

: 알고리즘

```
알고리즘 BinarySearch (A[ ], first, last, x)
// 배열 A[first .. last]에서 x의 위치를 찾는다.
// 입력: 배열 A[first .. last]와 찾는 값 x
// 출력: 배열 A내에서의 x의 위치(x가 A안에 없다면 -1)

if (first > last) return -1
else {  mid = ⌊(first+last)/2⌋
        if (x = A[mid]) return mid // 찾은 경우
        else if (x < A[mid]) // 앞쪽 반에서 x를 찾는다
                return BinarySearch(A, first, mid - 1, x)
        else // 뒤쪽 반에서 x
                return BinarySearch(A, mid + 1, last, x)
}
```

배열 A[0 . . n − 1] 에서 x를 찾기 위해서는 위 알고리즘을 다음과 같이 호출해야 한다.
location = BinarySearch(A[0 . . n − 1], 0, n − 1, x)

location은 배열 내의 x가 위치한 지수를 저장한다.

[프로그램 2.3]은 위 알고리즘을 자바로 구현한 프로그램이다.

: 프로그램 2.3 이진 탐색

```
// 프로그램 2.3: 이진 탐색
public class BinarySearch {
        public static void main(String[] args) {
           int[] A = {10, 12, 13, 14, 18, 20, 25, 27, 30,
                      35, 40, 45, 47};
           int x = 18;
           int n = A.length;
           int location;
           System.out.println(x + "의 지수 = " + location);
        }
        // target이 배열 A[first .. last]내에 있는지를 확인하기 위해
        // 이진 탐색을 사용한다
        // 매개 변수: 배열 A[first .. last], target(찾는 값)
        // 반환값: 있으면 해당 요소의 지수, 없으면 -1

        public static int binarySearch(int[] A, int first,
                                         int last, int target)
        {
             int result;
             if (first > last)      // 찾지 못한 경우
                 result = -1;
             else {
                 // 중간 요소의 지수를 계산한다
```

```
                int mid = (first + last) / 2;
                if (target == A[mid])
                   // target이 중간 요소와 같아 찾은 경우
                   result = mid;
                else if (target < A[mid])
                        // target이 중간 요소보다 작다면 앞쪽 반에서 찾는다
                   result = binarySearch(A, first, mid - 1, target);
                else // target이 중간 요소보다 크다면 뒤쪽 반에서 찾는다
                   result = binarySearch(A, mid + 1, last, target);
                }
            return result;
    }
}
```

: 실행 결과

[프로그램 2.3]을 앞의 예의 배열에 대해 실행한 결과는 다음과 같다.

18의 지수 = 4

: 시간 복잡도

이진 탐색 알고리즘의 시간 복잡도를 구해보자. 먼저 이 문제의 입력 크기는 배열의 크기인 n이다. 이 알고리즘의 기본 연산은 x와 배열의 중간 요소와의 비교이다. 편의상 $n = 2^k (k \ge 1)$이라고 가정한다. **[그림 2-11]**은 크기가 n인 배열내에 찾는 값이 없는 경우에 탐색이 필요한 배열의 중간 요소와 가장 많이 비교하는 경우를 보여준다. 중간 요소와 한 번 비교할 때마다 탐색이 필요한 배열의 크기는 반으로 줄어 든다. 탐색이 필요한 배열의 크기가 1이 될 때까지의 비교 횟수를 k라고 하면 k는 다음 식을 만족시켜야 한다.

$$\frac{n}{2^k} = 1$$

그러므로 k는 $\log_2 n$이다. 총 비교 횟수는 탐색이 필요한 배열의 크기가 1이 될 때 한 번 더 비교하므로 $\log_2 n + 1$이다.

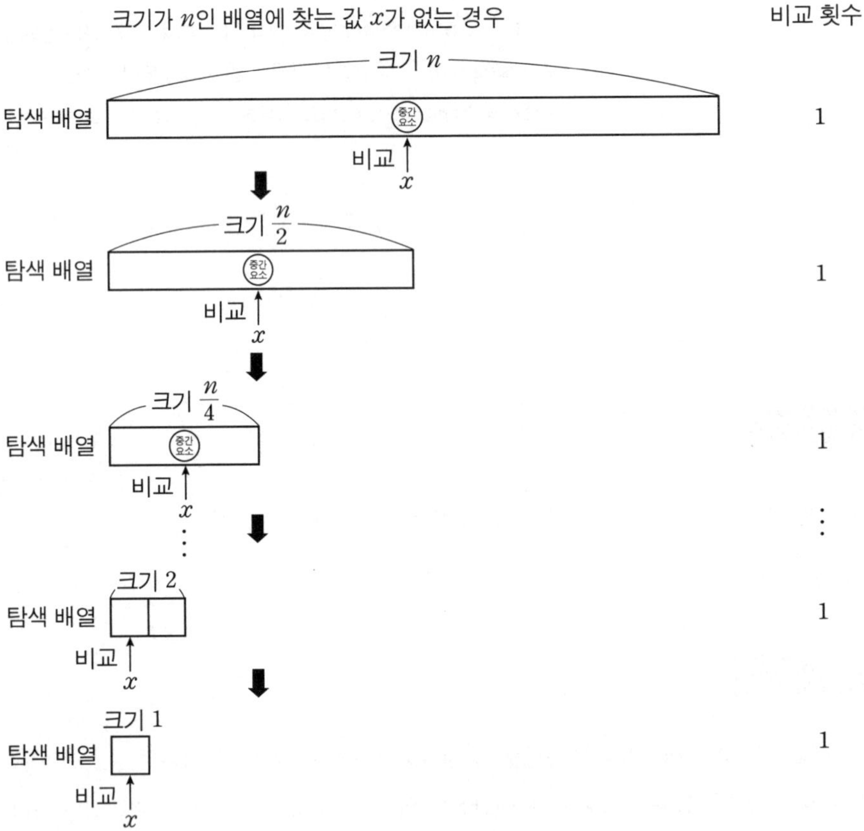

[그림 2-11] 이진 탐색의 최악의 경우 비교 횟수

크기가 n인 배열에서 x를 이진 탐색으로 찾기 위한 총 비교 횟수를 더 정확하게 수학적으로 계산해 보자. 크기가 n인 배열에서 x를 찾기 위한 총 비교 횟수를 $W(n)$이라고 하자. 이 알고리즘에서는 한 번 비교할 때마다 x를 찾지 못한다면 더 찾아야 할 배열의 크기가 반으로 줄어 든다. 그러므로 $n \geq 2$인 경우에 $W(n)$은 다음 탐색에서의 비교 횟수에 1(중간 요소와 비교)을 더한 값이다. $n=1$인 경우에는 한 번만 비교하면 된다. 따라서 W(n)에 관한 다음 점화식이 성립한다.

$$\mathrm{W}(n) = \begin{cases} W\left(\frac{n}{2}\right)+1, & n \geq 2 \\ 1, & n = 1 \end{cases}$$

$n \geq 2$인 경우에 이 점화식을 치환을 이용하여 풀어보자. 편의상 $n=2^k(\mathrm{k} \geq 1)$이라고 가정한다.

$$\begin{aligned} \mathrm{W}(n) &= W\left(\frac{n}{2}\right)+1 \\ &= (W\left(\frac{n}{2^2}\right)+1)+1 = W\left(\frac{n}{2^2}\right)+2 \\ &= (W\left(\frac{n}{2^3}\right)+1)+2 = W\left(\frac{n}{2^3}\right)+3 \\ &\quad\vdots \\ &= (W\left(\frac{n}{2^k}\right)+1)+k-1 = W(1)+k \\ &= k+1 \\ &= \log_2 n + 1 \in \mathrm{O}(\log n) \end{aligned}$$

따라서 이진 탐색은 로그 시간 알고리즘이다. 반면에 순차 탐색은 최대 n번 비교해야 하므로 O(n) 알고리즘이다. 따라서 이진 탐색이 순차 탐색보다 훨씬 더 효율적인 알고리즘임을 알 수 있다.

요약

- 알고리즘의 효율성은 보통 시간 복잡도와 공간 복잡도로 나누어진다. 시간 복잡도는 알고리즘을 구현한 프로그램이 얼마나 빨리 수행되는지를 나타낸다. 공간 복잡도는 프로그램이 요구하는 메모리 공간의 크기를 나타낸다.

- 알고리즘의 효율성 분석은 주로 시간 복잡도를 사용한다.

- 알고리즘의 시간 복잡도는 알고리즘의 기본 연산이 수행되는 횟수를 입력 크기에 대한 함수로 표현한다. 기본 연산은 알고리즘의 실행 시간에 가장 많이 기여하는 연산이다.

- 알고리즘의 시간 복잡도를 나타내는 함수 값들의 크기가 N의 값이 커짐에 따라 얼마나 빨리 증가하는 가는 알고리즘의 분석에 매우 중요한 의미를 가진다.

- 어떤 알고리즘의 실행 시간은 입력 크기만이 아니라 특정 입력 값에도 좌우된다. 따라서 알고리즘의 시간 복잡도는 최악 경우, 최선 경우와 평균 경우 시간 복잡도로 나눌 수 있다.

- 점근적 표기는 입력 크기가 무한대로 커질 때의 시간 복잡도를 간단히 표현하기 위해 사용한다. 점근적 표기는 다음과 같이 세 가지가 있다.
  - O (Big ◯)－표기
  - Ω (Big Ω)－표기
  - θ (Big ⊖)－표기

- O－표기는 시간 복잡도의 점근적 상한을 나타낸다.

- Ω－표기는 시간 복잡도의 점근적 하한을 나타낸다.

- θ －표기는 시간 복잡도의 점근적 상한이면서 동시에 점근적 하한임을 나타낸다.

- 알고리즘의 복잡도를 O－표기로 표현한 대표적인 시간 복잡도 범주는 다음과 같다.
  - $O(1)$: 상수 시간
  - $O(\log n)$: 로그 시간
  - $O(n)$: 1차 선형 시간
  - $O(n\log n)$: 로그 선형 시간
  - $O(n^2)$: 2차 선형 시간
  - $O(n^3)$: 3차 선형 시간
  - $O(2^n)$: 지수 시간

- 비재귀 알고리즘의 시간 복잡도 분석은 기본 연산이 수행되는 총횟수를 구한 후 이를 점근적 표기로 나타낸다.
- 재귀 알고리즘의 시간 복잡도 분석은 기본 연산이 수행되는 총횟수를 나타내는 점화식의 해를 점근적 표기로 나타낸다.

연습문제 EXERCISE

1 다음 알고리즘의 입력 크기와 기본 연산을 적어라.

```
sum = 0
for (i = 0; i < N; i++)
    sum = sum + A[i]
```

2 다음 알고리즘의 입력 크기와 기본 연산을 적어라.

```
product = 1
for (i = 2; i <= N; i++)
    product = product * i
```

3 다음 알고리즘의 입력 크기와 기본 연산을 적어라.

```
minimum = A[0]
for (i = 1; i < N; i ++)
    if (A[i] < minimum) minimum = A[i]
```

4 다음 알고리즘의 입력 크기와 기본 연산을 적어라.

```
while (b ≠ 0) {
    r = a mod b
    a = b
    b = r
}
```

5 다음 알고리즘의 입력 크기와 기본 연산을 적어라.

```
sum = 0
for (i = 1; i <= N; i++)
    for (j = 1; j <= i; j++)
        sum = sum + i*j
```

6 N명의 전화번호가 저장되어 있는 전화번호부에서 주어진 이름의 전화번호를 찾으려고 한다. 전화번호부는 이름 순서(가나다라 순서)로 정렬되어 있다. 이 문제를 해결하는 빠른 알고리즘의 시간복잡도를 O－표기로 표시하라.

7 N명의 전화번호가 저장되어 있는 전화번호부에서 주어진 전화번호를 가진 사람의 이름을 찾으려고 한다. 전화번호부는 이름 순서(가나다라 순서)로 정렬되어 있다. 이 문제를 해결하는 빠른 알고리즘의 시간복잡도를 O－표기로 표시하라.

8 N명의 전화번호가 저장되어 있는 전화번호부에서 모든 사람의 전화번호를 찾으려고 한다. 이 문제를 해결하는 빠른 알고리즘의 시간복잡도를 O－표기로 표시하라.

9 N명의 전화번호가 저장되어 있는 전화번호부에서 성이 김씨인 사람들의 모든 전화번호를 찾으려고 한다. 이 문제를 해결하는 빠른 알고리즘의 시간복잡도를 O－표기로 표시하라.

10 다음 함수를 θ－표기로 나타내라:

$$3n^2 - 5n \log n + 100000 =$$

11 다음 함수들을 차수가 낮은 것에서 차수가 높은 순서로 배열하라.

$n^n + \log n$　　$2n^3 + 5n$　　$\log n!$　　$10^n + n^5$　　$5 \log n$

연습문제 EXERCISE

12 $f(n) = 3n^3 + n^2 \in \theta(n^3)$ 임을 증명하라.

13 O−표기와 Ω−표기의 정의를 이용하여 다음을 증명하라.

(1) $6n^2 + 20n \in O(n^3)$

(2) $6n^2 + 20n \notin \Omega(n^3)$

14 다음 알고리즘을 고려하라.

```
// 입력 − A[0 . . n − 1] : n개의 실수들의 배열
Secret(A[0 . . n − 1]) {
   for (i = 0; i < n − 1; i++) {
      for (j = i + 1; j < n; j++) {
            if (A[i] == A[j]) return false
      }
   }
   return true
}
```

(1) 위 알고리즘이 하는 일을 구체적으로 적어라.

(2) 위 알고리즘의 시간복잡도를 O−표기로 나타내라.

15 다음 알고리즘을 고려하라.

```
// 입력 – n:양의 정수
Mystery(n) {
   S = 0
   for (i = 1; i <= n; i++)
        for (j = 1; j <= i; j++)
             S = S + i*j
   return S
}
```

(1) 위 알고리즘이 계산하는 식을 구체적으로 적어라.

(2) 위 알고리즘의 시간복잡도를 O – 표기로 나타내라.

16 다음 알고리즘을 고려하라.

```
// 입력 : A[0 . . n – 1] – n개의 실수들의 배열
Secret(A[0 . . n – 1 ]) {
   minval = A[0]
   maxval = A[0]
   for (i = 1; i < n; i++) {
        if (A[i] < minval) minval = A[i]
        if (A[i] > maxval) maxval = A[i]
   }
   return (maxval – minval)
}
```

(1) 위 알고리즘이 계산하는 값은 무엇인가?

(2) 위 알고리즘의 시간복잡도를 O – 표기로 나타내라.

연습문제 EXERCISE

17 다음 알고리즘을 고려하라.

```
mystery(int n) {
  int r = 0;
  for (i = 1; i <= n - 1; i++) {
    for (j = i + 1; j <= n; j++) {
        r = r + 1
  return r
}
```

(1) 위 알고리즘이 계산하는 값은 무엇인가?

(2) 위 알고리즘의 시간복잡도를 O－표기로 나타내라.

18 크기가 n인 문제를 푸는 Algorithm_1과 Algorithm_2라는 두 개의 알고리즘이 있다. Algorithm_1은 n^2 μsec(백만분의 1초)에 실행되고, Algorithm_2는 $100n \log n$ μsec에 실행된다. Algorithm_1은 구현하는 데 4시간의 프로그래머 시간이 걸리고 2분의 CPU시간을 필요로 한다. 반면에 Algorithm_2는 구현하는 데 15시간의 프로그래머 시간이 걸리고 6분의 CPU시간을 필요로 한다. 프로그래머의 임금이 시간당 2만원이고, CPU 사용료는 분당 5만원이라 하면, 크기가 500인 문제의 실례를 몇 번 Algorithm_2로 풀어야 개발을 정당화(개발비를 복구)할 수 있을까?

19 다음의 숫자들에 대해 35를 이진탐색으로 찾는 과정을 보여라.

[10, 20, 25, 35, 45, 55, 60, 75, 80, 90, 95]

20 4,096개의 정렬된 데이터에 대해 이진탐색을 하는데 필요한 최대 비교 횟수는 얼마인가?

21 크기가 N인 정렬된 숫자들의 배열, A[1 . . N]가 주어진다면 0이라는 숫자가 배열 A에 있는지를 알려 주는 알고리즘을 작성하라. 즉, 만약 0이 배열 A 안에 있으면 A[i] = 0인 i값을 찾아라. 그렇지 않으면 i를 0으로 하라. 작성한 알고리즘의 최악 경우 시간복잡도와 최선 경우 시간복잡도를 구하라.

22 양의 정수 N을 이진수로 나타날 때 필요한 비트(bit) 수를 구하려고 한다.

(1) 반복을 이용하는 알고리즘을 작성하라. 작성한 알고리즘의 시간복잡도를 O－표기로 나타내라.

(2) 재귀를 이용하는 알고리즘을 작성하라. 작성한 알고리즘의 시간복잡도를 O－표기로 나타내라.

23 N(>1)층 건물이 있다. 1개의 대리석 구슬이 있다. 대리석 구슬을 떨어뜨릴 때 구슬이 깨지는 최저 층수를 알 수 있는 알고리즘을 작성하라. 작성한 알고리즘의 시간복잡도를 O－표기로 나타내라.

24 N(>1)층 건물이 있다. 무한히 많은 대리석 구슬들이 있다. 대리석 구슬을 떨어뜨릴 때 구슬이 깨지는 최저 층수를 알 수 있는 알고리즘을 작성하라. 작성한 알고리즘의 시간복잡도를 O－표기로 나타내라.

연습문제 EXERCISE

25 (암수) 한 쌍의 새로 태어난 토끼들은 한 달이 될 때에 두 (암수) 쌍의 토끼를 낳고 두 달이 될 때에 또 다른 세 (암수) 쌍의 토끼를 낳는다고 가정한다. 내가 방금 한 쌍의 새로 태어난 토끼들을 샀다면 지금부터 n번째 달에 몇 쌍의 토끼들이 태어나는 지를 계산해야 한다.

(1) 지금부터 i번째 달에 새로 태어난 토끼 쌍들의 수들로 이루어진 수열의 일부 항을 구하라. a_i를 i번째 달에 새로 태어난 토끼 쌍들의 수라고 하면 $a_0 = 1$, $a_1 = 2$, $a_2 = 7$이다. a_3, a_4와 a_5를 구하라.

(2) (1)에서 구한 수열을 나타내는 점화식을 작성하라.

(3) (2)에서 구한 점화식을 이용하여 n이 주어지면 a_n(새로 태어난 토끼 쌍들의 수)를 구하는 재귀 알고리즘을 작성하라. 작성한 알고리즘의 시간복잡도를 O－표기로 나타내라.

(4) (2)에서 구한 점화식을 이용하여 n이 주어지면 a_n(새로 태어난 토끼 쌍들의 수)를 구하는 비재귀 알고리즘(반복문 사용)를 작성하라. 작성한 알고리즘의 시간복잡도를 O－표기로 나타내라.

3장

정렬 알고리즘

3장

정렬 알고리즘

n개의 정렬할 수 있는 항목들(예: 숫자들, 문자열들)의 목록이 주어지면 그 값들을 특정한 순서에 따라 재배열하는 것을 정렬이라 한다. 예를 들면, 학생들을 '키가 작은 순서' 로 정렬하거나 학생들의 시험 점수들을 '점수가 높은 순서' 로 정렬하여 석차를 구할 수 있습니다. 다음은 5명의 학생들을 키가 작은 순서로 정렬한 경우와 시험 점수가 높은 순서로 정렬한 경우를 보여준다.

96 72 80 63 54 ➡ 96 80 72 63 54

정렬을 할 때 어떤 순서로 나열할 것인가가 중요하다. 이 순서를 정렬 순서라고 한다. 정렬 순서에는 다음과 같이 두 가지가 있다.

- 오름차순: 작은 순서대로 나열
- 내림차순: 큰 순서대로 나열

정렬은 컴퓨터가 수행하는 가장 핵심적인 작업이다. 정렬은 우리 일상생활에 너무 많이 활용되고 있다. 정렬이 거의 모든 정보 처리에서 필수적이기 때문이다. 이메일 보관

함은 도착한 수많은 메일 중에서 수신한 시간 순서로 일부 메일을 첫 페이지에 보여 준다. 검색 엔진을 사용하여 찾아낸 문서들도 어떤 정한 기준에 따라 정렬된 목록 중 상위에 놓인 것만을 보여 준다. 올림픽과 월드컵 같은 스포츠 분야에서도 순위를 정하여 보여 준다.

정렬 알고리즘은 컴퓨터 과학에서 가장 많이 연구된 분야 중 하나이다. 정렬은 정보처리에서 너무 많이 사용되어 효율적인 정렬 알고리즘이 매우 중요해졌다. 더욱이 정렬은 정렬할 대상의 수가 증가할수록 정렬의 단위 비용은 줄어들지 않고 더 늘어난다. 즉, 정렬에는 규모의 경제가 적용되지 않는다. 그 결과로 지금까지 많은 정렬 알고리즘들이 개발되었다.

정렬 알고리즘들은 정렬할 값들을 어떤 기준으로 나누는가에 따라 다음과 같이 분류할 수 있다. 정렬할 값들은 배열에 저장되고 배열의 크기는 $n(>0)$이라고 가정한다.

1. 배열의 크기에 기초해 나눈 후 배열들을 합쳐서 정렬한다.

(1) 크기가 1인 배열과 크기가 $(n-1)$인 배열로 나눈다.

예 삽입 정렬 (3.2절)

(2) 크기가 $\frac{n}{2}$인 두 개의 배열로 나눈다.

예 합병 정렬 (5.2절)

2. 배열을 특정 값에 기초하여 나눈 후 배열들을 합쳐서 정렬한다.

(1) 최솟값에 기초하여 배열을 나눈다

예 선택 정렬 (3.1절), 힙 정렬 (3.3절)

(2) 배열의 기준 값(예: 첫 번째 값)에 기초하여 배열을 나눈다

예 빠른 정렬 (5.3절)

1에 속하는 정렬 알고리즘들은 나누는 것은 쉽고 합치는 것은 어렵다. 반면에 2에 속하는 정렬 알고리즘들은 나누는 것은 어렵고 합치는 것은 쉽다. **[그림 3-1]**은 배열을 크기에 따라 나눈 후 정렬하는 두 개의 정렬 알고리즘들을 보여 준다. **[그림 3-2]**는 배열

을 특정 값에 따라 나눈 후 정렬하는 두 개의 정렬 알고리즘들을 보여 준다. 이 장에서 선택 정렬, 삽입 정렬과 힙 정렬을 다룬다. 합병 정렬과 빠른 정렬은 5장에서 다룬다.

이 장에서 정렬할 값들은 숫자들이고 정렬 순서는 오름차순이다. 또한 정렬할 숫자들의 목록이 크기가 n인 배열이라고 가정한다. 배열의 지수는 0부터 시작한다. 따라서 크기가 n인 배열 A는 $A[0..n-1]$로 표기한다. $A[0]$와 $A[n-1]$은 각각 배열 A의 첫 번째 요소와 n번째(마지막) 요소이다.

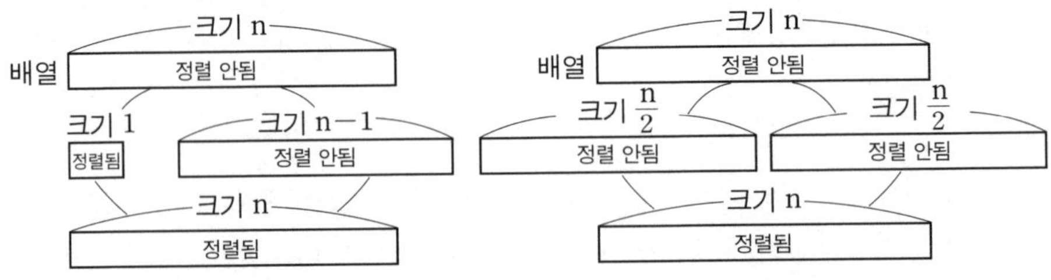

(a) 삽입 정렬 (b) 합병 정렬

[그림 3-1] 크기에 의한 분할 후 정렬

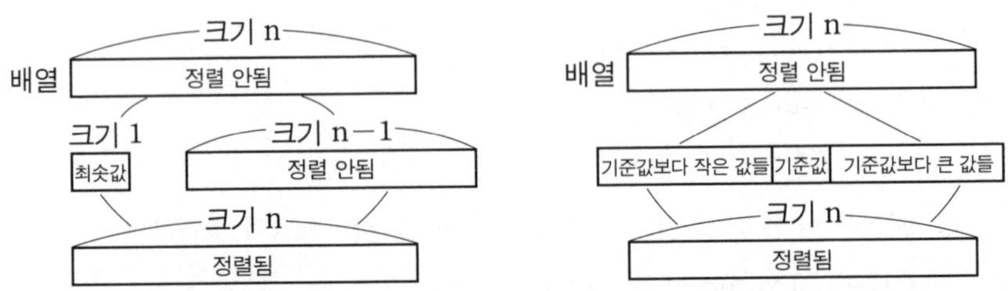

(a) 선택 정렬 (b) 빠른 정렬

[그림 3-2] 특정 값에 의한 분할 후 정렬

3-1 선택 정렬

선택 정렬(Selection Sort)은 먼저 전체 배열에서 가장 작은 요소를 찾고 그 요소를 배열의 첫 번째 요소와 교환한다. 다음으로 배열 A의 두 번째 요소부터 마지막 요소까지 확인하여 가장 작은 요소를 찾은 후 그 요소를 두 번째 요소와 교환한다. 이런 과정을 배열 전체가 정렬될 때까지 (n − 1)번 반복한다. **[그림 3-3]**은 선택 정렬이 진행되는 과정의 한 예를 보여준다.

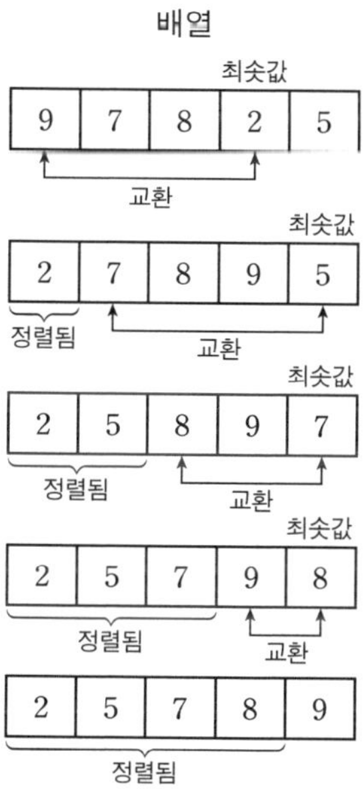

설명

<9, 7, 8, 2, 5>에서 최솟값을 찾는다.
최솟값 2를 첫 번째 요소 9와 교환한다.

<7, 8, 9, 5>에서 최솟값을 찾는다.
최솟값 5를 두 번째 요소 7과 교환한다.

< 8, 9, 7>에서 최솟값을 찾는다.
최솟값 7을 세 번째 요소 8과 교환한다.

< 9, 8>에서 최솟값을 찾는다.
최솟값8을 네 번째 요소 9와 교환한다.

남은 요소(9)가 하나이므로 종료한다.
전체 배열이 정렬되어 있다.

[그림 3-3] 선택 정렬의 진행 과정

선택 정렬은 정렬 문제에 무작위 접근 방법을 사용한다. 정렬의 전략은 i, $1 \le i < n$, 번째 반복에서 배열 $A[i-1\,..\,n-1]$ 안에 있는 가장 작은 요소를 찾아 $A[i-1]$과 교환한다. i번째 반복을 시작하기 전에 배열 $A[0\,..\,i-2]$ 는 정렬되어 있다는 사실을 유념하라. **[그림 3-4]**는 i번째 반복 전 배열 요소들의 상태를 보여준다.

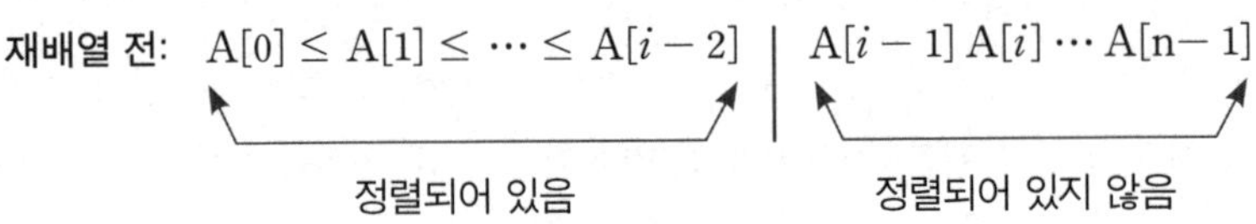

[그림 3-4] i번째 반복 전의 배열

i번째 반복에서 정렬되어 있지 않은 부분에서 가장 작은 요소를 찾아 $A[i-1]$과 교환한다. $(n-1)$번 반복 후에는 전체 배열이 정렬된다. 위의 전략에 따라 작성한 선택 정렬 알고리즘은 다음과 같다.

: 알고리즘

```
알고리즘 SelectionSort(A[0 . . n - 1]
// 주어진 배열을 선택 정렬을 이용하여 정렬한다.
// 입력: 정렬할 수 있는 n 개의 요소들의 배열 A[0 . . n - 1]
// 출력: 오름차순으로 정렬된 배열 A[0 . . n - 1]
for (i= 0;i<n-1;i++) {
      // A[0 · · n-1] 의 가장 작은 요소의 지수를 찾는다
      min=i
      for (j=i+1;j<n;j++)
           if (A[j]<A[min]) min=j

      A[i] 와 A[min]을 교환한다
}
```

[프로그램 3.1]은 위 알고리즘을 자바로 구현한 프로그램이다.

프로그램 3.1 선택 정렬

```
// 프로그램 3.1: 선택 정렬을 사용하여 정렬한다
public class SelectionSort {
    public static void main(String[] args) {
        int [] intArray = {89, 45, 67, 92, 39, 74, 26, 90};
        int i;

        // 정렬하기 전 배열을 출력한다
        System.out.print("정렬 전 배열: ");

        for (i = 0; i < intArray.length; i++)
            System.out.print(intArray[i] + "  ");

        // 선택 정렬을 사용하여 정렬하기 위해 selectionSort 메소드를 호출한다
        selectionSort(intArray);

        // 정렬한 후 배열을 출력한다
        System.out.print("Wn정렬 후 배열: ");

        for (i = 0; i < intArray.length; i++)
            System.out.print(intArray[i] + "  ");
    }

    public static void selectionSort(int[] A) {
        int i, j, min, temp;
        int n = A.length;

        for (i = 0; i < n - 1; i++) {
            // A[i]부터 A[n - 1]의 요소들 중 최솟값의 지수를 찾는다
            min = i;
            for (j = i + 1; j < n; j++)
```

```
            if (A[j] < A[min]) min = j;

        // A[i]와 A[min]을 교환한다
        temp = A[min];
        A[min] = A[i];
        A[i] = temp;
    }
    }
}
```

: 실행 결과

[프로그램 3.1]을 <89, 45, 67, 92, 39, 74, 26, 90>을 저장하는 배열에 대해 선택 정렬을 실행하기 전과 실행한 후의 배열에 저장된 값들을 출력한 결과는 다음과 같다.

정렬 전 배열:	89	45	67	92	39	74	26	90
정렬 후 배열:	26	39	45	67	74	89	90	92

[그림 3-5]는 위 출력 결과를 얻기까지의 배열 요소들이 바뀌는 과정을 보여 준다.

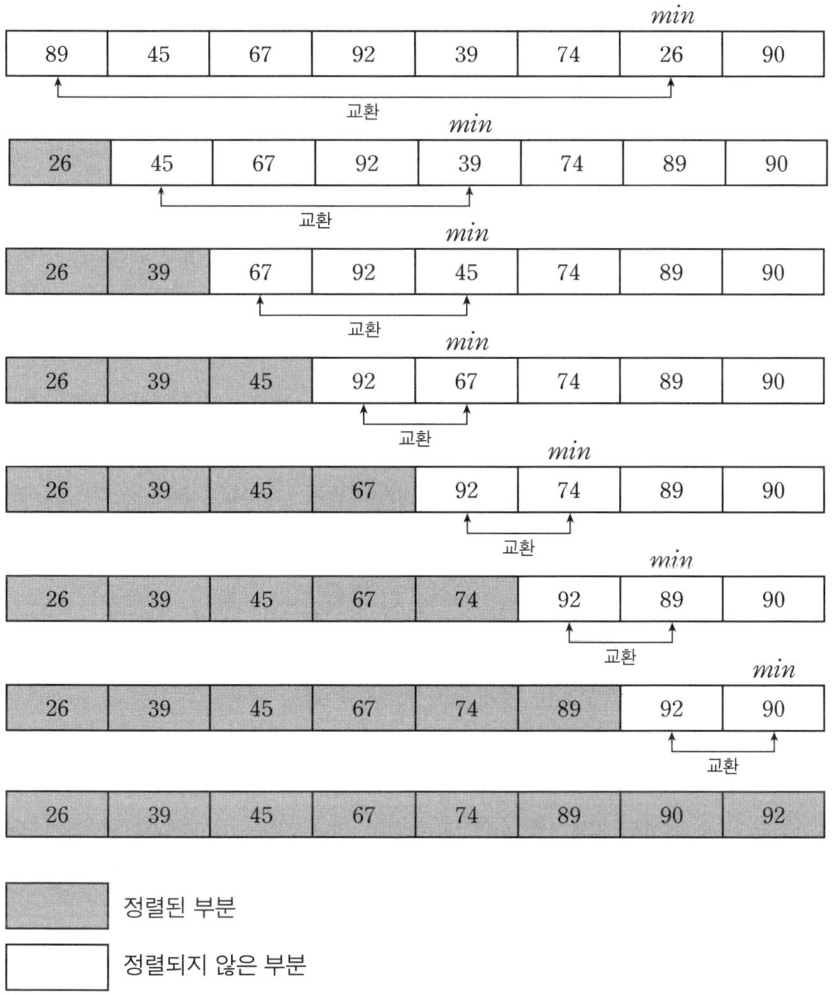

[그림 3-5] 선택 정렬 프로그램의 실행 과정

: 시간 복잡도

먼저 **[그림 3-5]**의 프로그램 실행 과정의 예를 통해 배열 요소들 간의 비교 횟수를 계산해 보자.

– 첫 번째 과정은 최솟값의 후보(처음에는 첫 번째 요소 89)를 나머지 요소들

과 순서대로 한 번씩 비교하므로 7번 비교한다.

- 두 번째 과정은 두 번째로 작은 값의 후보(처음에는 두 번째 요소 45)를 세 번째 요소부터 마지막 요소들까지 순서대로 한 번씩 비교하므로 6번 비교한다.
- 나머지 과정들의 비교 횟수는 바로 전 과정의 비교 횟수보다 1 적다.
- 그러므로 총 비교 횟수는 $7 + 6 + 5 + 4 + 3 + 2 + 1 = 28$이다.

선택 정렬 알고리즘의 시간 복잡도를 정식으로 분석해 보자. 입력 크기는 배열의 크기인 n이다. 기본 연산은 가장 많이 실행되는 알고리즘의 4번째 줄 내의 배열 요소들 간의 비교(A[j] < A[min])이다. 이 기본 연산은 $i = 0$ 일 때 $(n - 1)$번, $i = 1$일 때 $(n - 2)$번, $\cdots$, $i = n - 2$일 때 1번 수행된다. 따라서 총 비교 횟수는 다음과 같다.

$$(n - 1) + (n - 2) + \cdots + 1 = \sum_{i=1}^{n-1} i \; = \; \frac{n(n-1)}{2} \in \theta(n^2)$$

따라서 선택 정렬은 어떤 입력에 대해서도 동일한 $\theta(n^2)$ 알고리즘이다.

선택 정렬은 이해하기 쉽지만 빠른 알고리즘은 아니다. 그러나 배열 요소들 간의 교환은 $(n - 1)$ 번 이루어진다. 이는 선택 정렬을 다른 정렬 알고리즘들과 차별화시키는 장점이다. 또한 선택 정렬은 제자리에서 정렬하기 때문에 추가 공간을 필요로 하지 않는다. 따라서 선택 정렬은 입력 크기가 크지 않고 배열 요소들 간의 교환 비용이 큰 경우에 적절하다.

3-2 삽입 정렬

삽입 정렬(Insertion Sort)은 배열을 정렬된 부분과 정렬이 안 된 부분으로 나눈다. 정렬된 부분은 앞에 있고 정렬이 안 된 부분은 뒤에 있다. 정렬이 안 된 부분의 첫 번째 요소를 정렬된 부분의 적절한 위치에 삽입하여 정렬하는 과정을 반복한다. 이 정렬은 처음에 배열을 첫 번째 요소(A[0])와 나머지 부분(A[1 . . n − 1])으로 나눈다. A[0]은 하나이므로 자동적으로 정렬이 되어 있다. 나머지 부분은 정렬이 안 되어 있다. 그러고 나서 정렬이 안 된 부분의 첫 번째 요소(A[1])를 A[0]와 비교한다. 만약 A[1]이 A[0]보다 작다면 A[1]을 A[0]와 교환하고 크거나 같으면 아무 일도 하지 않는다. 그러면 A[0. . 1]은 정렬되어 있고 A[2 . . n − 1]은 정렬되어 있지 않다. 다음으로 A[2 . . n− 1]의 첫 번째 요소인 A[2]을 정렬된 부분의 마지막 요소부터 왼쪽으로 역순으로 비교하여 A[2]를 정렬된 부분의 적절한 위치에 삽입한다. 이런 과정을 (n − 1)번 반복하면 전체 배열이 정렬된다.

[그림 3-6]은 삽입 정렬이 진행되는 구체적인 예를 보여 준다. 수직 바(|) 앞에 있는 배열 요소들은 정렬되어 있다. 고딕체인 숫자는 정렬된 부분에 삽입될 요소이다.

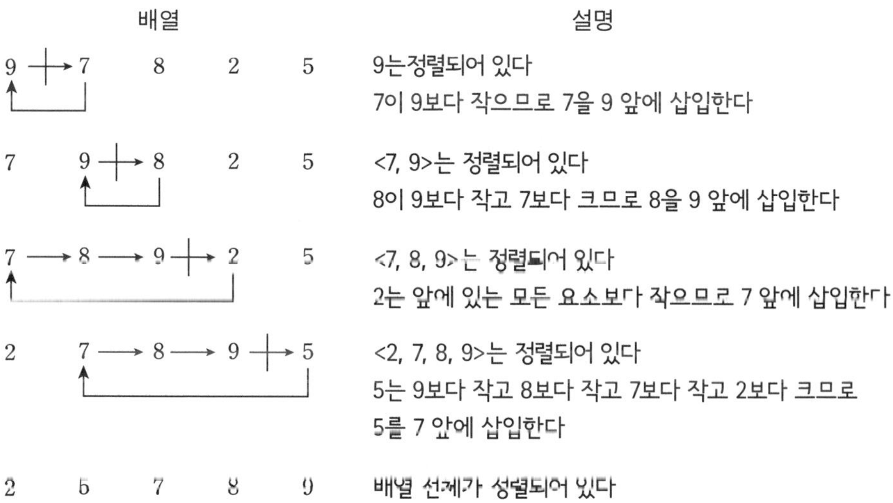

[그림 3-6] 삽입 정렬의 진행 과정

삽입 정렬은 한 번 반복할 때마다 정렬이 된 부분의 크기가 1만큼 증가한다.

삽입 정렬의 핵심 아이디어는 다음과 같다.

> i, $1 \le i < n$, 번째 반복하기 전에 A[0 . . i − 1]가 정렬되어 있다는 사실을 이용한다. i번째 반복에서 정렬이 안 된 부분의 첫 번째 요소(A[i])를 정렬된 부분 A[0 . . i − 1]에 삽입할 위치를 찾은 후 A[i]을 그 위치에 삽입시켜 A[0 . . i]을 정렬시킨다.

삽입 정렬 알고리즘을 위의 아이디어를 적용하여 단계적으로 완성해 보자. 알고리즘의 골격은 다음과 같다.

```
for (i = 1 ; i < n ; i++)
    A[0 . . i] 를 재배열하여 정렬한다.
```

위의 골격 알고리즘에서 배열을 재배열하는 방법을 찾아야 한다. 먼저 정렬이 안 된 부분의 첫 번째 요소인 A[i]가 정렬이 된 부분 A[0 . . i − 1]내에 삽입될 위치를 찾아야 한다. A[i]를 삽입할 위치를 찾기 위해 A[0 . . i − 1]의 첫 번째 요소부터 순서대로 비교할 수도 있고 마지막 요소부터 왼쪽 방향으로 비교할 수도 있다. 후자의 비교 방법이 많이 사용된다. A[0 . . i − 1]의 마지막 요소부터 왼쪽 방향으로 하나씩 비교하여 $A[j] \le A[i] \le A[j+1]$인 지수 j를 찾아서 A[i]를 A[j]와 A[j + 1]사이에 삽입해야 한다. **[그림 3-7]**은 지수 j를 찾은 후 재배열하기 전과 후의 배열을 보여 준다.

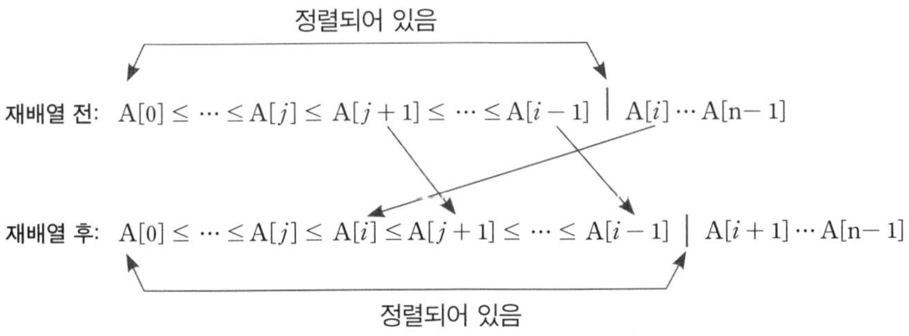

[그림 3-7] i번째 반복 전과 후의 배열

이를 수행하는 코드를 다음과 같이 작성해 보자.

```
j = i − 1
while (A[j] > A[i])
    j = j - 1
```

그러나 이 코드는 A[i]가 A[0 . . i − 1]의 가장 작은 요소인 A[0]보다 작다면 j가 −1이 되므로 배열 지수가 허용된 범위 밖에 있어 정확하게 작동하지 않는다. 이 문제를 해결하기 위해 감시값을 저장하는 변수 insertElement를 도입하고 insertElement에 A[i]를 저장한다. 그러면 위 코드를 다음과 같이 수정하면 된다.

```
insertElement = A[i]  // 삽입할 요소 A[i]를 저장한다
j = i − 1
// A[i]를 A[0 . . i − 1]에 삽입할 위치를 찾는다
while (j ≥ 0 and A[j] > insertElement) {
    A[j + 1] = A[j]  // A[j]를 오른쪽으로 한 자리 이동시킨다
    j = j − 1
}
A[j + 1] = insertElement  // A[i]를 찾은 위치에 삽입한다
```

따라서 삽입 정렬 알고리즘은 다음과 같다.

알고리즘

```
알고리즘 InsertionSort(A[0 . . n - 1])
// 주어진 배열을 삽입 정렬을 이용하여 정렬한다
// 입력: 정렬할 수 있는 n개의 요소들의 배열 A[0 . . n - 1]
// 출력: 오름차순으로 정렬된 배열 A[0 . . n - 1]
for (i = 1; i < n; i++) {
    insertElement = A[i]  // 삽입할 요소 A[i]를 저장한다
    j = i - 1

    // A[i]를 A[0 . . i - 1]에 삽입할 위치를 찾는다
    while (j ≥ 0 and A[j] > insertElement) {
        A[j + 1] = A[j]  // A[j]를 오른쪽으로 한 자리 이동시킨다
        j = j - 1
    }
    A[j + 1] = insertElement  // A[i]를 찾은 위치에 삽입한다
}
```

[프로그램 3.2]는 위 알고리즘을 자바로 구현한 프로그램이다.

프로그램 3.2 삽입 정렬

```
// 프로그램 3.2: 삽입 정렬을 사용하여 정렬한다
public class InsertionSort {
  public static void main(String[] args) {
    int[ ] intArray = {45, 89, 67, 92, 53, 74, 26, 80};
    int i;

    // 정렬하기 전 배열을 출력한다
    System.out.print("정렬 전 배열: ");

    for (i = 0; i < intArray.length; i++)
        System.out.print(intArray[i] + "  ");

    // 선택 정렬을 사용하여 정렬하기 위해 insertionSort 메소드를 호출한다
    insertionSort(intArray);

    // 정렬한 후 배열을 출력한다
    System.out.print("₩n정렬 후 배열: ");
    for (i = 0; i < intArray.length; i++)
        System.out.print(intArray[i] + "  ");
  }

  public static void insertionSort(int[] A) {
    int i, j, insertElement;
    int n = A.length;

    for (i = 1; i < n; i++) {
       // 배열 A[0 . . i]를 재배열하여 정렬한다
       insertElement = A[i]; // A[i]를 저장한다
       j = i - 1;
```

```
                // A[i]를 A[0 . . i - 1]에 삽입할 지수를 찾는다
                while (j >= 0 && A[j] > insertElement) {
                    A[j + 1] = A[j];  // A[j]를 오른쪽으로 한 자리 이동시킨다
                j = j - 1;

                // A[i]를 찾은 위치에 삽입한다
                A[j + 1] = insertElement;
            }
        }
    }
```

: 실행 결과

[프로그램3.2]를 <45, 89, 67, 92, 53, 74, 26, 80>을 저장하는 배열에 대해 실행하여 삽입 정렬을 실행하기 전과 실행한 후의 배열에 저장된 값들을 출력한 결과는 다음과 같다.

정렬 전 배열:	45	89	67	92	53	74	26	80
정렬 후 배열:	26	45	53	67	74	80	89	92

[그림 3-8]은 위 결과가 출력되기까지 프로그램의 실행 과정을 보여 준다.

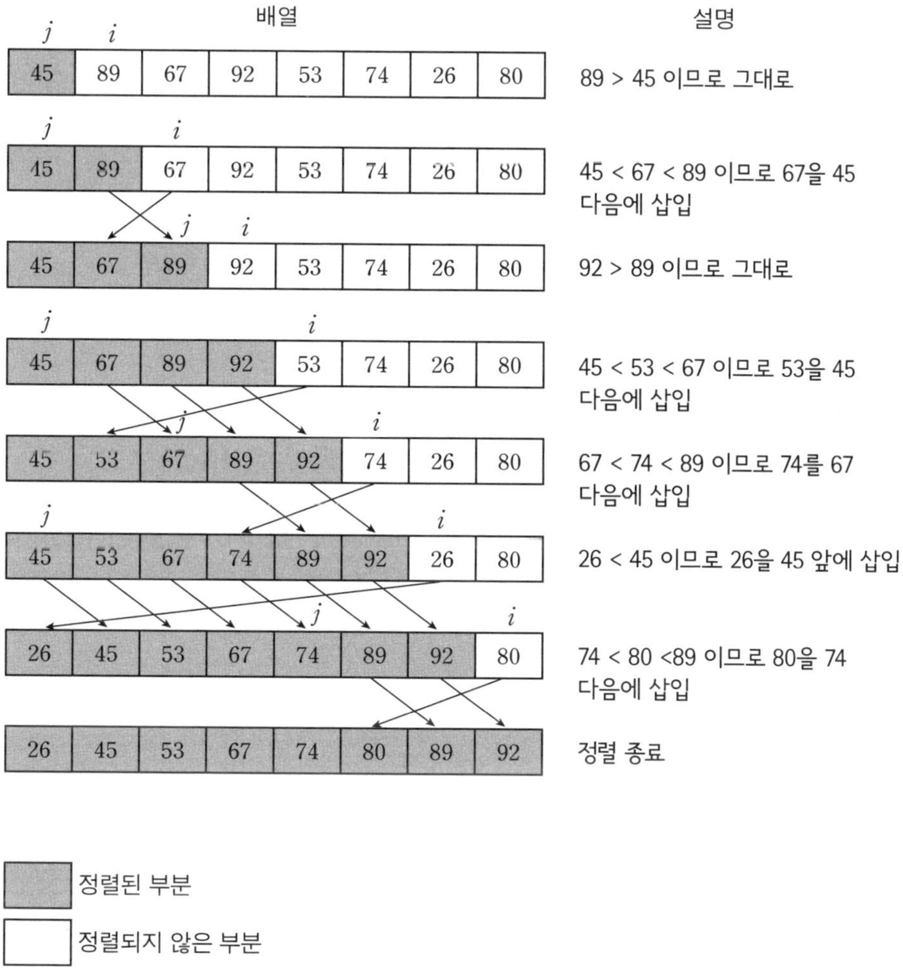

[그림 3-8] 삽입 정렬 프로그램의 실행 과정

시간 복잡도

삽입 정렬 알고리즘의 시간 복잡도를 분석해 보자. 입력의 크기는 배열의 크기인 n이다. 기본 연산은 알고리즘의 4번째 줄 내의 비교(A[j] > insertElement)이다. 기본 연산이 수행되는 횟수는 배열 내의 값들에 의존한다. 최악의 경우는 배열 내의 값들이 서로 다르고 내림차순으로 정렬되어 있는 경우이다. 이 경우 기본 연산은 i = 1일 때

1번, $i = 2$일 때 2번, ⋯ , $i = n - 1$일 때 $(n - 1)$번 수행된다. 따라서 총 비교 횟수는 다음과 같다.

$$1 + 2 + \cdots + (n - 1) = \frac{n(n-1)}{2} \in \theta(n^2)$$

따라서 삽입 정렬은 최악의 경우에 선택 정렬과 같은 $\theta(n^2)$ 알고리즘이다.

최선의 경우는 배열 내의 값들이 오름차순으로 정렬되어 있는 경우이다. 이 경우 기본 연산은 $i = 1$일 때 1번, $i = 2$일 때 1번, ⋯ , $i = n - 1$일 때 1번 수행된다. 따라서 총 비교 횟수는 $n - 1$이다.

삽입 정렬은 배열 내의 값들이 거의 정렬되어 있을 때 반복할 때마다 기본 연산이 수행되는 횟수가 적으므로 빠르게 실행된다. 이 경우는 실제로 다양한 응용에서 발생한다. 따라서 삽입 정렬은 입력의 크기가 크지 않고 배열 내의 값들이 거의 정렬되어 있을 때 적절하다.

3-3 힙 정렬

힙 정렬(Heapsort)은 힙(Heap) 자료 구조를 이용하여 정렬하는 알고리즘이다. 먼저 힙 자료 구조를 소개한다.

힙 자료 구조

힙 자료구조는 우선순위 큐(Prioriy Queue)를 구현하는데 적합하다. 우선순위 큐는 큐(Queue)와 유사하지만 항목들이 추가되고 처리되는 순서가 우선수위에 따라 정해진다는 것이 차이점이다.

우선순위 큐는 다음 연산들을 가진다.

- 우선순위가 가장 높은 항목을 검색한다(FindMax).
- 우선순위가 가장 높은 항목을 제거한다(DeleteMax).
- 새로운 항목을 추가한다(Insert).

우선순위 큐는 DeleteMax와 Insert 연산이 수행된 후 또 다른 우선순위 큐가 만들어져야 한다. **[그림 3-9]**의 (a)는 우선순위 큐에 항목 9, 5와 2를 순서대로 추가한 결과를 보여 준다. 항목의 값이 크면 우선순위가 높다. **[그림 3-9]**의 (b)는 (a)의 우선순위 큐에 FindMax( ) 연산을 수행한 결과를 보여 준다. 우선순위가 가장 높은 항목 9를 반환하고 우선순위 큐는 변하지 않는다. **[그림 3-9]**의 (c)는 (b)의 우선순위 큐에 DeleteMax( ) 연산을 수행한 결과를 보여 준다. 우선순위가 가장 높은 항목 9를 반환하고 우선순위 큐에서 항목 9를 삭제한다. 삭제 후에 남은 항목들도 우선순위 큐이다. 따라서 다시 FindMax( )나 DeleteMax( ) 연산을 수행하면 우선순위가 가장 높은 항목 5를 반환해야 한다. 우선순위 큐는 컴퓨터 운영 체제가 처리할 작업 순서를 정하기 위해 사용되고 정렬이나 여러 그래프 알고리즘에서도 사용된다.

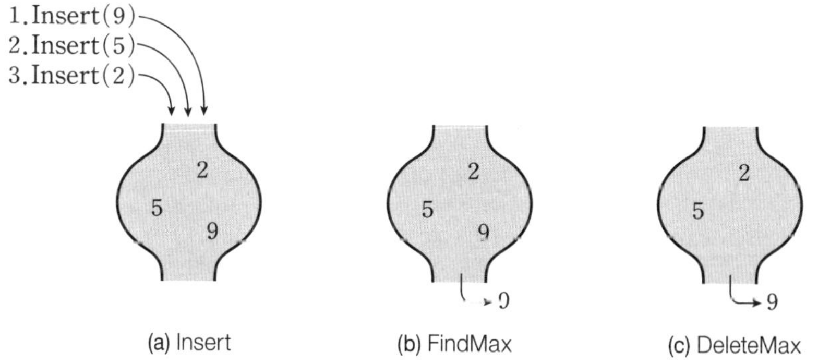

[그림 3-9] 우선 순의 큐의 연산 결과

우선순위 큐의 연산들을 효율적으로 구현한 자료 구조가 힙이다. 힙은 힙 조건을 만족시키는 완전 이진 트리(complete binary tree)이다. 완전 이진 트리는 마지막 층(level)에 있는 노드(트리의 구성 요소)들이 왼쪽부터 오른쪽으로 중간에 비지 않고 채워져 있는 트리이다.

힙은 최대 힙(Max-Heap)과 최소 힙(Min-Heap)이 있다. 힙 조건은 최대 힙이냐 최소 힙이냐에 따라 다르다. 최대(최소) 힙 조건은 트리의 각 노드의 값이 자식 노드들의 값보다 크거나(작거나) 같은 경우이다. 이 장에서는 힙은 최대 힙이라고 가정한다. 예를 들면, **[그림 3-10]** (a)의 트리는 층 1의 왼쪽 노드 7의 왼쪽 자식 노드가 없으므로 완전 이진 트리가 아니다. 따라서 힙이 아니다. (b)의 트리는 완전 이진 트리이지만 층 1의 왼쪽 노드의 값(6)이 왼쪽 자식 노드의 값(7)보다 작기 때문에 힙 조건을 만족하지 않아서 힙이 아니다. (c)의 트리는 완전 이진 트리이면서 모든 노드에서 힙 조건이 만족되므로 힙이다.

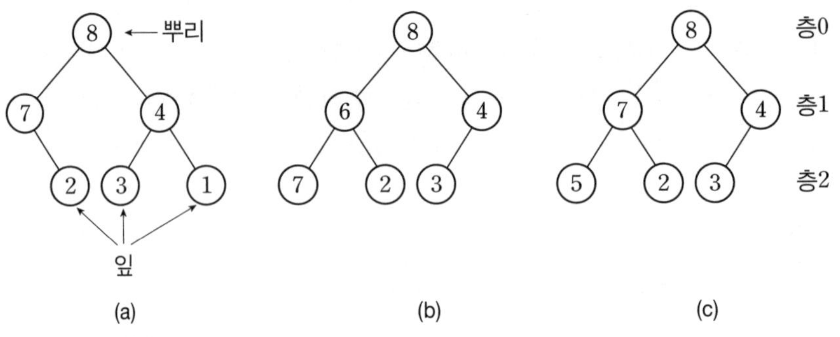

[그림 3-10] 힙이 아닌 이진 트리와 힙인 이진 트리

힙의 루트 노드(root)부터 잎(leaf)까지의 경로상에 있는 노드들의 값들은 내림차순으로 정렬되어 있음에 유념하라. 예를 들면, **[그림 3-10]** (c)의 힙은 루트 노드 8로부터 잎 5까지의 경로상에 있는 값들은 8, 7, 5이므로 내림차순으로 정렬되어 있다. 하지만 같은 층에 있는 노드들의 값들은 정렬되어 있지 않다. 층 2에 있는 잎들의 값들은 왼쪽부터 오른쪽으로 5, 2, 3이다.

힙은 다음과 같은 중요한 성질들을 가진다.

1. n개의 노드를 가진 힙은 정확히 하나만 있고 그 힙(트리)의 높이(height)는 $\lfloor \log_2 n \rfloor$이다.
2. 힙의 루트 노드는 항상 최댓값을 저장한다.
3. 힙의 한 노드와 그 노드의 자손 노드들로 이루어진 부분 트리(subtree)도 힙이다.

[그림 3-10] (c)의 힙의 높이는 $\lfloor \log_2 6 \rfloor = 2$이고 루트 노드의 값(8)은 최댓값이다. 힙은 배열로 구현할 수 있다. $n(> 0)$개의 노드들의 힙을 배열 $A[0..n]$에 저장한다면 $A[0]$은 비워 두고 $A[1]$부터 $A[n]$에 힙의 노드들을 위 층에서 아래 층으로 같은 층에서는 왼쪽에서 오른쪽으로 순서대로 저장한다. **[그림 3-11]**의 (b)는 (a)의 힙을 배열로 표현한 것을 보여 준다. **[그림 3-11]**의 (b)에 보여진 대로 힙의 내부 노드(internal node)들은 배열의 첫 $\lfloor \frac{n}{2} \rfloor$개의 지수들에 저장되고 잎들은 배열의 마지막 $\lceil \frac{n}{2} \rceil$개의 지수들에 저장된다.

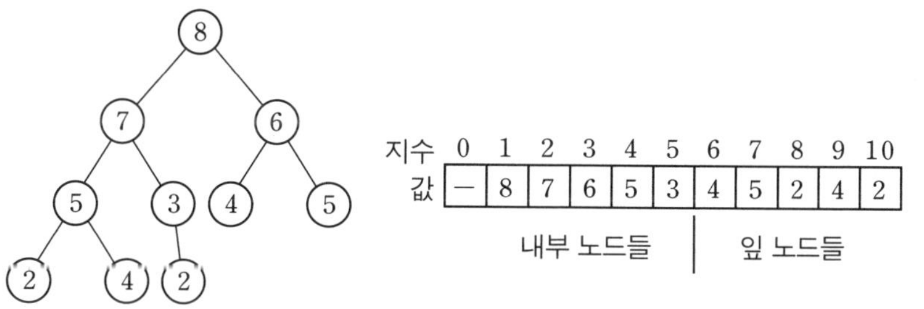

(a) 힙 (b) 힙의 배열 표현

[그림 3-11] 힙과 배열 표현

배열 요소 $A[i]$, $1 \le i \le \lfloor \frac{n}{2} \rfloor$, 의 자식 노드들은 둘 다 있다면 $A[2i]$와 $A[2i+1]$에 저장된다. **[그림 3-11]**에서 $A[3](= 6)$의 자식 노드는 $A[2*3] = A[6]$과 $A[2*3+1] = A[7]$이다. $A[i]$, $2 \le i \le n$, 의 부모 노드는 $A[\lfloor \frac{i}{2} \rfloor]$이다. $A[9](= 4)$

의 부모 노드는 $A\left[\left\lfloor \frac{9}{2} \right\rfloor\right] = A[4] = 5$이다. 따라서 힙을 배열 A[1 . . n]으로 정의할 수 있다. 배열의 앞쪽 반에 있는 모든 요소 A[i]는 A[2i]와 A[2i + 1]보다 크거나 같다. 따라서 힙 조건은 다음과 같다.

$$A[i] \geq \max(A[2i],\ A[2i+1]),\ 1 \leq i \leq \left\lfloor \frac{n}{2} \right\rfloor$$

만약 $2i + 1 > n$이라면 힙 조건은 $A[i] \geq A[2i]$이다. 이 경우 노드 i는 왼쪽 자식 노드만 있다.

힙 정렬

힙 정렬은 다음과 같이 2단계로 진행되는 알고리즘이다.

단계 1: 주어진 배열에 대해 힙을 구성한다.
단계 2: (남은) 힙에서 루트 노드(최댓값)을 제거한다.

2단계는 $(n - 1)$번 수행된다. 힙 정렬은 추가 메모리 공간을 사용하지 않고 주어진 배열만을 이용한다.

힙 정렬을 예를 들어 설명해 보자. 주어진 배열에 순서대로 1, 2, 6, 4, 8, 7이 저장되어 있다고 가정하자. **[그림 3-12]**은 힙 정렬의 첫 번째 단계인 힙 구성 과정을 단계적으로 보여 준다. 그림에서 노드 옆의 *는 그 노드의 힙 조건을 확인하는 중임을 나타내고 양쪽 머리 화살표는 노드들의 값들의 비교를 나타낸다.

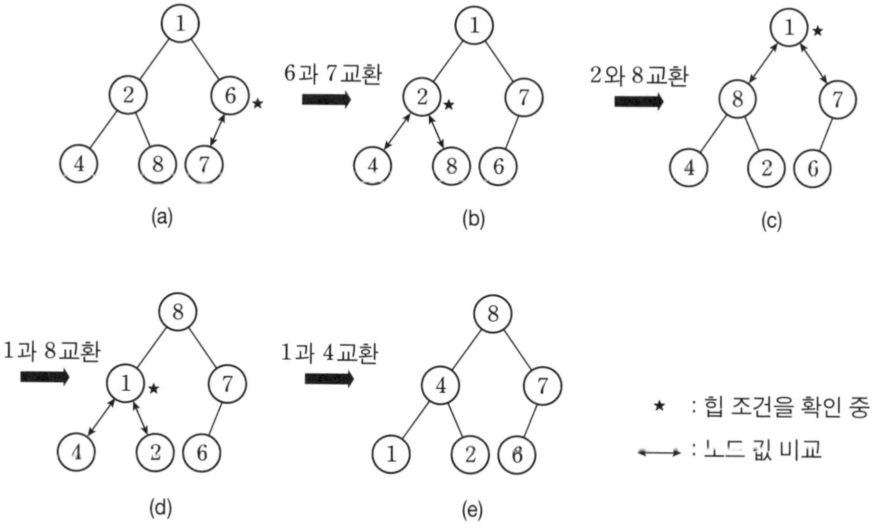

[그림 3-12] 힙 구성 과정

[그림 3-12]의 (a)는 주어진 배열을 완전 이진 트리로 표현한다. 이 트리는 노드 1, 2와 6에서 힙 조건이 만족되지 않으므로 힙이 아니다. 트리의 잎들은 자식 노드가 없으므로 힙 조건이 자동적으로 만족된다. 이 트리를 힙으로 만들기 위해서 내부 노드들의 힙 조건 만족 여부를 배열의 가장 뒤에 저장된 내부 노드 A[3](= 6)부터 역순으로 확인한다. A[3]는 A[6](= 7)보다 작으므로 A[3]에서 힙 조건이 만족되지 않는다. 따라서 A[3]에서 힙 조건을 만족시키기 위해 6과 7을 교환한다. 교환 후 트리는 (b)에 보여진다.

다음으로 A[2](= 2)에서 힙 조건 만족 여부를 확인한다. A[2]는 A[4](= 4)보다도 작고 A[5](= 8)보다도 작으므로 A[2]에서도 힙 조건이 만족되지 않는다. 따라서 A[2]에서 힙 조건을 만족시키기 위해 2를 4와 8중 큰 값인 8과 교환한다. 교환 후 트리는 (c)에 보여진다.

다음으로 루트 노드인 A[1](= 1)에서 힙 조건 만족 여부를 확인한다. A[1]은 A[2](= 8)보다도 작고 A[3](= 7)보다도 작으므로 A[1]에서도 힙 조건이 만족되지 않는다. 따라서 A[1]에서 힙 조건을 만족시키기 위해 1을 8과 7중 큰 값인 8과 교환한다. 교환 후 트리는 (d)에 보여진다. 교환 후 루트 노드에서는 힙 조건이 만족되나 교환으로 인해 A[2](= 1)에서 힙 조건이 만족되지 않을 수 있으므로 다시 힙 조건의 만족 여부를 확인해야 한다. A[2]는 A[4](= 4)보다도 작고 A[5](= 2)보다도 작으므로 A[2]에서 힙 조건이 만족되지 않는다. 따라서 A[2]에서 힙 조건을 만족시키기 위해 1을 4와 2중 큰 값인 4와 교환한다. 교환 후 트리는 (e)에 보여진다. (e)의 트리는 모든 노드에서 힙 조건이 만족되므로 힙이다.

힙 정렬의 두 번째 단계를 **[그림 3-12]**에서 만든 힙을 이용하여 설명해 보자. **[그림 3-13]**에서 노드 옆의 *는 힙 조건을 확인하는 중임을 나타내고 양쪽 머리 화살표는 노드들의 값들의 비교를 나타내고 굵은 선은 남은 힙의 경계를 나타낸다. **[그림 3-13]** (a)의 루트 노드 A[1]은 최댓값(8)을 저장한다. 이 최댓값을 힙에서 제거하기 위해 힙의 마지막 노드인 A[6](= 6)와 교환한다. 그리고 나서 마지막 노드(8)을 힙에서 제거한다. 교환 후 트리는 (b)에 보여진다. 제거된 노드는 굵은 선 밑에 있다.

다음으로 루트 노드 A[1](= 6)에서 힙 조건 만족 여부를 확인한다. 힙 조건이 만족되지 않으므로 6을 A[2](= 4)와 A[3](= 7)중 큰 값인 7과 교환한다. 교환 후 A[3]는 남은 힙에서 잎이다. 교환 후 트리는 (c)에 보여 진다. 다음으로 남은 힙의 루트 노드 A[1](= 7)을 제거하기 위해 힙의 마지막 노드인 A[5](= 2)와 교환한다. 그리고 나서 마지막 노드(7)을 힙에서 제거한다. 교환 후 트리는 (d)에 보여진다.

다음으로 루트 노드 A[1](= 2)에서 힙 조건 만족 여부를 확인한다. 힙 조건이 만족되지 않으므로 2를 A[2](= 4)와 A[3](= 6)중 큰 값인 6과 교환한다. 교환 후 A[3]에서 힙 조건이 만족된다. 교환 후 트리는 (e)에 보여진다. 이와 같이 남은 힙에서 루트 노드의 제거는 힙에 루트 노드만 남을 때까지 계속된다. **[그림 3-13]**의 (f), (g), (h) 와 (i)가 그 과정을 보여준다.

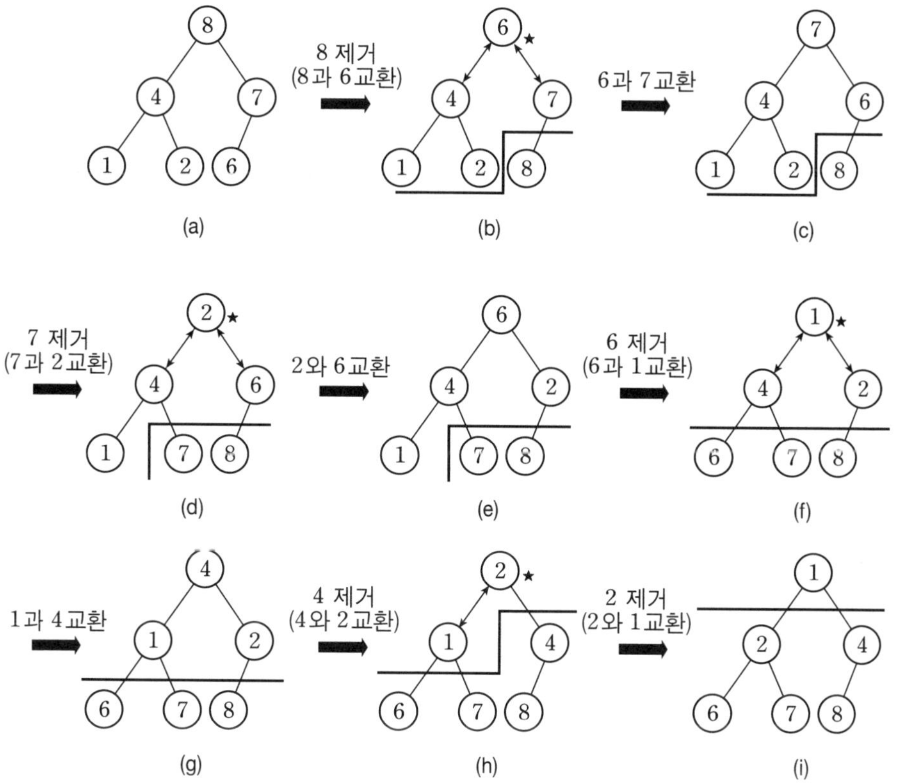

[그림 3-13] 힙에서 루트 노드 제거를 통한 정렬 과정

힙 정렬 알고리즘을 앞의 예에서 사용한 방법을 일반화시켜 작성해 보자. 이미 언급한 대로 힙 정렬은 다음과 같이 두 단계로 진행된다.

1. 주어진 배열을 힙(힙 조건을 만족시키는 완전 이진 트리)으로 만든다.

2. 다음을 (n − 1)번 반복한다:

2.1 힙에서 최댓값을 제거한다(힙의 루트 노드의 값을 마지막 노드의 값과 교환한다).

2.2 트리에서 마지막 노드를 제거한다.

2.3 남은 트리를 힙으로 만든다.

2.1 이 수행된 후 트리는 루트 노드에서 힙 조건이 만족되지 않을 수 있다. 따라서 트리는 힙이 아닐 수 있다.

힙 정렬에서 제거된 값들은 배열의 뒷부분에 순서대로 저장된다. 즉, 힙 안에 남아 있는 노드들의 수가 k, $1 \le k < n$, 라면 제거된 값들은 순서대로 배열 A[k + 1 . . n]에 저장된다. 그 값들은 더 이상 힙 안에 없다고 간주한다. 힙 안에 있는 마지막 요소의 지수를 저장하기 위해 eh라는 변수를 사용한다. 그러면 A[1 . . eh]는 힙 안에 진짜로 있는 요소들이고 A[eh + 1 . . n]은 힙 안에 없는 요소들이다. A[eh + 1 . . n]에 있는 요소들은 오름차순으로 정렬되어 있다는 사실을 유념하라. 그러면 힙 정렬 알고리즘의 골격은 다음과 같이 작성할 수 있다.

1. A[1 . . n]를 힙으로 만든다.
2. eh = n
3. while (eh > 1) {
  3.1 A[1]과 A[eh]를 교환한다.
  3.2 eh = eh − 1
  3.3 A[1 . . eh]를 힙으로 만든다.
  }

반복문 내의 첫 두 문(3.1과 3.2)은 최댓값을 제거하여 제 위치에 저장한 후 그 값을 힙에서 제거한다. 그러면 A[1]에서 힙 조건이 만족되지 않을 수 있으므로 A[1 . . eh]를 다시 힙으로 만들어야 한다. 반복문을 (n − 1)번 반복하면 A[1 . . n]이 오름차순으로 정렬된다.

위 알고리즘 골격의 단계 1을 수행하는 알고리즘 buildHEAP(1, n)를 작성해 보자. 트리에 있는 노드 x가 자식 노드가 없으면 힙 조건은 자동적으로 만족된다. $2\times$(x의 지수) > n이라면 x는 자식 노드가 없는 잎이다. 따라서 트리에 있는 내부 노드들의 지수는 1부터 $\lfloor \frac{n}{2} \rfloor$사이에 있다.

내부 노드들에서 힙 조건의 만족 여부를 트리의 마지막 내부 노드부터 역순으로 확인한다. 확인 중인 내부 노드의 지수를 저장하는 변수를 x라고 하자. x가 **[그림 3-14]**의 (a)와 같이 두 개의 자식 노드 y와 z만을 가지는 경우를 고려하자. y와 z도 지수이다. 만약 $A[x] \ge A[y]$이고 $A[x] \ge A[z]$이라면 x에서 힙 조건이 만족된다. 그렇지 않다면 힙 조건이 만족되지 않으므로 $A[x]$를 $A[y]$와 $A[z]$중 큰 값과 교환한다.

x가 루트 노드인 부분 트리가 **[그림 3-14]**의 (b)와 같은 경우를 고려하자. a와 b도 지수이다. 만약 $A[x] \ge A[a]$이고 $A[x] \ge A[b]$이라면 x에서 힙 조건이 만족된다. 그렇지 않다면 $A[x] < A[a]$이거나 $A[x] < A[b]$이다. 이 경우 $A[x]$를 $A[a]$와 $A[b]$중 큰 값과 교환한다. 그러면 x에서 힙 조건이 만족된다. 하지만 교환된 자식 노드 (a나 b)에서 힙 조건이 만족되지 않을 수 있다. 이에 대한 예는 **[그림 3-12]**의 (c)와 (d)에 보여진다. 따라서 교환된 자식 노드에서 힙 조건을 다시 확인해야 한다. 자식 노드에서 힙 조건이 만족되지 않는다면 $A[x]$의 원래 값을 한 층 아래로 내려보내야 한다. 이에 대한 예는 **[그림 3-12]**의 (e)에 보여진다. 일반적으로 x에서 힙 조건이 만족되지 않는다면 $A[x]$의 원래 값을 힙 조건이 만족될 때까지 x가 루트 노드인 부분 트리의 아래 층의 노드로 계속 내려 보내야 한다.

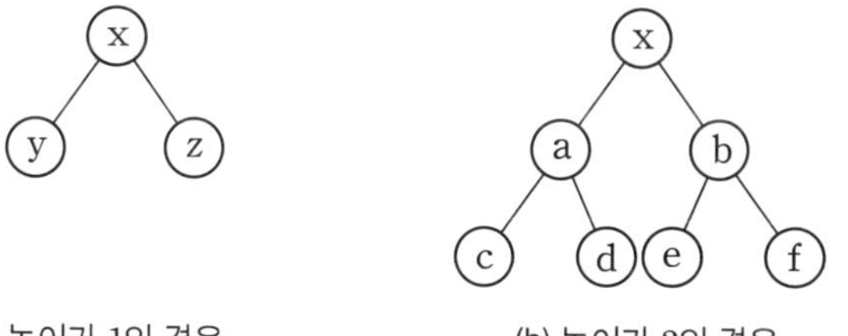

(a) 높이가 1인 경우　　(b) 높이가 2인 경우

[그림 3-14] x가 루트 노드인 부분 트리

위의 아이디어를 반영한 buildHEAP(1, n)의 골격은 다음과 같다. bh는 힙 조건을 확인중인 내부 노드의 지수를 저장하는 변수이다.

```
bh = ⌊n/2⌋ + 1        // 힙 내의 첫 번째 잎의 지수
eh = n                // 힙의 마지막 잎의 지수
while (bh > 1) {
    bh = bh − 1
    x = bh
   "x에서 힙 조건이 만족될 때까지 A[x]를 트리의 아래 층으로 내려 보낸다"
}
```

위 골격 알고리즘의 반복문 내의 마지막 단계는 **[그림 3-14]**의 예에서 사용한 방법을 일반화시키면 된다. 그 알고리즘 pushDown(A, x, bh, eh)은 다음과 같다.

```
y = A[x]보다 더 큰 값을 가지는 x의 자식 노드의 지수
while (A[x] < A[y]) {
   A[x]와 A[y]를 교환한다
   x = y
   y = A[x]보다 큰 값을 가지는 x의 자식 노드의 지수
}
```

위 알고리즘에서 y를 구하는 알고리즘 findLarger(A, x, eh)는 다음과 같다.

```
findLarger(A, x, eh) {
    if (2x + 1 ≤ eh) { // 자식 노드가 둘 다 있는 경우
        if (A[2x] > A[x] || A[2x + 1] > A[x]) {
            // A[x]보다 더 큰 값을 가지는 자식 노드의 지수를 구한다
            if (A[2x] ≥ A[2x + 1]) y = 2x
            else y = 2x + 1
        }
    } else // 자식 노드가 하나만 있는 경우
        if (2x ≤ eh && A[2x] > A[x]) y = 2x
}
```

위의 두 알고리즘을 ISHEAP(1, n)의 골격과 합치면 힙 정렬의 단계 1이 완성된다.

힙 정렬의 단계 2의 'A[1 . . eh]를 힙으로 만든다' 는 최댓값 A[1]을 A[eh]와 교환한 후 A[1]에서 힙 조건을 확인하면 된다. 이를 위해 pushDown(A, 1, eh / 2, eh)를 호출하면 된다.

따라서 완전한 힙 정렬 알고리즘은 다음과 같다.

알고리즘

```
알고리즘 HeapSort(A[1 . . n])
// 주어진 배열을 힙 정렬에 따라 정렬한다.
// 입력: 정렬할 수 있는 요소들의 배열 A[1 . . n]
// 출력: 오름차순으로 정렬된 배열 A[1 . . n ]
eh = n
buildHeap(A, eh) // 배열 A를 힙으로 만든다

// 힙에서 최대값을 제거하고 남은 트리를 다시 힙으로 만든다
while(eh > 1) {
    A[1] ↔ A[eh]
    eh = eh - 1 // 힙에서 최댓값을 제거한다
    pushDown(A, 1, eh/2, eh) // 남은 트리를 다시 힙으로 만든다
}

알고리즘 buildHeap(A[1 . . n], eh)
// 주어진 배열을 힙으로 만든다.
// 입력: A[1 . . n] — 배열
//        eh — 힙의 마지막 요소의 지수
// 출력: 힙으로 구성된 배열 A[1 . . n]
bh = ⌊n/2⌋ + 1 // 힙 내의 첫 번째 잎의 지수
while (bh > 1) {
    bh = bh - 1
    x = bh
    pushDown(A, x, bh, eh)
}

알고리즘 pushDown(A[1 . . n], x, bh, eh)
// x에서 힙 조건이 만족될 때까지 A[x]를 아래 층으로 내려 보낸다.
// 입력: A[1 . . n] — 배열
//        x, bh: 힙 조건을 확인중인 노드의 지수
```

```
//          eh: 힙의 마지막 노드의 지수
// 출력: 힙으로 구성된 배열 A[x . . eh]
y = findLarger(A, x, eh)
while (A[x] < A[y]) {
    A[x] ↔ A[y]
    x = y
    y = findLarger(A, x, eh)
}

알고리즘 findLarger(A[1 . . n], x, eh)
// A[x]보다 더 큰 값을 가지는 x의 자식 노드의 지수를 구한다
// 입력: A[1 . . n] — 배열
//        x — 힙 조건을 확인중인 노드의 지수
//       eh — 힙의 마지막 노드의 지수
// 출력: A[x]보다 더 큰 값을 가지는 x의 자식 노드의 지수
if (2x + 1 ≤ eh) {
   if (A[2x] > A[x] || A[2x + 1] > A[x]) { // 자식 노드가 둘 다 있는 경우
   // A[x]보다 더 큰 값을 가지는 자식 노드의 지수를 구한다
      if (A[2x] ≥ A[2x + 1]) y = 2x
      else y = 2x + 1
   }
} else if (2x ≤ eh && A[2x} > A[x]) y = 2x // 자식 노드가 하나만 있는 경우
return y
```

[프로그램 3.3]은 위의 힙 정렬 알고리즘을 자바로 구현한 프로그램이다.

프로그램 3.3 힙 정렬

```
// 프로그램 3.3: 힙 정렬을 사용하여 정렬한다
public class HeapSort {
    public static void main(String[] args) {
        int intArray = {0, 1, 2, 6, 4, 8, 7};
        int i;

        // 정렬하기 전 배열을 출력한다
        System.out.print("정렬 전 배열: ");

        for (i = 1; i < intArray.length; i++)
            System.out.print(intArray[i] + "  ");

        // 힙 정렬을 사용하여 정렬하기 위해 heapSort 메소드를 호출한다
        heapSort(intArray);

        // 정렬한 후 배열을 출력한다
        System.out.print("₩n정렬 후 배열: ");

        for (i = 1; i < intArray.length; i++)
            System.out.print(intArray[i] + "  ");
    }

    // 힙 정렬
    public static void heapSort(int[] A) {
        int eh, temp;

        eh = A.length - 1;

        // 주어진 배열을 힙으로 만든다
        buildHeap(A, eh);
```

```
    // 힙에서 최댓값을 제거하고 남은 트리를 다시 힙으로 만든다
    while (eh > 1) {
        // A[1]과 A[eh]를 교환한다
        temp = A[1];
        A[1] = A[eh];
        A[eh] = temp;

        // 힙에서 최댓값을 제거한다
        eh = eh - 1;

        // 남은 트리를 다시 힙으로 만든다
        pushDown(A, 1, eh/2, eh);
    }
}

// 배열 A[1 . . eh]를 힙으로 만든다
public static void buildHeap(int[] A, int eh) {
    int bh, x;

    bh = (A.length - 1)/2 + 1;

    while (bh > 1) {
        bh = bh - 1;
        x = bh;

        // x에서 힙 조건이 만족될 때까지 A[x]를 트리의 아래 층으로
        // 내려 보낸다
        pushDown(A, x, bh, eh);
    }
}

// A[x]를 힙 조건이 만족될 때까지 트리의 아래 층으로 내려 보낸다
```

```
public static void pushDown(int[] A, int x, int bh,
                                    int eh) {
   int y, temp;

   y = findLarger(A, x, eh);

   while (A[x] < A[y]) {
      temp = A[x];
      A[x] = A[y];
      A[y] = temp;

      x = y;

      y = findLarger(A, x, eh);
   }
}
// A[x]보다 더 큰 값을 가지는  x의 자식 노드의 지수를 구한다
public static int findLarger(int[] A, int x, int eh) {
   int y = 0;

   if (2 * x + 1 <= eh) {
      // 자식 노드가 둘 다 있는 경우
      if (A[2 * x] > A[x] || A[2 * x + 1] > A[x]) {
         // A[x]보다 더 큰 값을 가지는 자식 노드의 지수를 구한다
         if (A[2 * x] >= A[2 * x + 1]) y = 2 * x;
         else y = 2 * x + 1;
      }
   } else // 자식 노드가 하나만 있는 경우
         if (2 * x <= eh && A[2 * x] > A[x]) y = 2 * x;

   return y;
}
```

```
    }
```

실행 결과

[프로그램 3.3]을 1, 2, 6, 4, 8, 7을 저장하는 배열에 대해 힙 정렬을 실행하여 실행하기 전과 실행한 후의 배열에 저장된 값들을 출력한 결과는 다음과 같다.

정렬 전 배열:	1	2	6	4	8	7
정렬 후 배열:	1	2	4	6	7	8

위 결과가 출력되기까지 프로그램의 실행 과정은 **[그림 3-12]**와 **[그림 3-13]**에 보여 진다.

시간 복잡도

힙 정렬 알고리즘의 최악의 경우 시간 복잡도를 분석해 보자. 입력의 크기는 배열의 크기인 n이다. 분석을 단순화하기 위해 $n = 2^k - 1$ $(k \geq 1)$이라고 가정하자. 그러면 힙은 포화 이진 트리(full binary tree)가 된다. 따라서 $h = \lfloor \log_2 n \rfloor = \log_2(n+1) - 1 = k - 1$ 이다. 먼저 힙 정렬의 1단계(힙 구성)를 분석해 보자. 트리의 i층, $0 \leq i \leq h-1$, 에 있는 노드의 값은 힙 구성 알고리즘에서 최악의 경우에 층 h에 있는 잎까지 내려갈 것이다. 이 경우 다음 층으로 내려가기 위해 노드들의 값을 2번 비교해야 한다. 더 큰 값을 가지는 자식 노드를 찾기 위해서 한 번 비교해야 하고 힙 조건을 확인하기 위해 그 자식 노드와 자신을 한 번 비교해야 한다. 따라서 i층에 있는 노드들에 대해 필요한 총 비교 횟수는 $2(h-i)$이다.

i	i 층에 있는 노드들의 수	비교 횟수
0	1	$2h$
1	2	$2^2(h - 1)$
⋮	⋮	⋮
k	2^k	$2^{k+1}(h - k)$
⋮	⋮	⋮
$h - 1$	2^{h-1}	2

그러므로 최악의 경우 노드 값들의 총 비교 횟수는 다음과 같이 구할 수 있다.

$$C(n) = \sum_{i=0}^{n-1} 2(h-1)2^i = 2(n - \log(n+1)) \in \theta(n)$$

힙 정렬의 두 번째 단계에서는 최댓값을 $(n - 1)$번 제거한다. 최댓값을 한번 제거할 때마다 트리를 다시 힙으로 만들기 위해 최악의 경우 루트 노드를 $O(h)$만큼 아래 층으로 내려 보내야 한다. 그러므로 두 번째 단계의 최악 시간 복잡도는 $O(n \log n)$이다. 따라서 힙 정렬의 최악 시간 복잡도는 $O(n \log n)$이다.

요약

- 정렬은 정렬 가능한 항목들을 특정한 순서에 따라 재배열하는 것이다.
- 선택 정렬은 매번 최솟값을 선택한 후 제 위치에 배치하여 정렬한다. 선택 정렬은 어떤 입력에 대해서도 동일한 $\theta(n^2)$ 알고리즘이다. 선택 정렬은 입력 크기가 크지 않고 배열 요소들 간의 교환 비용이 큰 경우에 적합하다.
- 삽입 정렬은 정렬이 안 된 뒷부분의 첫 번째 요소를 정렬된 앞부분의 적절한 위치에 삽입하여 정렬하는 과정을 반복한다. 삽입 정렬은 입력의 크기가 크지 않고 배열 내의 값들이 거의 정렬되어 있을 때 적합하다.
- 힙은 힙 조건을 만족시키는 완전 이진 트리이다. 최대 힙 조건은 트리의 각 노드의 값이 자식 노드들의 값보다 크거나 같은 경우이다. 힙은 우선순위 큐를 구현하는 데 적합하고 보통 배열로 구현된다.
- 힙 정렬은 주어진 배열에 대해 힙을 구성한 후 남은 힙에서 최댓값을 순차적으로 제거하면서 정렬한다. 힙 정렬의 시간 복잡도는 O(n log n)이다. 힙 정렬은 추가 메모리 공간을 사용하지 않는다.

연습문제 EXERCISE

1 다음 숫자들의 목록에 대해 선택 정렬이 수행되는 과정을 보여라.

25 89 67 54 92 38 79 15

2 다음 문자들의 목록에 대해 선택 정렬이 수행되는 과정을 보여라.

A L G O R I T H M

3 다음 문자들의 목록에 대해 삽입 정렬이 수행되는 과정을 보여라.

A L G O R I T H M

4 다음 숫자들의 목록에 대해 삽입 정렬이 수행되는 과정을 보여라.

84 36 58 90 12 35 75 64

5 연결 목록(linked list)에 저장되어 있는 숫자들의 목록을 정렬하기 위해 삽입 정렬을 사용하는 것이 가능한가? 가능하다면 시간복잡도는 $O(n^2)$인가?

6 최대 힙에서 모든 배열 요소가 서로 다를 때 가장 작은 요소는 어디에 있는가?

7 오름차순으로 정렬된 배열은 최소 힙인가?

8 <20, 15, 12, 7, 8, 4, 9>는 힙인가?

9 (1) 높이가 h인 힙이 포함할 수 있는 요소들의 최소 수와 최대 수를 구하라.

(2) n개의 요소들을 가진 힙의 높이는 $\lfloor \log_2 n \rfloor$임을 증명하라.

10 다음 숫자들의 목록에 대해 힙을 구성하는 과정을 단계적으로 보여라.

57 23 94 83 35 65 80 73

11 다음 숫자들의 목록에 대해 힙 정렬이 수행되는 과정을 보여라. 두 개의 값들이 교환될 때마다 결과를 트리 형태로 보여주어야 한다.

(1) 10 20 30 40 50

(2) 50 40 30 20 10

(3) 30 70 50 10 80

12 다음 문자들의 목록에 대해 힙 정렬이 수행되는 과정을 보여라. 문자들의 목록은 배열에 저장한다. 정렬은 알파벳 순서로 한다. 두 개의 값들이 교환될 때마다 결과를 트리 형태로 보여주어야 한다.

A L G O R I T H M

13 주어진 숫자들의 목록이 이미 정렬되어 있다면 선택 정렬, 삽입 정렬과 힙 정렬 중 어떤 정렬 알고리즘이 가장 효율적인가?

14 삽입 정렬의 다음과 같은 변형을 고려하라: $1 < i < n$인 $A[i]$를 $A[0..i-1]$ ($A[0] \le A[1] \le \ldots \le A[i-1]$)내의 적절한 위치에 삽입하기 위해 이진 탐색을 수행한다.

연습문제 EXERCISE

(1) 최악의 경우에 배열 요소들간의 비교 횟수는 얼마인가?

(2) 최악의 경우에 배열 요소들이 이동하는 총 횟수는 얼마인가?

(3) 최악의 경우 시간복잡도를 O−표기로 표시하라.

15 삽입 정렬 알고리즘을 오름차순이 아닌 내림차순으로 정렬하도록 수정하라.

16 배열 H[1 . . n]이 힙인지를 알려 주는 알고리즘을 작성하라. 작성한 알고리즘의 시간복잡도를 O−표기로 표시하라.

17 힙에서 최솟값을 저장하는 요소를 찾아서 삭제하는 효율적인 알고리즘을 작성하라. 작성한 알고리즘의 시간복잡도를 O−표기로 표시하라.

18 힙에서 주어진 값 v를 저장하는 요소를 찾아서 삭제하는 효율적인 알고리즘을 작성하라. 작성한 알고리즘의 시간복잡도를 O−표기로 표시하라.

19 일렬로 인접해서 세워놓은 2N(N>0) 개의 유리 잔들이 있다. 이 잔들 중 왼쪽에 있는 N개의 잔들은 주스로 채워져 있고 오른쪽에 있는 N개의 잔들은 비어 있다. 이 잔들을 앞에서부터 채워진 잔, 빈 잔, 채워진 잔, 빈 잔의 패턴으로 잔들의 교환을 최소화하면서 재배치하는 알고리즘을 작성하라.

20 경품 추첨을 위한 번호(0보다 큰 정수)들이 있다. 이 번호들 내에 중복된 번호가 있는지를 찾아내는 효율적인(빠른) 알고리즘을 작성하라.

4장

기본적인 그래프 알고리즘

4장

기본적인 그래프 알고리즘

이 장에서는 그래프를 표현하는 방법과 그래프를 탐색하는 기본적인 알고리즘들을 다룬다. 그래프는 2개 이상의 항목들의 관계를 그림으로 표현한 것이다. 그래프에서는 표현하는 항목을 정점(vertex)이라고 하고 두 항목 사이의 관계를 간선(edge)이라고 한다. 그래프는 지하철 노선도, 고속도로망이나 항공 노선 등을 나타내기 위해 사용된다. 지하철 노선도에서는 역은 정점에 해당하고 보통 원으로 나타낸다. 역과 역을 연결하는 선로는 간선에 해당하고 선으로 나타낸다. **[그림 4-1]**은 지하철 노선도의 일부를 보여 준다. 지하철을 이용하여 출발역에서 도착역까지 가는 경로를 찾기 위해 지하철 노선도를 참조한다. 그래프는 여러 분야에서 수많은 문제들과 구조들을 시각적으로 표현하기 위해 널리 사용되는 도구이다.

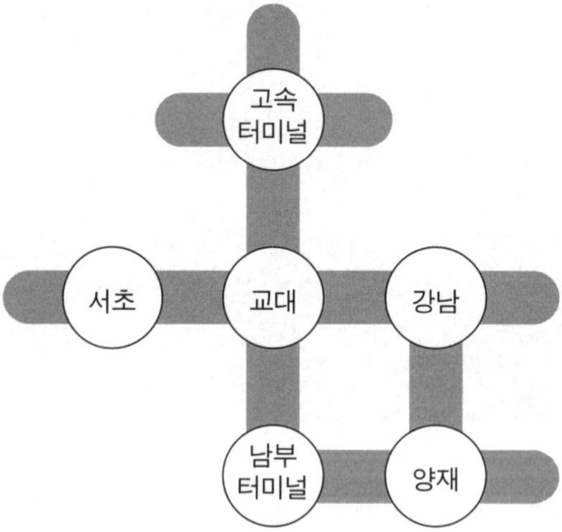

[그림 4-1] 지하철 노선도

그래프 탐색은 그래프의 정점들을 방문하기 위해 그래프의 간선들을 체계적으로 따라

가는 것이다. 그래프 탐색 알고리즘은 그래프의 구조에 대한 많은 정보를 얻을 수 있다. 많은 알고리즘들은 이러한 정보를 얻기 위해 그래프 탐색 알고리즘을 이용한다. 그래프를 탐색하는 기법들이 그래프 알고리즘 분야의 핵심이라고 볼 수 있다. 그래프의 모든 정점들을 체계적으로 방문하는 대표적인 그래프 탐색 알고리즘은 깊이 우선 탐색(depth first search)과 너비 우선 탐색(breadth first search)이다. 이 알고리즘들은 인공지능과 경영 과학에서 그래프를 포함하는 많은 문제들을 해결하기 위해 유용하게 사용된다. 또한 이 알고리즘들은 그래프의 연결성과 순환 등과 같은 그래프의 근본적인 성질들을 효율적으로 조사하기 위해 필수적이다. 위상 정렬(topological sort)은 순환(cycle)이 없는 방향 그래프에서 모든 정점을 선형으로 나열하는 것이다. 위상 정렬은 깊이 우선 탐색을 이용한다.

4-1 그래프의 표현

그래프는 정점들과 간선들로 이루어진다. 정점은 보통 원으로 간선은 선으로 나타낸다. 그래프는 무방향 그래프(undirected graph)와 방향 그래프(directed graph)로 나뉜다. 무방향 그래프에서 간선 e=(u, v)는 어떤 방향성을 갖지 않는다. 이 경우 간선 e는 (u, v) 혹은 (v, u)로 표현하여도 동일한 간선을 의미한다. 방향 그래프에서는 간선이 방향을 가진다. 즉, 한 간선 e가 정점 u에서 시작하여 정점 v에서 끝날 때 e=(u, v)로 표현해야 한다. 이 간선은 정점 v에서 시작하여 정점 u에서 끝나는 간선 $e'=(v, u)$와 구별된다. [그림 4-2]는 무방향 그래프와 방향 그래프를 보여 준다.

(a) 무방향 그래프 (b) 방향 그래프

[그림 4-2] 그래프의 종류

무방향 그래프 G는 정점들의 집합 V와 간선들의 집합 E로 정의하고 G=(V, E)로 표기한다. 간선은 정점들의 쌍으로 나타낸다. 예를 들면, **[그림 4-2]** (a)의 그래프는 다음과 같이 표기한다.

$$G = (V, E)$$
$$V = \{a, b, c, d, e, f\}$$
$$E = \{ (a, b), (a, d), (b, c), (b, e), (c, f), (d, e), (e, f) \}$$

방향 그래프 G는 무방향 그래프와 똑같이 정의하고 표기한다. 하지만 간선은 정점들의 순서쌍으로 나타낸다. 예를 들면, **[그림 4-2]** (b)의 그래프는 다음과 같이 표기한다.

$$G = (V, E)$$
$$V = \{a, b, c, d, e, f\}$$
$$E = \{\langle a, b\rangle, \langle b, c\rangle, \langle c, f\rangle, \langle f, e\rangle, \langle e, d\rangle, \langle d, a\rangle, \langle e, b\rangle\}$$

가중 그래프(weighted graph)는 비방향(혹은 방향) 그래프의 간선에 가중치(비용)를 부여한 그래프이다. **[그림 4-3]**은 사람 간의 친밀도를 나타내는 가중 그래프를 보여준다. 가중치는 친밀도의 크기를 나타낸다. 가중치는 도시 간의 거리, 가스 파이프라인의 두 지점사이의 용량과 지하철 역 간의 소요 시간 등을 나타낼 수 있다.

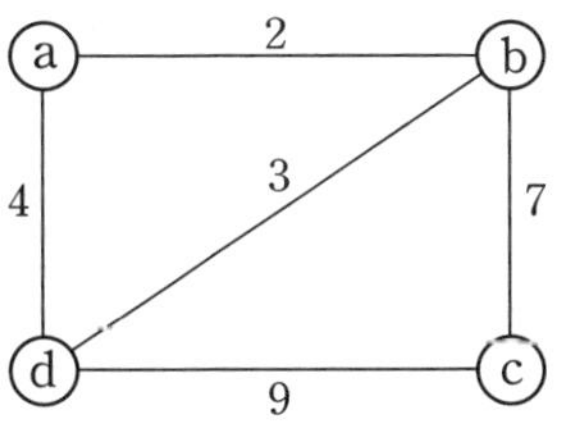

[그림 4-3] 가중 그래프

그래프 G의 두 정점 u와 v사이에 연결시키는 간선(들)이 존재하면 두 정점은 연결되어 있다고 한다. 그래프 G의 모든 정점들이 상호 연결되어 있다면 G는 연결 그래프(connected graph)라고 하고 그렇지 않다면 비연결 그래프(disconnected graph)라고 한다.

그래프 G의 두 정점 v_1와 v_n사이의 경로는 $\{ v_1, v_2, \ldots, v_n \}$과 같이 경로를 구성하는 정점들의 집합으로 나타낸다. 예를 들면, [그림 4-3]의 그래프에서 정점 a와 c 사이의 모든 경로는 { a, b, c }, { a, d, c }, { a, b, d, c }와 { a, d, b, c }이다. 두 정점의 경로를 구성하는 간선의 수를 경로의 길이라고 한다.

경로 $\{ v_1, v_2, \ldots, v_n \}$에서 $v_1 = v_n$이라면 이 경로는 닫혀 있다고 한다. 3개 이상의 간선을 갖는 경로에서 어떤 간선도 중복되지 않는 닫힌 경로(closed path)를 순환이라고 한다. 순환을 갖는 그래프를 순환 그래프라고 하고 순환이 없는 그래프를 비순환 그래프라고 한다. 예를 들면, **[그림 4-3]**의 그래프에서 { a, b, c, d, a }와 { a, b, d, a }는 순환이다. 따라서 그 그래프는 순환 그래프이다.

비방향(혹은 방향) 그래프를 컴퓨터 프로그램에 표현하는 대표적인 방법으로 인접 목록(adjacency list)와 인접 행렬(adjacency matrix)가 있다. 인접 목록은 그래프의 각 정점의 이웃 정점들을 연결 목록(linked list)으로 표현하는 방법이다. **[그림 4-4]** (a)의 방향 그래프 G = (V, E)에서 정점 1은 정점 2, 4와 5로 가는 간선을 가지고 있다. 따라서 1 → 2 → 4 → 5의 연결 목록으로 표현할 수 있다. 그래프 G를 인접 목록으로 표현한 것은 **[그림 4-4]**의 (b)에 보여 진다. 5개의 연결 목록이 있고 연결 목록들에 있는 노드들의 수는 5(정점들의 수) + 7(간선들의 수) = 12이다.

일반적으로 무방향 그래프(혹은 방향 그래프)의 인접 목록 표현은 $\theta(|V| + |E|)$의 메모리 공간을 요구한다. 여기서 $|V|$는 정점들의 수를 나타내고 $|E|$는 간선들의 수를 나타낸다. 인접 목록은 간선들의 수가 적은 저밀도 그래프(sparse graph)를 나타내는 간결한 방법을 제공한다. 보통 그래프를 인접 목록으로 표현한다.

인접 행렬은 그래프내의 두 정점들 사이에 간선이 있는지를 행렬로 표현한 것이다. 그래프 $G = (V, E)$의 인접 행렬 표현을 위해 정점들은 1부터 $|V|$까지 번호가 매겨져 있다고 가정한다. 그러면 그래프 G의 인접 행렬은 $|V|$개의 행과 $|V|$개의 열을 가진 행렬 $A = (a_{ij})$이다. 행렬 A의 i번째 행, j번째 열에 있는 요소 a_{ij}는 다음과 같이 정의된다.

$$a_{ij} = \begin{cases} 1, \text{정점 i와 정점 j사이에 간선이 있는 경우} \\ 0, \text{정점 i와 정점 j사이에 간선이 없는 경우} \end{cases}$$

[그림 4-4] (a)의 방향 그래프를 인접 행렬로 표현한 것은 (c)에 보여진다. 무방향 그래프를 표현하는 인접 행렬은 대칭 행렬이다. 왜냐하면 정점 i와 정점 j사이에 간선이 있으면 a_{ij}도 1이고 a_{ji}도 1이기 때문이다. 무방향 그래프(혹은 방향 그래프)의 인접 행렬 표현은 $\theta(|V|^2)$의 메모리 공간을 요구한다. 인접 행렬은 인접 목록보다 간단하다. 인접 행렬은 작은 그래프나 고밀도 그래프(dense graph)를 표현하기 위해 사용한다. 또한 정점 u와 v사이에 간선이 있는지 빨리 알고 싶을 때도 사용한다.

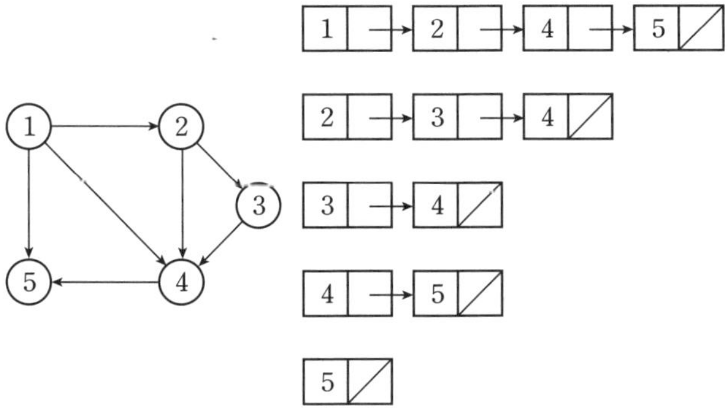

	1	2	3	4	5
1	0	1	0	1	1
2	0	0	1	1	0
3	0	0	0	1	0
4	0	0	0	0	1
5	0	0	0	0	0

(a) 방향 그래프　　(b) 인접 목록　　(b) 인접 행렬

[그림 4-4] 방향 그래프의 표현

가중 그래프를 나타내기 위해 인접 목록과 인접 행렬을 사용할 수 있다. 가중 그래프에서는 각 간선에 가중치가 주어진다. 그래프의 간선 (u, v)에 대해 인접 목록에서는 u의 연결 목록에 간선 (u, v)의 가중치 w(u, v)를 저장하고 인접 행렬에서는 a_{uv}의 값으로 1대신 w(u, v)를 저장한다.

4-2 깊이 우선 탐색

깊이 우선 탐색은 한 그래프의 정점들을 유용한 순서로 방문하는 한 방법이다. 깊이 우선 탐색은 주어진 그래프의 한 정점에서 탐색을 시작한다. 그 정점을 방문했다고 표시하고 그 정점에 인접한 정점들 중 방문 안한 정점을 임의로 선택하여 방문한다. 선택된 정점에 대해 같은 탐색 과정을 반복한다. 이렇게 계속 정점 A에 인접한 방문하지 않은 정점을 찾아 방문하다가 더 이상 방문하지 않은 인접한 정점이 없으면 정점 A를 방문하기 바로 전에 방문했던 정점으로 다시 돌아간다. 그 정점에 인접한 정점들 중 방문하지 않은 정점이 있으면 같은 방법으로 탐색을 계속한다. 이 탐색은 시작 정점으로 돌아간 후에 그 시작 정점에 인접한 정점들 중 방문 안한 정점이 없으면 종료한다.

이 때 시작 정점과 연결되어 있는 모든 정점들은 다 방문하게 된다. 만약 종료 후에도 방문 안한 정점들이 남아 있으면 깊이 우선 검색은 남은 정점들 중 한 정점에서 다시 시작되어야 한다.

[그림 4-5] (a)의 무방향 그래프에 깊이 우선 탐색을 해 보자. 정점 1에서 탐색을 시작한다고 가정한다. 처음에 모든 정점들은 '방문 안함' 으로 표시한다. **[그림 4-6]**은 이 그래프에 깊이 우선 탐색이 진행되는 한 과정을 보여 준다.

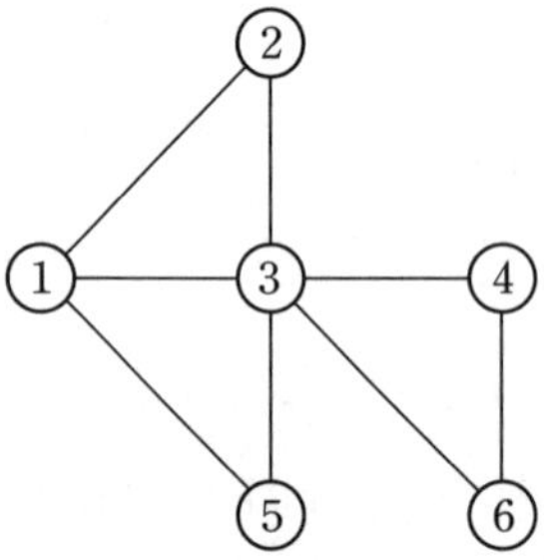

(a) 그래프

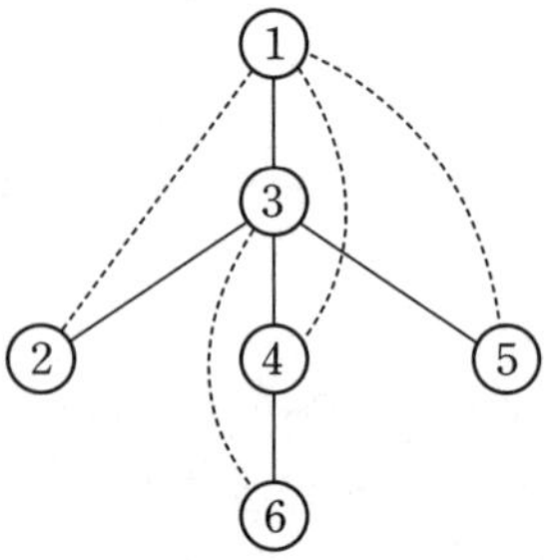

(b) 깊이 우선 신장트리

[그림 4-5] 깊이 우선 탐색

설 명

- 정점 1을 '방문함'으로 표시

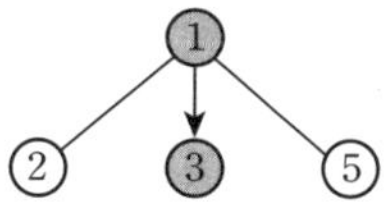

- 정점 1에 인접한 방문 안한 정점들(2, 3, 5) 중 임의로 정점 3을 선택하고 '방문함'으로 표시

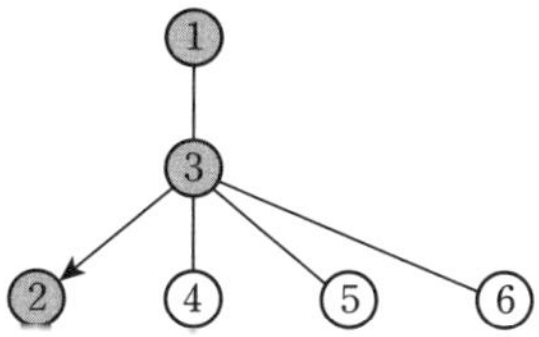

- 정점 3에 인접한 방문 안한 정점들(2, 4, 5, 6) 중 임의로 정점 2를 선택하고 '방문함'으로 표시

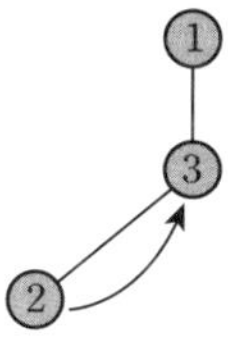

- 정점 2에 인접한 바로 전에 방문하지 않은 정점 1은 방문했으므로 정점 3으로 돌아감

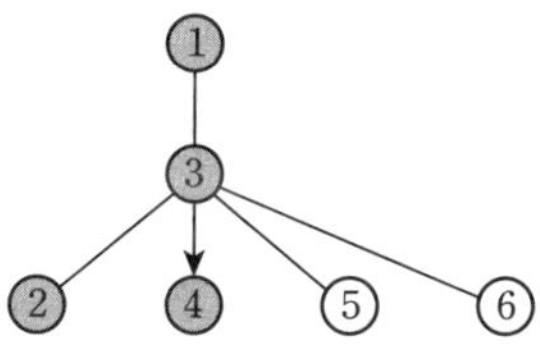

- 정점 3에 인접한 방문 안함 정점들(4, 5, 6) 중 임의로 정점 4를 선택하고 '방문함'으로 표시

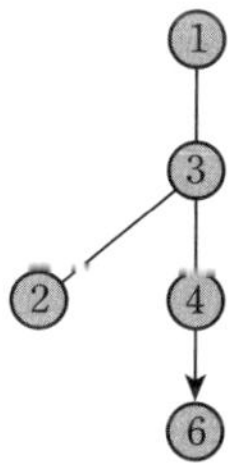

- 정점 4에 인접한 방문 안한 정점 6을 선택하고 '방문함'으로 표시

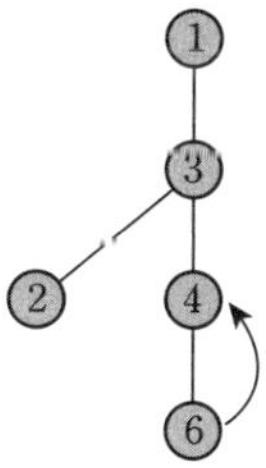

- 정점 6에 인접한 바로 전에 방문하지 않은 정점 3은 방문했으므로 정점 4로 돌아감

● : 방문한 정점 ○ : 방문 안한 정점

설 명

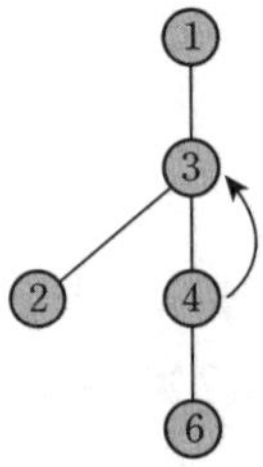

- 정점 4에 인접한 모든 정점들을 방문했으므로 정점 3으로 돌아감

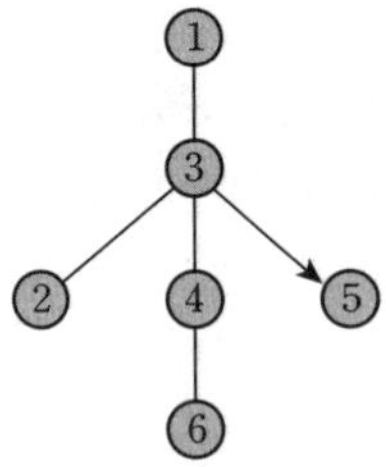

- 정점 3에 인접한 방문 안한 정점 5를 선택하고 '방문함'으로 표시

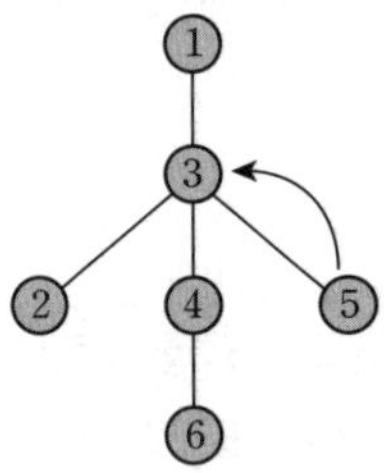

- 정점 5에 인접한 모든 정점들을 방문했으므로 정점 3으로 돌아감

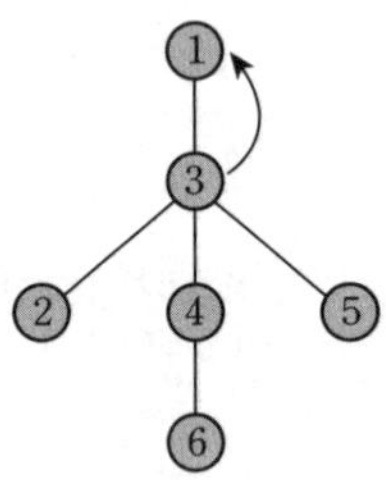

- 정점 3에 인접한 모든 정점들을 방문했으므로 정점 1로 돌아감

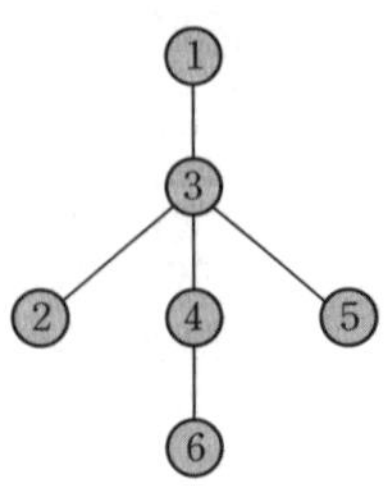

- 정점 1에 인접한 모든 정점들을 방문했고 그래프에 방문 안한 정점들이 없으므로 종료함

● : 방문한 정점 ○ : 방문 안한 정점

[그림 4-6] 깊이 우선 탐색의 진행 과정

깊이 우선 탐색의 결과로 깊이 우선 신장 트리(depth-first spanning tree)를 만들 수 있다. 깊이 우선 탐색의 시작 정점은 트리의 루트 노드가 된다. 또한 한 정점 A에 인접한 새 정점 B를 처음으로 방문할 때 트리에서 B는 A의 자식 노드가 된다. 이 경우 A에서 B로 가는 간선은 트리 안에 포함되고 트리 간선(tree edge)이라고 부른다. 깊이 우선 탐색에서 한 정점에서 트리의 부모 노드가 아닌 이미 방문한 정점으로 가는 간선을 만날 때 그 간선은 뒤 간선(back edge)이라고 부르고 트리에 점선으로 표시한다. 깊이 우선 탐색에서 그래프가 연결되어 있다면 모든 정점들은 방문하게 될 것이다. 이 경우 트리 간선들은 깊이 우선 신장 트리를 형성한다. 그래프가 연결되어 있지 않다면 트리 간선들은 깊이 우선 신장 숲(depth-first spanning forest)을 만든다. **[그림 4-5]**(a)의 그래프에 위와 같이 깊이 우선 탐색을 한 후 만들어지는 깊이 우선 신장 트리가 **[그림 4-5]**(b)에 보여 진다.

깊이 우선 탐색 알고리즘은 다음과 같이 재귀를 사용하여 쉽게 작성할 수 있다.

알고리즘

알고리즘 DFSearch(G)
// 주어진 그래프를 깊이 우선 탐색으로 순회한다.
// 입력: 그래프 G = (V, E)
// 출력: 각 정점이 '방문함'으로 표시된 그래프 G와 깊이 우선 탐색에서 처음으로 방문하는 순서대로 출력된 정점들
1 V에 있는 각 정점을 '방문 안함'으로 표시한다.
2 각 정점 v ∈ V에 대해 다음을 수행한다:
  v가 '방문 안함'으로 표시되어 있다면 DFS(v)를 호출한다

DFS(v)
// 정점 v에 연결된 방문하지 않은 모든 정점들을 재귀적으로 방문한다.
1 v의 데이터를 출력한다.
2 v를 '방문함'으로 표시한다.
3 v에 인접한 모든 정점 w ∈ V에 대해 다음을 수행한다:
  w가 '방문 안함'으로 표시되어 있다면 DFS(w) 를 호출한다

위 알고리즘은 무방향 그래프와 방향 그래프에 모두 사용할 수 있다.

[프로그램 4-1]은 위 알고리즘을 자바로 구현한 프로그램이다. 프로그램에서 그래프 G는 인접 목록에 의해 표현된다. **[프로그램 4-2]**는 그래프의 각 정점을 나타내는 Node 클래스이다. 각 노드 객체는 정점에 대응된 데이터, 방문 여부와 인접한 정점들의 연결 목록을 가진다.

프로그램 4-1 깊이 우선 탐색

```
// 프로그램 4-1 깊이 우선 탐색
// 주어진 비방향 그래프를 깊이 우선 탐색으로 순회한다
import java.util.List;

public class DepthFirstSearch {
// 정점 v에 연결된 방문하지 않은 정점들을 깊이 우선 탐색을 이용하여 재귀적으로
// 방문한다
    public static void DFS(Node v) {
        // 정점 v에 대응된 데이터를 출력한다
        System.out.print(v.info + " ");

        // 정점 v를 '방문함'으로 표기한다
        v.visited = true;

        // 정점 v에 인접한 정점들의 연결 목록을 끄집어 낸다
        List<Node> neighbours = v.getNeighbours();

        // 정점 v에 인접한 방문하지 않은 모든 정점들에 대해 깊이우선
        // 탐색을 수행한다
        for (int i = 0; i < neighbours.size(); i++) {
            Node w = neighbours.get(i);
            if (w != null && !w.visited)
                DFS(w);
        }
```

```
    }

    public static void main(String arg[]) {
        // 주어진 비방향 그래프를 연결 목록으로 표현한다

        // 정점들을 표현한다
        Node[ ] node = new Node[6];

        for (int i = 0; i < 6; i++)
            node[i] = new Node(i + 1);

        // 간선들을 표현한다
        node[0].addNeighbours(node[1]);
        node[0].addNeighbours(node[2]);
        node[0].addNeighbours(node[4]);
        node[1].addNeighbours(node[0]);
        node[1].addNeighbours(node[2]);
        node[2].addNeighbours(node[0]);
        node[2].addNeighbours(node[1]);
        node[2].addNeighbours(node[3]);
        node[2].addNeighbours(node[4]);
        node[3].addNeighbours(node[2]);
        node[3].addNeighbours(node[5]);
        node[4].addNeighbours(node[0]);
        node[4].addNeighbours(node[2]);
        node[5].addNeighbours(node[2]);
        node[5].addNeighbours(node[3]);

        // 주어진 비방향 그래프를 깊이 우선 탐색으로 순회한다
        System.out.println("재귀를 사용한 깊이 우선 탐색 실행 결과");
        dfs(node[0]);
    }
}
```

프로그램 4-2 Node 클래스

```
// 프로그램 4-2 Node 클래스
// 그래프의 한 정점을 나타낸다.
import java.util.ArrayList;

public class Node {
        int info;                       // 정점에 대응된 데이터
        boolean visited;                // 방문 여부
        List<Node> neighbours;          // 정점에 인접한 정점들의 연결 목록

        // Node 객체를 생성한다
        public Node(int info) {
                this.info = info;
                this.visited = false;
                this.neighbours = new ArrayList<>();
        }

        // 정점에 인접한 정점들의 연결 목록에 새 정점을 추가한다
        public void addNeighbours(Node neighboursNode) {
                this.neighbours.add(neighboursNode);
        }
        // 정점에 인접한 정점들의 연결 목록을 반환한다
        public List<Node> getNeighbours() {
                return neighbours;
        }

        // 정점에 인접한 정점들의 연결 목록을 주어진 연결 목록으로 변경한다
        public void setNeighbours(List<Node> neighbours) {
                this.neighbours = neighbours;
        }
```

```
        // 정점에 대응된 데이터를 반환한다
        public String toString() {
            return "" + info;
        }
    }
```

실행 결과

이 프로그램을 **[그림 4-5]** (a)의 그래프에 대해 실행한 결과는 다음과 같다.

재귀를 사용한 깊이 우선 탐색 실행 결과

1　2　3　4　6　5

깊이 우선 탐색은 스택(stack)을 이용하여 비재귀적으로 비교적 쉽게 구현할 수 있다. 스택은 마지막으로 넣은 데이터가 먼저 나오는 자료 구조이다. 한 정점을 처음으로 방문할 때 그 정점을 스택에 집어넣는다. 한 정점에 인접한 방문하지 않은 정점이 없을 때 그 정점을 스택에서 끄집어낸다.

시간 복잡도

깊이 우선 탐색의 시간 복잡도를 분석해 보자. 주어진 그래프가 인접 목록으로 표현된다면 각 정점을 정확히 한 번 방문하고 각 간선도 두 번 고려되기 때문에 깊이 우선 탐색의 시간 복잡도는 $\theta(|V| + |E|)$이다. 주어진 그래프가 인접 행렬로 표현된다면 시간 복잡도는 $\theta(|V|^2)$인에 유익하라.

깊이 우선 탐색은 그래프가 연결 그래프인지 순환 그래프인지 여부 등과 같은 그래프의 중요한 성질들을 확인하기 위한 효율적인 알고리즘들의 개발에 활용된다.

4-3 너비 우선 탐색

너비 우선 탐색은 시작 정점에 인접한 정점들을 모두 방문한 뒤에 이 정점들에 인접한 방문하지 않은 정점들을 모두 방문한다. 이 과정은 시작 정점에 연결된 모든 정점들을 방문할 때까지 계속된다. 즉, 정점들을 시작 정점까지의 최단 경로의 길이 순서대로 방문한다. 만약 탐색이 종료된 후에 아직 방문하지 않은 정점들이 남아 있다면 그 정점들 중 한 정점에서 너비 우선 탐색을 다시 시작한다.

[그림 4-5] (a)의 무방향 그래프에 너비 우선 탐색을 해 보자. 정점 1에서 탐색을 시작한다고 가정한다. 처음에 모든 정점은 '방문 안함' 으로 표시한다. **[그림 4-7]**은 이 그래프에 너비 우선 탐색이 진행되는 한 과정을 보여 준다.

설 명

- 정점 1을 '방문함'으로 표시

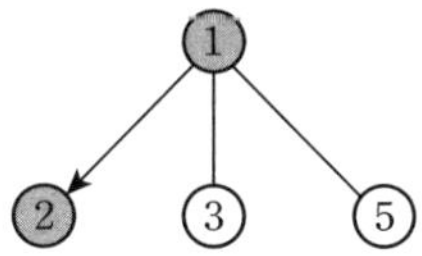

- 정점 1에 인접한 정점들(2, 3, 5)을 임의의 순서대로 방문한다. 정점 2를 선택하고 '방문함'으로 표시

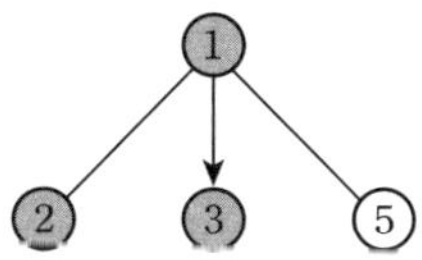

- 정점 3을 선택하고 '방문함'으로 표시

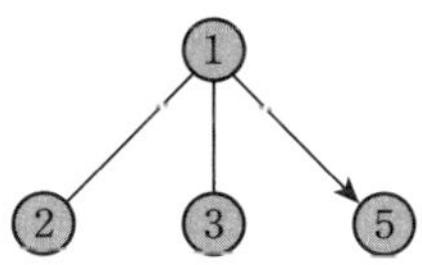

- 정점 5를 선택하고 '방문함'으로 표시

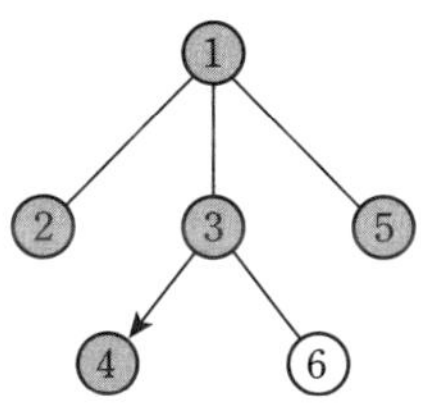

- 정점 2와 정점 5에 인접한 정점들은 모두 방문했으므로 정점 3에 인접한 방문 안한 정점들(4와 6)을 임의의 순서대로 방문함.
- 정점 4를 선택하고 '방문함'으로 표시

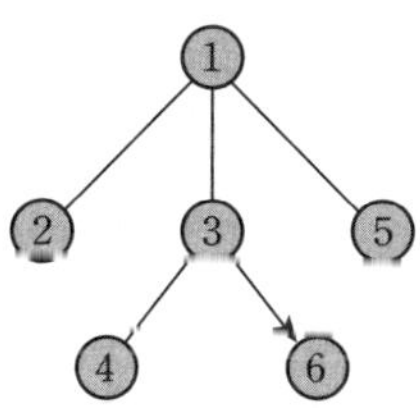

- 정점 6을 선택하고 '방문함'으로 표시

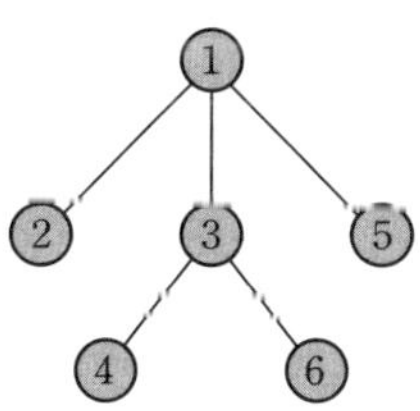

- 방문 안한 정점들이 없으므로 종료함

● : 방문한 정점 ○ : 방문 안한 정점

[그림 4-7] 너비 우선 탐색의 진행 과정

너비 우선 탐색의 결과로 너비 우선 신장 트리(breadth-first spanning tree)를 만들 수 있다. 너비 우선 탐색의 시작 정점은 트리의 루트 노드가 된다. 또한 한 정점 A에 인접한 새 정점 B를 처음으로 방문할 때 트리에서 B는 A의 자식 노드가 된다. 이 경우 A에서 B로 가는 간선은 트리 안에 포함되고 트리 간선이라고 부른다. 너비 우선 탐색에서 한 정점에서 트리의 부모 노드가 아닌 이미 방문한 정점으로 가는 간선을 만날 때 그 간선은 교차 간선(cross edge)라고 부르고 트리에 점선으로 표시된다. 너비 우선 탐색에서 그래프가 연결되어 있다면 모든 정점들을 방문하게 될 것이다. 이 경우 트리 간선들은 너비 우선 신장 트리를 형성한다. 그래프가 연결되어 있지 않다면 트리 간선들은 너비 우선 신장 숲(breadth-first spanning forest)를 만든다. **[그림 4-5]** (a)의 그래프에 위와 같이 너비 우선 탐색을 한 후 만들어지는 너비 우선 신장 트리가 **[그림 4-8]**에 보여 진다.

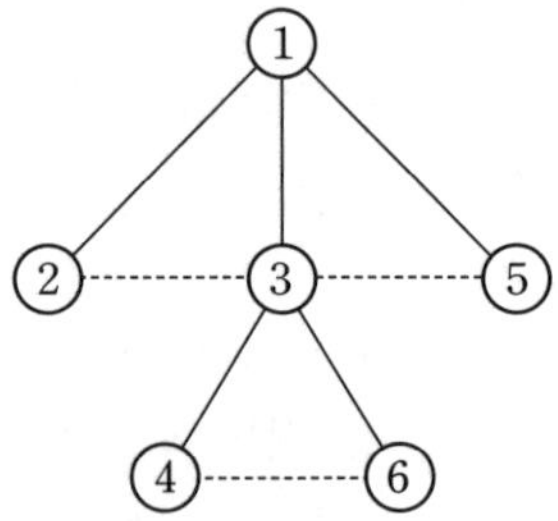

[그림 4-8] 너비 우선 시장 트리

너비 우선 탐색 알고리즘은 깊이 우선 탐색과 달리 재귀를 사용하여 작성할 수 없는 유형이다. 대신 너비 우선 탐색은 큐(Queue)를 사용하여 쉽게 작성할 수 있다. 큐는 먼저 넣은 데이터가 먼저 나오는 자료 구조이다. 큐는 처음에 시작 정점으로 초기화된다. 시작 정점은 '방문함' 으로 표시한다. 반복할 때마다 알고리즘은 큐의 맨 앞에 있는 정점에 인접한 정점들을 찾아낸 후 '방문함' 으로 표시하고 큐의 끝에 추가한다. 그리고 나서 맨 앞에 있는 정점을 큐에서 끄집어낸다. 다음은 너비 우선 탐색의 알고리즘이다.

알고리즘

```
알고리즘 BFSearch(G)
// 주어진 그래프를 너비 우선 탐색으로 순회한다.
// 입력: 그래프 G = (V, E)
// 출력: 각 정점이 '방문함'으로 표시된 그래프 G와 너비 우선 탐색에서 처음으로
         방문하는 순서대로 출력된 정점들
1  V에 있는 각 정점을 '방문 안함'으로 표시한다.
2  각 정점 v∈V에 대해 다음을 수행한다:
       v가 '방문 안함'으로 표시되어 있다면 BFS(v)를 호출한다

BFS(v)
// 정점 v에 연결된 방문하지 않은 모든 정점들을 방문한다.
1  v를 '방문함'으로 표시한다.
2  v를 큐의 끝에 추가한다.
3  큐가 비어 있지 않은 동안 다음을 수행한다:
   3.1  큐의 맨 앞에 있는 정점을 끄집어내어 element에 저장한다.
   3.2  element의 데이터를 출력한다.
   3.3  element에 인접한 모든 정점 w∈V에 대해 다음을 수행한다.
          w가 '방문 안함'으로 표시되어 있다면 w를 '방문함'으로 표시하고 w를
          큐의 끝에 추가한다.
```

위 알고리즘은 무방향 그래프뿐만 아니라 방향 그래프에도 사용할 수 있다.

[프로그램 4-3]은 위 알고리즘을 자바로 구현한 프로그램이다. 프로그램에서 그래프 G는 인접 목록에 의해 표현된다. 그래프의 각 정점은 **[프로그램 4-2]**의 Node 클래스로 나타낸다. 각 노드 객체는 정점에 대응된 데이터, 방문 여부와 인접한 정점들의 연결 목록을 가진다. 큐는 노드들의 연결 목록으로 나타낸다.

: 프로그램 4-3 너비 우선 탐색

```
// 프로그램 4-3 너비 우선 탐색
// 주어진 비방향 그래프를 너비 우선 탐색으로 순회한다
import java.util.List;

public class BreadthFirstSearch {
  private Queue<Node> queue;        // 방문할 정점들을 저장하는 큐

  public BreadthFirstSearch() {
        queue = new LinkedList<Node>();
  }

  public void BFS(Node v) {
        // v를 '방문함'으로 표시한다
        v.visited = true;

        // v를 큐에 추가한다
        queue.add(v);

        while (!queue.isEmpty()) {
              // 큐의 맨 앞에 있는 정점을 끄집어내어 element에 저장한다
              Node element = queue.remove();

              // element에 대응된 데이터를 출력한다
              System.out.print(element.info + "  ");

              // element에 인접한 정점들의 연결 목록을 끄집어 낸다
              List<Node> neighbours = element.getNeighbours();
              // element에 인접한 방문하지 않은 모든 정점들에 대해
              // 너비 우선 탐색을 수행한다
              for (int i = 0; i < neighbours.size(); i++) {
```

```
                // w는 element에 인접한 정점이다
                Node w = neighbours.get(i);

                if (w != null && !w.visited) {
                    // w가 '방문 안함'으로 표시되어 있는 경우
                    // w를 '방문함'으로 표시한다
                    w.visited = true;
                    queue.add(w); // w를 큐에 추가한다
                }
            }
        }
    }

    public static void main(String arg[]) {
            // 주어진 비방향 그래프를 연결 목록으로 표현한다

            // 정점들을 표현한다
            Node node1 = new Node(1);
            Node node2 = new Node(2);
            Node node3 = new Node(3);
            Node node4 = new Node(4);
            Node node5 = new Node(5);
            Node node6 = new Node(6);

            // 간선들을 표현한다
            node1.addNeighbours(node2);
            node1.addNeighbours(node3);
            node1.addNeighbours(node5);
            node2.addNeighbours(node1);
            node2.addNeighbours(node3);
            node3.addNeighbours(node1);
            node3.addNeighbours(node2);
```

```
            node3.addNeighbours(node4);
            node3.addNeighbours(node5);
            node4.addNeighbours(node3);
            node4.addNeighbours(node6);
            node5.addNeighbours(node1);
            node5.addNeighbours(node3);
            node6.addNeighbours(node3);
            node6.addNeighbours(node4);

            BreadthFirstSearch bfsExample
            = new BreadthFirstSearch();

            // 주어진 비방향 그래프를 너비 우선 탐색으로 순회한다
            System.out.println("너비 우선 탐색 실행 결과");
            bfsExample.BFS(node1);
        }
}
```

: 실행 결과

이 프로그램을 **[그림 4-5]** (a)의 그래프에 대해 실행한 결과는 다음과 같다.

너비 우선 탐색 실행 결과

1 2 3 5 4 6

시간 복잡도

너비 우선 탐색의 시간 복잡도는 깊이 우선 탐색과 같다. 즉, 그래프가 인접 목록으로 표현된다면 시간복잡도는 $\theta(|V| + |E|)$이고 그래프가 인접 행렬로 표현된다면 $\theta(|V|^2)$이다.

너비 우선 탐색도 깊이 우선 탐색과 같이 그래프의 연결 여부나 순환 그래프 확인 등과 같은 그래프의 중요한 성질들을 확인하는 효율적인 알고리즘의 개발에 활용된다. 또한 그래프의 두 정점들 사이의 최소 경로를 찾는데 이용할 수 있다.

-4 위상 정렬

위상 정렬은 선행 조건들을 가진 일들의 수행 순서를 정한다. 이 순서는 일들의 선행 조건들을 만족시켜야 한다. 예를 들어 보자. 한 학과의 학생들이 수강해야만 하는 7개의 필수 과목들이 있다. 그 과목들의 번호는 1, 2, 3, 4, 5, 6, 7이다. 학생은 과목들을 어떤 순서로 수강해도 상관없다. 하지만 다음과 같은 과목들 간의 선후수 관계는 만족시켜야 한다.

1. 과목 2의 선수 과목은 과목 1이다.
2. 과목 4의 선수 과목은 과목 1, 2와 3이다.
3. 과목 5의 선수 과목은 과목 3이다.
4. 과목 6의 선수 과목은 과목 2, 4와 5이다.
5. 과목 7의 선수 과목은 과목 5와 6이다.

과목들 간의 선후수 관계는 방향 그래프로 나타낼 수 있다. 과목 A가 과목 B의 선수 과목이라면 A에서 B로 가는 간선 (A → B)를 그래프에 나타낸다. **[그림 4-9]**는 위의 과목들 간의 선후수 관계를 나타내는 방향 그래프이다.

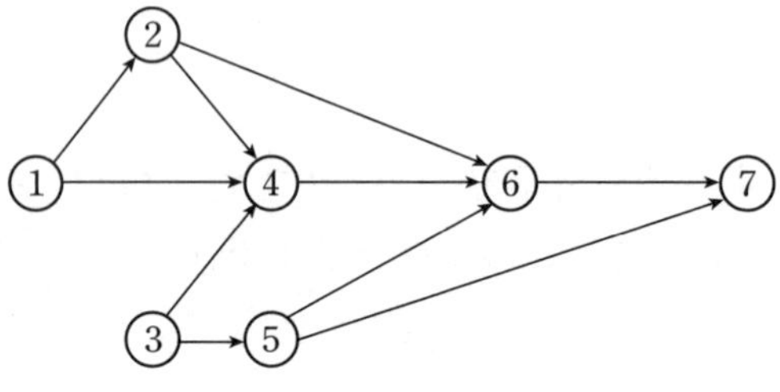

[그림 4-9] 과목들의 선후수 관계도

학생이 **[그림 4-9]**의 과목들 간의 선후수 관계를 만족시키면서 과목들을 수강하는 순서를 찾아야 한다. 이 순서에서 그래프의 각 간선 (v, w)에 대해 v가 w보다 먼저 나와야 한다. 이와 같은 순서를 찾는 것이 위상 정렬이다.

위상 정렬이 가능하려면 주어진 방향 그래프에 순환이 없어야 한다. 주어진 방향 그래프에 순환이 있는지는 깊이 우선 탐색을 이용하여 알 수 있다. 즉, 깊이 우선 탐색 중에 한 정점에서 깊이 우선 신장 트리상의 조상 노드(부모 노드 포함)로 가는 간선(뒤 간선)이 있으면 순환이 있다. 예를 들면, **[그림 4-10]** (a)의 그래프에 깊이 우선 탐색을 하면 (b)와 같은 깊이 우선 신장 트리가 만들어진다. 이 트리에서 3에서 1로 가는 뒤 간선이 있다. 이 간선은 그래프내에 순환(1→2→3→1)이 있음을 알려준다.

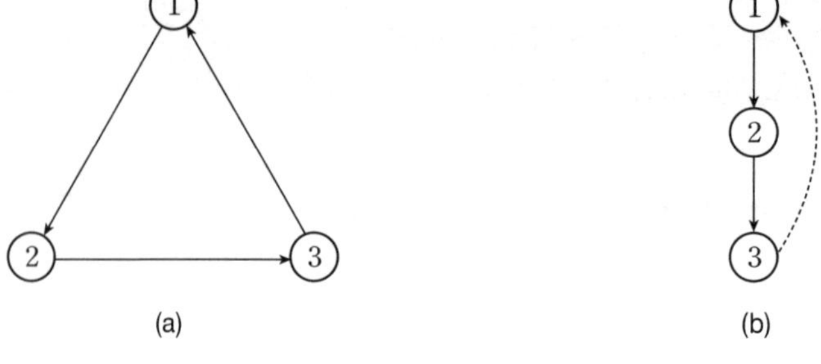

[그림 4-10] 순환 방향 그래프와 대응된 깊이 우선 신장 트리

순환이 없는 방향 그래프(directed acyclic graph 혹은 dag)이 주어지면 위상 정렬을 하는 알고리즘을 작성해 보자. 이 알고리즘은 깊이 우선 탐색과 스택을 이용한다. 깊이 우선 탐색 중 한 정점 v에 인접한 방문하지 않은 정점 w가 있으면 정점 w를 '방문함'으로 표시하고 w에서 깊이 우선 탐색을 계속한다. 만약 정점 v에 인접한 방문하지 않은 정점들이 없으면 v를 스택에 집어넣는다. 깊이 우선 탐색이 종료되면 스택에 있는 정점들을 하나씩 끄집어내어 출력한다. 깊이 우선 탐색을 시작하면 모든 정점들을 방문할 수 있도록 그래프에 시작 정점 s를 추가한다. 그리고 s에서 진입 간선(incoming edge)이 없는 정점으로 가는 간선을 추가한다.

다음은 위상 정렬 알고리즘이다.

알고리즘

```
알고리즘 TopologicalSort(G)
// 주어진 순환이 없는 방향 그래프에 대해 위상 정렬을 한다
// 입력: 순환이 없는 방향 그래프 G = (V, E)
// 출력: 선행 조건들을 만족시키는 정점들의 순서 목록
1  V = V ∪ {s}
2  s 에서 진입 간선이 없는 정점으로 가는 간선을 추가한다.
3  비어 있는 스택을 생성한다.
4  V에 있는 각 정점을 '방문 안함'으로 표시한다.
5  정점 s 를 시작 정점으로 선택하고 '방문함'으로 표시한다.
6  topologicalSort(s)를 호출한다.
7  스택이 비어있지 않는 동안 다음을 수행한다:
       스택의 맨 위에 있는 정점을 끄집어내어 출력한다.

topologicalSort(s)
// 정점 v 에 연결된 방문하지 않은 정점들을 재귀적으로 방문하고 v 를
// 스택에 밀어 넣는다
1  v 에 인접한 모든 정점 w ∈ V 에 대해 다음을 수행한다:
       w 가 '방문 안함'으로 표시되어 있다면 '방문함'으로 바꾸고
       topologicalSort(w)를 호출한다.
2  v 를 스택에 밀어 넣는다
```

[프로그램 4-4]는 위 알고리즘을 자바로 구현한 프로그램이다. 프로그램에서 그래프 G는 인접 목록에 의해 표현된다. 그래프의 각 정점은 Node 클래스로 나타낸다. 각 노드 객체는 정점에 대응된 데이터, 방문 여부와 인접한 정점들의 연결 목록을 가진다.

프로그램 4-4 위상 정렬

```
// 프로그램 4-4 위상 정렬
// 순환이 없는 방향 그래프에 대해 위상 정렬을 한다
import java.util.List;

public class TopologicalSort {
        Stack<Node> stack; // 정점들을 방문한 역순으로 저장하는 스택

        // 비어 있는 스택을 생성한다
        public TopologicalSort() {
                stack = new Stack<>();
        }

        // 위상 정렬을 v에서 시작한다
        public void topologicalSort(Node v) {
                // 정점 v에 인접한 정점들의 연결 목록을 끄집어 낸다
                List<Node> neighbours = v.getNeighbours();

                // v에 인접한 모든 정점에 대해 깊이 우선 탐색을 한다
                for (int i = 0; i < neighbours.size(); i++) {
                        Node w = neighbours.get(i);

                        if (w != null && !w.visited) {
                                w.visited = true;
                                topologicalSort(w);
                        }
                }
```

```
        // v를 스택에 밀어 넣는다
        stack.push(v);
}

public static void main(String arg[]) {
        TopologicalSort topological = new TopologicalSort();

        // 주어진 방향 그래프를 연결 목록으로 표현한다

        // 그래프에 깊이 우선 탐색을 시작하는 정점 0을 추가한다
        Node node0 = new Node(0);

        // 그래프에 있는 정점들을 생성한다
        Node node1 = new Node(1);
        Node node2 = new Node(2);
        Node node3 = new Node(3);
        Node node4 = new Node(4);
        Node node5 = new Node(5);
        Node node6 = new Node(6);
        Node node7 = new Node(7);

        // 간선들을 추가한다

        // 정점 0에서 진입 간선이 없는 정점 1로 가는 간선을 추가한다
        node0.addNeighbours(node1);

        // 정점 0에서 진입 간선이 없는 정점 3으로 가는 간선을 추가한다
        node0.addNeighbours(node3);

        // 그래프의 간선들을 나타낸다
        node1.addNeighbours(node2);
        node1.addNeighbours(node4);
```

```
        node2.addNeighbours(node4);
        node2.addNeighbours(node6);
        node3.addNeighbours(node4);
        node3.addNeighbours(node5);
        node4.addNeighbours(node6);
        node5.addNeighbours(node6);
        node5.addNeighbours(node7);
        node6.addNeighbours(node7);

        System.out.println("위상 정렬 순서:");

        // 시작 정점 node0을 '방문함'으로 표시한다
        node0.visited = true;

        // node0에서 위상 정렬을 시작한다
        topological.topologicalSort(node0);

        // 스택을 가져 온다
        Stack<Node> resultStack = topological.stack;

        // 스택에 있는 노드들을 출력한다
        while (resultStack.empty() == false)
            System.out.print(resultStack.pop() + "  ");
    }
}
```

: 실행 결과

이 프로그램을 [그림 4-5]의 그래프에 대해 실행한 결과는 다음과 같다.

위상 정렬 순서

0 3 5 1 2 4 6 7

위 순서에서 첫 번째 값 0을 제거한 순서가 우리가 찾는 답이다.

: 시간 복잡도

위상 정렬의 시간 복잡도는 깊이 우선 탐색과 같다. 따라서 그래프가 인접 목록으로 표현된다면 시간복잡도는 $\theta(|V| + |E|)$이다.

요약

- 그래프는 무방향 그래프와 방향 그래프로 나뉜다. 무방향 그래프에서 간선은 어떤 방향성을 갖지 않으나 방향 그래프에서는 간선이 방향을 가진다.
- 그래프는 컴퓨터 프로그램에서 보통 인접 목록이나 인접 행렬로 표현한다.
- 깊이 우선 탐색과 너비 우선 탐색은 대표적인 그래프 탐색 알고리즘이다. 이 알고리즘들은 그래프를 포함하는 많은 문제들을 해결하기 위해 유용하게 사용된다.
- 위상 정렬은 선행 조건들을 가진 일들의 수행 순서를 정하기 위해 사용한다. 위상 정렬은 순환이 없는 방향 그래프에서 정점들을 위상적으로 정렬하기 위해 깊이 우선 탐색을 이용한다.

연습문제 EXERCISE

1 사람사이의 친구 관계를 그래프로 나타낼 수 있다. 그래프에서 사람은 정점으로 나타낼 수 있고 사람 A와 사람 B가 친구라면 사람 A와 사람 B사이에 간선을 만들 수 있다. 다음과 같은 친구 관계를 나타내는 그래프를 그려라.

(1) 선남과 선녀는 친구이다.

(2) 선남과 길동은 친구이다.

(3) 선녀와 길동은 친구이다.

(4) 선남과 철수는 친구이다.

(5) 선남과 영희는 친구이다.

(6) 영희와 갑순은 친구이다.

(7) 길동과 영희는 친구이다.

2 (1) 아래 그래프를 인접 행렬로 표현하라. 행렬의 행들과 열들은 정점들의 번호 순서를 따른다고 가정한다.

(2) 아래 그래프를 인접 목록으로 표현하라. 인접 목록의 정점들은 정점들의 번호 순서를 따른다고 가정한다.

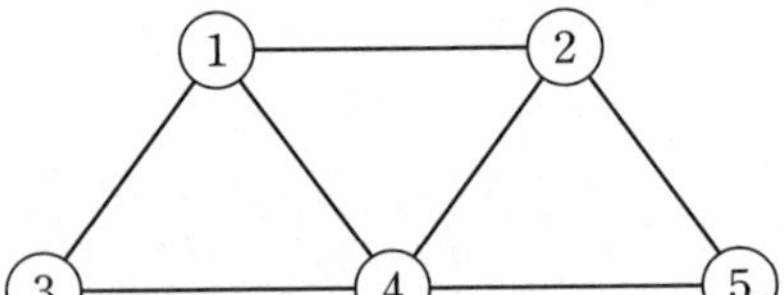

3 한 그래프의 어느 두 정점사이에도 간선이 존재한다. 이 그래프를 인접 행렬이나 인접 목록 중 어느 것을 사용하여 표현하겠는가? 선택한 이유를 설명하라.

4 다음 그래프에 대해 깊이 우선 탐색을 할 때 만들어지는 깊이 우선 신장 트리를 그려라. 트리 간선은 실선을 사용하고 뒤 간선은 점선을 사용하여 나타내라. 정점 v_1에서 탐색을 시작하라.

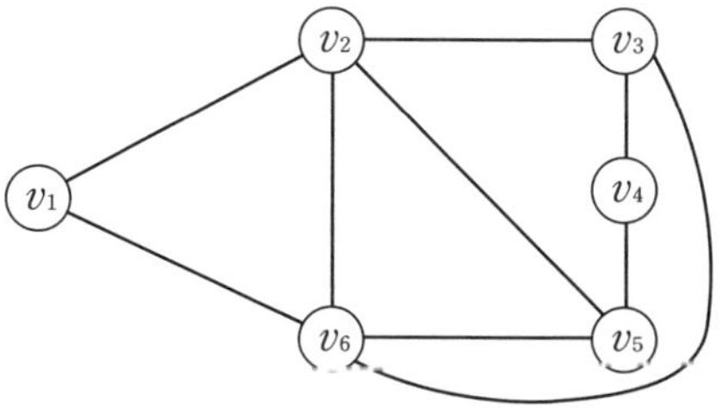

5 저밀도 그래프를 $|E| \in O(|V|)$인 그래프로 정의한다면 깊이 우선 탐색은 저밀도 그래프를 인접 행렬이나 인접 목록으로 표현할 때 어느 표현이 더 나은 시간복잡도를 가지는가?

6 그래프 G는 n개의 정점들과 m개의 간선들을 가진다.

(1) 다른 정점들에서 시작하는 모든 깊이 우선 탐색의 깊이 우선 탐색 숲들은 같은 수의 트리들을 가지는가?

(2) 다른 정점들에서 시작하는 모든 깊이 우선 탐색의 깊이 우선 탐색 숲들은 같은 수의 트리 간선들과 같은 수의 뒤 간선들을 가지는가?

7 4번의 그래프에 대해 너비 우선 탐색으로 만들어지는 너비 우선 신장 트리를 그려라. 정점 v_1에서 탐색을 시작하라.

8 너비 우선 탐색을 사용하여 그래프가 순환을 포함하고 있지 않는다는 것을 어떻게 검사할 수 있는지 설명하라.

연습문제 EXERCISE

9 깊이 우선 탐색이 순환을 너비 우선 탐색보다 항상 더 빨리 찾아내는가?

10 그래프의 연결된 컴포넌트들을 깊이 우선 탐색을 이용하여 어떻게 찾을 수 있는지 설명하라.

11 그래프의 연결된 컴포넌트들을 너비 우선 탐색을 이용하여 어떻게 찾을 수 있는지 설명하라.

12 미로를 무방향 그래프로 나타낼 수 있다. 미로의 입구, 출구, 갈림길과 막다른 골목을 정점으로 나타내고 정점들을 미로에 있는 길들에 따라 연결하면 된다. 다음 미로를 나타내는 무방향 그래프를 그려라.

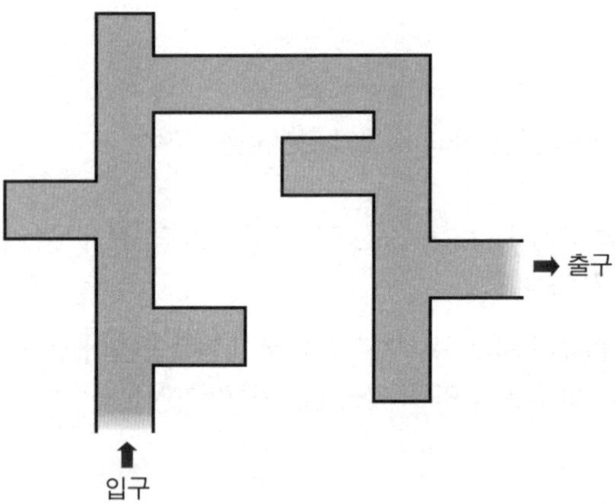

13 미로에서 출구를 찾기 위해 깊이 우선 탐색과 너비 우선 탐색 중 어느 것을 사용하는 것이 좋은가?

14 비방향 가중 그래프가 순환을 포함하는지를 검사하는 알고리즘을 깊이 우선 탐색 알고리즘을 수정하여 작성하라.

15 비방향 가중 그래프가 연결되어 있는지를 검사하는 알고리즘을 깊이 우선 탐색 알고리즘을 수정하여 작성하라.

16 다음 방향 그래프에 대해 위상 정렬 알고리즘이 수행되는 과정을 단계별로 보여라

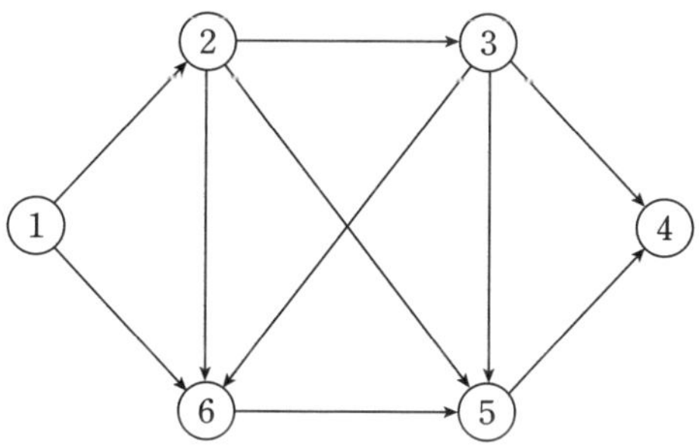

17 N개의 정점들을 가진 순환이 없는 방향 그래프에 대해 위상 정렬 문제의 다른 해들의 최대 수는 얼마인가?

18 위상 정렬 알고리즘의 시간복잡도를 O−표기로 표시하라.

19 인접 행렬로 표현한 순환이 없는 방향 그래프에서 어떻게 위상 정렬의 시작 정점을 찾는가? 이 연산의 시간복잡도를 O−표기로 표시하라

연습문제 EXERCISE

20 인접 목록으로 표현한 순환이 없는 방향 그래프에서 어떻게 위상 정렬의 시작 정점을 찾는가? 이 연산의 시간복잡도를 O–표기로 표시하라.

5장

분할 정복

5장

분할 정복

분할 정복(Divide-and-Conquer)은 가장 널리 알려진 알고리즘 설계 기법이다. 이 기법은 일상생활에서 아주 큰 문제를 해결하기 위해 보편적으로 많이 사용한다. 예를 들면, 인구 조사, 선거 개표 등을 할 때 해야 할 일을 더 작은 일들로 나누어 지역별로 수행한 후 취합하는 방식이 대표적이다. 컴퓨터를 이용한 정보 처리에서도 분할 정복은 보편적으로 활용되고 있다. 요즈음 대부분의 컴퓨터는 2개 이상의 프로세서를 가지고 있는 병렬 컴퓨터이다. 병렬 컴퓨터를 이용하여 주어진 문제를 효율적으로 해결하기 위해 보통 문제를 병렬 컴퓨터의 프로세서들의 수만큼의 작은 문제들로 나눈다. 각 프로세서가 작은 문제를 해결한다. 그리고 나서 작은 문제들의 해들을 합하여 원하는 답을 얻는다.

분할 정복은 가장 유명한 군사 전략에서 나왔다. 전쟁에서 한 군대가 수적으로 더 많고 아주 강한 적군과 싸울 때 사용한 전략이다. 1대 1로 정면 승부를 하면 무조건 질 수밖에 없는 상황이다. 이런 상황에서 승리하는 길은 적군을 여러 작은 군대로 갈라놓은 후 더 작은 군대와 싸우는 것이다. 실제로 이 전략은 수많은 전투에서 기적같은 승리를 이끌어 내었다. [그림 5-1]은 전쟁에서 사용하는 분할 정복 전략을 보여 준다

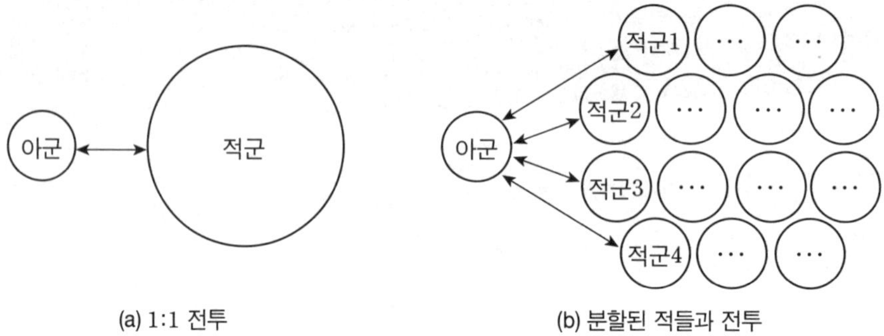

[그림 5-1] 전쟁의 분할 정복 전략

분할 정복 알고리즘이 취하는 전략은 다음과 같다.

1. 분할(Divide) 단계

   주어진 문제를 같은 유형의 여러 개의 더 작은 부분 문제(subproblem)들로 나눈다. 부분 문제는 쉽게 해결할 수 있을 정도로 작아질 때까지 계속 나눈다.

2. 정복(Conquer) 단계

   부분 문제들을 보통 재귀적으로 해결하여 해를 구한다.

3. 합병(Merge) 단계

   필요하다면 부분 문제들의 해를 합쳐 원래 문제에 대한 해를 구한다.

분할 정복 전략은 **[그림 5-2]**에 보여 진다. 문제는 보통 2개의 부분 문제들로 나눈다. 이 때 부분 문제들의 크기가 거의 같으면 전략의 효율성이 높아진다. 분할 과정은 부분 문제들이 충분히 작아져서 쉽게 풀 수 있을 때까지 계속된다. 분할이 끝나면 (충분히 작은) 부분 문제들의 해를 구한다. 부분 문제들의 해를 합쳐서 더 큰 부분 문제의 해를 구한다. 합치는 과정은 원래 문제에 대한 해를 구할 때까지 계속된다.

분할 정복 알고리즘들은 크게 두 유형으로 나뉜다. 첫 유형은 분할 과정이 쉽고 정복(합병) 과정이 어려운 경우이다. 최댓값과 최솟값 찾기 알고리즘과 합병 정렬이 이 유형에 속한다. 두 번째 유형은 분할 과정이 어렵고 정복(합병) 과정이 쉬운 경우이다. 빠른 정렬과 선택 알고리즘이 이 유형에 속한다.

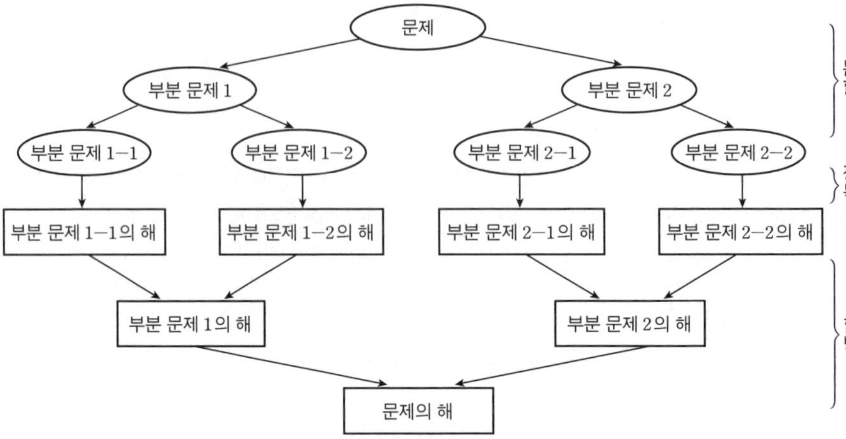

[그림 5-2] 분할 정복 기법

이 장에서는 분할 정복 기법을 사용하는 대표적인 알고리즘들을 다룬다. 먼저 배열 내에 저장된 값들의 최댓값과 최솟값을 구하는 알고리즘을 다룬다. 다음으로 분할 정복 기법을 사용하는 두 개의 효율적인 정렬 알고리즘들인 합병 정렬(Merge Sort)와 빠른 정렬(QuickSort)를 살펴 본다. 다음으로 $n(>0)$개의 숫자들 중 k, $1 \le k \le n$, 번째로 작은 숫자를 찾는 선택(Selection) 알고리즘을 다룬다. 마지막으로 분할 정복 기법을 적용하면 비효율적인 문제 유형을 알아본다.

5-1 최댓값과 최솟값 찾기

크기가 $n(>0)$인 배열 $A[0\,.\,.\,n-1]$내의 요소들 중 최댓값과 최솟값을 찾는 문제를 고려하자. 이 문제를 해결하는 쉬운 전략은 다음과 같다.

1. 최댓값을 찾는다.
2. 최댓값을 제외한 남은 배열 요소들의 최솟값을 찾는다.

이 전략의 첫 번째 단계에서 최댓값을 찾기 위한 배열 요소들 간의 비교 횟수는 $n-1$ 이다. 두 번째 단계에서 최솟값을 찾기 위한 배열 요소들 간의 비교 횟수는 $n-2$ 이다. 따라서 총 비교 횟수는 $2n-3$ 이다.

이 문제에 대한 쉽지 않은 분할 정복 전략은 다음과 같다.

1. 배열을 반으로 나눈다.
2. 배열의 양쪽 절반들의 최댓값과 최솟값을 찾는다.
3. 전체 배열의 최댓값과 최솟값을 구하기 위해 2에서 찾은 두 개의 최댓값들과 두 개의 최솟값들을 비교한다.

이 전략을 예를 들어 설명해 보자. 배열 A에 다음과 같은 값들이 순서대로 저장되어 있다고 하자.

24	75	92	83	61	48	97	50

[그림 5-3]은 위의 분할 정복 전략의 진행 과정을 보여준다. 먼저 주어진 배열을 반으로 나눈다. 배열의 양쪽 반을 각각 또 다시 반으로 나눈다. 그러면 나뉜 4개의 부분 배열은 2개의 요소들을 가진다. 분할 과정은 여기서 끝난다. 다음으로 정복 과정이 시작된다. 각 부분 배열 내의 2개의 요소들을 비교하여 최댓값과 최솟값을 구한다. 마지막으로 합병 과정이 시작된다. 첫 두 개의 부분 배열들의 최댓값들(75와 92)와 최솟값들(24와 83)을 각각 비교하여 배열의 왼쪽 반의 최댓값 92와 최솟값 24를 구한다. 다음으로 마지막 두 개의 부분 배열들의 최댓값들(61과 97)과 최솟값들(48과 50)을 각각

비교하여 배열의 오른쪽 반의 최댓값 97과 최솟값 48을 구한다. 다음으로 배열의 왼쪽 반의 최댓값 92(최솟값 24)와 배열의 오른쪽 반의 최댓값 97(최솟값 48)을 비교하여 전체 배열의 최댓값 97(최솟값 24)을 구한다.

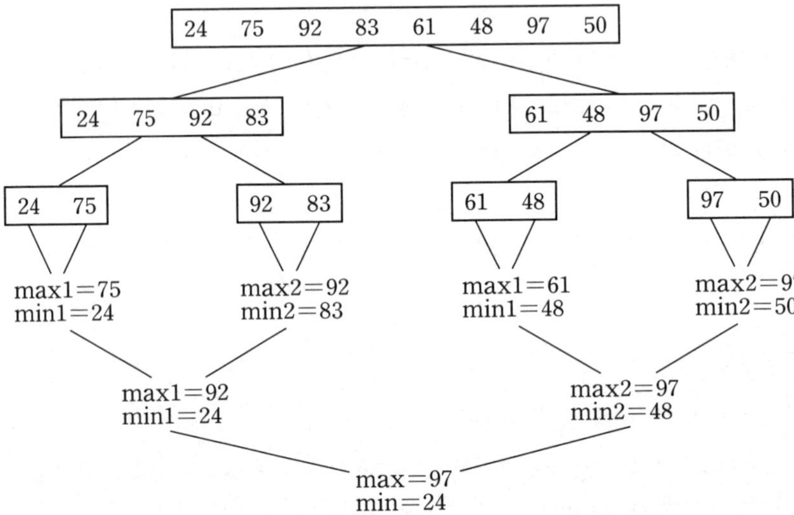

[그림 5-3] 최댓값과 최솟값 찾기 알고리즘의 진행 과정

분할 정복 알고리즘은 크기가 다른 같은 유형의 문제들을 해결하기 때문에 보통 재귀적으로 작성된다. 위의 분할 정복 전략에 따라 작성한 배열 A[i . . j]의 최댓값과 최솟값을 찾는 재귀 알고리즘은 다음과 같다.

알고리즘

```
알고리즘 findMaxMin(A[ ], i, j, min, max)
// 배열 A[i . . j]의 최댓값과 최솟값을 찾는다
// 입력: 배열 A[i . . j]
// 출력: min(최솟값), max(최댓값)
if (i = j) { min=A[i]; max=A[i] }
else if (i=j-1) {
        if (A[i]<A[j])  { min=A[i]; max=A[j] }
        else { min=A[j]; max=A[i] }
}
else {
        mid = ⌊(i+j)/2⌋
        findMaxMin(A, i, mid, min1, max1)
        findMaxMin(A, mid+1, j, min2, max2)
        if (min1<min2) min = min1
        else min = min2
        if (max1<max2) max = max2
        else max = max1
}
```

배열 A$[0\,..\,n-1]$내의 요소들 중 최댓값과 최솟값을 찾기 위해서 위 알고리즘을 다음과 같이 호출하면 된다.

$$\text{findMaxMin(A, } 0, n-1, \text{ min, max)}$$

[프로그램 5-1]은 위 알고리즘을 자바로 구현한 프로그램이다. 자바에서 메소드를 호출할 때 매개변수의 값을 넘겨주기 위해 값에 의한 호출(call by value) 방법을 사용한다. 따라서 호출된 메소드의 실행 결과를 호출하는 메소드에 전달하는 방법은 실행 결과 값을 반환하는 것이다. 그에 따라 프로그램 5.1의 findMaxMin 메소드의 머리부에 해당 알고리즘의 min과 max 매개변수가 없다. 대신에 크기가 2인 배열 result에 최솟값과 최댓값을 저장한 후 반환한다.

프로그램 5.1 최댓값과 최솟값 찾기

```
// 프로그램 5-1: 분할 정복을 이용하여 배열의 최솟값과 최댓값을 찾는다
public class findMaxMin {
  // 분할 정복을 이용하여 배열 A[i . . j]의 최솟값과 최댓값을 찾는다
  public static int[] findMaxMin(int[] A, int i, int j) {
    int mid;              // A[i . . j]의 중앙 요소의 지수
    // A[i . . j]의 최솟값과 최댓값을 저장하는 배열
    int[] result = new int[2];
    // A[i . . mid]의 최솟값과 최댓값을 저장하는 배열
    int[] leftResult = new int[2];
    // A[mid+1 . . j]의 최솟값과 최댓값을 저장하는 배열
    int[] rightResult = new int[2];

    // 배열에 1개의 요소만 있는 경우
    if (i == j) { result[0] = A[i]; result[1] = A[i]; }
    else if (i == j - 1) { // 배열에 2개의 요소들이 있는 경우
            if (A[i] < A[j]) {
              result[0] = A[i];
              result[1] = A[j];
            }
            else {
                result[0] = A[j];
                result[1] = A[i];
            }
    }
    else {
            // A[i . . j]의 중앙 요소의 지수를 계산한다
            mid = (i + j) / 2;

            // A[i . . mid]의 최솟값과 최댓값을 구한다
            leftResult = findMaxMin(A, i, mid);
```

```
            // A[mid+1 . . j]의 최솟값과 최댓값을 구한다
            rightResult = findMaxMin(A, mid + 1, j);

            // A[i . . j]의 최솟값과 최댓값을 구한다
            if (leftResult[0] < rightResult[0])
                result[0] = leftResult[0];
            if (leftResult[1] < rightResult[1])
                result[1] = rightResult[1];
        }

        return result;
    }

    public static void main(String arg[]) {
        int[] A = {24, 75, 92, 83, 61, 48, 97, 50};
        int[] answer = new int[2];

        // 배열 A의 최솟값과 최댓값을 찾는다
        answer = findMaxMin(A, 0, A.length - 1);

        // 배열 A의 최솟값과 최댓값을 출력한다
        System.out.println("최솟값: " + answer[0]);
        System.out.println("최댓값: " + answer[1]);
    }
}
```

: 실행 결과

프로그램 5.1을 <24, 75, 92, 83, 61, 48, 97, 50>을 저장하는 배열에 대해 실행한 결과는 다음과 같다.

최솟값: 24

최댓값: 97

: 시간 복잡도

최댓값과 최솟값 찾기 알고리즘의 시간 복잡도를 분석해 보자. 입력의 크기는 배열의 크기인 n이다. 시간 복잡도 분석을 단순화하기 위해 $n = 2^k(\mathrm{k} \geq 1)$이라고 가정하자. 기본 연산은 두 개의 배열 요소들 간의 비교이다. 위 알고리즘에 대한 실행 트리는 **[그림 5-4]**에 보여 진다. 트리의 루트 노드는 원 배열의 최댓값과 최솟값을 구하기 위한 배열 요소들 간의 비교 횟수를 나타낸다. 트리의 1층에 있는 노드들은 원 배열의 왼쪽 반과 오른쪽 반의 최댓값과 최솟값을 구하기 위한 배열 요소들 간의 비교 횟수를 나타낸다. 트리의 가장 아래 층에 있는 네모로 그려진 노드들은 원 배열의 각 요소를 나타낸다. 따라서 그 노드들의 수는 n이다. 바로 위층에 있는 노드들은 두 개의 자식 노드들(배열 요소들)의 비교 횟수(1)를 나타낸다. 그 노드들의 수는 $\frac{n}{2}$이다. 트리에서 그 노드들을 제외한 내부 노드들의 수는 트리가 완전 이진 트리이기 때문에 $(\frac{n}{2} - 1)$이다. 각 내부 노드의 비교 횟수는 2이다. 따라서 위 트리에서 비교 횟수들을 합하면 다음과 같다.

$$2\mathrm{x}\left(\frac{n}{2} - 1\right) + \frac{n}{2} = \frac{3n}{2} - 2$$

이 결과가 최선이라고 증명할 수 있다.

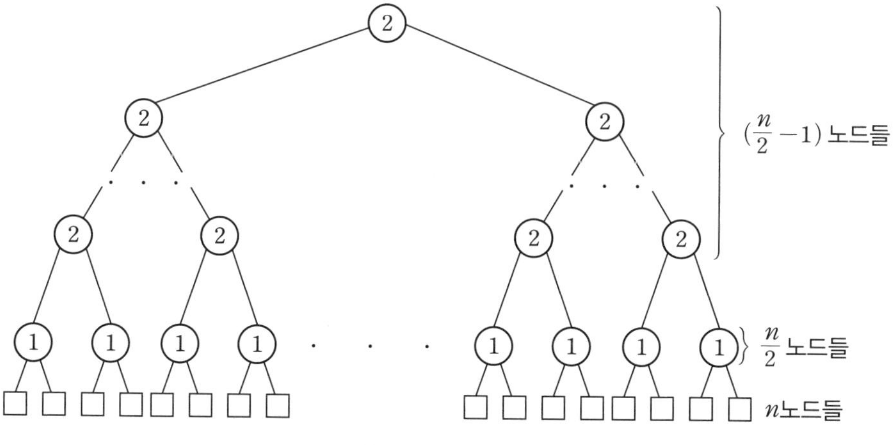

[그림 5-4] 최댓값과 최솟값 찾기 알고리즘의 실행 트리

5-2 합병 정렬

합병 정렬은 분할 정복 기법이 완벽하게 적용되는 경우이다. 주어진 배열 A[0 . . n − 1]내의 요소들을 정렬하는 쉬운 전략은 다음과 같다.

1. 최솟값을 찾는다
2. 남은 요소들을 같은 방법을 사용하여 재귀적으로 정렬한다.

이 전략의 첫 번째 단계에서 최솟값을 찾기 위한 배열 요소들 간의 비교 횟수는 $(n - 1)$이다. 두 번째 단계에서 먼저 두 번째로 작은 값을 찾는다. 이 경우 비교 횟수는 $(n - 2)$이다. 이와 같이 남은 요소들 중 최솟값을 찾는다. 따라서 이 전략에서 요구되는 배열 요소들 간의 총 비교 횟수는 다음과 같다.

$$(n-1)+(n-2)+\cdots+2+1=\sum_{i=1}^{n-1} i=\frac{n(n-1)}{2}\in\theta(n^2)$$

명백히 이 전략은 '균형 취하기 발견법' (balancing heuristic)을 사용하지 않는다. 크기 k, $1 \leq \mathrm{k} \leq n$, 의 배열의 남은 요소들의 최솟값을 구하기 위해 배열을 크기 1의 부분 배열(최솟값 요소)과 크기 (k − 1)의 부분 배열(최솟값 요소를 제외한 남은 요소들)로 나눈다. 따라서 이 전략은 비효율적이다.

더 나은 전략은 '균형 취하기 발견법' 을 이용한다. 즉, 배열을 거의 같은 크기의 부분 배열들로 나눈다. 합병 정렬의 새 분할 정복 전략은 다음과 같다.

1. 배열을 반으로 나눈다.
2. 왼쪽 반과 오른쪽 반을 각각 정렬한다.
3. 정렬된 왼쪽 반과 오른쪽 반을 합병한다.

두 번째 단계에서 각 반을 정렬하기 위해 계속 반으로 나눈다. 이러한 분할은 나뉜 반의 크기가 1이나 2가 될 때까지 계속된다. 반의 크기가 1이나 2가 되면 정렬하기가 아주 쉽다.

새 전략을 예를 들어 설명해 보자. 배열 A에 다음과 같은 값들이 순서대로 저장되어 있다고 하자.

91	82	13	85	68	70	98	24

[그림 5-5]는 합병 정렬의 진행 과정을 보여 준다. 원 배열을 세 번 분할하면 부분 배열의 크기가 1이 된다. 따라서 분할은 멈추게 되고 정복을 해야 한다. 요소가 한 개인 부분 배열은 자동적으로 정렬이 되어 있다. 다음으로 합병 과정이 시작된다.

크기가 1인 부분 배열 <91>과 <82>의 합병은 91과 82를 비교하여 작은 요소(82)를 앞에 두고 큰 요소(91)을 뒤에 두면 된다. 크기가 2인 부분 배열 <82, 91>과 <13, 85>의 합병은 각 부분 배열의 첫 번째 요소인 82와 13을 비교하여 작은 요소(13)을 새 배열의 맨 앞에 둔다. 작은 요소가 속한 부분 배열의 두 번째 요소(85)와 82를 비교한다. 비교 후 작은 요소인 82를 새 배열의 두 번째 요소에 저장한다. 다음으로 작은 요소가 속한 부분 배열의 두 번째 요소(91)을 85와 비교한다. 비교 후 작은 요소인 85를 새 배열의 세 번째 요소에 저장한다. 두 번째 부분 배열에는 비교할 요소가 남아 있지 않으므로 91을 새 배열의 네 번째 요소에 저장한다. 다른 부분 배열들의 합병도 같은 방법으로 진행된다.

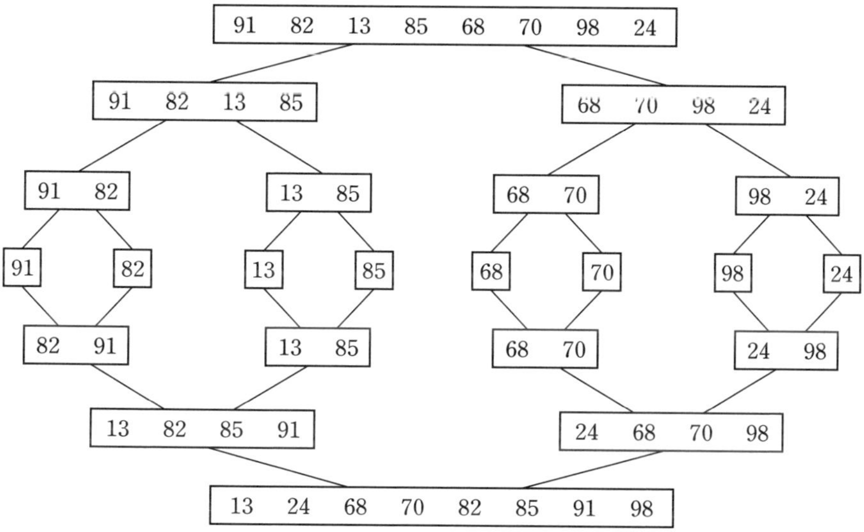

[그림 5-5] 합병 정렬의 진행 과정

위의 분할 정복에 따라 작성한 재귀를 이용하는 배열 A[low . . high]의 합병 정렬 알고리즘은 다음과 같다.

: 알고리즘

```
알고리즘 mergeSort(A[ ], low, high)
// 배열 A[low .. high]를 합병 정렬을 이용하여 정렬한다.
// 0 ≤ low ≤ high ≤ n - 1
// 입력: 정렬할 수 있는 요소들의 배열 A[low .. high]
// 출력: 오름차순으로 정렬된 요소들의 배열 A[low .. high]
if (low < high) {
    mid = ⌊(low+high)/2⌋  // 중앙 요소의 지수를 계산한다
    // 왼쪽 반 A[low .. mid]를 합병 정렬을 이용하여 정렬
    mergeSort(A, low, mid)
    // 오른쪽 반 A[mid+1 .. high]를 합병 정렬을 이용하여 정렬
    mergeSort(A, mid+1, high)
    // 정렬된 A[low .. mid]와 A[mid+1 .. high]를 합병한다
    merge(A, low, mid, high)
}
```

위 알고리즘을 이용하여 배열 $A[0\,..\,n-1]$을 정렬하려면 다른(보통 main) 메소드에서 mergeSort(A, 0, $n-1$)을 호출하면 된다. 위 알고리즘에서 merge는 정렬된 A[low . . mid]와 A[mid + 1 . . high]를 합병하여 A[low . . high]가 정렬되게 한다.

정렬된 부분 배열 A[low . . mid]와 A[mid + 1 . . high]를 합병하는 merge 알고리즘을 한글로 기술하면 다음과 같다.

: 자연어 알고리즘

1 크기가 (high + 1)인 배열 B를 만든다
2 두 개의 배열 지수 i와 j를 각각 low와 (mid + 1)로 초기화한다.
배열 지수 h를 low로 초기화 한다.
3 i ≤ mid 이고 j ≤ high 인 동안 다음을 반복한다.
3.1 A[i] ≤ A[j] 라면 B[h] 에 A[i] 를 저장하고 i 값을 1만큼 증가시킨다.
아니면 B[h] 에 A[j] 를 저장하고 j값을 1 만큼 증가시킨다.
3.2 h를 1 만큼 증가시킨다.
4 A[low . . mid]내에 배열 B에 저장되지 않은 요소들이 남아 있다면 그 요소들을 순서대로 배열 B의 마지막에 저장한다.
5 A[mid + 1 . . high]내에 배열 B에 저장되지 않은 요소들이 남아 있다면 그 요소들을 순서대로 배열 B의 마지막에 저장한다.
6 B[low . . high] 를 A[low . . high] 로 옮긴다.

의사코드로 기술한 merge 알고리즘은 다음과 같다.

: 알고리즘

```
알고리즘 merge(A[ ], low, mid, high)
// 두 개의 정렬된 배열 A[low . . mid]와 A[mid + 1 . . high]를 합병하여
   A[low . . high]를 정렬한다
// 입력: 정렬된 배열 A[low . . mid]와 A[mid + 1 . . high]
// 출력: 정렬된 배열 A[low . . high]
크기가 (high + 1)인 배열 B를 만든다
h = low
i = low
j = mid + 1

while (i ≤ mid and j ≤ high) {
    if (A[i] ≤ A[j]) { B[h] = A[i]; i = i + 1 }
```

```
      else { B[h] = A[j] ; j = j + 1 }
      h = h + 1
   }
   if (i > mid) {
      for (k = j ; k ≤ high; k++) {
          B[h] = A[k]
          h = h + 1
      }
   } else {  for (k = i ; k ≤ mid ; k++) {
                B[h] = A[k]
                h = h + 1
             }
   }

   // B[low . . high]를 A[low . . high]로 옮긴다
   for (k = low; k ≤ high; k++)
        A[k] = B[k]
```

위 merge 알고리즘에서 새로 만든 배열 B의 B[0 . . low − 1]은 사용되지 않는다는 것에 유의하라. 크기가 m인 정렬된 부분 배열과 크기가 n인 정렬된 부분 배열을 합병하기 위해 최악의 경우에 $(m + n - 1)$ 번의 배열 요소들의 비교가 필요하다. 예를 들면, 1, 3, 5와 7을 저장하는 크기가 4인 배열 A와 2, 4와 6을 저장하는 크기가 3인 배열 B를 합병하기 위해 필요한 비교는 다음과 같다.

1 <−> 2, 2 <−> 3, 3 <−> 4, 4 <−> 5, 5 <−> 6, 6 <−> 7

따라서 필요한 비교 횟수는 6 (= 4 + 3 − 1) 이다.

[프로그램 5-2]는 위 알고리즘을 자바로 구현한 프로그램이다. printArray 메소드는 배열 요소들을 출력한다.

프로그램 5.2 합병 정렬

```
// 프로그램 5.2: 합병 정렬
public class MergeSort {
    // 정렬된 A[low . . mid]와 정렬된 A[mid+1 . . high]를 합병한다
    public static void merge(int A[], int low, int mid, int high) {
        int h, i, j, k;
        // 합병된 결과를 저장하기 위한 임시 배열
        int[] B = new int[high + 1];

        h = low; i = low; j = mid + 1;

        // 왼쪽 반의 요소와 오른쪽 반의 요소를 순서대로 비교하여 작은 값을
        // 배열 B로 옮긴다
        while (i <= mid && j <= high) {
            if (A[i] <= A[j]) {
                B[h] = A[i];
                i = i + 1;
            } else {
                    B[h] = A[j];
                    j = j + 1;
            }
            h = h + 1;
        }

        if (i > mid) {
            // 오른쪽 반에 남아 있는 요소들을 B로 옮긴다
            for (k = j; k <= high; k++) {
              B[h] = A[k];
              h = h + 1;
            }
        } else // 왼쪽 반에 남아 있는 요소들을 B로 옮긴다
```

```
            for (k = i; k <= mid; k++) {
               B[h] = A[k];
               h = h + 1;
            }

      // 배열 B[low . . high]를 배열 A[low . . high]로 옮긴다
            for (k = low; k <= high; k++)
               A[k] = B[k];
   }

   // 배열 A[low . . high]를 합병 정렬을 이용하여 정렬한다
   public static void mergeSort(int A[], int low, int high) {
        if (low < high) {
           // 중앙 요소의 지수를 계산한다
           int mid = (low + high)/2;

           // 왼쪽 반 A[low . . mid]을 합병 정렬을 이용하여 정렬한다
           mergeSort(A, low, mid);

           // 오른쪽 반 A[mid+1 . . high]을 합병 정렬을 이용하여 정렬한다
           mergeSort(A , mid + 1, high);

           // 정렬된 A[low . . mid]과 A[mid+1 . . high]를 합병한다
           merge(A, low, mid, high);
        }
   }

   // 배열 요소들을 출력한다
   public static void printArray(int A[]) {
       for (int i = 0; i < A.length; ++i)
           System.out.print(A[i] + " ");
       System.out.println();
```

```
    }


    // 시작 메소드 main
    public static void main(String args[]) {
        int A[] = {91, 82, 13, 85, 68, 70, 98, 24};

        // 정렬하기 전 배열 요소들을 출력한다
        System.out.println("주어진 배열");
        printArray(A);

        // 합병 정렬을 이용하여 정렬한다
        mergeSort(A, 0, A.length-1);

        // 정렬 후 배열 요소들을 출력한다
        System.out.println("\n정렬된 배열");
        printArray(A);
    }
}
```

실행 결과

[프로그램 5-2]를 <91, 82, 13, 85, 68, 70, 98, 24>를 저장하는 배열에 대해 실행한 결과는 다음과 같다

```
주어진 배열   91   82   13   85   68   70   98   24
정렬된 배열   13   24   68   70   82   85   91   98
```

: 시간 복잡도

합병 정렬 알고리즘의 시간 복잡도를 분석해 보자. 입력의 크기는 배열의 크기인 n이다. 시간 복잡도 분석을 단순화하기 위해 $n = 2^k$ $(\mathrm{k} \geq 1)$이라고 가정하자. 기본 연산은 두 개의 배열 요소들의 비교이다. $\mathrm{T}(n)$을 n개의 배열 요소들을 정렬하기 위해 필요한 요소들의 비교 횟수라고 하자. 그러면 다음 점화식이 성립한다.

$$\mathrm{T}(n) = \begin{cases} 2\mathrm{T}\left(\frac{n}{2}\right) + n - 1, & n \geq 2, \\ 0, & n = 1 \end{cases}$$

위 점화식에서 $2\mathrm{T}\left(\frac{n}{2}\right)$은 크기가 $\frac{n}{2}$인 두 부분 배열을 재귀적으로 정렬하는 데 필요한 비교 횟수이다. $(n-1)$ $(= \frac{n}{2} + \frac{n}{2} - 1)$은 크기가 $\frac{n}{2}$인 두 개의 정렬된 부분 배열을 합병하기 위해 필요한 최악의 경우의 비교 횟수이다.

위 점화식을 치환을 이용하여 풀어 보자.

$$\begin{aligned}
\mathrm{T}(n) &= 2\mathrm{T}\left(\frac{n}{2}\right) + n - 1 \\
&= 2\left(2\mathrm{T}\left(\frac{n}{2^2}\right) + \frac{n}{2} - 1\right) + n - 1 = 2^2\mathrm{T}\left(\frac{n}{2^2}\right) + n - 2 + n - 1 \\
&= 2^2\mathrm{T}\left(\frac{n}{2^2}\right) + 2n - (2 + 1) \\
&= 2^2\left(2\mathrm{T}\left(\frac{n}{2^3}\right) + \frac{n}{2^2} - 1\right) + 2n - (2 + 1) \\
&= 2^3\mathrm{T}\left(\frac{n}{2^3}\right) + 3n - (2^2 + 2 + 1) \\
&\ \ \vdots \\
&= 2^k\mathrm{T}\left(\frac{n}{2^k}\right) + kn - (1 + 2 + 2^2 + \cdots + 2^{k-1}) \\
&= 2^k\mathrm{T}(1) + kn - \frac{2^k - 1}{2 - 1}
\end{aligned}$$

$$= kn - 2^k + 1$$
$$= kn - n + 1$$
$$= n \log_2 n - n + 1 \in \theta(n \log n)$$

합병 정렬의 단점은 추가로 입력 배열과 같은 크기의 임시 배열을 필요로 한다는 것이다. 2개의 정렬된 부분 배열들을 하나의 배열로 합병하기 위해 합병된 결과를 저장할 공간이 필요하기 때문이다.

재귀 알고리즘은 간결하나 입력 크기가 매우 커지면 구현 프로그램의 실행 시간이 많이 증가할 수 있다. 재귀 호출할 때 스택을 사용한다. 분할정복 프로그램에서 재귀를 제거하면 더 효율적인 프로그램을 얻을 수 있다. 합병 정렬 알고리즘에서 재귀를 제거해 보자. **[그림 5-6]**은 크기가 8인 배열을 분할 과정 없이 부분 배열들을 합병하는 과정을 보여 준다.

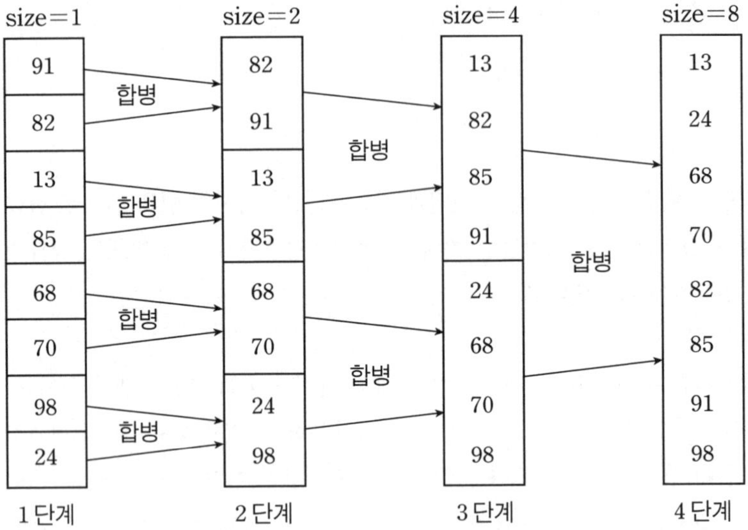

[그림 5-6] 비재귀 합병 정렬의 진행 과정

[그림 5-6]에 보여진 아이디어를 일반화하여 작성한 비재귀 합병정렬 알고리즘은 다음과 같다.

알고리즘

```
알고리즘 mergeSort2(A[ ], n)
// 배열 A[0 . . n-1]를 비재귀 합병 정렬을 이용하여 정렬한다.
// 입력: 정렬할 수 있는 요소들의 배열 A[0 . . n-1]
// 출력: 오름 차순으로 정렬된 요소들의 배열 A[0 . . n-1]
1 size= 1 // 정렬된 부분 배열의 크기
// 전체 배열이 정렬되지 않은 동안 크기가 size인 두 개의 부분 배열들을 합병을 한다.
2 while (size<n) {
3         for (i=0;i < n;i=i+2*size)
              // 정렬된 A[i . . i+size-1]과 A[i+size . . i +2*size-1]
                를 합병한다
4             merge(A, i, i+size-1, i+2*size-1);
5         size=size*2; // 정렬된 부분 배열의 크기를 2배로 한다
  }
```

시간 복잡도

비재귀 합병 정렬 알고리즘의 시간 복잡도를 분석해 보자. 입력의 크기는 배열의 크기인 n이다. 시간 복잡도 분석을 단순화하기 위해 $n = 2^k$ $(k \ge 1)$이라고 가정하자. 기본 연산은 두 개의 배열 요소들의 비교이다. 알고리즘은 size가 1부터 시작하여 size가 $\frac{n}{2}$이 될 때까지 합병을 계속한다. 합병이 끝난 후 size값을 2배로 증가시킨다. 따라서 2번 줄의 while문이 수행되는 횟수는 $\log_2 n$이다. [그림 5-6]에서와 같이 size가 2^i, $0 \le i \le k$, 일 때 합병을 i단계라고 하자. 그러면 총 단계는 $\log_2 n$이다. 각 단계마다 배열 요소들의 비교 횟수는 $\theta(n)$이다. 따라서 시간 복잡도는 $\theta(n \log n)$이다.

합병 정렬은 다양하게 활용되고 있다. 합병 정렬은 외부 정렬(External Sort)의 기본이 되는 정렬 알고리즘이다. 외부 정렬은 입력 크기가 매우 커서 읽고 쓰는 시간이 아주 많이 걸리는 보조 기억 장치에 입력 데이터를 저장하는 경우에 수행되는 정렬을 의미한다. 연결 목록에 있는 데이터를 정렬할 때에도 빠른 정렬이나 힙 정렬보다 더 효율적이

다. 또한 멀티코어(Multi-Core) 프로세서(CPU)와 다수의 프로세서로 구성된 그래픽 처리 장치(Graphical Processing Unit 혹은 GPU)의 등장으로 정렬 알고리즘을 병렬화하기 위해 합병 정렬이 활용되고 있다.

5-3 빠른 정렬

빠른 정렬(퀵 정렬)은 분할 정복에 기초한 아주 중요한 정렬 알고리즘이다. 합병 정렬과 달리 배열을 기준 요소의 값에 따라 나눈다. 빠른 정렬의 기본 아이디어는 다음과 같다.

1. 주어진 배열을 두 부분으로 분할한다. 분할할 때 배열 내의 기준 요소보다 작거나 같은 요소들은 기준 요소의 왼쪽 부분에 위치하도록 하고 큰 요소들은 모두 기준 요소의 오른쪽 부분에 위치하도록 한다.
2. 각 분할된 부분들에 대해 1과 동일한 과정을 재귀적으로 수행하여 정렬한다.

기준 요소는 배열 내의 어떤 요소일 수도 있으나 보통 배열의 첫 번째 요소이다.

[그림 5-7]은 빠른 정렬의 진행 과정을 보여 준다. 그림에서 밑줄이 있는 요소는 기준 요소를 나타내고 점선 안에 포함된 요소들은 기준 요소를 기준으로 분할한 결과를 보여 준다. 첫 단계에서 배열의 첫 번째 요소 15를 기준으로 두 부분으로 나눈다. 기준 요소(15)보다 작은 요소들은 기준 요소의 왼쪽 부분에 위치하고 큰 요소들은 오른쪽 부분에 위치한다. 각 부분에 있는 요소들의 순서는 이 절의 분할 알고리즘에 의해 결정된다. 두 번째 단계에서는 첫 번째 분할의 왼쪽 부분(<12, 10, 13>)을 첫 번째 요소인 12를 기준으로 두 부분으로 나눈다. 분할 결과 왼쪽 부분(10)과 오른쪽 부분(13)에 각각 한 개의 요소만이 있으므로 더 이상 분할할 필요가 없다. 세 번째 단계에

서는 첫 번째 분할의 오른쪽 부분(<27, 22, 20, 25>)을 첫 번째 요소인 27을 기준으로 두 부분으로 나누려고 하였으나 기준 요소보다 큰 요소가 없어 왼쪽 부분만으로 나뉜다. 나머지 단계들도 비슷하게 진행된다.

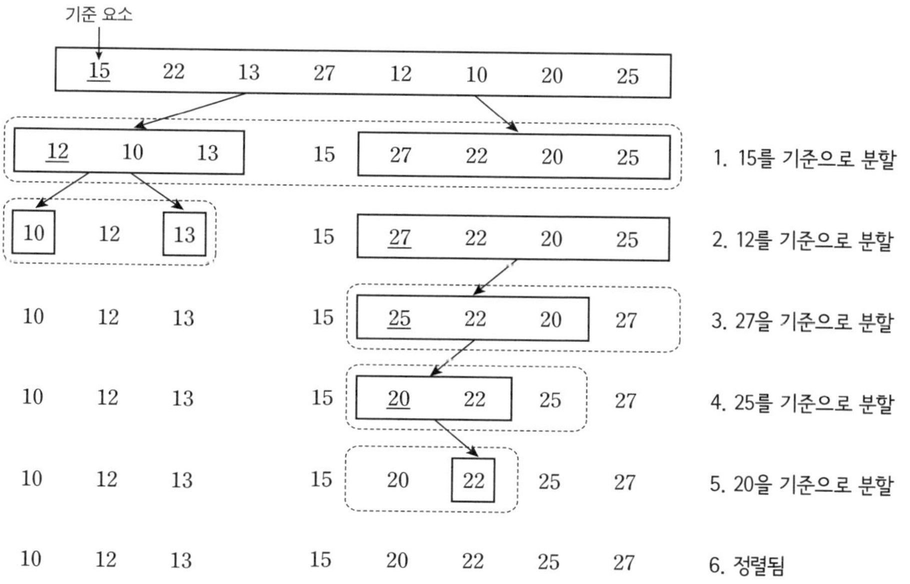

[그림 5-7] 빠른 정렬의 진행 과정

빠른 정렬은 이름과 달리 가장 빠른 정렬 알고리즘은 아니다. 크기가 n인 배열에 대해 최악의 경우에 $\theta(n^2)$의 시간 복잡도를 가진다. 하지만 빠른 정렬은 평균적으로 매우 효율적이다. 즉, 빠른 정렬의 평균 시간 복잡도는 $\theta(n \log n)$이다. 따라서 빠른 정렬은 실제적으로 매우 효율적이다. 또한 빠른 정렬은 제자리에서 정렬하기 때문에 추가 메모리 공간을 필요로 하지 않는다. 빠른 정렬에서는 모든 일이 분할 과정에서 일어나고 합병 과정에서는 아무 일도 하지 않는다.

위의 아이디어를 반영한 빠른 정렬 알고리즘은 다음과 같다.

: 알고리즘

```
알고리즘 quickSort(A[ ], low, high)
// 배열 A[low . . high]를 빠른 정렬을 이용하여 정렬한다.
// 입력: 정렬할 수 있는 요소들의 배열 A[low . . high]
// 출력: 오름차순으로 정렬된 요소들의 배열 A[low . . high]
if (low<high)
    // 기준 요소 A[low]를 기준으로 분할
    s=partition(A, low, high)
    quickSort(A, low, s-1)    // 왼쪽 부분을 빠른 정렬한다.
    quickSort(A, s+1, high)   // 오른쪽 부분을 빠른 정렬한다.
}
```

위 알고리즘에서 배열 A[low . . high]를 기준 요소 p(A[low])에 의해 **[그림 5-8]**과 같이 분할하기 위해 partition(A, low, high)을 호출한다. 위 알고리즘을 이용하여 배열 A[0 . . $n-1$]을 정렬하려면 다른(보통 main) 메소드에서 quickSort(A, 0, $n-1$)을 호출하면 된다.

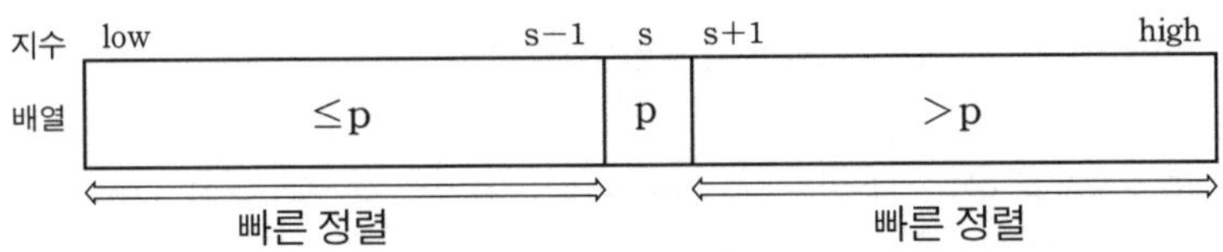

[그림 5-8] 기준 요소에 의한 분할 후 빠른 정렬

빠른 정렬 알고리즘에서 가장 핵심적인 과정은 분할(partition)이다. 분할 알고리즘은 다음과 같이 2단계로 진행된다.

1. 배열 요소들을 [그림 5-9] (a)와 같이 기준 요소 p(A[low])보다 작거나 같은 요소들은 왼쪽 구역에 큰 요소들은 오른쪽 구역에 재배치한다.
2. 기준 요소(p)를 [그림 5-9] (b)의 p보다 작거나 같은 구역의 마지막 요소(A[j])와 교환한다.

분할 알고리즘이 수행된 후의 배열은 [그림 5-8]과 같다.

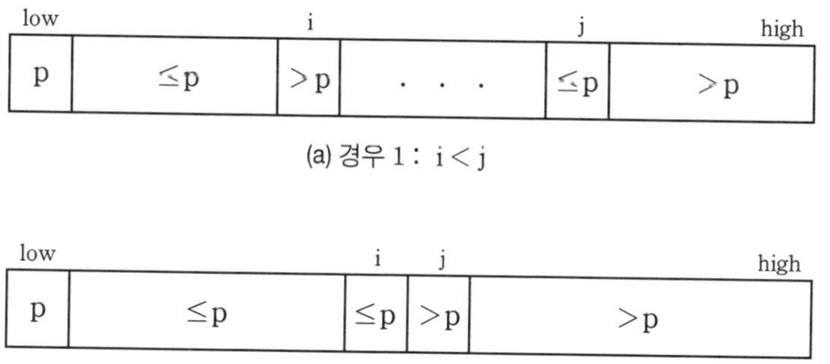

(a) 경우 1 : i < j

(b) 경우 2 : i > j

[그림 5-9] 분할 알고리즘의 진행 과정

분할 알고리즘의 첫 단계의 주 아이디어는 다음과 같다.

1. 배열 A[low + 1 . . high]를 양쪽 끝에서부터 검색한다
   1.1. 왼쪽 끝에 있는 요소(A[low + 1])부터 시작하여 오른쪽으로 차례대로 p와 비교한다. 이 비교는 p보다 큰 요소가 나오면 멈춘다. 이를 위해 색인 포인터(index pointer) i를 사용한다
   1.2. 오른쪽 끝에 있는 요소(A[high])부터 시작하여 왼쪽으로 차례대로 p와 비교한다. 이 비교는 p보다 작거나 같은 요소가 나오면 멈춘다. 이를 위해 색인 포인터 j를 사용한다.

2. 배열 요소들의 검색이 멈춘 후 2가지 경우가 있을 수 있다.

경우1 $i < j$ ([그림 5-9]의 (a))

A[i]와 A[j]를 교환하고 i를 1만큼 증가시키고 j를 1만큼 감소시킨다. 이후 상황은 [그림 5-10]에 보여진다. 그리고 1과 같이 검색을 계속한다.

경우2 이 경우는 분할이 종료된 경우이다. 분할을 완성하기 위해서 p와 A[j]를 교환한다.

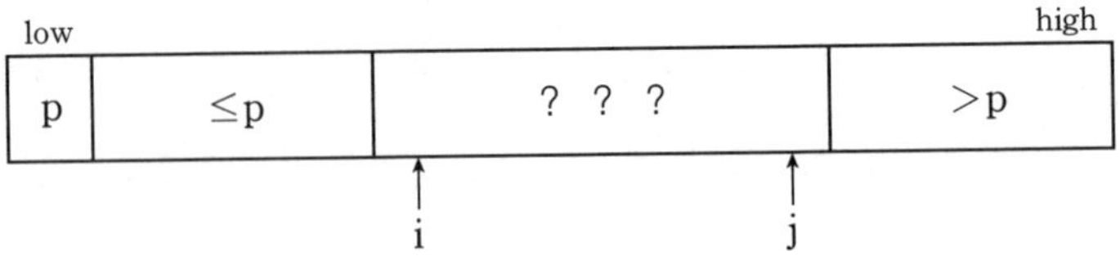

[그림 5-10] 분할 알고리즘의 분할 중 상황

분할 알고리즘을 작성하기 전에 빠른 정렬을 예를 들어 설명해 보자. 배열 A에 다음과 같은 값들이 순서대로 저장되어 있다고 하자.

58	92	27	40	86	15	73	64

빠른 정렬의 진행 과정의 설명에서 배열 내에 밑줄이 있는 요소는 기준 요소를 의미하고 고딕체로 쓰여진 요소는 최종 위치에 자리 잡았음을 의미한다.

처음에 배열의 첫 번째 요소인 58을 기준 요소로 정하고 빠른 정렬을 시작한다. i와 j는 각각 배열의 두 번째 요소와 마지막 요소의 지수이다. 배열의 두 번째 요소 A[i]부터 순서대로 기준 요소보다 큰 요소를 찾을 때까지 기준 요소와 비교한다. A[i] = 92는 기준 요소(58)보다 크므로 비교를 멈춘다. 다음 그림은 이 과정 후의 배열을 보여 준다.

	i						j
<u>58</u>	92	27	40	86	15	73	64

다음으로 기준 요소보다 작은 요소를 찾을 때까지 마지막 요소 A[j]부터 역순으로 기준 요소와 비교한다. A[j] = 64 > 58이므로 j를 바로 앞에 있는 요소를 가리키게 한다. 그 다음에는 A[j] = 73 > 58이므로 j를 바로 앞에 있는 요소를 가리키게 한다. 그 다음에는 A[j] = 15 < 58이므로 기준 요소보다 작은 요소를 찾았으므로 비교를 멈춘다. 다음 그림은 이 과정 후의 배열을 보여 준다.

	i				j		
<u>58</u>	92	27	40	86	15	73	64

다음으로 A[i] = 92와 A[j] = 15를 교환한다. 교환 후 i를 다음 요소를 가리키게 하고 j는 바로 앞에 있는 요소를 가리키게 한다. 다음 그림은 이 과정 후의 배열을 보여 준다.

		i		j			
<u>58</u>	15	27	40	86	92	73	64

다음으로 A[i]부터 순서대로 기준 요소보다 큰 요소를 찾을 때까지 기준 요소와 비교한다. A[i] = 27 < 58이므로 i를 다음 요소를 가리키게 한다. 그 다음에는 A[i] = 40 < 58이므로 i를 다음 요소를 가리키게 한다. 그 다음에는 A[i] = 86은 기준 요소보다 크므로 비교를 멈춘다. 다음으로 기준 요소보다 작은 요소를 찾을 때까지 A[j]

를 기준 요소와 비교한다. $A[j] = 86 > 58$이므로 j를 바로 앞에 있는 요소를 가리키게 한다. 그 다음에는 $A[j] = 40 < 58$이므로 기준 요소보다 작은 요소를 찾았으므로 비교를 멈춘다. 다음 그림은 이 과정 후의 배열을 보여 준다.

			j	i			
58	15	27	40	86	92	73	64

$i = 4 > j = 3$이므로 기준 요소 58과 A[j](40)을 교환하다. 다음 그림은 이 과정 후의 배열을 보여 준다. 기준 요소(58)을 기준으로 기준 요소보다 작은 요소들은 기준 요소의 왼쪽에 위치해 있고 기준 요소보다 큰 요소들은 기준 요소의 오른쪽에 위치해 있음을 확인할 수 있다.

40	15	27	**58**	86	92	73	64

다음으로 기준 요소 58의 왼쪽 부분(<40, 15, 27>)를 배열의 첫 번째 요소인 40을 기준 요소로 정하고 빠른 정렬을 시작한다. i와 j는 각각 배열의 두 번째 요소와 세 번째 요소의 지수이다. 다음 그림은 이 과정을 보여 준다.

	i	j					
40	15	27	**58**	86	92	73	64

다음으로 두 번째 요소 A[i]부터 순서대로 기준 요소보다 큰 요소를 찾을 때까지 기준 요소와 비교한다. $A[i] = 15 < 40$이므로 i를 다음 요소를 가리키게 한다. 그 다음에는 $A[i] = 27 < 40$이므로 i를 다음 요소를 가리키게 한다. 다음 그림은 이 과정 후의 배열을 보여 준다.

		j	i				
40	15	27	**58**	86	92	73	64

$i = 3 > j = 2$이므로 기준 요소 40과 A[j](27)을 교환하다. 다음 그림은 이 과정 후의 배열을 보여 준다.

27	15	**40**	**58**	86	92	73	64

다음으로 기준 요소 40의 왼쪽 부분(<27, 15>)를 배열의 첫 번째 요소인 27을 기준 요소로 정하고 빠른 정렬을 시작한다. i와 j는 모두 두 번째 요소를 가리킨다. 다음 그림은 이 과정을 보여 준다

	i j						
27	15	**40**	**58**	86	92	73	64

다음으로 $A[i] = 15 < 27$이므로 i를 다음 요소를 가리키게 한다. 다음 그림은 이 과정 후의 배열을 보여 준다.

	j	i					
27	15	**40**	**58**	86	92	73	64

$i = 2 > j = 1$이므로 기준 요소 27과 A[j](15)을 교환하다. 다음 그림은 이 과정 후의 배열을 보여 준다.

15	**27**	**40**	**58**	86	92	73	64

다음으로 기준 요소 27의 왼쪽 부분(15)를 빠른 정렬한다. 정렬할 요소가 하나이므로 자체로 정렬이 되어 있어 더 이상 할 일이 없다. 이 시점에서 첫 번째 분할의 왼쪽 부분(<15, 27, 40>)은 정렬이 되어 있다.

15	**27**	**40**	**58**	86	92	73	64

다음으로 첫 번째 분할의 오른쪽 부분(<86, 92, 73, 64>)를 이 부분의 첫 번째 요소인 86을 기준 요소로 정하고 빠른 정렬을 시작한다. i와 j는 각각 배열의 여섯 번째 요소와 마지막 요소를 가리킨다. 다음 그림은 이 과정을 보여 준다.

					i		j
15	**27**	**40**	**58**	<u>86</u>	92	73	64

다음으로 여섯 번째 요소 A[i]부터 순서대로 기준 요소보다 큰 요소를 찾을 때까지 기준 요소와 비교한다. $A[i] = 92 > 86$이므로 비교를 멈춘다. 다음으로 기준 요소보다 작은 요소를 찾을 때까지 A[j]를 기준 요소와 비교한다. $A[j] = 64 < 86$이므로 비교를 멈춘다. 다음으로 $A[i] = 92$와 $A[j] = 64$를 교환한다. 교환 후 i를 다음 요소를 가리키게 하고 j는 바로 앞에 있는 요소를 가리키게 한다. 다음 그림은 이 과정 후의 배열을 보여 준다.

						i j	
15	**27**	**40**	**58**	<u>86</u>	64	73	92

다음으로 $A[i] = 73 < 86$이므로 i를 다음 요소를 가리키게 한다. 다음 그림은 이 과정 후의 배열을 보여 준다.

						j	i
15	**27**	**40**	**58**	<u>86</u>	64	73	92

$i = 7 > j = 6$이므로 기준 요소 86과 A[j](73)을 교환하다. 다음 그림은 이 과정 후의 배열을 보여 준다.

15	**27**	**40**	**58**	73	64	**86**	92

다음으로 기준 요소 86의 왼쪽 부분(<73, 64>)를 배열의 첫 번째 요소인 73을 기

준 요소로 정하고 빠른 정렬을 시작한다. i와 j는 모두 여섯 번째 요소를 가리킨다. 다음 그림은 이 과정을 보여 준다.

					i j		
15	27	40	58	73	64	86	92

다음으로 A[i] = 64 < 73이므로 i를 다음 요소를 가리키게 한다. 다음 그림은 이 과정 후의 배열을 보여 준다.

					j	i	
15	27	40	58	73	64	86	92

i = 6 > j = 5이므로 기준 요소 73과 A[j](64)을 교환하다. 다음 그림은 이 과정 후의 배열을 보여 준다.

15	27	40	58	64	73	86	92

다음으로 기준 요소 73의 왼쪽 부분(64)를 빠른 정렬한다. 정렬할 요소가 하나이므로 자체로 정렬이 되어 있어 더 이상 할 일이 없다. 이 시점에서 기준 요소 86을 기준으로 분할한 세 번째 분할의 왼쪽 부분(<64, 73>)은 정렬이 되어 있다.

15	27	40	58	64	73	86	92

마지막으로 첫 번째 분할의 오른쪽 부분(<86, 92, 73, 64>)를 기준 요소 86을 기준으로 분할한 세 번째 분할의 오른쪽 부분(92)를 빠른 정렬한다. 정렬할 요소가 하나이므로 자체로 정렬이 되어 있어 더 이상 할 일이 없다. 이 시점에서 배열 전체가 정렬이 되어 있다.

15	27	40	58	64	73	86	92

분할 알고리즘의 주 아이디어와 빠른 정렬의 진행 과정의 예를 참고하여 작성한 분할 알고리즘은 다음과 같다.

: 알고리즘

```
알고리즘 partition(A[ ], low, high)
// 배열 A[low . . high]를 A[low]보다 작거나 같은 요소들은 A[low]의 왼쪽에
   배치하고 큰 요소들은 오른쪽에 배치한다
// 입력: 배열 A[0 . . n - 1]의 부분 배열 A[low . . high], low < high
// 출력: A[low . . high]의 분할 후 기준 요소의 최종 위치(지수)를 반환
i = low + 1
j = high
while (i ≤ j) {
  if (A[i] ≤ A[low]) i = i + 1
  else if (A[j] > A[low]) j = j - 1
  else {
        A[i] ↔ A[j]
        i = i + 1
        j = j - 1
  }
}
A[low] ↔ A[j]
return j
```

[프로그램 5-3]은 빠른 정렬(quicksort) 알고리즘과 분할(partition) 알고리즘을 자바로 구현한 프로그램이다.

프로그램 5-3 빠른 정렬

```
// 프로그램 5.3: 빠른 정렬
class QuickSort {
    // 배열 S[low..high]를 S[low]를 기준으로 하여 분할한다.
    // S[low]보다 큰 요소들을 S[low]의 오른쪽에 배치하고
    // 나머지 요소들을 S[low]의 왼쪽에 배치한다
    public static int partition(int S[], int low, int high) {
        int i, j, temp;

        i = low + 1;
        j = high;

        // 배열을 S[low]를 기준으로 하여
        // S[low]보다 큰 요소는 배열의 오른쪽으로 옮기고
        // 작은 요소는 배열의 왼쪽으로 옮긴다
        while (i <= j) {
            if (S[i] <= S[low]) i = i + 1;
            else if (S[j] > S[low]) j = j - 1;
            else {
                temp = S[i];
                S[i] = S[j];
                S[j] = temp;
                i = i + 1;
                j = j - 1;
            }
        }

        // S[low]를 S[low]보다 작거나 같은 요소들의 구역의 마지막
        // 요소와 교환한다
        temp = S[low];
        S[low] = S[j];
```

```
        S[j] = temp;

        return j;
    }

    // 배열 S[low . . high]를 정렬한다
    public static void quickSort(int S[], int low, int high {
        int pivotPoint;

        if (low < high)
        {
                // 배열 S[low . . high]를 분할할 지수를 계산한다
                pivotPoint = partition(S, low, high);
                // S[low . . pivotPoint-1]을 빠른 정렬을 사용하여 정렬한다
                quickSort(S, low, pivotPoint - 1);

                // S[pivotPoint+1 . . high]을 빠른 정렬을 사용하여
                // 정렬한다
                quickSort(S, pivotPoint + 1, high);
        }
    }

    // 배열 A의 요소들을 출력한다
    public static void printArray(int A[]) {
        for (int i = 0; i < A.length; ++i)
              System.out.print(A[i] + " ");

              System.out.println();
    }

    // 시작 메소드 main
    public static void main(String args[]) {
```

```
        int A[] = {15, 22, 13, 27, 12, 10, 20, 25, 32};

        System.out.println("주어진 배열");
        printArray(A);

        quickSort(A, 0, A.length - 1);

        System.out.println("\n정렬된 배열");
        printArray(A);
    }
}
```

: 실행 결과

[프로그램 5-3]을 <15, 22, 13, 27, 12, 10, 20, 25, 32>를 저장하는 배열에 대해 실행한 결과는 다음과 같다.

주어진 배열	15	22	13	27	12	10	20	25	32
정렬된 배열	10	12	13	15	20	22	25	27	32

: 시간 복잡도

빠른 정렬의 최악의 경우의 시간 복잡도를 분석해 보자. 입력의 크기는 배열의 크기인 n이다. 기본 연산은 알고리즘의 4번과 5번 줄의 두 개의 배열 요소들의 비교이다. 최악의 경우는 배열 요소들이 서로 다르고 이미 오름차순으로 정렬되어 있고 기준 요소로 첫 번째 요소를 선택할 때 일어난다. 이 경우에 분할을 하면 기준 요소보다 작거나 같은 영역에 배치되는 요소는 없고 기준 요소를 제외한 나머지 요소들은 모두 기준 요소보다 큰 영역에 배치된다. 이 큰 영역에 대해 분할을 하면 똑 같은 상황이 발생한다. 첫 번째 분할 시 왼쪽부터 검색은 두 번째 요소에서 멈추고 오른쪽 끝부터 검색은 첫 번째 요소에서 멈추므로 비교 횟수는 n이다. 두 번째 분할시 비교 횟수는 $(n-1)$이다. 마지막 분할은 영역에 두 개의 요소들이 있을 때 일어난다. 이 경우 비교 횟수는

2이다. 따라서 총 비교 횟수는 다음과 같다.

$$n + (n-1) + \cdots + 2 = \frac{n(n+1)}{2} - 1 \in \theta(n^2)$$

따라서 빠른 정렬의 유용함은 평균 경우 시간 복잡도에 의해 결정된다. 다행스럽게도 평균 경우 시간 복잡도는 수학적으로 구하기가 어렵지만 $\theta(n \log n)$이라고 알려져 있다. 특히 빠른 정렬은 평균적으로 최선의 경우보다 약 39% 만큼 더 요소들 간의 비교를 한다고 밝혀 졌다. 그러므로 빠른 정렬이 이름에 걸맞게 실제적으로 효율적인 정렬 알고리즘이라는 사실을 알 수 있다.

5-4 선택

선택 문제는 $n(>0)$개의 숫자들의 목록에서 k번째로 작은 숫자를 찾는 문제이다. k가 1이면 최솟값을 찾고 k가 n이면 최댓값을 찾는다. 이 문제의 특별한 경우는 k가 $\lceil \frac{n}{2} \rceil$일 때이다. 이 경우 중앙값(median)을 찾는다. 중앙값은 통계에서 가장 중요한 개념 중의 하나이다.

선택 문제를 해결하는 간단한 첫 번째 방법은 다음과 같다.

- 다음을 k번 반복한다:
  - 숫자들의 목록에서 최솟값을 찾은 후 제거한다.

이 방법에서 마지막에 찾은 최솟값이 이 문제의 답이다. **[그림 5-11]**은 첫 번째 방법을 이용하여 5개의 숫자들의 목록 <72, 25, 46, 93, 80>에서 중앙값(3번째로 작은 값)을 찾는 과정을 보여 준다. 마지막에 제거된 72가 중앙값이다.

<72, 25, 46, 93, 80>

↓ 25 제거

<72, 46, 93, 80>

↓ 46 제거

<72, 93, 80>

↓ 72 제거

<93, 80>

[그림 5-11] 반복적인 최솟값 제거 후 중앙값 찾기

선택 문제를 해결하는 간단한 두 번째 방법은 숫자들의 목록을 오름차순으로 정렬한 후 k번째 숫자를 찾는 것이다. **[그림 5-12]**는 두 번째 방법을 이용하여 5개의 숫자들의 목록 <72, 25, 46, 93, 80>에서 중앙값을 찾는 과정을 보여 준다.

<72, 25, 46, 93, 80> —정렬→ <25, 46, 72, 80, 93>

↑ 중앙값 (72)

[그림 5-12] 정렬 후 중앙값 찾기

첫 번째 방법은 최악의 경우 $O(kn)$의 수행 시간이 걸린다. 두 번째 방법의 수행 시간은 선택한 정렬 알고리즘에 의해 결정된다. 합병 정렬과 같은 빠른 정렬 알고리즘을 사용한다면 시간 복잡도는 $O(n \log n)$이다. 두 번째 방법은 문제에서 요구하는 것보다 훨씬 더 많은 일을 한다. 문제에서는 k번째로 작은 숫자를 찾으라고 하는 것이지 그렇게 하기 위해 전체 숫자들을 정렬하라고 요구하지 않는다.

선택 문제에 다음과 같이 분할 정복 전략을 적용할 수 있다.

1. 숫자들을 두 그룹으로 나눈다. 즉, 빠른 정렬과 같이 기준 숫자를 선택하여 기준 숫자보다 작거나 같은 숫자들의 Small 그룹과 기준 숫자보다 큰 숫자들의 Large 그룹으로 분할한다
2. 두 그룹의 크기를 살펴보고 k번째로 작은 숫자가 어느 그룹에 있는지를 결정한다.
3. k번째로 작은 숫자를 해당 그룹에서 재귀적으로 찾는다

위 전략의 두 번째 단계에서 다음에 찾을 그룹을 선택하는 방법은 다음과 같다.

1. Small 그룹의 크기가 k보다 크거나 같다면 k번째로 작은 숫자를 Small 그룹에서 찾는다.
2. Small 그룹의 크기가 k보다 작다면 k번째로 작은 숫자를 Large 그룹에서 찾는다. 이 경우 Large 그룹에서 (k − s − 1)번째로 작은 숫자를 찾아야 한다. 여기서 s는 Small 그룹에 있는 숫자들의 수이다.

[그림 5-13]은 숫자들을 Small 그룹과 Large 그룹으로 분할 후 k 번째로 작은 숫자를 찾을 그룹을 선택하는 방법을 보여 준다.

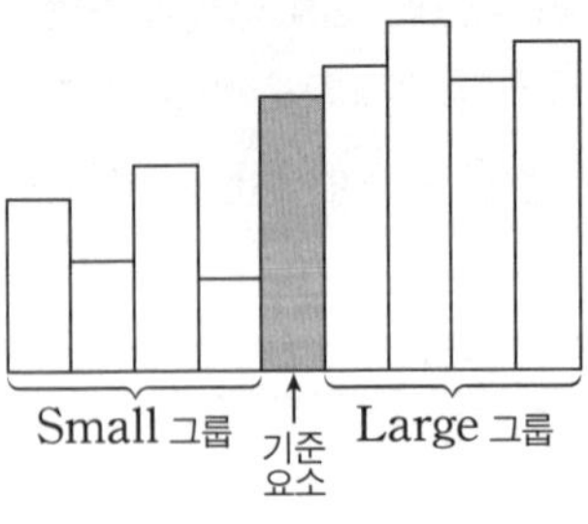

Small 그룹의 크기 S = 4

경우 1 : k = 3 < 4 = S
Small 그룹에서 k번째로 작은 숫자를 찾는다.

경우 2 : k = 7 > 4 = S
Large 그룹에서 (k - S - 1) = 2번째로 작은 숫자를 찾는다.

[그림 5-13] 분할 후 찾을 그룹 선택 방법

선택 알고리즘에서 숫자들을 두 그룹으로 나누기 위해 빠른 정렬에서 사용하는 분할 알고리즘을 그대로 사용한다. 그러나 빠른 정렬과 달리 분할 후 k번째로 작은 숫자를 한 그룹에서만 찾는다. Small 그룹은 기준 요소를 포함하지 않는다. 따라서 분할 후 다음에 찾을 그룹을 선택할 때 Small 그룹의 크기가 k보다 작다면 다음과 같은 두 가지 경우가 있다.

경우 1 $k = s + 1$

이 경우는 기준 요소가 k번째로 작은 요소이다. 따라서 기준 요소를 반환하고 선택 알고리즘을 종료한다.

경우 2 $k > s + 1$

이 경우에는 전체 숫자에서 k번째로 작은 요소가 Large 그룹에서는 $(k - s - 1)$번째 요소가 된다. 따라서 Large 그룹에서 $(k - s - 1)$번째 요소를 찾아야 한다.

선택 알고리즘을 예를 들어 설명해 보자 배열 A에 다음과 같은 값들이 순서대로 저장되어 있다고 하자.

48	12	70	38	75	67	96	52	81

배열 A에서 중앙값을 찾아야 한다. 여기서 $k = \lceil \frac{9}{2} \rceil = 5$이다. 따라서 중앙값은 배열 A에서 5번째로 작은 값이다. 중앙값을 찾는 과정의 설명에서 배열 내에 밑줄이 있는 요소는 기준 요소를 의미하고 고딕체로 쓰여진 요소는 최종 위치에 자리 잡았음을 의미한다.

처음에 배열의 첫 번째 요소인 48을 기준 요소로 정하고 분할을 시작한다. i와 j는 각각 배열의 두 번째 요소와 마지막 요소의 지수이다. 다음 그림은 시작 후 배열을 보여준다

	i							j
48	12	70	38	75	67	96	52	81

다음으로 배열의 두 번째 요소 A[i]부터 순서대로 기준 요소(48)보다 큰 요소를 찾을 때까지 기준 요소와 비교한다. A[i] = 12 < 48 이므로 i를 다음 요소를 가리키게 한다. 그 다음에는 A[i] = 70 > 48이므로 비교를 멈춘다. 다음으로 기준 요소보다 작은 요소를 찾을 때까지 A[j]부터 역순으로 기준 요소와 비교한다. A[8](= 81), A[7](= 52), A[6](= 96), A[5](= 67)와 A[4](= 75)는 모두 기준 요소보다 크다. A[3] = 38 < 48이므로 기준 요소보다 작은 요소를 찾았으므로 비교를 멈춘다. 다음 그림은 이 과정 후의 배열을 보여 준다.

		i	j					
48	12	70	38	75	67	96	52	81

다음으로 A[i] = 70과 A[j] = 38을 교환한다. 교환 후 i를 다음 요소를 가리키게 하고 j는 바로 앞에 있는 요소를 가리키게 한다. 다음 그림은 이 과정 후의 배열을 보여 준다.

		j	i					
48	12	38	70	75	67	96	52	81

i = 3 > j = 2이므로 기준 요소 48과 A[j](38)을 교환하다. 다음 그림은 이 과정 후의 배열을 보여 준다. 기준 요소 48을 기준으로 기준 요소보다 작은 요소들(<38, 12>)은 Small 그룹에 속하고 기준 요소보다 큰 요소들(<70, 75, 67, 96, 52, 81>)은 Large 그룹에 속한다

38	12	**48**	70	75	67	96	52	81

Small 그룹의 크기 s(= 2)가 k(= 5)보다 작고 k는 s + 1이 아니므로 중앙값은 Large 그룹에 있다. 따라서 중앙값을 Large 그룹에서 찾아야 한다. 중앙값은 Large 그룹에서 2(= 5 − 2 − 1)번째 값이 된다.

다음으로 Large 그룹의 첫 번째 요소인 70을 기준 요소로 정하고 분할을 시작한다. i와 j는 각각 그룹의 두 번째 요소와 마지막 요소의 지수이다. 다음 그림은 분할 시작 후 배열을 보여 준다.

	i				j
<u>70</u>	75	67	96	52	81

다음으로 그룹의 두 번째 요소 A[i]부터 순서대로 기준 요소(70)보다 큰 요소를 찾을 때까지 기준 요소와 비교한다. A[i] = 75 > 70이므로 비교를 멈춘다. 다음으로 기준 요소보다 작은 요소를 찾을 때까지 A[j]부터 역순으로 기준 요소와 비교한다. A[j] = 81 > 70이므로 j는 바로 앞에 있는 요소를 가리키게 한다. 그 다음에는 A[j] = 52 < 70이므로 기준 요소보다 작은 요소를 찾았으므로 비교를 멈춘다. 다음 그림은 이 과정 후의 배열을 보여 준다.

	i			j	
<u>70</u>	75	67	96	52	81

다음으로 A[i] = 75와 A[j] = 52를 교환한다. 교환 후 i를 다음 요소를 가리키게 하고 j는 바로 앞에 있는 요소를 가리키게 한다. 다음 그림은 이 과정 후의 배열을 보여 준다.

		i	j		
<u>70</u>	52	67	96	75	81

다음으로 A[i] = 67 < 70이므로 i를 다음 요소를 가리키게 한다. 그 다음에는 A[i]

= 96 > 70이므로 비교를 멈춘다. A[j] = 96 > 70이므로 j는 바로 앞에 있는 요소를 가리키게 한다. 다음 그림은 이 과정 후의 배열을 보여 준다.

		j	i		
<u>70</u>	52	67	96	75	81

i = 7 > j = 6이므로 기준 요소 70과 A[j](67)을 교환하다. 다음 그림은 이 과정 후의 배열을 보여 준다. 기준 요소 70을 기준으로 기준 요소보다 작은 요소들(<67, 52>)은 Small 그룹에 속하고 기준 요소보다 큰 요소들(<96, 75, 81>)은 Large 그룹에 속한다.

67	52	**70**	96	75	81

Small 그룹의 크기 s(= 2)가 k(= 2)와 같으므로 중앙값을 Small 그룹에서 찾아야 한다. 중앙값은 Small 그룹에서 2번째 값이 된다.

다음으로 Small 그룹의 첫 번째 요소인 67을 기준 요소로 정하고 분할을 시작한다. i와 j는 모두 그룹의 두 번째 요소의 지수이다. 다음 그림은 분할 시작 후 배열을 보여 준다.

	i j
<u>67</u>	52

다음으로 A[i] = 52 < 67이므로 i를 다음 요소를 가리키게 한다. 다음 그림은 이 과정 후의 배열을 보여 준다.

	j	i
<u>67</u>	52	

$i = 5 > j = 4$이므로 기준 요소 67과 A[j](52)을 교환하다. 다음 그림은 이 과정 후의 배열을 보여 준다. 기준 요소 67을 기준으로 기준 요소보다 작은 요소(52)는 Small 그룹에 속하고 기준 요소보다 큰 요소는 없으므로 Large 그룹은 없다.

52	**67**

Small 그룹의 크기 s가 1이므로 $k = 2 = s + 1$ 이다. 따라서 기준 요소(67)이 찾는 중앙값이다.

선택 문제에 적용된 분할 정복 전략과 선택 알고리즘의 진행 과정의 예를 참고하여 작성한 분할 알고리즘은 다음과 같다.

알고리즘

```
알고리즘 selection(A[ ], first, last, k)
// 배열 A[first . . last]내에서 k 번째로 작은 숫자를 찾아서 반환한다
// 입력: 정렬할 수 있는 요소들의 배열 A[0 . . n-1]의 부분 배열
//       A[first . . last]와 정수 k(1≤k≤last-first+1)
// 출력: A[first . . last]내에 있는 k 번째로 작은 요소의 값
p=partition(A, first, last)
s=(p-1)-first+1 // Small 그룹의 크기를 계산한다
if (k≤s)  {  // Small 그룹에서 찾는다
                return selection(A, first, p-1, k)
else if (k=s+1)  return A[p] // 찾음
else return selection(A, p+1, last, k-s-1)
   // Large 그룹에서 찾는다
```

[프로그램 5-4]는 선택 알고리즘과 분할(partition) 알고리즘을 자바로 구현한 프로그램이다.

: 프로그램 5-4 선택 알고리즘

```
// 프로그램 5.4: 배열 내에서 k번째로 작은 요소를 찾는다
public class Selection {
    // 배열 S[first . . last]를 S[first]를 기준으로 하여 분할한다
    // S[first]보다 큰 요소들을 S[first]의 오른쪽에 배치하고 나머지
    // 요소들을 S[first]의 왼쪽에 배치한다
    public static int partition(int S[], int first, int last) {
        int i, j, temp;

        i = first + 1;
        j = last;

        // 배열을 S[first]를 기준으로 하여 S[first]보다 큰 요소는 배열의
        // 오른쪽으로 옮기고 작거나 같은 요소는 배열의 왼쪽으로 옮긴다
        while (i <= j) {
                if (S[i] <= S[first]) i = i + 1;
                else if (S[j] > S[first]) j = j - 1;
                else {
                        temp = S[i];
                        S[i] = S[j];
                        S[j] = temp;
                        i = i + 1;
                        j = j - 1;
                }
        }

        // S[first]를 S[first]보다 작거나 같은 요소들의 구역의 마지막
        // 요소와 교환한다
        temp = S[first];
        S[first] = S[j];
        S[j] = temp;
```

```
        return j;
    }
    // 배열 A[first . . last]내에서 k번째 작은 요소를 찾아서 반환한다
    public static int selection(int[] A, int first, int last,
                                int k) {
        int p, S;
        // 배열 A[first . . last]를 분할할 지수를 계산한다
        p = partition(A, first, last);

        // A[p]보다 작거나 같은 요소들의 수를 계산한다
        S = (p - 1) - first + 1;

        if (k <= S)
            // A[p]보다 작거나 같은 요소들의 Small 그룹에서 찾는다
            return selection(A, first, p - 1, k);
        else if (k == S + 1) return A[p]; // k번째 작은 요소를 찾았다
        else // A[p]보다 큰 요소들의 Large 그룹에서 찾는다
            return selection(A, p + 1, last, k - S - 1);
    }

    // 시작 메소드 main
    public static void main(String[] args) {
        int A[] = {48, 12, 70, 38, 75, 67, 96, 52, 81};
        int k = 5;

        System.out.println(k + "번째로 작은 요소: " +
                    selection(A, 0, A.length - 1, k) );
    }
}
```

실행 결과

[프로그램 5-4]를 <48, 12, 70, 38, 75, 67, 96, 52, 81>을 저장한 배열에 대해 실행한 결과는 다음과 같다.

5번째로 작은 요소: 67

시간 복잡도

선택 알고리즘의 시간 복잡도를 분석해 보자. 크기 n의 배열을 기준 요소에 따라 분할하기 위해 n번의 배열 요소들 간의 비교가 필요하다. 첫 번째 분할 후 찾는 값이 기준 요소라면 최선의 경우이다. 따라서 선택 알고리즘의 최선의 시간 복잡도는 $n \in \theta(n)$이다. 그러나 분할 알고리즘은 분할할 때마다 최악의 분할을 할 수 있다. 즉, 분할 후 한 그룹은 비어 있고 다른 그룹은 기준 요소를 제외한 모든 요소들을 포함하는 경우이다. 이와 같은 최악의 경우는 배열 요소들이 서로 다르고 오름차순으로 정렬되어 있고 첫 번째 요소를 기준 요소로 선택하고 가장 큰 요소를 찾을 때 발생한다. 이 경우의 총 비교 횟수는 다음과 같다.

$$n + (n-1) + \cdots + 2 = \frac{n(n+1)}{2} - 1 \in \theta(n^2)$$

따라서 선택 알고리즘은 최악의 경우에 선택(혹은 삽입) 정렬과 같은 쉬운 정렬 알고리즘과 같은 시간 복잡도를 갖는다. 그러므로 선택 알고리즘이 효율적이냐 여부는 평균 경우 시간 복잡도에 달려 있다. 다행스럽게도 평균 경우 시간 복잡도는 수학적으로 계산하기 어렵지만 $\theta(n)$이라고 알려져 있다.

-5 분할 정복이 부적절한 경우

분할 정복 전략이 부적절한 경우는 문제가 분할될 때마다 분할된 부분 문제들의 입력 크기의 합이 분할되기 전의 입력 크기보다 매우 커지는 경우이다. 더 구체적으로 말하면 다음의 두 경우에는 분할 정복이 적절하지 않다.

경우 1 크기 n인 문제가 거의 n에 가까운 크기의 2개 이상의 부분 문제들로 나누어진다

경우 2 크기 n인 문제가 $\frac{n}{c}$ 크기의 거의 n개의 부분 문제들로 나누어진다. 여기서 c는 상수이다.

특히 첫 번째 경우의 문제에 분할 정복을 사용하면 지수 시간 알고리즘이 나온다. 첫 번째의 경우에 해당하는 문제를 다루어 보자.

한 쌍의 토끼들은 태어난 후 한 달이 될 때에 한 쌍의 토끼를 낳고 두 달이 될 때에 또 다른 한 쌍의 토끼를 낳는다. 방금 한 쌍의 새로 태어난 토끼들을 산다면 지금부터 n 번째 달에 태어나는 토끼 쌍들의 수를 구하려고 한다. $i(\geq 0)$번째 달에 태어난 토끼 쌍들의 수를 f_i 라고 하자. 그러면

$f_0 = 1$
$f_1 = 1$
$f_2 = 2$
$f_3 = 3$
$f_4 = 5$
$f_5 = 8$

f_i 는 다음 점화식을 만족시킨다.

$$f_i = f_{i-1} + f_{i-2},\ i \ge 2$$
$$f_0 = 1$$
$$f_1 = 1$$

f_i 가 만들어 내는 수열은 유명한 피보나찌(Fibonacci) 수열이다.

f_n 을 구하는 분할 정복 알고리즘은 점화식을 이용하면 다음과 같이 아주 쉽게 구할 수 있다.

: 알고리즘

알고리즘 F(n)
// n 번째 피보나찌 수 f_n 을 분할 정복 기법을 이용하여 계산한다
// 입력: 양의 정수 n
// 출력: n 번째 피보나찌 수 f_n

```
if (n≤1) return 1
else return F(n - 1) + F(n - 2)
```

5 번째 피보나찌 수를 구하는 실행 트리는 **[그림 5-14]**에 보여 진다. 피보나찌 수 F(5)를 구하는 문제는 F(4)를 구하는 문제와 F(3)를 구하는 문제로 나누어진다. 또한 나뉘어진 문제들의 크기의 합은 $4 + 3 = 7$ 이다. 이 합은 나뉘기 전의 문제 크기 5 보다 크다. 이 두 문제는 서로 독립적이지 않고 연관이 있다. 즉, F(4)를 구하기 위해 F(3)과 F(2)를 구해야 하고 F(3)를 구하기 위해 F(2)과 F(1)을 구해야 한다. 두 문제 모두 F(2)를 구해야 한다. 또한 실행 트리를 자세히 보면 F(3)을 2 번 계산해야 하고 F(2)를 3 번 계산해야 한다. 따라서 중복 계산을 여러 번 한다. n 이 커지면 아주 많은 중복 계산을 한다.

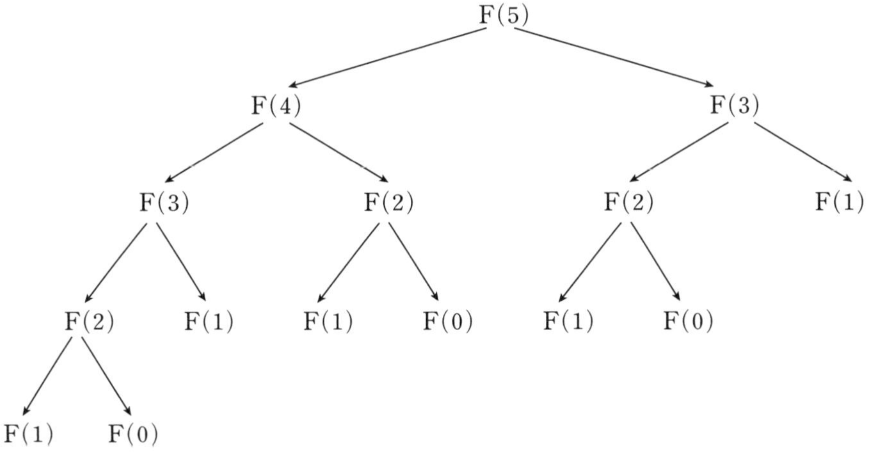

[그림 5-14] 5번째 피보나찌 수를 구하는 실행 트리

위 알고리즘의 시간 복잡도를 계산해 보면 $\theta(1.618^n)$임을 알 수 있다. 따라서 위 알고리즘은 지수 시간 알고리즘이다. n이 매우 커지면 위 알고리즘은 사실상 사용할 수 없다. n이 64만 되어도 위 알고리즘을 이용하여 f_{64}를 구하려면 수백 일이 걸릴 수 있다.

피보나찌 수를 구하는 문제와 같이 똑 같은 부분 문제를 여러 번 해결해야 하는 경우에는 다음 장의 주제인 동적 계획(dynamic programming) 기법을 사용하면 아주 효율적으로 해결할 수 있다. 동적 계획의 기본 아이디어는 분할 정복과 같다. 다른 점은 나뉘어진 부분 문제들이 서로 겹치고 동일한 부분 문제를 계속 해결하지 않고 처음 해결한 후에 해를 표에 저장해 두고 나중에 같은 문제가 나오면 다시 풀지 않고 표에 저장된 해를 가져온다.

: 알고리즘

```
알고리즘 F_DP(F[ ], n)
// n번째 피보나찌 수 fn 을 동적 계획을 이용하여 계산한다
// 입력: 양의 정수 n, 크기 n의 배열 F[0 . . n-1]
// 출력: n번째 피보나찌 수 fn
1  F[0] = 1
2  F[1] = 1

3  for (i = 2 ; i ≤ n ; i++)
4       F[i] = F[i-1] + F[i-2]
// F[n]이 구하는 답이다.
```

위 알고리즘의 시간 복잡도는 반복문내의 4번 문이 $(n-1)$번 수행되므로 $n-1 \in \theta(n)$이다.

요약

- 분할 정복은 주어진 문제를 같은 유형의 여러 개의 더 작은 부분 문제들로 나눈 후 부분 문제들을 재귀적으로 해결하여 해를 구한 다음 부분 문제들의 해를 합쳐 원래 문제에 대한 해를 구하는 알고리즘 설계 기법이다.

- 배열 내의 요소들 중 최댓값과 최솟값을 동시에 찾는 알고리즘은 분할 정복 전략을 사용한다. 배열을 반으로 나눈 후 양쪽 반들의 최댓값과 최솟값을 재귀적으로 구한 다음 양쪽 반들의 두 개의 최댓값들과 두 개의 최솟값들을 각각 비교하여 배열의 최댓값과 최솟값을 구한다.

- 합병 정렬은 분할 정복을 사용하는 정렬 알고리즘이다. 배열을 반으로 나눈 후 왼쪽 반과 오른쪽 반을 각각 재귀적으로 합병 정렬한 다음 정렬된 왼쪽 반과 오른쪽 반을 합병하여 배열을 정렬한다.

- 합병 정렬의 시간 복잡도는 모든 경우에 $\theta(n \log n)$이다. 합병 정렬의 단점은 추가로 입력 배열과 같은 크기의 임시 배열을 필요로 한다는 것이다.

- 빠른 정렬은 분할 정복에 기초한 아주 중요한 정렬 알고리즘이다. 배열을 기준 요소의 값에 따라 기준 요소보다 작거나 같은 요소들은 기준 요소의 왼쪽 부분에 위치하도록 하고 큰 요소들은 모두 기준 요소의 오른쪽 부분에 위치하도록 한 후 왼쪽 부분과 오른쪽 부분을 동일한 과정을 재귀적으로 수행하여 정렬한다.

- 빠른 정렬의 평균 경우 시간 복잡도는 $\theta(n \log n)$이나 최악의 경우 시간 복잡도는 $\theta(n^2)$이다. 빠른 정렬은 실제적으로 효율적인 정렬 알고리즘이다.

- 선택은 $n(>0)$개의 숫자들의 목록에서 k번째로 작은 숫자를 찾는 문제이다. 분할 정복 전략을 이용하는 선택 알고리즘은 숫자들을 기준 숫자보다 작거나 같은 숫자들의 Small 그룹과 기준 숫자보다 큰 숫자들의 Large 그룹으로 분할한 후 k번째로 작은 숫자를 Small 그룹 아니면 Large 그룹에서 재귀적으로 찾는다.

- 선택 알고리즘의 평균 경우 시간 복잡도는 $\theta(n)$이다.

- 분할 정복 전략이 부적절한 경우는 문제가 분할될 때마다 분할된 부분 문제들의 입력 크기의 합이 분할되기 전의 입력 크기보다 매우 커지는 경우이다.

연습문제 EXERCISE

1 강의실에 8명의 학생들이 있다. 이 학생들의 몸무게는 다음과 같다:

57 93 60 72 45 87 64 78

학생들의 몸무게의 최댓값과 최솟값을 최댓값과 최솟값 찾기 분할 정복 알고리즘을 사용하여 찾으려고 한다. 알고리즘이 진행되는 과정을 단계적으로 그림을 이용하여 보여라.

2 N(≥ 1)개의 정수들의 배열 A에서 최댓값을 찾는 분할 정복 알고리즘을 작성하라. 작성한 알고리즘의 시간 복잡도를 O(혹은 θ)−표기법으로 표시하라.

3 N(≥ 3)개의 숫자들을 가진 정렬된 배열 A을 거의 $\frac{N}{3}$개의 숫자들을 가진 3개의 부분배열로 분할하여 탐색하는 알고리즘을 작성하라. 이 알고리즘은 찾는 숫자가 있을 가능성이 있는 부분배열에서 한 숫자를 탐색한다. 이 부분배열을 필요하다면 다시 거의 같은 크기의 3개의 부분배열로 분할한다. 주어진 숫자를 찾거나 주어진 숫자가 배열에 없다고 확인될 때까지 이 과정을 반복한다. 작성한 알고리즘의 시간 복잡도를 O−표기법으로 표시하라.

4 강의실에 8명의 학생들이 있다. 이 학생들의 몸무게는 다음과 같다:

57 93 60 72 45 87 64 78

학생들의 몸무게를 재귀 합병 정렬 알고리즘을 사용하여 오름차순으로 정렬하려고 한다. 알고리즘이 진행되는 과정을 단계적으로 그림을 이용하여 보여라.

5 Merge 알고리즘에서 크기가 5인 부분 배열과 크기가 4인 부분 배열을 합병하는 경우 배열 요소들 간의 비교 횟수가 가장 많은 경우를 구체적 예를 들어 설명하라.

6 N개의 숫자들의 목록이 이미 정렬되어 있다고 가정하자. 이 목록을 합병 정렬을 사용하여 정렬을 한다면 숫자들간의 비교 횟수는 얼마인가? 점화식을 사용하여 풀어라. $N = 2^k$, $k > 1$ 이라고 가정하라.

7 $N(\geq 1)$개의 숫자들의 목록을 크기가 거의 $\frac{N}{3}$개의 숫자들로 구성된 3개의 부분목록으로 분할하고 각 부분목록을 재귀적으로 정렬한 후 그 3개의 정렬된 부분목록을 합병하는 합병 정렬 알고리즘을 작성하라. 작성한 알고리즘의 시간 복잡도를 O(혹은 θ) 표기법으로 표시하라.

8 $N(\geq 1)$개의 숫자들의 배열이 있다. 이 배열 안에 있는 숫자들 중 일부는 값들이 서로 같다. 즉, 어떤 숫자는 배열 안에 두 번 이상 저장되어 있다. 배열내의 중복된 숫자들을 모두 제거하는 $O(N \log N)$알고리즘을 작성하라.

9 강의실에 8명의 학생들이 있다. 이 학생들의 체중은 다음과 같다:

43 51 76 60 73 82 36 98

학생들의 체중을 빠른 정렬 알고리즘을 사용하여 오름차순으로 정렬하려고 한다. 알고리즘이 진행되는 과정을 단계적으로 보여라. 배열 내에 있는 요소들의 값들이 서로 바뀔 때마다 한 단계로 나타내야 한다. 각 단계에서는 배열에 저장되어 있는 값들을 모두 보여주어야 한다.

10 배열 요소들이 내림차순으로 정렬되어 있다고 가정하자. 이 배열에 대해 빠른 정렬 알고리즘을 실행할 때 최악의 경우인가 최선의 경우인가 아니면 최악도 아니고 최선도 아닌가? 배열에 저장된 값이 순서대로 5, 4, 3, 2, 1이라면 배열 요소들간 비교 횟수는 전부 몇 번인가?

연습문제 EXERCISE

11 배열 요소들이 모두 같다고 가정하자. 이 배열에 대해 빠른 정렬 알고리즘을 실행할 때 최악의 경우인가 최선의 경우인가 아니면 최악도 아니고 최선도 아닌가? 배열에 저장된 값이 순서대로 3, 3, 3, 3, 3이라면 배열 요소들간 비교 횟수는 전부 몇 번인가?

12 빠른 정렬 알고리즘에서는 배열의 첫 번째 값을 기준 요소로 사용했다. 기준 요소를 배열의 첫 번째 값, 중간 값과 마지막 값들의 중앙값으로 정하는 빠른 정렬 알고리즘을 작성하라.

13 N(≥ 1)개의 정수들의 배열이 주어져 있다. 이 배열의 요소들을 모든 음수(0보다 작은 정수) 요소들이 모든 양수(0보다 크거나 같은 정수) 요소들보다 앞에 나오도록 재정렬하는 O(N) 알고리즘을 작성하라.

14 A[1 . . N]은 N(> 0)개의 서로 다른 정수들의 배열이다. 이 배열의 일부만을 정렬하려고 한다. 즉, 배열의 지수 i, j(≥ i)가 주어지면 배열의 i번째 요소부터 j번째 요소까지만 해당 위치에 오도록 한다. 예를 들면, 배열이 [6, 5, 10, 8, 7, 9, 12]이라면 2번째 요소부터 4번째 요소까지만 부분 정렬하면 배열의 2, 3, 4번째 요소는 각각 2, 3, 4번째로 작은 요소인 6, 7, 8이 된다. 다른 요소들의 순서는 상관없다. 이 문제를 빠른 정렬의 분할 알고리즘을 사용하여 해결하는 재귀 알고리즘을 작성하라.

15 다음 숫자들의 목록에서 중앙값을 선택 알고리즘을 사용하여 찾으려고 한다:

18 49 27 90 67 56 38 84

알고리즘이 진행되는 과정을 단계적으로 보여라. 숫자들을 Large 그룹과 Small 그룹으로 분할 중 배열 내에 있는 요소들의 값들이 바뀔 때마다 한 단계로 나타내야 한다. 또한 분할 후 찾는 값이 Large 그룹이나 Small 그룹 중 어디에 있는지를 판단하는 이유를 적고 다음 함수(메소드) 호출이 무엇인지 적어야 한다.

16 N개의 정수들의 배열 A내의 중앙값을 평균적으로 O(N)시간에 찾는 알고리즘을 개발하기 위해 빠른 정렬의 분할 아이디어를 이용하라. 힌트: 분할 후 양쪽을 다 확인해야 하는가?

17 서로 다른 N(> 1)개의 양의 정수들의 목록을 크기가 각각 $\frac{N}{2}$인 2개의 부분 목록들로 분할하려고 한다. 이때 두 개의 부분 목록 내에 있는 정수들의 합들의 차가 최대가 되어야 한다. 이 문제를 해결하는 최악의 경우 시간 복잡도가 $\theta(N \log N)$보다 나쁘지 않은 재귀 알고리즘을 작성하라. 여기서 N은 2의 배수라고 가정한다.

18 매우 큰 정수 n에 대해 a^n을 계산하려고 한다. 1에 a를 n번 곱하는 알고리즘보다 더 빠른 재귀 알고리즘을 작성하라. 분할 정복 기법을 사용해야 한다.
(힌트: n이 짝수이면 $a^n = (a^{\frac{n}{2}})^2$이고 n이 홀수이면 $a^n = a(a^{\frac{n}{2}})^2$이나.)

19 매우 큰 정수 n에 대해 2^n을 계산하려고 한다. 분할 정복 기법을 사용하는 비재귀(반복문 사용) 알고리즘을 작성하라.

20 크기가 N(≥ 1)인 배열의 요소들 중 과반보다 더 많이 같은 요소가 있다면 과반수 요소를 가진다고 말한다. 예를 들면, 한 배열 내에 54, 23, 97, 23, 23, 80, 23, 67, 23이 저장되어 있다면 이 배열은 크기가 9이고 배열 내에 23이 5개 있으므로 과반수 요소(23)를 가진다. 크기가 N인 배열 내에 과반수 요소가 있으면 그 요소를 알려 주고 없으면 과반수 요소가 없다고 알려 주어야 한다. 배열 요소들은 반드시 정수들과 같이 순서가 있는 영역의 값들이 아닐 수 있다. 따라서 'A[i] > A[j]'와 같이 두 개의 배열 요소들의 크기를 서로 비교할 수 없다. 배열 요소들이 이미지 파일들인 경우를 생각하라. 그러나 'A[i] = A[j]'와와 같이 두 개의 배열 요소들이 같은지를 상수(O(1)) 시간에 알 수 있다고 가정한다.

(1) 이 문제를 해결하는 억지 기법 알고리즘을 작성하라.

연습문제 EXERCISE

(2) 이 문제를 O(N log N) 시간에 해결하는 분할정복 알고리즘을 작성하라.

(힌트: 배열 A를 같은 크기의 두 개의 부분 배열(A_1과 A_2)로 분할하라. 부분 배열 A_1의 과반수 요소와 부분 배열 A_2의 과반수 요소를 아는 것이 배열 A의 과반수 요소를 찾는 데 도움을 준다.)

21 N($>$ 0)개의 세금 고지서와 M($>$ 0)개의 세금 납부 영수증이 있다(N $\geq$ M). 세금 고지서와 세금 납부 영수증에는 납부자의 번호가 적혀 있다. 세금을 납부하지 않는 번호들을 찾는 O(N log N) 알고리즘을 작성하라.

(힌트: 정렬과 합병정렬의 합병을 이용하라.)

22 A[1 . . N]은 N($>$ 0)개의 서로 다른 정수들의 배열이다. $i < j$이고 $A[i] > A[j]$이면 한 쌍 (A[i], A[j])는 도치라고 부른다.

(1) 배열 A 내에 있는 도치들의 수를 억지 기법을 사용하여 구하는 알고리즘을 작성하라.

(2) 배열 A 내에 있는 도치들의 수를 구하는 분할 정복 알고리즘을 작성하라. 알고리즘의 최악의 시간 복잡도는 O(N log N)이어야 한다. 배열 내에 있는 정수들의 순서를 바꿀 수 있다.

(힌트: 합병 정렬을 이용하라)

23 선택 문제에 대한 분할에 기초한 재귀 알고리즘을 반복을 이용하는 비재귀 알고리즘으로 바꾸어라.

6장

동적 계획

6장

동적 계획

동적 계획은 분할 정복과 같이 주어진 문제를 더 작은 부분 문제들로 나눈 후 부분 문제들의 해(solution)들을 합병하여 해결한다. 하지만 동적 계획은 분할 정복과 달리 부분 문제들이 서로 겹친다. **[그림 6-1]**은 분할 정복과 동적 계획의 분할 과정의 한 예를 보여 준다. 분할 정복에서는 **[그림 6-1]**의 (a)와 같이 나누어진 부분 문제들 사이에 서로 상관관계가 없다. 그러나 동적 계획에서는 **[그림 6-1]**의 (b)와 같이 문제 B가 부분 문제 D, E와 F로 분할되고 문제 C는 부분 문제 E, F와 G로 분할된다. 부분 문제 E와 F는 문제 B와 C에 공통된 부분 문제이다. 이 경우에 분할 정복을 적용하면 부분 문제 E와 F를 두 번 해결하지만, 동적 계획에서는 정확히 한 번만 해결한다. 또한 동적 계획에서는 부분 문제를 해결한 후 해를 표에 저장한다. 나중에 같은 부분 문제가 나오면 다시 해결하지 않고 표에 저장된 해를 찾아서 사용한다.

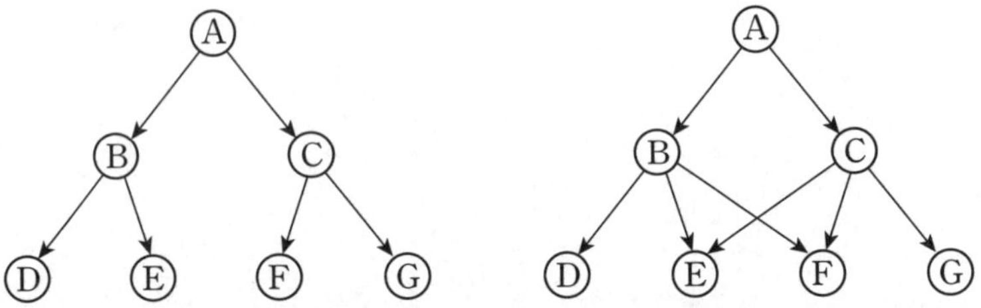

(a) 분할 정복 (b) 동적 계획

[그림 6-1] 분할 정복과 동적 계획의 분할 과정의 예

동적 계획이 사용하는 전략은 다음과 같다.

1. 문제를 더 작은 부분 문제들로 분할한다.
2. 작은 부분 문제들을 해결하고 해들을 표에 저장한다.
3. 나중에 다른 (부분) 문제를 해결할 때 이미 해결한 부분 문제가 나오면 다시 해결하는 대신에 표에서 해를 찾아 사용한다.

동적 계획은 보통 최적화(optimization) 문제들에 적용된다. 최적화 문제는 대개 많은 해들이 있다. 이 해들 중 최적의 해(optimal solution)를 찾아야 한다. 또한 최적화 문제는 최적화 원리(principle of optimality)를 만족시켜야 한다. 이 원리는 주어진 문제에 대한 최적의 해는 부분 문제들에 대한 최적의 해들로 이루어진다는 것이다. 따라서 동적 계획 알고리즘을 설계하는 핵심 과정은 주어진 문제에 대한 해를 부분 문제들에 대한 해들과 연관시키는 것이다.

동적 계획 알고리즘의 설계 과정은 다음과 같이 요약할 수 있다.

1. 주어진 문제 P를 일반화한 문제 P′을 정의한다.
2. P′을 여러 개의 더 작은 부분 문제들로 나눈다. 부분 문제는 쉽게 해결할 수 있을 정도로 작아질 때까지 계속 분할한다.
3. 2번의 (부분) 문제들을 해결하기 위한 순서를 정한다. 쉬운 문제부터 해결한다. 한 문제는 순서에서 앞선 문제들에 대한 해를 이용하여 해결할 수 있다.
4. 문제 풀이 순서대로 문제들을 해결한다. 이미 해결한 문제들에 대한 해를 저장하기 위해 표를 사용한다. 해결하는 마지막 문제는 P′이어야 한다.

주어진 문제 P는 P′의 해를 이용하여 쉽게 해결할 수 있다.

6-1 막대 자르기

먼저 철근과 같은 막대를 자르는 위치를 정하는 비교적 쉬운 문제를 고려하자. 긴 막대가 있고 이 막대를 잘라서 생기는 더 짧은 조각 막대들을 팔려고 한다. 막대를 자르는 비용은 들지 않는다. 막대들을 팔아 최대 매출액을 얻고자 한다.

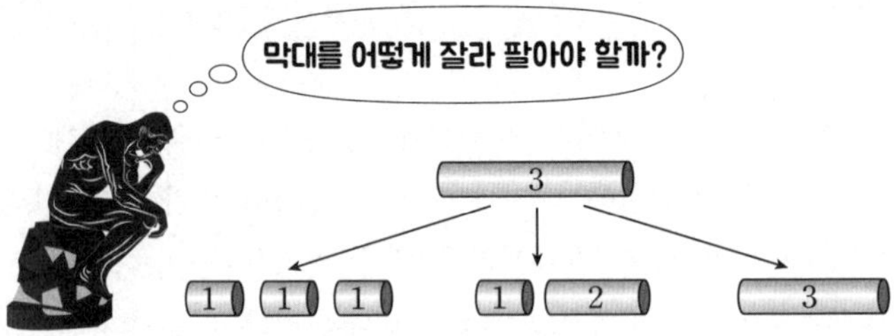

막대 자르기 문제를 정식으로 정의하자. 막대의 길이는 n(양의 정수)이다. 막대는 길이가 i(양의 정수), $1 \le i \le n-1$, 인 조각 막대로 자를 수 있다. 길이가 i, $1 \le i \le n$, 인 (조각) 막대의 판매 가격은 p_i 이다. 길이가 n 인 막대를 여러 개의 양의 정수 길이의 조각 막대들로 잘라서 판매할 때 얻을 수 있는 최대 판매 금액을 구하려고 한다. 물론 막대를 자르지 않고 통째로 팔면 최대 판매 금액을 얻을 수도 있다.

위 문제를 풀기 위한 아이디어를 얻기 위해 먼저 $n = 4$ 인 경우를 고려하자. **[표 6-1]**은 길이가 4 인 막대를 잘라서 나올 수 있는 모든 길이의 조각 막대와 자르지 않은 막대의 판매 가격을 보여준다.

길이	1	2	3	4
가격	2	5	9	10

[표 6-1] 막대들의 판매 가격

억지 기법 알고리즘

길이가 4인 막대 자르기 문제를 해결하는 가장 쉬운 방법은 막대를 자르는 모든 경우들을 찾아내고 각 경우의 판매 금액을 계산한 후 이 중 최대 판매 금액을 구하는 것이다. 길이가 4인 막대를 자르는 모든 경우들을 하나도 빠짐없이 찾기 위해 체계적으로 접근해야 한다. 먼저 막대를 한 번도 자르지 않은 경우는 **[그림 6-2]**의 맨 위에 보여진다. 다음으로 막대를 한 번만 자르는 경우들을 찾아보자. 막대의 왼쪽 끝에서 길이가 1, 2, 3인 위치에서 자를 수 있다. 이렇게 자른 경우들이 **[그림 6-2]**의 두 번째 줄에 보여진다. 다음으로 막대를 두 번 자르는 경우들을 찾아보자. 이 경우들은 막대를 한 번 자른 경우로부터 찾을 수 있다. 막대를 처음에 길이 1과 길이 3으로 자른 경우에서 길이 3의 막대를 왼쪽 끝에서 길이가 각각 1과 2인 위치에서 자른 경우가 **[그림 6-2]**의 세 번째 줄의 첫 두 경우이다. 막대를 처음에 반으로 자른 경우에서 뒤의 반을 다시 반으로 자른 경우가 **[그림 6-2]**의 세 번째 줄의 마지막 경우이다. 마지막으로 막대를 세 번 자른 경우를 찾아보자. 막대를 두 번 자른 경우들 중 마지막 조각 막대를 자를 수 있는 경우에서 마지막 조각 막대를 반으로 자른 경우는 **[그림 6-2]**의 맨 아래에 보여진다.

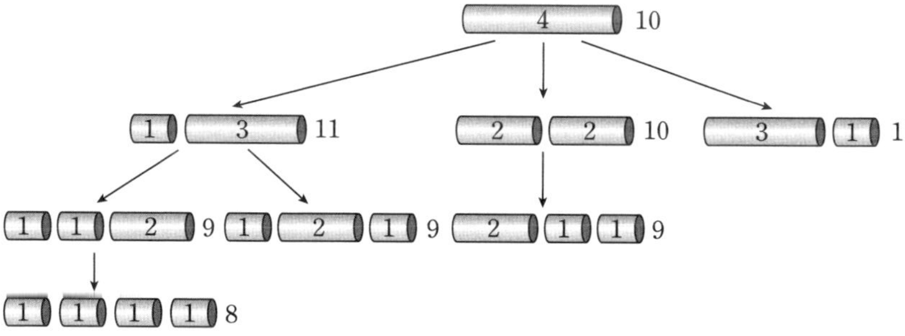

[그림 6-2] 길이 4인 막대를 자르는 모든 방법들과 판매 금액

각 경우에 얻을 수 있는 판매 금액은 조각 막대들의 가격을 더 하면 된다. 길이가 4인 막대를 자르는 모든 경우들의 판매 금액은 **[그림 6-2]**의 각 경우 옆의 숫자이다. 막대를 자르지 않는 경우도 포함한다. 막대를 한 번 잘라 길이가 1인 조각 막대와 길이가 3인 조각 막대로 자르는 경우의 판매 금액이 $p_1 + p_3 = 2 + 9 = 11$이고 이 금액이

최대 판매 금액임을 알 수 있다.

위의 예와 같이 막대 자르기 문제를 해결하는 억지 기법 알고리즘은 막대를 자르는 모든 경우들을 찾아내고 각 경우에서 얻을 수 있는 판매 금액을 계산한 후 그 중 최대 판매 금액을 구한다. 길이가 n인 막대를 자르는 모든 경우들의 수는 2^{n-1}이다. 왜냐하면 막대의 왼쪽 끝에서 길이 i, $1 \le i \le n-1$, 인 위치에서 막대를 자를 수도 있고 자르지 않을 수도 있다. 따라서 길이 i의 위치에서 막대를 자를 수 있는 방법들은 두 가지이다. 또한 두 개의 다른 위치에서 자르는 것은 서로 독립적이기 때문이다. 따라서 억지 기법 알고리즘은 2^{n-1}개의 경우들에 대해 판매 금액을 계산해야 하므로 시간 복잡도는 $\theta(2^n)$이다.

: 분할 정복 알고리즘

막대 자르기의 두 번째 알고리즘은 분할 정복을 이용한다. 이 알고리즘의 아이디어는 다음과 같다.

1. 길이가 n인 막대를 처음에 길이 i, $1 \le i \le n-1$, 인 막대와 길이 $(n-i)$인 막대로 자른다.
2. 길이 i인 막대는 그대로 팔고 길이 $(n-i)$인 막대는 최대 판매 금액을 얻을 수 있도록 통째로 팔거나 여러 개의 양의 정수 길이의 조각 막대들로 잘라서 판다.

$R(n)$을 길이가 n인 막대를 판매할 때 얻을 수 있는 최대 판매 금액이라고 하자. i의 어떤 값이 최대 판매 금액을 얻는지 알 수 없기 때문에 모든 가능한 값들을 고려해야만 한다. 그러한 값들 중 최대 판매 금액을 얻는 i값을 선택해야 한다. 따라서 $R(n)$은 다음과 같이 구할 수 있다.

$$R(n) = \max(p_1 + R(n-1),\ p_2 + R(n-2),\ \cdots,\ p_{n-1} + R(1),\ p_n),\ n \le 2$$
$$R(1) = p_1 \qquad \textbf{(등식 6-1)}$$

위 등식에서 max에 대한 마지막 매개 변수 p_n은 막대를 자르지 않고 파는 경우의 판매 금액이다. $R(0) = 0$이라고 하면 위 등식을 다음과 같이 간단히 표현할 수 있다.

$$R(n) = \underset{1 \le i \le n}{\mathrm{MAX}} \ (p_i + R(n-i)) \qquad \textbf{(등식 6-2)}$$

(등식 6-2)에서 p_i는 길이가 i인 막대의 판매 가격이고 $R(n-i)$는 길이 $(n-i)$의 막대를 판매할 때 얻을 수 있는 최대 판매 금액이다.

(등식 6-2)에 따라 작성한 막대 자르기의 분할 정복 알고리즘은 다음과 같다. 이 알고리즘은 R(i)를 계산한다. $R(n)$을 계산하기 위해서는 다음과 같이 이 알고리즘을 n의 값을 가지고 호출하면 된다.

maxSellValue = cutRod_DC(p, n)

알고리즘

```
알고리즘 cutRod_DC(p[ ], i)
// 길이 i 의 막대를 판매할 때 얻을 수 있는 최대 판매 금액을 계산한다.
// 입력: p[1 . . n] — 막대들의 판매 가격
         i — 막대의 길이
// 출력(반환값): 최대 판매 금액
if (i = 0) return 0
else {
         maxSell = 0

         for (j = 1; j ≤ i; j++)
              maxSell = MAX(maxSell, p[j] + cutRod_DC(p, i - j))

         return maxSell
}
```

위 알고리즘을 자바로 구현한 메소드는 이 절의 뒤에 있는 **[프로그램 6-1]**의 cutRod_DC 메소드이다.

이 프로그램을 실행시키면 i가 커지면 실행 시간이 점점 더 길어진다. 분할 정복 알고리즘 cutRod_DC가 비효율적인 이유는 무엇인가? 문제는 이 알고리즘은 R(i)을 계산하기 위해 자기 자신을 i의 다른 값을 가지고 재귀적으로 계속해서 호출하기 때문이다. 특히 R(j), $1 \leq j \leq i$, 를 계산하는 부분 문제를 반복해서 푼다. **[그림 6-3]**은 cutRod_DC(p, 4)를 호출하는 경우의 실행 트리이다. 트리에서 각 노드는 메소드 호출 대신에 계산하는 R값으로 표시한다. 그 트리를 자세히 보면 R(2)를 2번 계산하고 R(1)을 4번 계산하고 R(0)는 8번 계산함을 알 수 있다. cutRod_DC(p, n)은 cutRod_DC(p, $n-$i), $1 \leq i \leq n$, 를 n번 호출한다. n이 커지면 중복 호출의 수는 기하급수적으로 늘어난다.

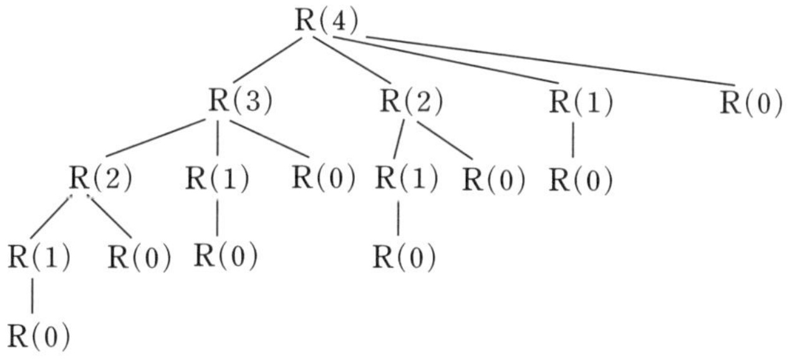

[그림 6-3] cutRod_DC(p, 4) 호출 시 실행 트리

시간 복잡도

cutRod_DC 알고리즘의 시간 복잡도를 분석해 보자. $T(n)$을 cutRod_DC(p, n)을 호출할 때 cutRod_DC가 호출되는 총 횟수라고 하자. $T(n)$은 최초 호출을 포함한다. $n = 4$인 경우인 [그림 6-3]의 실행 트리를 일반화시키면 $T(n)$은 다음 점화식을 만족함을 알 수 있다.

$$T(n) = 1 + (T(n-1) + T(n-2) + \cdots + T(1) + T(0)), \qquad n \geq 1$$
$$T(0) = 1$$

위 점화식을 풀어 보자. 점화식에 따라 다음 식이 성립한다.

$$T(n) = 1 + T(n-1) + T(n-2) + \cdots + T(1) + T(0)$$

위 식은 $n \geq 1$인 모든 n에 내해 성립하므로 위 식의 n대신에 $(n-1)$을 대입해도 성립한다. 따라서

$$T(n-1) = 1 + T(n-2) + T(n-3) + \cdots + T(1) + T(0)$$

위의 첫 번째 식에서 두 번째 식을 빼면 다음과 같다.

$$T(n) - T(n-1) = T(n-1)$$

따라서 위 식을 간단히 한 후 치환을 계속해 보자.

$$\begin{aligned} T(n) &= 2T(n-1) \\ &= 2(2T(n-2)) = 2^2T(n-2) \\ &= 2^2(2T(n-3)) = 2^3T(n-3) \\ &\vdots \\ &= 2^nT(0) \\ &= 2^n \end{aligned}$$

그러므로 cutRod_DC 알고리즘은 지수 시간 알고리즘이다. n이 매우 커지면 실행 시간이 너무 많이 걸려 사실상 사용할 수 없다.

동적 계획 알고리즘

분할 정복 알고리즘 cutRod_DC의 중복 계산을 피하기 위해 동적 계획을 이용한다. 그러면 최적의 알고리즘을 얻을 수 있다. 이를 위해 이 장의 시작 부분에 언급한 동적 계획 알고리즘의 설계 과정을 따른다.

1. 주어진 문제 P(n)은 길이 n의 막대가 주어지면 R(n)을 구하는 것이다. R(n)을 구하기 위해 R(i), $0 \le i \le n-1$, 을 구해야 한다. 따라서 주어진 문제를 일반화하여 길이 i의 막대가 주어지면 R(i)을 구하는 문제 P′(i)를 정의한다.
2. P′(i)를 R(i − 1), R(i − 2), …, R(1), R(0)를 구하는 더 작은 부분 문제들로 나눈다. R(j), $0 \le j \le i-1$, 을 구하는 부분 문제는 P′(j)이다.
3. 부분 문제들을 푸는 순서는 가장 쉬운 문제부터 시작하여 입력의 크기를 1만큼 증가시켜 다음과 같이 정한다

   P′(0), P′(1), P′(2), ⋯, P′(i − 1), P′(i)

4. $P'(j)$, $0 \le j \le i$, 를 풀기 위해 (등식 6.2)를 일반화한 다음 등식을 이용한다.

$$R(j) = \underset{1 \le k \le j}{MAX}\,(p_k + R(j - k))$$

$P'(j)$의 해를 저장하기 위해 배열 maxSell[0 . . *n*]을 사용한다. maxSell[j]은 $P'(j)$의 해이다.

주어진 문제 $P(n)$은 $P'(n)$이고 $P'(n)$의 해는 maxSell[*n*]에 저장한다. 위의 설계 과정에 따라 작성한 동적 계획을 이용한 막대 자르기 알고리즘은 다음과 같다.

: 알고리즘

```
알고리즘 cutRod_DP (p[ ], n)
// 길이 n 의 막대를 판매할 때 얻을 수 있는 최대 판매 금액을 계산한다.
// 입력: p[1 . . n] — 막대들의 판매 가격
//        n — 막대의 길이
// 출력(반환값): 최대 판매 금액
배열 maxSell[0 . . n]을 선언한다.
maxSell[0] = 0

for (j = 1 ; j ≤ n ; j++) {
      maxVal = 0

      for (k = 1 ; k ≤ j ; k++)
            maxVal = MAX(maxVal, p[k] + maxSell[j - k])

      maxSell[j] = maxVal
}
return maxSell[n]
```

[프로그램 6-1]은 분할 정복과 동적 계획을 이용한 막대 자르기 알고리즘을 자바로 구현한 프로그램이다. 이 프로그램에서는 다른 길이의 막대들의 판매 가격을 저장하는 배열 price의 지수가 1이 아닌 0부터 시작하므로 알고리즘과 달리 price[k] 대신에 price[k − 1]가 사용되고 있음에 유의하라.

프로그램 6-1 막대 자르기

```
// 프로그램 6-1: 자르기 문제
public class RodCutting {
   // 길이 i의 막대를 양의 정수 크기로 잘라 얻을 수 있는 최대 판매 가격을
   // 분할 정복을 이용하여 계산한다
   // 입력: i - 막대의 길이
   //       price[0 . . n - 1] - 다른 길이의 막대들의 가격 배열
   // 출력(반환값): 최대 판매 가격
   static int cutRod_DC(int price[ ],int i) {
        int j, maxSell;
        if (i == 0) return 0;
        maxSell = 0;

        for (j = 1; j <= i; j++)
          maxSell = Math.max(maxSell, price[j - 1]
          + cutRod_DC(price, i - j));

        return maxSell;
   }

   // 길이 n의 막대를 양의 정수 크기로 잘라 얻을 수 있는 최대 판매 가격을
   // 동적 계획을 이용하여 계산한다
   // 입력: n - 막대의 길이 n
   //       price[0 . . n - 1] - 다른 길이의 막대들의 가격 배열
   // 출력(반환값): 최대 판매 가격
   static int cutRod_DP(int price[ ],int n) {
        int maxSell[ ] = new int[n + 1];
        maxSell[0] = 0;

        // 배열 maxSell[ ]을 쉬운 문제부터 시작하여 점점 어려운 문제들
        // 풀어 구한다. maxSell[n]이 구하는 값이다
```

```
        for (int j = 1; j <= n; j++) {
                int max_val = 0;

                for (int k = 1; k <= j; k++)
                max_val = Math.max(max_val, price[k - 1] +
                            maxSell[j - k]);

                maxSell[j] = max_val;
        }
        return maxSell[n];
    }

    // 시작 메소드 main
    public static void main(String args[ ]) {
        int[ ] A = new int[ ] {2, 5, 9, 10};
        int size = A.length;
        System.out.println("분할 정복을 이용하여 구한 최대 판매 금액:"
                        + cutRod_DC(A, size));
        System.out.println("동적 계획을 이용하여 구한 최대 판매 금액: "
                        + cutRod_DP(A, size));
    }
}
```

실행 결과

[프로그램 6-1]을 [표 6-1]의 막대 판매 가격에 대해 실행한 결과는 다음과 같다.

분할 정복을 이용하여 구한 최대 판매 금액: 11
동적 계획을 이용하여 구한 최대 판매 금액: 11

시간 복잡도

위 알고리즘의 시간 복잡도를 분석해 보자. 입력의 크기는 막대의 길이 n이다. 기본 연산은 알고리즘의 6번 줄의 maxVal을 계산하는 배정문이다. 이 배정문은 j = 1일 때 1번, j = 2일 때 2번, …, j = n일 때 n번 실행된다. 따라서 총 실행 횟수는 다음과 같다.

$$1 + 2 + \cdots + n = \frac{n(n+1)}{2} \in \theta(n^2)$$

따라서 동적 계획 막대 자르기 알고리즘은 2차 시간 알고리즘이다. 분할 정복 알고리즘에 비해 효율성이 대폭 개선되었다.

6-2 연속 행렬 곱셈

연속 행렬 곱셈(matrix-chain multiplication) 문제는 두 개 이상의 행렬들을 곱할 때 필요한 행렬 요소들의 곱셈 횟수를 최소화하는 문제이다. 이 문제를 본격적으로 다루기 전에 행렬과 행렬 곱셈에 대해 복습해 보자. 행렬은 표(table)라고 볼 수 있다. 행렬은 행과 열을 가진다. m개의 행과 n개의 열을 가진 행렬 A는 보통 다음과 같이 표현한다.

$$A = \begin{pmatrix} a_{11} & a_{12} & \cdots & a_{1n} \\ a_{21} & a_{22} & \cdots & a_{2n} \\ \vdots & \vdots & \vdots & \vdots \\ a_{m1} & a_{m2} & \cdots & a_{mn} \end{pmatrix}$$

행렬 내의 값들은 요소(element)라고 부른다. 행렬의 요소 a_{ij}는 i행과 j열이 만나는 곳에 있는 값이다. 위의 행렬 A는 간단하게 $A = (a_{ij})$라고 나타내고 $m \times n$행렬이라고 부른다.

행렬 곱셈의 가장 간단한 경우인 2개의 행렬을 곱하는 문제를 다루어 보자. 2개의 행렬을 $A = (a_{ik})$와 $B = (b_{kj})$라고 하자. A행렬과 B행렬의 곱은 $A \times B$로 나타낸다. $A \times B$가 가능하기 위해서는 A의 열의 수와 B의 행의 수가 같아야 한다. A가 $m \times p$행렬이고 B가 $p \times n$행렬이라고 하자. 그러면 A와 B를 곱한 행렬 C는 $m \times n$행렬이다. **[그림 6-4]**는 행렬 곱 $C = A \times B$를 보여 준다.

$$\begin{pmatrix} a_{11} & a_{12} & \cdots & a_{1p} \\ \cdot & \cdot & \cdot & \\ a_{i1} & a_{i2} & \cdots & a_{ip} \\ \cdot & \cdot & \cdot & \\ a_{m1} & a_{m2} & \cdots & a_{mp} \end{pmatrix} \begin{pmatrix} b_{11} & \cdots & b_{1j} & \cdots & b_{1n} \\ b_{21} & \cdots & b_{2j} & \cdots & b_{2n} \\ & \cdot & \cdot & \cdot & \\ b_{p1} & \cdots & b_{pj} & \cdots & b_{pn} \end{pmatrix} = \begin{pmatrix} c_{11} & \cdots & c_{1j} & \cdots & c_{1n} \\ & \cdot & \cdot & \cdot & \\ c_{i1} & \cdots & c_{ij} & \cdots & c_{in} \\ & \cdot & \cdot & \cdot & \\ c_{m1} & \cdots & c_{mj} & \cdots & c_{mn} \end{pmatrix}$$

$m \times p$ 행렬 A　　$p \times n$ 행렬 B　　$m \times n$ 행렬 C

여기서 $c_{ij} = a_{i1}b_{1j} + a_{i2}b_{2j} + \cdots + a_{ip}b_{pj} = \sum_{k=1}^{p} a_{ik}b_{kj}$

[그림 6-4] C = A × B

행렬 C의 요소 c_{ij}는 다음과 같이 정의된다.

$$c_{ij} = a_{i1}b_{1j} + a_{i2}b_{2j} + \cdots + a_{ip}b_{pj} = \sum_{k=1}^{p} a_{ik}b_{kj} \qquad \text{(등식 6-3)}$$

행렬 곱셈의 사용 예를 들어 보자. 한 상점이 휴대폰, 노트북과 태블릿을 판다. 미래대학은 상점에서 휴대폰 5대, 노트북 12대와 태블릿 4대를 사고 한국대학은 휴대폰 10대, 노트북 7대와 태블릿 16대를 산다. 그러면 두 대학이 휴대폰, 노트북과 태블릿을 산 내역은 다음과 같이 행렬 A로 나타낼 수 있다.

$$A = \begin{pmatrix} 5 & 12 & 4 \\ 10 & 7 & 16 \end{pmatrix}$$

행렬 A의 1행과 2행은 각각 미래대학과 한국대학을 나타내고 1열, 2열과 3열은 각각 휴대폰, 노트북과 태블릿을 구매한 대수를 나타낸다. 휴대폰의 가격과 무게는 각각 30만원과 0.2kg이다. 노트북의 가격과 무게는 각각 70만원과 1kg이다. 태블릿의 가격과 무게는 50만원과 0.5kg이다. 휴대폰, 노트북과 태블릿의 가격과 무게는 다음과 같이 행렬 B로 나타낼 수 있다.

$$B = \begin{pmatrix} 30 & 0.2 \\ 70 & 1 \\ 50 & 0.5 \end{pmatrix}$$

행렬 B의 1행, 2행과 3행은 각각 휴대폰, 노트북과 태블릿을 나타내고 1열과 2열은 각각 가격과 무게를 나타낸다.

미래대학이 구입한 상품들의 총액은 다음과 같이 계산할 수 있다.

$$5 \times 30 + 12 \times 70 + 4 \times 50 = 1190$$

한국대학이 구입한 상품들의 총액은 다음과 같이 계산할 수 있다.

$$10 \times 30 + 7 \times 70 + 16 \times 50 = 1590$$

미래대학이 구입한 상품들의 총 무게는 다음과 같이 계산할 수 있다.

$$5 \times 0.2 + 12 \times 1 + 4 \times 0.5 = 15$$

한국대학이 구입한 상품들의 총 무게는 다음과 같이 계산할 수 있다.

$$10 \times 0.2 + 7 \times 1 + 16 \times 0.5 = 17$$

위에서 구한 각 대학이 구입한 상품들의 총액과 총 무게는 행렬 A와 B를 곱하면 구할 수 있다.

$$A \times B = \begin{pmatrix} 5 & 12 & 4 \\ 10 & 7 & 16 \end{pmatrix} \begin{pmatrix} 30 & 0.2 \\ 70 & 1 \\ 50 & 0.5 \end{pmatrix} = \begin{pmatrix} 1190 & 15 \\ 1590 & 17 \end{pmatrix}$$

행렬 곱셈에 대해 다음이 성립한다.

1. A가 $m \times p$ 행렬이고 B가 $p \times n$ 행렬이면 $C = A \times B$ 행렬을 구하기 위해서 필요한 곱셈들의 횟수는 mpn 이다.
2. 행렬 곱셈에는 결합 법칙이 성립한다. 즉, A, B, C가 행렬일 때 $(A \times B) \times C = A \times (B \times C)$이다.

3개 이상의 행렬들을 곱할 때 결합 법칙에 따라 곱하는 순서와 상관없이 동일한 결과가 나오지만 요구되는 요소들의 곱셈 횟수는 곱하는 순서에 따라 큰 차이가 날 수 있다. 예를 들어 보자. A는 100×1 행렬이고 B는 1×100 행렬이고 C는 100×5 행렬이다. $A \times B \times C$를 계산하려고 한다. 곱하는 순서는 다음과 같이 두 가지가 있다.

1. $(A \times B) \times C$
2. $A \times (B \times C)$

첫 번째 순서로 곱하는 경우에는 $A \times B$를 계산하기 위해 $100 \times 1 \times 100 = 10{,}000$ 번의 곱셈을 해야 한다. $A \times B = Y$라고 하면 행렬 Y는 100×100 행렬이다. 다음으로 $Y \times C$를 계산하기 위해 $100 \times 100 \times 5 = 50{,}000$번의 곱셈이 필요하다. 따라서 총 곱셈 횟수는 $10{,}000 + 50{,}000 = 60{,}000$이다.

반면에 두 번째 순서로 곱하는 경우에는 $B \times C$를 계산하기 위해 $1 \times 100 \times 5 = 500$ 번의 곱셈을 해야 한다. $B \times C = Z$라고 하면 행렬 Z는 1×5 행렬이다. 다음으로 $A \times Z$를 계산하기 위해 $100 \times 1 \times 5 = 500$번의 곱셈이 필요하다. 따라서 총 곱셈 횟수는 $500 + 500 = 1{,}000$이다. 그러므로 두 번째 순서로 곱하는 것이 60배 빠르다.

연속 행렬 곱셈 문제를 정식으로 정의해 보자. $n(> 1)$개의 행렬들의 곱셈 $M_1 \times M_2 \times \cdots \times M_n$을 수행하는데 필요한 최소 곱셈 횟수를 구하는 문제이다. M_i, $1 \le i \le n$, 은 $r_{i-1} \times r_i$ 행렬이라고 가정한다.

분할 정복 알고리즘

이 문제를 해결하기 위해 먼저 분할 정복 기법을 적용한다. 이 기법의 아이디어는 다음과 같다.

1. 주어진 행렬 곱을 다음과 같이 두 개의 행렬 곱들로 나눈다.
   $M_1 \times M_2 \times \cdots \times M_n = (M_1 \times M_2 \times \cdots \times M_k) \times (M_{k+1} \times \cdots \times M_n)$
   여기서 k는 $1 \leq k < n$ 인 정수이다.
2. $M' = M_1 \times M_2 \times \cdots \times M_k$를 같은 방법으로 두 개의 행렬 곱들로 나누어 최소 곱셈 횟수를 계산한다.
3. $M'' = M_{k+1} \times \cdots \times M_n$을 같은 방법으로 두 개의 행렬 곱들로 나누어 최소 곱셈 횟수를 계산한다.
4. $M' \times M''$를 계산한다.

위의 두 번째와 세 번째 분할 과정은 한 개의 행렬 혹은 두 개의 행렬 곱이 될 때까지 계속된다. 주어진 문제가 여러 개의 같은 유형의 부분 문제들로 나누어짐을 알 수 있다. 주어진 문제를 포함하여 모든 부분 문제들을 같은 방법으로 풀기 위해 주어진 문제를 다음과 같이 일반화한다.

일반화한 문제:

$M_i \times M_{i+1} \times \cdots \times M_j$를 수행하는 데 필요한 최소 곱셈 횟수를 계산한다.

일반화한 문제를 풀기 위해 다음과 같이 분할 정복 기법을 적용한다.

1. $i \le k < j$인 어떤 k에 대해 행렬 곱을 다음과 같이 두 개의 행렬 곱들로 나눈다.

   $$(M_i \times M_{i+1} \times \cdots \times M_k) \times (M_{k+1} \times \cdots \times M_j)$$

   matMult(i, j)를 $M_i \times M_{i+1} \times \cdots \times M_j$를 계산하기 위한 최소 곱셈 횟수라고 하자. 그렇다면 위와 같이 나누어서 곱하는 경우의 최소 곱셈 횟수는 다음과 같다.

   $$\text{matMult}(i, k) + \text{matMult}(k+1, j) + r_{i-1} r_k r_j$$

   위 식에서 첫 번째 항은 왼쪽 행렬 곱을 계산하기 위한 최소 곱셈 횟수이고 두 번째 항은 오른쪽 행렬 곱을 계산하기 위한 최소 곱셈 횟수이고 마지막 항은 마지막 행렬 곱셈에 필요한 곱셈 횟수이다.
2. 1의 모든 k에 대해 최소 곱셈 횟수들을 구하고 그들 중 최소값을 선택한다.

위의 분할 정복 기법에 따라 작성한 알고리즘은 다음과 같다.

알고리즘

```
알고리즘 matMult_DC(r[ ], i, j)
// Mi × Mi+1 × ⋯ × Mj 를 수행하는 데 필요한 최소 곱셈 횟수를
// 분할 정복을 이용하여 계산한다.
// 입력: r[0 . . n] — 행렬들의 행과 열의 수 저장
//       i — 첫 번째 행렬의 번호
//       j — 마지막 행렬의 번호
// 출력(반환값): 최소 곱셈 횟수
if (i = j) return 0
else {
        minVal = ∞

        for (k = i ; k < j ; k++)
             minVal = MIN(minVal, matMult_DC(r, i, k)
                       + matMult_DC(r, k + 1, j) + r[i - 1]r[k]r[j])

        return minVal
}
```

위 알고리즘은 중복 계산을 너무 많이 한다. $n = 4$ 인 경우를 고려해 보자. $M_1 \times M_2 \times M_3 \times M_4$ 를 계산하는 방법은 다음과 같이 5가지가 있다.

1. $M_1 \times (M_2 \times (M_3 \times M_4))$
2. $M_1 \times ((M_2 \times M_3) \times M_4)$
3. $(M_1 \times M_2) \times (M_3 \times M_4)$
4. $(M_1 \times (M_2 \times M_3)) \times M_4$
5. $((M_1 \times M_2) \times M_3) \times M_4$

따라서 $M_1 \times M_2$, $M_2 \times M_3$와 $M_3 \times M_4$를 2번씩 계산한다. n이 커지면 중복 계산 횟수는 기하급수적으로 늘어난다. 위 알고리즘의 시간 복잡도 분석은 과제로 남긴다.

위 알고리즘을 자바로 구현한 메소드는 이 절의 뒤에 있는 **[프로그램 6-2]**의 MatrixMult_DC이다. 주어진 문제를 풀기 위해서는 다른(main) 메소드에서 MatrixMult_DC(r, 1, n)을 호출하면 된다.

: 동적 계획 알고리즘

분할 정복 알고리즘 matMult_DC의 중복 계산을 피하기 위해 동적 계획을 사용한다. 그러면 최적의 알고리즘을 얻을 수 있다. 이를 위해 앞에서 다룬 동적 계획의 설계 과정을 따른다. 분할 정복 알고리즘을 개발하면서 동적 계획 알고리즘의 설계 과정의 첫 번째(일반화)와 두 번째 과정(분할)을 수행했다. 세 번째 과정을 수행하기 위해 부분 문제들을 푸는 순서를 정해야 한다.

matMult(1, n)를 계산하는 순서는 쉬운 문제부터 시작하여 점점 더 어려운 문제를 푸는 것이다. 행렬 곱셈 순서는 다음과 같다.

matMult(1, 1)	matMult(2, 2)	⋯	matMult($n-1$, $n-1$)	matMult(n, n)
matMult(1, 2)	matMult(2, 3)		matMult($n-1$, n)	
	⋮			
matMult(1, $n-1$)	matMult(2, n)			
matMult(1, n)				

계산 순서는 행 순서로 진행된다. 즉, 첫 번째 행의 값들을 먼저 계산하고 다음으로 두 번째 행의 값들을 계산한다. 같은 행에서는 왼쪽에서 오른쪽으로 계산한다. 마지막으로 matMult(1, n)을 계산한 후에 그 값을 배열 요소 $m[1, n]$에 저장한다.

위의 설계 과정에 따라 작성한 동적 계획을 이용한 연속 행렬 곱셈 알고리즘은 다음과 같다.

알고리즘

```
알고리즘 matMult_DP(r[ ], n)
// M₁ × M₂ × ⋯ × Mₙ 를 수행하는 데 필요한 최소 곱셈 횟수를
// 동적 계획을 이용하여 계산한다.
// 입력: r[0 . . n] — 행렬들의 행과 열의 수 저장
//        n — 행렬들의 수
// 출력(반환값): 최소 곱셈 횟수
배열 m[0 . . n, 0 . . n]을 선언한다
// 배열의 첫 번째 행과 첫 번째 열은 사용하지 않는다
for (i = 1 ; i ≤ n ; i++) m[i, i] = 0

for (l = 1 ; l ≤ n - 1 ; l++)
    for (i = 1 ; i ≤ n - l; i++) {
        j = i + l
        minVal = ∞

        for (k = i ; k < j ; k++)
            minVal = MIN(minVal, m[i, k] + m[k + 1, j]
                              + r[i - 1]r[k]r[j])

        m[i, j] = minVal
    }

return m[1, n] // m[1, n]이 답이다.
```

위 알고리즘에서 m[i, j]는 $M_i \times M_{i+1} \times \cdots \times M_j$를 계산하기 위하 최소 곱셈 횟수이다. l은 현재 계산하고 있는 행렬 곱셈들의 길이(수)이다. l은 1부터 $n-1$까지 증가한다.

: 예제

$M_1 \times M_2 \times M_3 \times M_4$를 계산하기 위한 최소 곱셈 횟수를 위 알고리즘을 이용하여 계산해 보자. M_1, M_2, M_3와 M_4는 각각 10×20, 20×50, 50×1, 1×100 행렬이다. 모든 $m[i, j], 1 \leq i \leq j \leq n$을 계산하면 다음과 같다.

$m[1, 1] = 0$ $m[2, 2] = 0$ $m[3, 3] = 0$ $m[4, 4] = 0$
$m[1, 2] = 10{,}000$ $m[2, 3] = 1{,}000$ $m[3, 4] = 5{,}000$
$m[1, 3] = 1{,}200$ $m[2, 4] = 3{,}000$
$m[1, 4] = 2{,}200$

위의 값들 중 각 행의 첫 번째 계산 과정을 설명해 보자. $m[1, 1]$은 곱할 필요가 없으므로 0이다. $m[1, 2]$를 계산하는 방법은 한 가지($M_1 \times M_2$)이다. 따라서 $m[1, 2] = 10 \times 20 \times 50 = 10{,}000$이다. $m[1, 3]$을 계산하기 위해 다음 중 최선을 선택한다.

경우1 $M_1 \times (M_2 \times M_3)$

$$m[1, 1] + m[2, 3] + r[0] \times r[1] \times r[3]$$
$$= 0 + 1000 + 10 \times 20 \times 1 = 1{,}200$$

경우2 $(M_1 \times M_2) \times M_3$

$$m[1, 2] + m[3, 3] + r[0] \times r[2] \times r[3]$$
$$= 10000 + 0 + 10 \times 50 \times 1 = 10{,}500$$

따라서 $m[1, 3] = \min(10500, 1200) = 1200$이다.

$m[1, 4]$를 계산하기 위해 다음 중 최선을 선택한다.

경우1 $M_1 \times (M_2 \times M_3 \times M_4)$

$$m[1,\ 1] + m[2,\ 4] + r[0] \times r[1] \times r[4]$$
$$= 0 + 3000 + 10 \times 20 \times 100 = 23{,}000$$

경우2 $(M_1 \times M_2) \times (M_3 \times M_4)$

$$m[1,\ 2] + m[3,\ 4] + r[0] \times r[2] \times r[4]$$
$$= 10000 + 5000 + 10 \times 50 \times 100 = 65{,}000$$

경우3 $(M_1 \times M_2 \times M_3) \times M_4$

$$m[1,\ 3] + m[4,\ 4] + r[0] \times r[3] \times r[4]$$
$$= 12000 + 0 + 10 \times 1 \times 100 = 2{,}200$$

따라서 $m[1,\ 4] = \min(23000,\ 65000,\ 2200) = 2{,}200$이다.

시간 복잡도

위 알고리즘의 시간 복잡도를 분석해 보자. 입력은 행렬들의 수 n이다. 기본 연산은 알고리즘의 8번 줄의 minVal를 계산하는 배정문이다. 이 배정문은 k가 i부터 $(j-1)$까지 l번씩 실행된다. 따라서 k가 제어하는 반복문은 $j - i = i + l - i = l$번 수행된다. i가 제어하는 4번부터 9번까지의 반복문은 $(n - l)$번 실행된다. l이 제어하는 3번의 반복문은 $(n - l)$번 실행된다. 따라서 기본 연산이 실행되는 총 횟수는 다음과 같다.

$$\sum_{l=1}^{n-1}(n-l)l = \sum_{l=1}^{n-1}(nl - l^2)$$

$$= n \times \frac{n(n-1)}{2} - \frac{n(n-1)(2n-1)}{6}$$

$$= \frac{n^3}{2} - \frac{n^2}{2} - \frac{n^3}{3} + \frac{n^2}{2} - \frac{n}{6}$$

$$= \frac{n(n-1)(n+1)}{6} \in \theta(n^3)$$

따라서 위 알고리즘은 3차 시간 알고리즘이고 2차원 배열 $m[0..n, 0..n]$을 사용하므로 공간 복잡도는 $\theta(n^2)$이다.

[프로그램 6-2]는 분할 정복과 동적 계획을 이용한 연속 행렬 곱셈 알고리즘을 자바로 구현한 프로그램이다.

: 프로그램 6-2 연속 행렬 곱셈

```
// 프로그램 6-2: 연속 행렬 곱셈 알고리즘
class MatrixChainMultiplication {
   // Mi x Mi+1 x . . . x Mj를 계산하기 위한 최소 곱셈 횟수를 분할
   // 정복을 이용하여 구한다
   static int MatrixMult_DC(int r[ ], int i, int j) {
      int k;

      if (i == j) return 0;
      else {
        int min_val = Integer.MAX_VALUE;

        for (k = i; k < j; k++)
             min_val = Math.min(min_val,
              MatrixMult_DC(r, i, k) + MatrixMult_DC(r, k + 1, j)
              + r[i-1]*r[k]*r[j]);

        return min_val;
      }
   }

   // M1 x M2 x . . . x Mn를 계산하기 위한 최소 곱셈 횟수를
   // 동적 계획을 이용하여 구한다
   // 곱할 행렬들의 수는 n이다
   // 행렬 Mi, i = 1 . . n, 은 r[i - 1] x r[i] 행렬이다
   static int MatrixMult_DP(int r[ ], int n) {
         // 프로그램을 단순화하기 위해 배열 m의 첫 번째 행과
         // 첫 번째 열은 사용하지 않는다.
         int m[ ][ ] = new int[n][n];
         int i, j, k, len, q;
```

```
        // m[i,j] = Mi x Mi+1 x . . . x Mj를 계산하기 위한 최소 곱셈 횟수

        // 행렬이 하나만 있으면 곱할 필요가 없다
        for (i = 1; i < n; i++) m[i][i] = 0;

        // len은 행렬 곱셈들의 수이다
        for (len = 1; len < n - 1; len++) {
            for (i = 1; i < n - len; i++) {
                j = i + len;
                m[i][j] = Integer.MAX_VALUE;

                for (k = i; k < j; k++) {
                    // q = 두 개의 행렬 곱으로 분할한 후 곱하는
                    //       경우의 최소 곱셈 횟수
                    q = m[i][k] + m[k+1][j] + r[i-1]*r[k]*r[j];
                    if (q < m[i][j]) m[i][j] = q;
                }
            }
        }

        return m[1][n-1];
}

    // 시작 메소드 main
    public static void main(String args[ ]) {
        int arr[] = {10, 20, 50, 1, 100};
        int size - arr.length;

        System.out.println("분할 정복을 이용한 최소 곱셈 횟수: "
                                + MatrixMult_DC(arr, 1, size-1));

        System.out.println("동적 계획을 이용한 최소 곱셈 횟수: "
```

```
                                    + MatrixMult_DP(arr, size));
        }
    }
```

: 실행 결과

이 프로그램을 앞의 예에 대해 실행한 결과는 다음과 같다.

분할 정복을 이용한 최소 곱셈 횟수: 2200

동적 계획을 이용한 최소 곱셈 횟수: 2200

-3 모든 쌍 최단 경로 찾기

이 절에서 한 그래프 내의 각 정점에서 모든 다른 정점으로 가는 가장 짧은 경로를 찾는 문제를 다룬다. 이 문제는 웹사이트의 지도 서비스, 자동차의 네비게이션, 통신 네트워크와 경영 과학 등과 같은 중요한 분야에서 다루어지고 있어 수 년에 걸쳐 철저하게 다루어져 왔다.

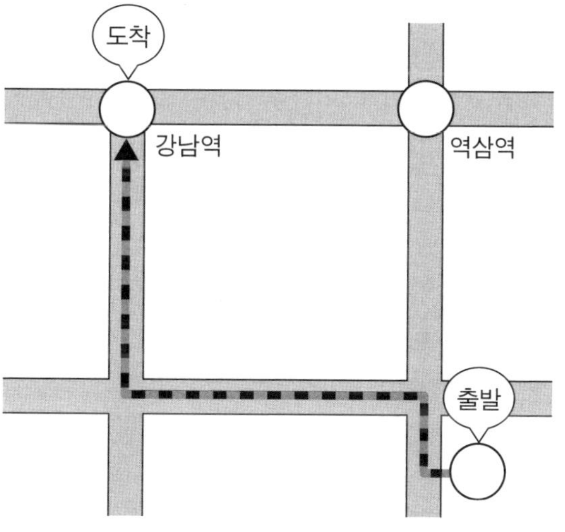

이 문제를 정식으로 정의해 보자. 가중치를 포함한 방향(혹은 비방향) 그래프 G = (V, E)가 주어지면 각 정점에서 모든 다른 정점으로 가는 최단 경로의 거리를 찾는 문제이다. 경로의 거리는 경로 상의 모든 간선의 가중치들의 합이다. 그래프 내의 정점들의 수는 n이다. 정점들을 각각 1, 2, 3, . . . , n 이라고 하자. 방향 그래프 G는 인접 행렬 W에 의해 나타낸다. W의 요소 w_{ij}는 다음과 같이 정의된다.

$$w_{ij} = \begin{cases} 0, & i = j \\ i\text{에서 } j\text{로 가는 간선의 가중치}, & (i, j) \in E \\ \infty, & i \neq j\text{이고 } (i, j) \notin E \end{cases}$$

그래프의 간선의 가중치는 음수일 수 있다. 그러나 그래프는 음의 길이의 순환을 포함하지 않아야 한다. 만약 두 정점들 사이에 음의 길이의 순환이 있으면 그 정점들사이의 거리는 순환을 충분히 반복함으로써 임의로 작게 만들 수 있기 때문이다. 모든 쌍 최단 경로 찾기 알고리즘의 결과는 $n \times n$ 행렬 $\mathrm{D} = (\mathrm{d}_{ij})$에 의해 나타낸다. d_{ij}, $1 \le \mathrm{i},\ \mathrm{j} \le n$, 는 정점 i 에서 정점 j로 가는 최단 경로의 거리이다.

: 억지 기법 알고리즘

모든 쌍 최단 경로 찾기 문제는 억지 기법 알고리즘으로 해결할 수 있다. 억지 기법 알고리즘의 아이디어는 한 정점에서 다른 정점으로 가는 모든 경로의 거리를 구한 후 그들 중에서 최단 거리를 찾는 것이다. 이 알고리즘은 간단하다. 이 알고리즘의 시간 복잡도를 분석해 보자. 그래프가 n개의 정점을 가지고 있는 완전 그래프라고 가정하자. 그렇다면 한 정점 i 에서 다른 정점 j로 가는 경로들을 다 모아보면, 그 경로들 중에서 나머지 모든 정점을 한 번씩은 꼭 거쳐서 가는 경로들도 포함되어 있다. 그 경로들의 수만 우선 계산해 보자. i 에서 출발하여 처음으로 도착할 수 있는 정점들의 수는 i와 j를 제외한 $(n-2)$이고 그 중에서 하나를 선택하면, 그 다음에 도착할 수 있는 정점들의 수는 $(n-3)$이다. 이와 같이 계속해서 계산하면 총 경로의 수는 다음과 같다.

$$(n-2) \times (n-3) \times \cdots \times 2 \times 1 = (n-2)!$$

이 경로들의 수만 보아도 2^{n-2}보다 훨씬 크므로 이 알고리즘은 절대적으로 비효율적이다. **[그림 6-5]**의 (b)는 (a)의 5개의 정점들을 가진 완전 그래프에서 정점 1 에서 정점 5까지 가는 최장 길이 경로(남은 모든 노드들을 경유하는 경로)들을 보여 준다. 그 경로들의 수는 $3 \times 2 \times 1 = 6$ 이다.

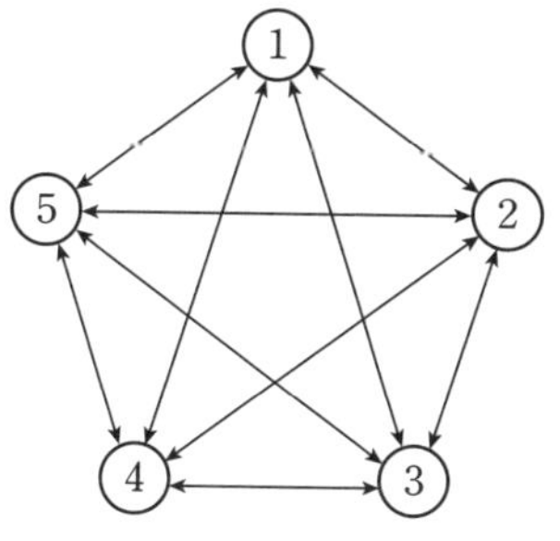

(a) 완전 그래프

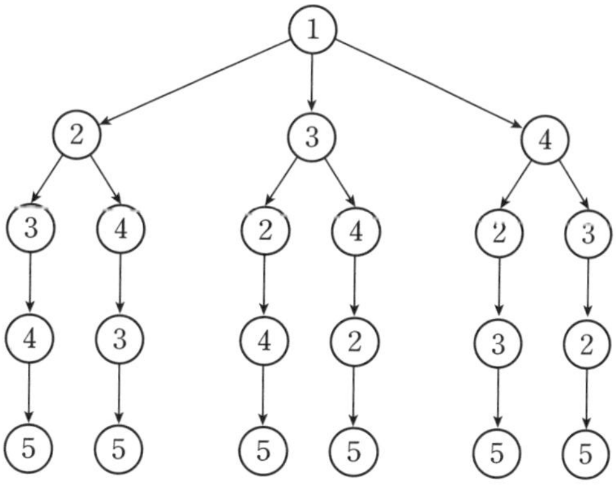

(b) 정점 1에서 정점 5까지의 최장 길이 경로

[그림 6-5] 완전 그래프와 최장 길이 경로

동적 계획 알고리즘

모든 쌍 최단 경로 찾기 문제를 동적 계획을 이용하여 해결한 프로이드(Floyd) 알고리즘을 살펴 보자. 모든 쌍 최단 경로 찾기 문제는 가중치 행렬 W가 주어지면 최단 거리 행렬 D를 구하는 것이다. 프로이드 알고리즘의 주 아이디어는 다음과 같다.

1. 최단 경로들을 단계적으로 만든다
2. 최단 경로들을 경유 가능한 정점들의 집합 L을 이용하여 만든다. 최단 경로는 L 내에 있는 정점(들)만을 이용한다.
3. L에 정점들을 한 번에 하나씩 정점의 번호 순서대로 추가한다.
4. 최단 거리 행렬들을 다음과 같은 순서대로 계산한다.
   $D^{(0)}, D^{(1)}, D^{(2)}, \cdots, D^{(n)}$

여기서 $D^{(k)} = (d_{ij}^{(k)})$ 이고 $d_{ij}^{(k)}$ 는 경유 가능한 정점들의 집합, $L = \{1, 2, \ldots, k\}$에 있는 정점만을 이용하여 정점 i에서 정점 j로 가는 최단 경로의 거리이다. 유의할 점은 최단 경로는 정점 1에서 정점 k까지의 모든 정점들을 반드시 경유하는 경로를 의미하는 것은 아니다. 실제로 $d_{ij}^{(k)}$는 L에 있는 정점들을 하나도 경유하지 않은 경로의 거리가 될 수도 있다. 이 경우 $d_{ij}^{(k)}$는 i에서 j로 가는 간선의 가중치이다. 또한 k가 0인 경우 정점 0은 그래프에 없으므로 어떤 정점도 경유하지 않는다는 것을 의미한다. 따라서 $D^{(0)} = (d_{ij}^{(0)})$는 주어진 가중치 행렬 W이다. 즉, $d_{ij}^{(0)}$는 i에서 j로 가는 간선의 가중치이다. 어떤 경로에서 경유할 수 있는 정점들은 집합 $\{1, 2, ... , n\}$ 내에 있으므로 $D^{(n)} = (d_{ij}^{(n)})$이 우리가 구하는 최단 거리 행렬 D이다.

이 알고리즘을 간단한 예를 들어 설명해 보자. **[그림 6-6]** (a)의 방향 그래프에 대해 최단 경로 거리 행렬 D를 구해 보자. 방향 그래프를 인접 행렬로 나타낸 가중치 행렬은 **[그림 6-6]**의 (b)에 보여진다.

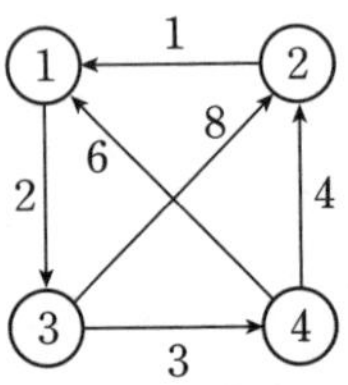

(a) 방향 그래프

$$W = \begin{pmatrix} 0 & \infty & 2 & \infty \\ 1 & 0 & \infty & \infty \\ \infty & 8 & 0 & 3 \\ 6 & 4 & \infty & 0 \end{pmatrix} \qquad D = \begin{pmatrix} 0 & 9 & 2 & 5 \\ 1 & 0 & 3 & 6 \\ 8 & 7 & 0 & 3 \\ 5 & 4 & 7 & 0 \end{pmatrix}$$

(b) 가중치 행렬 (c) 최단 길이 정렬

[그림 6-6] 방향 그래프의 가중치와 최단 길이 행렬

최단 거리 행렬 D의 한 요소 d_{12}를 계산해 보자. d_{12}를 구하기 위해 $d_{12}^{(0)}$, $d_{12}^{(1)}$, $d_{12}^{(2)}$, $d_{12}^{(3)}$과 $d_{12}^{(4)}$를 차례대로 계산한다.,

먼저 $d_{12}^{(0)}$을 계산해 보자. 이 경우는 정점 1에서 정점 2로 가기 위해 어떤 정점도 경유하지 않고 가야 한다. 정점 1에서 정점 2로 가는 간선이 없으므로 $d_{12}^{(0)}$는 ∞이다.

다음으로 $d_{12}^{(1)}$을 계산해 보자. 이 경우는 정점 1에서 정점 2로 가기 위해 정점 1만을 경유할 수 있다. 정점 1이 출발 정점이므로 도움이 되지 않는다. 따라서 $d_{12}^{(1)}$도 ∞이다.

다음으로 $d_{12}^{(2)}$를 계산해 보자. 이 경우는 정점 1에서 정점 2로 가기 위해 정점 1과 2를 경유할 수 있다. 정점 1이 출발 정점이고 정점 2가 도착 정점이므로 도움이 되지 않는다. 따라서 $d_{12}^{(2)}$ 도 ∞ 이다.

다음으로 $d_{12}^{(3)}$을 계산해 보자. 이 경우는 정점 1 에서 정점 2 로 가기 위해 정점 1, 2 와 3 을 경유할 수 있다. 그러면 정점 1과 2는 도움이 되지 않지만 정점 3 을 경유하는 더 짧은 경로가 가능하다. 그 경로는 다음에 보여진다. 따라서 $d_{12}^{(3)}$은 $2 + 8 = 10$ 이다.

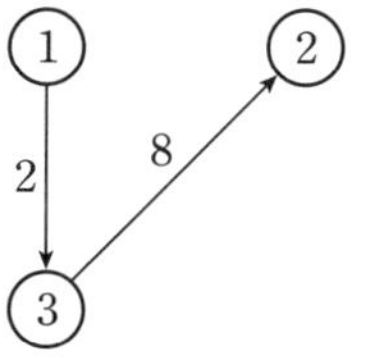

다음으로 $d_{12}^{(4)}$를 계산해 보자. 이 경우는 정점 1 에서 정점 2 로 가기 위해 정점 1, 2, 3과 4 를 경유할 수 있다. 그러면 정점 3 만을 경유하는 경로보다 더 짧은 정점 3과 4 를 경유하는 경로가 가능하다. 그 경로는 다음에 보여진다. 따라서 $d_{12}^{(4)}$은 $2 + 3 + 4 = 9$ 이다.

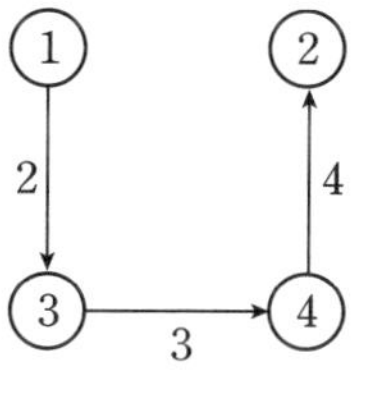

행렬 D 의 다른 요소들도 같은 방법으로 구할 수 있다. 행렬 D 는 **[그림 6-6]**의 (c)에 보여진다.

프로이드 알고리즘의 핵심은 $D^{(k)}$를 $D^{(k-1)}$을 이용하여 구하는 방법을 찾는 것이다. 여기서 k 는 1 부터 n 사이의 정수이다(1 과 n 을 포함한다). $L = \{1, 2, \ldots, k\}$ 내 의 정점(들)만을 경유하여 정점 i 에서 정점 j 로 가는 경로 p 는 **[그림 6-7]**에 보여진 것 같이 두 가지 경우로 나눌 수 있다.

1. P_1: 정점 k를 경유하지 않는 경로들

   P_1은 $L=\{1, 2, ..., k-1\}$내의 정점(들)만을 경유하는 i에서 j로 가는 경로들의 집합이다. 이 경우 최단 경로의 길이는 $d_{ij}^{(k-1)}$이다.

2. P_2: 정점 k를 경유하는 경로들

   P_2에 속하는 모든 경로 p는 **[그림 6-7]**에 보여진 대로 경로 q와 경로 r로 나누어질 수 있다. 경로 q는 1번의 L내의 정점(들)만을 경유하여 정점 i에서 정점 k로 가는 경로이다. 경로 r은 1번의 L내의 정점(들)만을 경유하여 정점 k에서 정점 j로 가는 경로이다. 더욱이 그러한 어떤 경로 q와 r이 주어지면 그 경로들을 합치면 P_2에 속하는 경로 p를 얻게 되고 p의 거리는 q의 거리와 r의 거리를 더한 값이다. 따라서 그러한 가장 짧은 경로 q와 그러한 가장 짧은 경로 r을 선택하고 그 경로들을 합침으로써 최단 경로를 구할 수 있다. 그러므로 이 경우 i에서 j로 가는 최단 경로의 길이는 $d_{i,k}^{(k-1)}+d_{k,j}^{(k-1)}$이다.

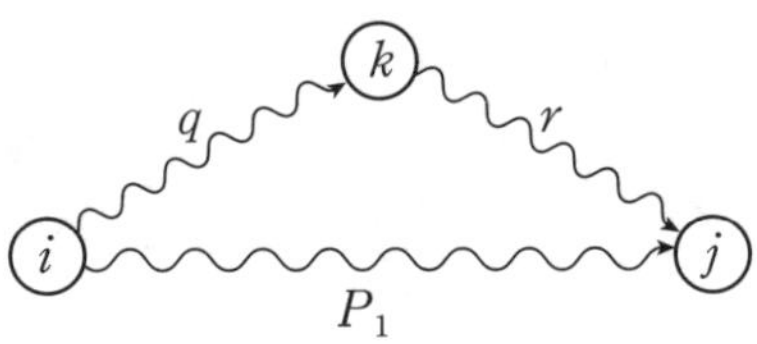

$P_2=q+r$

[그림 6-7] $\{1, 2, ..., k\}$를 경유하는 i에서 j까지의 경로

만약 k가 0이라면 i에서 j로 가는 최단 경로는 어떤 정점도 경유할 수 없으므로 $d_{ij}^{(0)}$는 w_{ij}이다. 따라서 $L=\{1, 2, ..., k-1, k\}$내의 정점(들)만을 경유하여 i에서 j까지 가는 최단 경로의 길이는 다음과 같이 구할 수 있다.

$$d_{ij}^{(k)}=\begin{cases} w_{ij}, & k=0 \\ MIN\left(d_{ij}^{(k-1)},\ d_{i,k}^{(k-1)}+d_{k,j}^{(k-1)}\right), & k\geq 1 \end{cases} \quad \text{(등식 6-4)}$$

(등식 6-4)에 기초하여 동적 계획을 이용하는 모든 쌍 최단 경로 찾기 알고리즘은 다음과 같다.

알고리즘

```
알고리즘 AllPairShortestPath(W[ ])
// 모든 쌍 최단 경로 찾기 문제에 대한 프로이드 알고리즘
// 입력: 음의 길이의 순환이 없는 그래프의 가중치 행렬 W[1 . . n, 1 . . n]
// 출력: 최단 거리 행렬들 D^(i)[1 . . n, 1 . . n], 0≤i≤n
D^(0) = W
for (k=1; k≤n; k++) {
      n × n 행렬 D^(k) = (d_ij^(k)) 를 선언한다

      for (i=1; i≤n; i++)
            for (j=1; j≤n; j++)
                  d_ij^(k) = MIN(d_ij^(k-1), d_i,k^(k-1) + d_k,j^(k-1))
}
```

위 알고리즘을 **[그림 6-6]** (a)의 방향 그래프에 대해 실행한 결과 얻어진 $D^{(i)}$, $0 \leq i \leq 4$, 행렬은 **[그림 6-8]**에 보여진다. 갱신된 요소들은 고딕체로 쓰여진다.

$$D^{(0)} = \begin{pmatrix} 0 & \infty & 2 & \infty \\ 1 & 0 & \infty & \infty \\ \infty & 8 & 0 & 3 \\ 6 & 4 & \infty & 0 \end{pmatrix}$$

- 중간 노드를 거치지 않는 최단 경로들의 길이 행렬 ($D^{(0)} = W$)

$$D^{(1)} = \begin{pmatrix} 0 & \infty & 2 & \infty \\ 1 & 0 & \mathbf{3} & \infty \\ \infty & 8 & 0 & 3 \\ 6 & 4 & \mathbf{8} & 0 \end{pmatrix}$$

- 중간 노드로 정점 1만을 사용할 수 있는 최단 경로들의 길이 행렬 (2에서 3, 4에서 3으로 가는 최단 경로 변경됨)

$$D^{(2)} = \begin{pmatrix} 0 & \infty & 2 & \infty \\ 1 & 0 & 3 & \infty \\ \mathbf{9} & 8 & 0 & 3 \\ \mathbf{5} & 4 & \mathbf{7} & 0 \end{pmatrix}$$

- 중간 노드로 정점 1이나 2를 사용할 수 있는 최단 경로들의 길이 행렬 (3에서 1, 4에서 1, 4에서 3으로 가는 최단 경로 변경됨)

$$D^{(3)} = \begin{pmatrix} 0 & \mathbf{10} & 2 & \mathbf{5} \\ 1 & 0 & 3 & \mathbf{6} \\ 9 & 8 & 0 & 3 \\ 5 & 4 & 7 & 0 \end{pmatrix}$$

- 중간 노드로 정점 1, 2 혹은 3을 사용할 수 있는 최단 경로들의 길이 행렬 (1에서 2, 1에서 4, 2에서 4로 가는 최단 경로 변경됨)

$$D^{(4)} = \begin{pmatrix} 0 & \mathbf{9} & 2 & 5 \\ 1 & 0 & 3 & 6 \\ \mathbf{8} & \mathbf{7} & 0 & 3 \\ 5 & 4 & 7 & 0 \end{pmatrix}$$

- 중간 노드로 모든 정점을 사용할 수 있는 최단 경로들의 길이 행렬 (1에서 2, 3에서 1, 3에서 2로 가는 최단 경로 변경됨)

[그림 6-8] 그림 6-6 (a)의 방향 그래프에 프로이드 알고리즘의 실행 과정

위 알고리즘의 문제점은 $(n+1)$개의 $n \times n$행렬들 ($D^{(i)}, 0 \le i \le n$)을 사용하여 공간복잡도가 $\theta(n^3)$이라는 사실이다. 공간복잡도를 줄일 필요가 있다. 이를 위해 알고리즘을 자세히 살펴보면 다음을 관찰할 수 있다.

모든 정점 x에 대해

1. $d_{x,k}{}^{(k)} = d_{x,k}{}^{(k-1)}$

2. $d_{k,x}{}^{(k)} = d_{k,x}{}^{(k-1)}$

그러므로 이 값들은 해당 반복 동안 변하지 않는다. 따라서 이전 값이나 새로운 값 중 하나를 사용할 수 있다. 즉, $D^{(k)}$, $0 \le k \le n$, 는 $D^{(k-1)}$에 덮어 쓸 수 있다. 그러므로 한 개의 최단 거리 $n \times n$ 행렬 D로 충분하다. 다음 알고리즘은 공간복잡도를 대폭 개선한 프로이드 알고리즘이다.

: 알고리즘

```
알고리즘 AllPairShortestPath2(W[ ])
// 모든 쌍 최단 경로 찾기 문제에 대한 프로이드 알고리즘
// 입력: 음의 길이의 순환이 없는 그래프의 가중치 행렬 W[1 . . n, 1 . . n]
// 출력: 최단 거리 행렬 D[1 . . n, 1 . . n]
1  D = W
2  for (k = 1; k ≤ n; k++)
3       for (i = 1; i ≤ n; i++)
4            for (j = 1; j ≤ n; j++)
5                 D[i, j] = MIN(D[i, j]), D[i, k] + D[k, j])
```

위 알고리즘의 시간 복잡도가 $\theta(n^3)$임을 쉽게 알 수 있다. 5번의 배정문이 각 k에 대해서 모든 i와 j쌍에 대해 수행되므로 정확히 $n \times n \times n = n^3$번 수행되고 배정문은 $\theta(1)$시간이 걸리기 때문이다.

[프로그램 6-3]은 위의 알고리즘을 자바로 구현한 프로그램이다.

프로그램 6-3 Floyd 알고리즘

```
// 프로그램 6-3: 모든 쌍 최단 경로 찾기 프로이드 알고리즘
public class AllPairsShortestPath {

   final static int INF = 9999;

   void findAllPairShortestPath(int graph[][], int n) {
        int dist[][] = new int[n][n];
        int i, j, k;

        // 행렬 D를 가중치 행렬 graph로 초기화한다
        for (i = 0; i < n; i++)
             for (j = 0; j < n; j++)
                  dist[i][j] = graph[i][j];

        // 모든 정점들을 한 번에 하나씩 중간 정점들의 집합에 추가한다
        // 반복 전에는 최단 경로들은 {0, 1, 2, .. k-1}에 있는 정점(들)만을
        // 경유한다
        // 반복 후에는 정점 k가 중간 정점들의 집합에 추가되고
        // 최단 경로들은 {0, 1, 2, .. k}에 있는 정점(들)만을 경유한다
        for (k = 0; k < n; k++) {
             // 모든 정점들을 한 번에 하나씩 시작 정점으로 선택한다
             for (i = 0; i < n; i++) {
                  // 모든 정점들을 위에서 선택된 시작 종점에 대한 목적지
                  // 정점으로 선택한다
                  for (j = 0; j < n; j++) {
                       // 정점 k가 정점 i에서 정점 j로 가는 최단 경로상에
                       // 있으면 dist[i][j]의 값을 그 경로의 거리로 갱신한다
                          dist[i][j] = Math.min(dist[i][j],
                               dist[i][k] + dist[k][j]);
                  }
```

```
            }
        }

        // 최단 거리 행렬 dist를 출력한다
        printSolution(dist, n);
    }

    // 최단 거리 행렬 dist[0 . . n-1, 0 . . n-1]을 출력한다
    void printSolution(int dist[][], int n) {
        int i, j;

        System.out.println("모든 두 정점들의 쌍사이의 최단 거리 행렬");

        for (i = 0; i < n; ++i) {
            for (j = 0; j < n; ++j) {
                if (dist[i][j] == INF)
                    System.out.print("INF ");
                else
                    System.out.print(dist[i][j]+"   ");
            }
            System.out.println();
        }
    }


    // 시작 메소드 main
    public static void main (String[] args) {
        int graph[][] = { {0, INF, 2, INF},
                {1, 0, INF, INF},
                {INF, 8, 0, 3},
                {6, 4, INF, 0}
            };
```

```
        int n = 4;

        AllPairsShortestPath a = new AllPairsShortestPath();

        // 최단 거리 행렬을 계산한 후 출력한다
        a.findAllPairShortestPath(graph, n);
    }
}
```

: 실행 결과

[프로그램 6-3]을 **[그림 6-6]**의 (a)의 그래프에 대해 실행한 결과는 다음과 같다.

모든 두 정점들의 쌍 사이의 최단 거리 행렬

```
0   9   2   5
1   0   3   6
8   7   0   3
5   4   7   0
```

모든 쌍 최단 경로 찾기 알고리즘은 포털의 지도 서비스, 자동차 내비게이션 서비스, 지리 정보 시스템(GIS), 통신 네트워크, 교통 공학, 산업 공학과 반도체 회로 설계 분야 등에서 광범위하게 활용되고 있다.

6-4 배낭 채우기

배낭 채우기 문제는 한정된 용량의 배낭과 물건들의 목록이 주어지면 배낭에 용량을 초과하지 않고 물건들을 넣어 얻을 수 있는 최대 가치를 찾는 문제이다. 이 문제를 정식으로 정의해 보자. 배낭에 넣을 수 있는 $n(\geq 1)$개의 물건들이 있다. 각 물건 i, $1 \leq i \leq n$, 는 무게가 w_i이고 가치는 v_i이다. 배낭의 용량은 C이다. 각 물건을 배낭에 넣을 수도 있고 넣지 않을 수도 있다. 배낭의 용량을 초과하지 않고 배낭에 넣을 수 있는 물건들의 최대 가치를 찾아야 한다. 이 문제는 **0-1 배낭 채우기 문제**라고 부른다. 왜냐하면 각 물건을 배낭에 넣지 않으면 0, 넣으면 1로 여기기 때문이다.

억지 기법 알고리즘

배낭 채우기 문제는 완전 탐색(exhaustive search)을 이용하여 풀 수 있다. 먼저 주어진 n개의 물건들의 모든 부분 집합들을 찾아 낸다. 다음으로 각 부분 집합에 속한 물건들의 무게들의 합이 배낭의 용량을 초과하지 않는다면 물건들의 총 가치를 계산한 후 이 총 가치들 중 가장 큰 값을 찾는다. 간단한 예를 통해 완전 탐색 알고리즘을 설명해 보자. [표 6-2]는 배낭에 넣을 수 있는 물건들의 무게와 가치를 보여 준다. 배낭의 용량은 7kg 이다.

물건	무게	가치
1	3	25
2	1	15
3	2	20
4	4	30

[표 6-2] 물건들의 무게와 가치

[표 6-3]은 4개의 물건들의 모든 부분 집합과 각 부분 집합에 속한 물건들을 배낭에 넣을 때의 총 무게와 총 가치를 보여 준다. 배낭의 용량을 초과한 경우에는 총 가치에 '실현 불가능' 이라고 쓴다. 최적 해에 해당되는 부분 집합은 고딕체로 표시되어 있다.

부분집합	총 무게	총가치
∅	0	0
{1}	3	25
{2}	1	15
{3}	2	20
{4}	4	30
{1, 2}	4	40
{1, 3}	5	45
{1, 4}	7	55
{2, 3}	3	35
{2, 4}	5	45
{3, 4}	6	50
{1, 2, 3}	6	60
{1, 2, 4}	8	실현 불가능
{1, 3, 4}	9	실현 불가능
{2, 3, 4}	**7**	**65**
{1, 2, 3, 4}	10	실현 불가능

[표 6-3] 배낭 채우기 문제의 완전 탐색 예

완전 탐색을 이용한 배낭 채우기 알고리즘은 이해하기 쉬우나 매우 비효율적이다. 왜냐하면, n개의 물건들의 집합의 부분 집합들의 수는 2^n이므로 각 부분 집합을 어떻게 만들어 내더라도 완전 탐색 알고리즘은 $\Omega(2^n)$알고리즘이 된다. 따라서 n이 커지면 실행 시간이 너무 많이 걸려 이 알고리즘은 사실상 사용할 수 없다

: 동적 계획 알고리즘

배낭 채우기 문제는 제한적인 크기의 입력에 대해 동적 계획을 이용하면 효율적인 알고리즘을 얻을 수 있다. 물건들의 무게들과 배낭 용량은 양의 정수라고 가정한다. 물건들의 가치는 정수일 필요는 없다. 물건들은 차례대로 1부터 n사이의 정수 번호를 가진다. 동적 계획의 설계 전략을 따라 이 문제를 풀어 보자.

1. 주어진 문제를 일반화한 문제를 다음과 같이 정의한다.

물건 1, 2, ⋯ , i($1 \le i \le n$)를 용량이 j($1 \le j \le C$)인 배낭에 용량을 초과하지 않는 선에서 물건들을 넣어 얻을 수 있는 최대 가치를 계산한다. 그러면 주어진 문제가 수 많은 부분 문제들로 나누어진다. F(i, j)를 위에서 정의한 문제에 대한 최적 해라고 하자.

2. F(i, j)를 구하기 위한 순서를 다음과 같이 정한다.

F(1, 1)	F(1, 2)	⋯	F(1, C)
F(2, 1)	F(2, 2)	⋯	F(2, C)
⋮	⋮	⋯	⋮
F(n, 1)	F(n, 2)	⋯	F(n, C)

F(i, j)를 행 순서대로 구하고 같은 행에서는 열 순서대로 구한다.

3. F(i, j)를 구하기 위해 다음 두 가지 경우를 고려한다.
   (1) 최적 해에 물건 i가 포함되지 않는 경우
   이 경우에는 최적 해의 정의에 의해 F(i, j)는 F(i − 1, j)이다.
   (2) 최적 해에 물건 i가 포함되는 경우
   이 경우에는 F(i, j)는 현재 배낭 용량 j에서 물건 i의 무게인 w_i를 뺀 상태에서 물건 1부터 물건 (i − 1)까지 배낭에 넣을 때의 최대 가치인 F(i − 1, j − w_i)와 물건 i의 가치 v_i의 합이다. 따라서 F(i, j)는 $v_i + F(i-1,\ j-w_i)$이다.

따라서 F(i, j)는 위의 두 경우가 실현 가능하다면 두 경우의 최적 해들 중 최댓값이다. **[그림 6-9]**는 실현 가능한 경우에 F(i, j)를 계산하는 방법을 보여 준다. 물론 물건 i의 무게가 배낭 용량 j보다 크다면 두 번째 경우는 실현 불가능하다. 그러므로 F(i, j)는 다음과 같이 정의할 수 있다.

$$\mathrm{F(i,\ j)} = \begin{cases} \max\{F(i-1,\ j),\ v_i + F(i-1,\ j-w_i)\}, & j \ge w_i \\ F(i-1,\ j), & j < w_i \end{cases} \quad \text{(등식 6-5)}$$

F(i, j)의 초기 조건들을 다음과 같이 정의하면 편리하다.

$$\begin{aligned} &\mathrm{F(0,\ j) = 0,\ j \ge 0} \\ &\mathrm{F(i,\ 0) = 0,\ i \ge 0} \end{aligned} \quad \text{(등식 6-6)}$$

첫 번째 초기 조건은 용량 j의 배낭에 물건을 하나도 넣지 않는 경우에 해당한다. 두 번째 초기 조건은 배낭의 용량이 0인 경우에 해당한다. 이 경우에는 배낭에 어떤 물건도 넣을 수 없다.

목표는 주어진 문제의 최적 해인 F(n, C)를 구하는 것이다.

4. F(i, j)를 2번의 순서에 따라 **등식** 6-5와 6-6을 사용하여 계산한 후 배열 K[0 . . n, 0 . . C]에 저장한다. 그러면 주어진 문제의 최적 해는 K[n, C]이다.

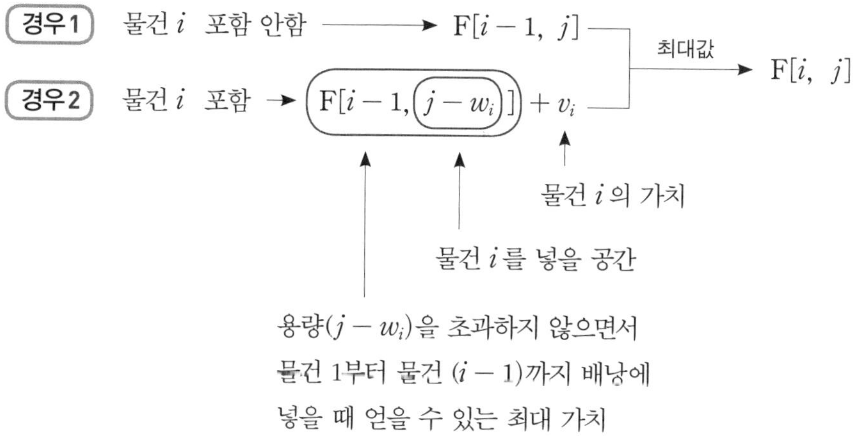

[그림 6-9] F(i, j)의 계산 방법

[그림 6-10]은 배낭 채우기 문제의 최적 해들을 보여주는 표이다. i > 0이고 j > 0인 경우에 F(i, j)는 바로 위에 있는 F(i − 1, j)와 (i − 1)행 (j − w_i)열에 있는 F(i − 1, j − w_i)에 v_i를 더한 값 중 큰 값이다. 표에 있는 값들은 행 순서대로 계산하고 같은 행에서는 열 순서대로 계산한다.

	0	1	⋯	$j-w_i$	⋯	j	⋯	c
0	0	0	⋯	0	⋯	0	⋯	0
1	0							
⋮	⋮			⋮				
$i-1$	0			F($i-1$, $j-w_i$)	⋯	F($i-1$, j)		
i	0					F(i, j)		
⋮	⋮							
n	0							F(n, c)

[그림 6-10] 배낭 채우기 문제의 최적 해들

위에 설계 과정에 따라 작성한 배낭 채우기 알고리즘은 다음과 같다.

알고리즘

```
알고리즘 knapsack(C, w[ ], v[ ], n]
// 용량이 C인 배낭에 n 개의 물건들을 넣어서 얻을 수 있는 최대 가치를 계산한다.
// 입력: C — 배낭의 용량
//       n — 물건들의 수
//       w[1 . . n] — 물건들의 무게 배열
//       v[1 . . n] — 물건들의 가치 배열
// 출력(반환값): 최대 가치 K[n, C]
(n+1) × (C+1) 행렬 K[0 . . n, 0 . . C]를 선언한다.
// 배낭 용량이 0일 때 초기화
for (i=0; i≤n; i++) K[i, 0]=0
// 배낭에 어떤 물건도 넣지 않을 경우 초기화
for (j=0; j≤C; j++) K[0, j]=0

// K[i, j]를 행 순서대로 같은 행에서는 열 순서대로 계산한다
for (i=1; i≤n; i++)
    for (j=1; i≤C; j++)
        if (w[i]>j) // 물건 i의 무게가 배낭의 용량 j를 초과하는 경우
            K[i, j]=K[i-1, j]
        else // 물건 i를 배낭에 넣는 경우와 넣지 않는 경우 고려
            K[i, j]=Max (v[i]+K[i-1, j-w[i]], K[i-1, j])

return K[n, C]
```

[그림 6-11]은 배낭 용량이 7인 경우에 **[표 6-2]**의 데이터에 대해 위 알고리즘을 실행한 후 얻은 K[0 . . 4, 0 . . 7]을 보여 준다. 최대 가치는 K[4, 7] = 65이다. 배열 K 내의 요소들의 값을 거꾸로 추적함으로써 최대 가치에 해당되는 물건들의 목록을 얻을 수 있다. K[4, 7] > K[3, 7]이므로 물건 4는 목록에 포함되어야 한다. 그러면 남

은 배낭의 용량은 7 − 4(w[4]) = 3이다. 그 경우 최적 가치는 K[3, 3] = 35이다. K[3, 3] > K[2, 3]이므로 물건 3은 목록에 포함되어야 한다. 그러면 남은 배낭의 용량은 3 − 2(w[3]) = 1이다. 그 경우의 최적 가치는 K[2, 1]이다. K[2, 1] > K[1, 1]이므로 물건 2는 목록에 포함되어야 한다. 그러면 남은 배낭의 용량은 1 − 1 = 0이다. 배낭 용량 0이므로 물건 1은 배낭에 포함되지 않는다. 따라서 최적 가치에 해당되는 물건들의 목록은 { 물건 2, 물건 3, 물건 4 } 이다.

w = 7
w[1] = 3, v[1] = 25
w[2] = 1, v[2] = 15
w[3] = 2, v[3] = 20
w[4] = 4, v[4] = 30

	배낭 용량 i							
물건 i	0	1	2	3	4	5	6	7
0	0	0	0	0	0	0	0	0
1	0	0	0	25	25	25	25	25
2	0	15	15	25	40	40	40	40
3	0	15	20	35	40	45	60	60
4	0	15	20	35	40	45	60	65

[그림 6-11] knapsack 알고리즘의 실행 결과

시간 복잡도

위 알고리즘의 시간 복잡도를 분석해 보자. 입력의 크기는 물건들의 수인 n이다. 기본 연산은 9번의 K[i, j]를 계산하는 배정문이다. 이 배정문은 nC 번 실행된다. 따라서 위 알고리즘의 시간 복잡도는 $\theta(n\text{C})$이다.

[프로그램 6-4]은 위의 알고리즘을 자바로 구현한 프로그램이다.

프로그램 6-4 배낭 채우기

```
// 프로그램 6-4: 0-1 배낭 채우기 문제에 대한 동적 계획에 기초한 프로그램
public class Knapsack {
    // 용량이 W인 배낭에 n개의 물건들을 넣어서 얻을 수 있는 최대 가치를 계산한다
    static int knapSack(int W, int weight[], int value[], int n) {
        int i, j;
        int K[ ][ ] = new int[n + 1][W + 1];

        // 배낭의 용량이 0일 때 어떤 물건도 넣을 수 없다
        for (i = 0; i <= n; i++) K[i][0] = 0;
        // 배낭에 어떤 물건도 넣지 않을 때
        for (j = 0; j <= W; j++) K[0][j] = 0;
        // K[i][j]를 행 순서대로 같은 행에서는 열 순서대로 계산한다
        for (i = 1; i <= n; i++) {
            for (j = 1; j <= W; j++) {   // j는 배낭의 (임시) 용량
                if (weight[i - 1] > j)
                // 물건 i의 무게가 임시 배낭 용량을 초과하는 경우
                    K[i][j] = K[i - 1][j];
                else // 물건 i를 배낭에 넣을 경우와 넣지 않을 경우 고려
                    K[i][j] = Math.max(value[i - 1] + K[i - 1]
                              [j - weight[i - 1]], K[i - 1][j]);
            }
        }

        return K[n][W];
    }

    // 시작 메소드 main
    public static void main(String args[]) {
        int value[ ] = {25, 15, 20, 30}; // 물건의 가치 배열
        int weight[ ] = {3, 1, 2, 4};    // 물건의 무게 배열
```

```
        int C = 7;                          // 배낭의 용량
        int n = value.length;
        System.out.println("최대 가치 = " + knapSack(C, weight, value,
                           n));
    }
}
```

실행 결과

[프로그램 6-4]를 배낭 용량이 7kg인 경우에 [표 6-2]의 데이터에 대해 실행한 결과는 다음과 같다.

최대 가치 = 65

요약

- 동적 계획은 서로 겹치는 부분 문제들을 가진 문제를 해결하기 위한 기법이다.
- 동적 계획이 적용되는 최적화 문제는 최적화 원리를 만족시켜야 한다. 이 원리는 주어진 문제에 대한 최적의 해는 부분 문제들에 대한 최적의 해들로 이루어진다는 것이다.
- 동적 계획 알고리즘의 핵심은 주어진 문제에 대한 해를 같은 유형의 더 작은 부분 문제들에 대한 해들과 연관시키는 것이다.
- 동적 계획은 문제를 더 작은 부분 문제들로 분할한 후 작은 부분 문제들을 순서대로 해결하고 해들을 표에 저장한다. 나중에 다른 (부분) 문제를 해결할 때 이미 해결한 부분 문제가 나오면 다시 해결하는 대신에 표에서 해를 찾아 사용한다.
- 동적 계획을 사용하는 막대 자르기 알고리즘의 핵심 아이디어는 막대를 두 개의 조각 막대로 자른 후에 한 조각 막대는 그대로 팔고 다른 막대는 최대 판매 금액을 얻을 수 있도록 통째로 팔거나 여러 개의 양의 정수 길이의 조각 막대들로 잘라서 파는 방법을 찾는다. 막대를 처음 자를 때 가능한 모든 경우를 다 고려한다.
- 동적 계획을 사용하는 연속 행렬 곱셈 알고리즘의 핵심 아이디어는 주어진 행렬 곱을 두 개의 행렬 곱들로 나눈 후 각 행렬 곱의 최소 곱셈 횟수를 계산하여 더한 다음 각 행렬 곱의 결과 행렬들을 곱하는 횟수를 더하는 것이다.
- 동적 계획을 사용하는 모든 쌍 최단 경로 찾기 프로이드 알고리즘의 핵심 아이디어는 최단 경로들을 단계적으로 만드는 것이다. 즉, 첫 번째 최단 경로는 경유 가능한 정점(들)로 정점 1을 두 번째 최단 경로는 정점 1과 2를 세 번째 최단 경로는 정점 1, 2와 3을 마지막 최단 경로는 모든 정점을 고려한다.
- 0-1 배낭 채우기는 $n(\geq 1)$개의 물건들을 배낭 용량을 초과하지 않고 배낭에 물건들을 넣어 얻을 수 있는 최대 가치를 찾는 문제이다
- 동적 계획을 사용하는 0-1 배낭 채우기 알고리즘의 핵심 아이디어는 물건 1, 2, …, i(i ≤ i ≤ n)를 용량이 j(1 ≤ j ≤ C)인 배낭에 용량을 초과하지 않으면서 물건들을 넣어 얻을 수 있는 최대 가치를 모든 i와 모든 j에 대해 순서대로 계산하는 것이다.

연습문제 EXERCISE

1 N(> 1)층 피라미드가 있다. 예를 들면, 5층 피라미드는 다음과 같다.

```
        A
      B   C
    D   E   F
  G   H   I   J
K   L   M   N   O
```

꼭대기 A 지점에서 시작해서 맨 밑의 한 지점으로 내려오려고 한다. 각 지점에서는 왼쪽 아래나 오른쪽 아래로 내려갈 수 있다. 예를 들면, F 지전에서는 I 지점이나 J 지점으로, H 지점에서는 L 지점이나 M 지점으로 내려갈 수 있다.

(1) 꼭대기 A 지점에서 시작해서 맨 밑의 K, L, M, N, O 중 한 지점으로 내려오려고 한다. 5층 피라미드에서 꼭대기 A 지점에서 맨 밑의 K, L, M, N, O 지점으로 내려오는 경로는 각각 몇 가지인가?

(2) N층 피라미드에서 꼭대기 지점에서 맨 밑의 각 지점으로 내려오는 경로의 수를 구하는 동적 계획 알고리즘을 작성하라.

2 N(> 1)층 피라미드의 각 지점에는 숫자가 있다. 예를 들면, 4층 피라미드는 다음과 같다.

```
             A(2)
        B(5)      C(4)
    D(1)    E(4)      F(7)
G(8)    H(6)    I(9)      J(6)
```

꼭대기 A 지점에서 시작해서 맨 밑의 한 지점으로 내려오려고 한다. 각 지점에서는 왼쪽 아래나 오른쪽 아래로 내려갈 수 있다. 예를 들면, E 지점에서는 H 지점이나 I 지점으로 내려갈 수 있다.

(1) 4층 피라미드에서 꼭대기 지점에서 맨 밑의 지점으로 내려오는 경로들 상의 숫자들

연습문제 EXERCISE

의 합이 가장 적은 경우의 경로와 그 경로의 합을 구하라.

(2) N층 피라미드에서 꼭대기 지점에서 맨 밑의 지점으로 내려오는 경로들 상의 숫자들의 합이 가장 적은 경로의 합을 구하는 동적 계획 알고리즘을 작성하라.

3 배낭에 넣을 수 있는 무게의 한도는 3kg이다. 배낭에 넣을 수 있는 3개의 물건들의 가격과 무게는 다음과 같다:

물건	가격(원)	무게(kg)
1	70	1
2	50	1
3	120	2

동적 계획을 따르는 0-1 배낭 채우기 알고리즘의 수행 결과를 보여라.

4 무게가 4인 다이아몬드가 있다. 다이아몬드는 무게가 i(양의 정수), $1 \le i \le 3$, 인 조각 다이아몬드로 자를 수 있다. 다이아몬드를 자르는 순서가 다르면 다른 방법이다. 예를 들면, 무게가 4인 다이아몬드를 한 번 자를 때 무게 1과 무게 3으로 자르는 경우와 무게 3과 무게 1로 자르는 경우는 결과는 같지만 다이아몬드를 자르는 서로 다른 방법이다. 무게가 4인 다이아몬드를 자르는 모든 방법들의 수를 구하라.

5 무게가 N(양의 정수)인 다이아몬드가 있다. 다이아몬드는 무게가 i(양의 정수), $1 \le i \le N-1$, 인 조각 다이아몬드로 자를 수 있다. 무게가 N인 다이아몬드를 자르는 모든 방법들의 수를 구하려고 한다.

(1) 무게가 N인 다이아몬드를 자르는 모든 방법들의 수를 나타내는 점화식을 구하라.

(2) (1)에서 구한 점화식에 기초하여 무게가 N인 다이아몬드를 자르는 모든 방법들의 수를 구하는 분할 정복 알고리즘을 작성하라.

(3) (1)에서 구한 점화식에 기초하여 무게가 N인 다이아몬드를 자르는 모든 방법들의 수를 구하는 동적 계획 알고리즘을 작성하라. 작성한 알고리즘의 시간 복잡도를 O(혹은 θ)—표기법으로 표시하라.

6 무게가 W(양의 정수)인 다이아몬드가 있다. 다이아몬드는 무게가 **i**(양의 정수), $\mathbf{1 \le i \le W-1}$, 인 조각 다이아몬드로 자를 수 있다. 무게가 **i**, $\mathbf{1 \le i \le W}$, 인 조각 다이아몬드의 판매 가격은 p_i 이다. 무게가 W인 다이아몬드를 자르지 않고 통째로 판매하거나 여러 개의 정수 무게의 조각 다이아몬드들로 잘라서 판매했을 때 얻을 수 있는 최대 판매 금액을 구해야 한다.

(1) 무게가 4인 다이아몬드의 조각 다이아몬드들의 가격은 다음과 같다. 무게가 **4**인 다이아몬드를 자르지 않고 판매하거나 여러 개의 정수 무게의 조각 다이아몬드들로 잘라서 판매할 수도 있다. 이때 얻을 수 있는 최대 판매 금액을 구하라.

무게	1	2	3	4
가격	3	5	8	9

(2) 최대 판매 금액을 구하는 동적 계획 알고리즘을 작성하라. 작성한 알고리즘의 시간 복잡도를 O(혹은 θ)—표기법으로 표시하라.

7 무게가 4인 다이아몬드가 있다. 다이아몬드는 무게가 **w**(양의 정수), $\mathbf{1 \le w \le 3}$, 인 조각 다이아몬드로 자를 수 있다. 무게가 **w**, $\mathbf{1 \le w \le 3}$, 인 다이아몬드의 판매 가격는 다음 표와 같다.

무게	1	2	3	4
가격	3	4	8	9

무게가 4인 다이아몬드에서 무게가 **i**, $\mathbf{1 \le i \le 3}$, 인 조각 다이아몬드로 자르는 비용은 다음 표와 같다.

연습문제 EXERCISE

무게	1	2	3
비용	1	2	1

무게가 **4**인 다이아몬드를 자르지 않고 판매하거나 여러 개의 정수 무게의 조각 다이아몬드들로 잘라서 판매할 수도 있다. 이때 얻을 수 있는 최대 금액을 구하라. 최대 금액은 다이아몬드(들)을 판매해서 얻을 수 있는 금액에서 다이아몬드를 자르는 비용을 제외해야 한다.

8 무게가 W(양의 정수)인 다이아몬드가 있다. 다이아몬드는 무게가 i(양의 정수), $1 \le i \le W-1$, 인 조각 다이아몬드로 자를 수 있다. 무게가 i, $1 \le i \le W$, 인 다이아몬드의 판매 가격은 p_i 이다. 무게가 W인 다이아몬드에서 무게가 i, $1 \le i \le W$, 인 조각 다이아몬드로 자르는 비용은 C_i 이다. 무게가 W 인 다이아몬드를 자르지 않고 통째로 판매하거나 여러 개의 정수 무게의 조각 다이아몬드들로 잘라서 판매할 때 얻을 수 있는 최대 금액을 구하려고 한다. 최대 금액은 다이아몬드(들)을 판매해서 얻을 수 있는 금액에서 다이아몬드를 자르는 비용을 제외해야 한다.

(1) 무게가 W인 다이아몬드를 자르지 않고 통째로 판매하거나 여러 개의 정수 무게의 조각 다이아몬드들로 잘라서 판매할 때 얻을 수 있는 최대 금액을 나타내는 점화식을 구하라.

(2) (1)에서 구한 점화식에 기초하여 무게가 W인 다이아몬드를 자르지 않고 통째로 판매하거나 여러 개의 정수 무게의 조각 다이아몬드들로 잘라서 판매할 때 얻을 수 있는 최대 금액을 구하는 분할 정복 알고리즘을 작성하라.

(3) (1)에서 구한 점화식에 기초하여 무게가 W인 다이아몬드를 자르지 않고 통째로 판매하거나 여러 개의 정수 무게의 조각 다이아몬드들로 잘라서 판매할 때 얻을 수 있는 최대 금액을 구하는 동적 계획 알고리즘을 작성하라. 작성한 알고리즘의 시간 복잡도를 O(혹은 θ)−표기법으로 표시하라.

9 행렬들의 곱인 $A_1 \times A_2 \times A_3 \times A_4$를 계산하기 위한 최소 곱셈 횟수를 행렬 곱셈 문제의 동적 계획 알고리즘을 이용하여 구해야 한다. A_1은 5×2행렬이고 A_2는 2×1 행렬이고 A_3은 1×4행렬이고 A_4는 4×2행렬이나. m_{11}, m_{22}, m_{33}, m_{44}, m_{12}, m_{23}, m_{34}, m_{13}, m_{24}, m_{14}의 값을 모두 적어라.

10 다음의 가중치 포함 방향 그래프를 고려하라.

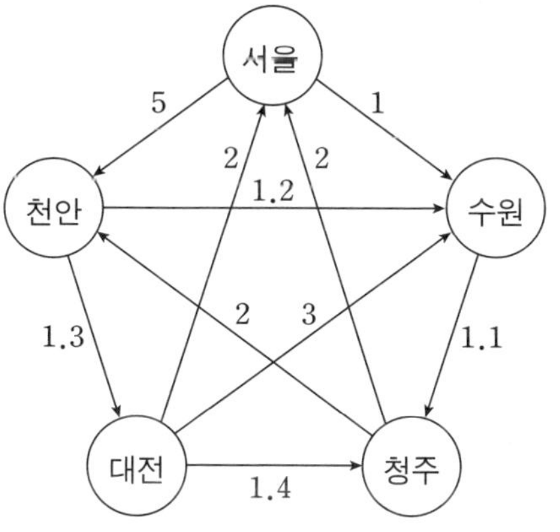

(1) 위 그래프를 나타내는 가중치 행렬 W를 작성하라. 행렬 W에서 1행, 2행, 3행, 4행, 5행은 각각 서울, 수원, 청주, 대전, 천안을 나타낸다.

(2) 모든 쌍 최단 경로 찾기 알고리즘을 이용하여 대전에서 천안까지 가는 최단 경로의 비용을 다음 순서대로 계산하라.

$D^{(1)}$[대전][천안], $D^{(2)}$[대전][천안], $D^{(3)}$[대전][천안], $D^{(4)}$[대전][천안], $D^{(5)}$[대전][천안]

연습문제 EXERCISE

11 배열 C에 n개의 돼지 저금통들 안에 들어 있는 동전들의 총액이 저장되어 있다. 즉, $C[i]$, $1 \leq i \leq n$, 는 i번째 저금통의 총액이다. $C[i]$의 값들은 서로 같을 수 있다. n개의 저금통들에서 인접한 어떠한 두 개의 저금통들을 같이 선택하지 않아야 한다. 이러한 제약 조건하에서 최대 금액이 되도록 저금통들을 선택하는 동적 계획 알고리즘을 작성하라(힌트: n개의 저금통들에서 얻을 수 있는 최대 금액 $F[n]$에 대한 점화식을 찾아 내라.)

12 $m(>1)$개의 동전들이 있다. 동전 i, $1 \leq i \leq m$, 의 액면 금액은 d_i이고 $d_1 = 1 < d_2 < . . . < d_m$이다. 액면 금액이 같은 동전들의 개수는 무한히 많이 있다. 거스름돈 n을 최소 개수의 동전들을 사용하여 주는 동적 계획 알고리즘을 작성하라.
(힌트: 거스름돈 n에 포함되는 최소 개수의 동전들의 수 $F[n]$에 대한 점화식을 찾아 내라.)

13 길동은 집에서 학교까지 최단 경로를 이용하여 걸어서 간다. 그의 집에서 학교까지의 격자형 모양의 지도가 있다. 지도에는 동서로 $m(>1)$개의 도로가 있고 남북으로 n (>1)개의 도로가 있다. 지도에서 별표로 표시된 공사중인 교차점은 지나갈 수 없다. 집과 학교는 각각 지도의 왼쪽 위 모서리와 오른쪽 아래 모서리에 있다. 그가 집에서 학교까지 갈 수 있는 최단 경로의 수를 구하려고 한다.

(1) m이 6이고 n이 5인 경우에 다음과 같은 지도에서 길동이 왼쪽 위의 집에서 오른쪽 아래의 학교까지 갈 수 있는 최단 경로의 수는 모두 몇 개인가?

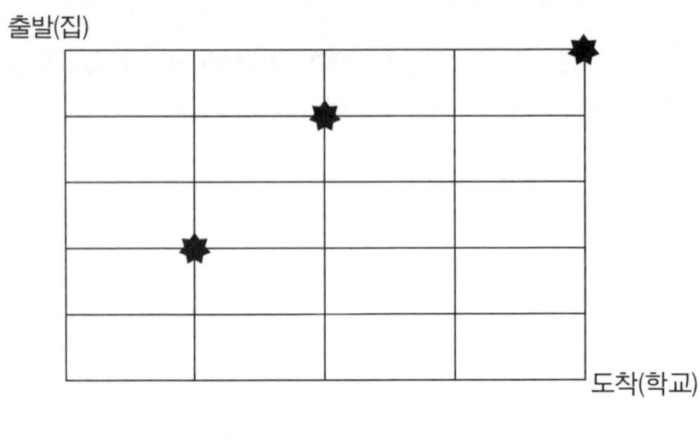

(2) 집에서 학교까지 가는 최단 경로의 수를 구하는 알고리즘에서 지도의 교차점들을 어떻게 나타낼 지 적어라.

(3) 집에서 학교까지 가는 최단 경로의 수는 알고리즘에서 어떻게 나타낼 지 적어라.

(4) 집 $[1,\ 1]$에서 교차점 $[i,\ j]$, $1 \le i \le M$, $1 \le j \le N$, 까지 가는 최단 경로의 수를 나타내는 점화식을 구하라.

(5) (4)에서 구한 점화식에 기초하여 집 $[1,\ 1]$에서 교차점 $[i,\ j]$, $1 \le i \le M$, $1 \le j \le N$, 까지 가는 최단 경로의 수를 구하는 분할 정복 알고리즘을 작성하라.

(6) (4)에서 구한 점화식에 기초하여 집 $[1,\ 1]$에서 교차점 $[i,\ j]$, $1 \le i \le M$, $1 \le j \le N$, 까지 가는 최단 경로의 수를 구하는 동적 계획 알고리즘을 작성하라. 작성한 알고리즘의 시간 복잡도를 O(혹은 θ)－표기법으로 표시하라.

14 길동의 학교 수업이 끝났다. 그는 학교에서 집까지 걸어서 간다. 그는 항상 최단 경로를 이용한다. 아래 그림은 그의 학교에서 집까지의 지도이다. 지도의 교차점마다 즐거움을 느낄 수 있는 많은 볼거리들이 있다. 교차점에 있는 볼거리들의 즐거운 정도를 나타내는 정수 값이 지도의 교차점에 적혀 있다. 그는 왼쪽 위의 학교에서 오른쪽 아래의 집에 도착해야 한다. 그가 귀가하면서 얻을 수 있는 가장 큰 즐거움의 총합은 얼마까지 가능한가? 지도에서 굵은 경로의 즐거움의 총합은 $1+2+1+4+2+3+1=14$이다.

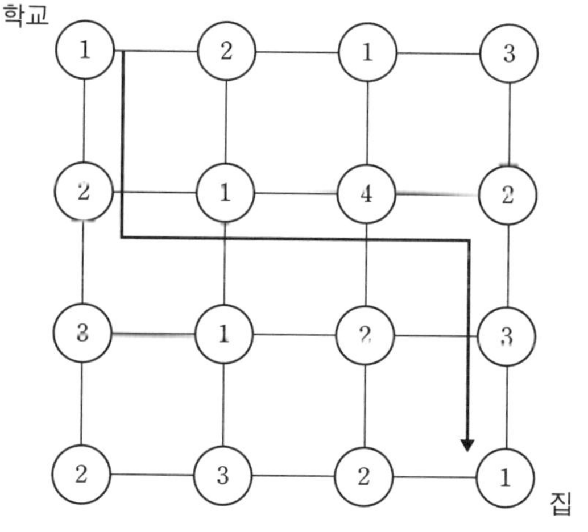

연습문제 EXERCISE

15 14번 문제를 일반화한다. 길동의 학교에서 집까지의 바둑판 모양의 지도가 있다. 지도에는 동서 방향으로 M개의 도로가 있고 남북 방향으로 N개의 도로가 있다. 지도의 교차점마다 즐거움을 느낄 수 있는 많은 볼거리들이 있다. 교차점에 있는 볼거리들의 즐거운 정도를 나타내는 정수 값이 지도의 교차점에 적혀 있다. 길동은 왼쪽 최상단의 학교 [1, 1]에서 오른쪽 최하단의 집 [M, N]까지 최단 경로를 이용하여 가야 한다. 그가 귀가하면서 얻을 수 있는 가장 큰 즐거움의 총합을 구하는 알고리즘을 작성하려고 한다.

(1) 지도에 있는 교차점들의 즐거움을 나타내는 값들을 알고리즘에서 어떻게 나타낼 지 적어라.

(2) 왼쪽 최상단의 학교 [1, 1]에서 교차점 [i, j], $1 \le i \le M$, $1 \le j \le N$, 까지 가면서 얻을 수 있는 가장 큰 즐거움의 총합을 알고리즘에서 어떻게 나타낼 지 적어라.

(3) 학교 [1, 1]에서 교차점 [i, j], $1 \le i \le M$, $1 \le j \le N$, 까지 가면서 얻을 수 있는 가장 큰 즐거움의 총합을 나타내는 점화식을 구하라.

(4) (3)에서 구한 점화식에 기초하여 학교 [1, 1]에서 교차점 [i, j], $1 \le i \le M$, $1 \le j \le N$, 까지 가면서 얻을 수 있는 가장 큰 즐거움의 총합을 구하는 분할 정복 알고리즘을 작성하라.

(5) (3)에서 구한 점화식에 기초하여 학교 [1, 1]에서 교차점 [i, j], $1 \le i \le M$, $1 \le j \le N$, 까지 가면서 얻을 수 있는 가장 큰 즐거움의 총합을 구하는 동적 계획 알고리즘을 작성하라. 작성한 알고리즘의 시간 복잡도를 O(혹은 θ)−표기법으로 표시하라.

16 여러 개의 동전들이 m행과 n열을 가진 보드의 칸들에 있다. 칸들에 있는 동전들의 유무는 배열 C에 저장된다. 즉, i, $1 \le i \le m$, 번째 행의 j, $1 \le j \le n$, 번째 열에 동전이 있다면 $C[i, j] = 1$이고 없으면 $C[i, j] = 0$이다. 로봇은 보드의 왼쪽 상단 칸에 위치해 있다. 로봇은 보드의 칸들에 있는 동전들을 가능한 많이 모아서 보드의 오른쪽 하단 칸으로 가지고 가야 한다. 로봇은 한 번에 현재 위치에서 오른쪽으로 한 칸 혹은 아래 쪽으로 한 칸 이동할 수 있다. 로봇이 동전이 있는 칸을 방문할 때는 항상 동전을 수집해야 한다. 로봇이 수집할 수 있는 최대 동전 수를 구하려고 한다.

(1) m이 5이고 n이 6인 보드에 아래와 같이 수집할 동전들이 있을 때 로봇이 수집할 수 있는 최대 동전 수는 몇 개인가?

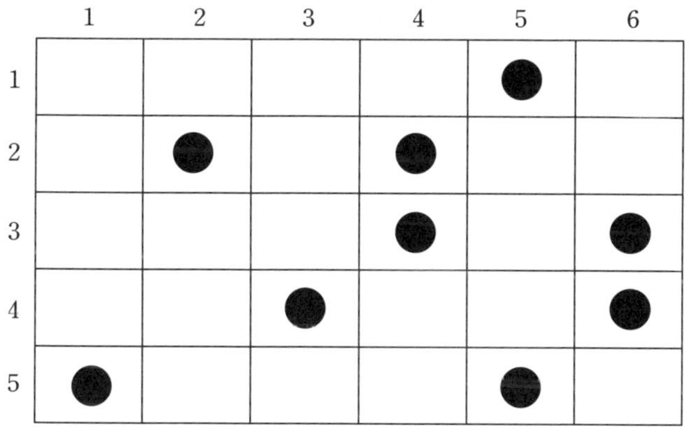

(2) F(i, j), $1 \le i \le m$, $1 \le j \le n$, 를 로봇이 i번째 행의 j번째 열에 있는 칸 (i, j)까지 수집할 수 있는 최대 동전 수라고 하자. $1 \le i \le m$인 모든 i에 대해서 F(i, 0) = 0이고 $1 \le j \le n$인 모든 j에 대해서 F(0, j) = 0이라고 가정한다. F(i, j)를 구하는 점화식을 적어라.

(3) (2)에서 구한 점화식에 기초하여 로봇이 수집할 수 있는 최대 동전 수를 구하는 분할 정복 알고리즘을 작성하라.

(4) (2)에서 구한 점화식에 기초하여 로봇이 수집할 수 있는 최대 동전 수를 구하는 동적 계획 알고리즘을 작성하라. 작성한 알고리즘의 시간 복잡도를 O(혹은 θ)−표기법으로 표시하라.

연습문제 EXERCISE

17 N + 1개의 도시들이 있는 나라가 있다. 모든 도시들은 일직선 상에 동일한 간격으로 위치해 있다. 도시들은 0번에서 N까지 번호가 붙여져 있다. 도시 N에서 도시 0으로 비행기를 타고 가려고 한다. 따라야 할 규칙들은 다음과 같다.

1. 비행기로만 여행할 수 있다.
2. 하루에 비행기를 한 번만 탈 수 있다. 비행기 요금은 나는 거리(출발도시 번호 − 도착도시 번호)에 의해 결정된다. 거리 i를 나는 데 드는 요금은 Air_Cost[i]이다.
3. 머무는 도시 i에서 하룻밤 자는 비용은 Hotel_Cost[i]이다.

도시 N에서 도시 0까지 가는 총 비용을 최소화해야 한다. 며칠이 걸려도 좋다.

(1) n이 4인 경우에 Hotel_Cost[i]와 Air_Cost[i]가 다음과 같이 주어질 때 도시 4에서 도시 0까지 가는 최소 비용을 구하라.

i	Hotel_Cost[i]	Air_Cost[i]
1	2	1
2	2	4
3	5	9
4	−	16

(2) Mincost[i], $1 \le i \le n$, 를 도시 i에서 도시 0까지 가는 최소 비용이라고 하자. Mincost[i]를 구하는 점화식을 적어라.

(3) (2)에서 구한 점화식에 기초하여 도시 n에서 도시 0까지 가는 총 비용을 최소화하는 분할 정복 알고리즘을 작성하라.

(4) (2)에서 구한 점화식에 기초하여 도시 n에서 도시 0까지 가는 총 비용을 최소화하는 동적 계획 알고리즘을 작성하라. 작성한 알고리즘의 시간 복잡도를 O(혹은 θ)−표기법으로 표시하라

18 한 국가는 아래 그림과 같이 16개의 도시들로 구성되어 있다. 아래 그림에서 원은 도시를 나타내고 화살표는 강을 나타낸다. 강들이 도시들을 연결한다. 강들은 화살표 방향으로 흐른다. 강은 항상 같은 속도로 흐르기 때문에 한 도시에서 인접한 다른 도시로 하루 만에 갈 수 있다. 한 화살표로 나타낸 구간을 이동한 후에는 반드시 목적지 도시가 아닌 중간 도착 도시에서는 하루 밤 숙박해야 한다. 모든 도시의 호텔 숙박비는 도시를 나타내는 원 안의 숫자이다. 우리는 왼쪽 최상단의 도시에서 오른쪽 최하단의 도시까지 최소 일수를 사용하여 가야 한다. 두 경로가 같은 일수가 걸린다면 더 적은 비용이 드는 경로를 선택해야 한다. 왼쪽 최상단의 도시에서 오른쪽 최하단의 도시까지 가는 최소 경로 비용을 구하라. 지도에서 굵은 경로의 비용은 $1+2+1+4+2+2=12$이다.

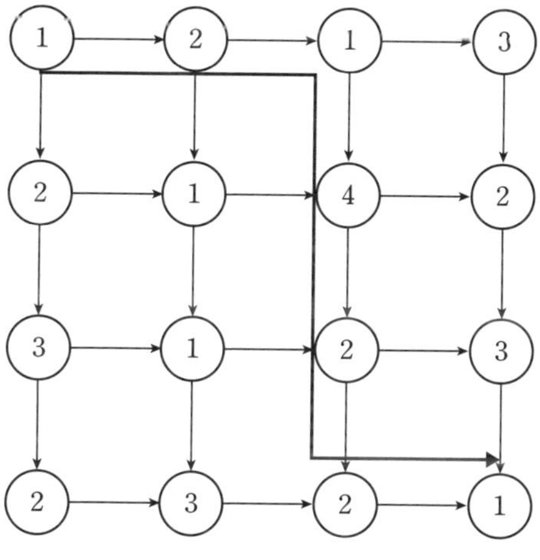

연습문제 EXERCISE

19 한 국가는 N^2개의 도시들로 구성되어 있다. 도시들은 위 그림과 같이 바둑판 모양으로 배열되어 있다. 지도에는 동서 방향으로 N개의 줄이 있고 남북 방향으로 N개의 열이 있다. 각 줄과 각 열에 각각 N개의 도시가 있다. 도시를 나타내는 원 안의 숫자는 그 도시의 숙박 비용이다. 왼쪽 최상단의 도시 [1, 1]에서 오른쪽 최하단의 도시 [N, N]까지 최소 일수를 이용하여 가야 한다. 도시 [1, 1]에서 도시 [i, j], $1 \le i,\ j \le N$, 까지 가는 최소 경로 비용을 구하라.

(1) 도시들의 숙박 비용을 알고리즘에서 어떻게 나타낼 지 적어라.

(2) 왼쪽 최상단의 도시 [1, 1]에서 도시 [i, j], $1 \le i, j \le N$, 까지 가는 최소 경로 비용을 알고리즘에서 어떻게 나타낼 지 적어라.

(3) 도시 [1, 1]에서 도시 [i, j], $1 \le i, j \le N$, 까지 가는 최소 경로 비용을 나타내는 점화식을 구하라.

(4) (3)에서 구한 점화식에 기초하여 도시 [1, 1]에서 도시 [i, j], $1 \le i, j \le N$, 까지 가는 최소 경로 비용을 구하는 분할 정복 알고리즘을 작성하라.

(5) (3)에서 구한 점화식에 기초하여 도시 [1, 1]에서 도시 [i, j], $1 \le i, j \le N$, 까지 가는 최소 경로 비용을 구하는 동적 계획 알고리즘을 작성하라. 작성한 알고리즘의 시간 복잡도를 O(혹은 θ)−표기법으로 표시하라.

7장

탐욕 기법

7장

탐욕 기법

탐욕 기법은 황금 만능주의에 빠진 사람이 항상 애용하는 전략이다. 이 사람은 취업할 때 연봉이 가장 많은 회사를 무조건적으로 선택할 수 있다. 결혼할 배우자의 선택 기준도 재산일 수 있다. 하지만 이와 같이 선택의 순간에 항상 탐욕적인 기준만을 적용한 결과가 좋지 않은 경우는 인간사에 헤아릴 수 없이 많다.

탐욕 기법은 문제를 일련의 단계들을 거치면서 해를 만든다. 이 접근법은 최적화 문제에만 적용 가능하다. 각 단계는 지금까지 구한 부분 해를 최종적인 해를 얻을 때까지 확장한다. 각 단계마다 다음 기준에 따라 선택한다.

1. 선택이 실현 가능해야 한다. 즉, 선택이 문제의 제약사항들을 만족시켜야 한다.
2. 모든 실현 가능한 선택들 중에서 선택하는 순간에 최적이라고 여겨지는 선택을 해야 한다.
3. 한 번 선택하면 나중에 되돌릴 수 없다.

이 접근법은 선택 순간에 최적의 선택이 최대한 탐욕스러운 선택을 하는 것으로 볼 수 있어 탐욕 기법이라고 부른다. 그러나 매 번 선택할 때마다 최적이라고 여겼던 해들을 모아서 최종적인 해를 얻는다고 해서 그 해가 궁극적으로 최적이라는 보장은 없다. 따라서 탐욕 기법이 항상 최적의 해를 만들어 내는지를 반드시 검증해야 한다. 그렇지만 탐욕 기법의 해가 최적의 해가 아닐지라도 근사 해(approximate solution)로서의 가치를 가질 수 있다.

탐욕 기법의 일반적인 설계 전략은 다음과 같다.

1. 비어 있는 해 모음으로 시작한다.
2. 탐욕적인 기준에 따라 해 모음에 추가할 다음 해를 선택한다.
3. 새 해 모음이 실현 가능한지를 확인한다. 실현 가능하다면 새 해 모음을 확정하고 아니면 선택한 해를 버린다.
4. 새 해 모음이 최종 해라면 종료한다. 아니면 2번으로 간다.

-1 거스름돈 주기

탐욕 기법을 사용하여 해결할 수 있는 매우 쉬운 문제로 수 많은 상점들의 출납원이 매일 아주 잘 하고 있는 거스름돈을 주는 문제를 고려해 보자. 이 문제에서는 거스름돈을 동전들의 수가 최소가 되도록 주어야 한다. 한 문구점에서 손님이 볼펜 1개를 210원, 지우개 1개를 100원, 풀 1개를 36원에 사려고 1000원짜리 지폐를 낸다고 하자. 이 경우 거의 모든 출납원은 동전의 수가 최소가 되도록 거스름돈을 준다. 거스름돈은 $1000 - (210 + 100 + 36) = 654$ 원이다. 따라서 출납원은 500원짜리 동전 1개, 100원짜리 동전 1개, 50원짜리 동전 1개와 1원짜리 동전 4개를 거스름돈으로 준다.

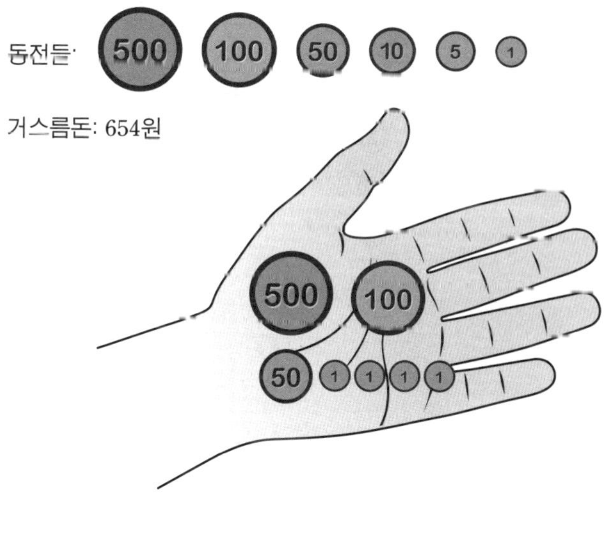

위의 예에서 출납원은 거스름돈을 주기 위해 탐욕 기법을 사용한다. 거스름돈에 포함되는 동전들의 수를 최소화하기 위해 500원, 100원, 50원, 10원, 5원과 1원짜리 동전들 중에서 액면가가 가장 높은 500원짜리를 선택한다. 그러면 남은 거스름돈은 654 − 500 = 154원이다. 다음으로 500원짜리 동전은 선택할 수 없다. 왜냐하면 남은 거스름돈이 500원보다 작기 때문이다. 따라서 출납원은 두 번째로 액면가가 높은 100원짜리 동전을 선택한다. 그러면 남은 거스름돈은 154 − 100 = 54원이다. 다음으로 출납원은 500원과 100원짜리 동전을 선택할 수 없어 50원짜리 동전을 선택한다. 그러면 남은 거스름돈은 54 − 50 = 4원이다. 다음으로 출납원은 1원짜리 동전을 선택할 수밖에 없다. 그러면 남은 거스름돈은 4 − 1 = 3원이다. 다음으로 출납원은 1원짜리 동전을 계속 3번 선택한다.

위의 예에서 출납원이 선택한 결과는 한국 동전들을 사용한다면 최적의 해 임을 쉽게 증명할 수 있다. 출납원의 선택이 최적이 아닌 예를 들어 보자. 한국 은행에서 12원짜리 동전을 새로 발행한다고 가정하자. 거스름돈이 16원이라면 탐욕 기법을 사용하면 거스름돈에 12원짜리 1개와 1원짜리 4개가 포함된다. 따라서 총 동전들의 수는 1 + 4 = 5개이다. 그러나 최적 해는 10원짜리 동전 1개, 5원짜리 동전 1개와 1원짜리 동전 1개이다. 이 경우 총 동전들의 수는 1 + 1 + 1 = 3이다.

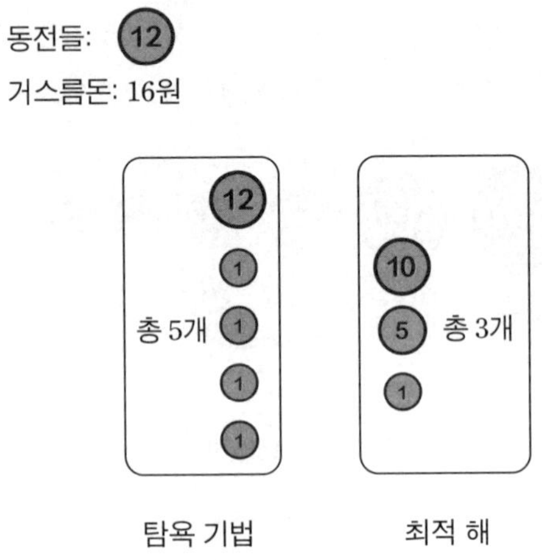

거스름돈 문제를 정식으로 정의해 보자. 액면가가 다른 $m(\geq 1)$개의 동전들이 있다. 동전 i, $1 \leq i \leq m$, 의 액면가는 d_i 이고 $d_1 > d_2 > \cdots > d_m = 1$ 이다. 액면가가 같은 동전들의 개수는 무한히 많이 있다. 거스름돈 $n(\geq 1)$을 최소 개수의 동전들을 사용하여 주어야 한다. 이 문제를 해결하는 탐욕적인 알고리즘은 위의 예에서 사용한 방법을 일반화하여 얻을 수 있다. 이 알고리즘의 아이디어는 다음과 같다.

주어야 할 거스름돈이 남아 있는 동안 다음을 계속한다.

1. 남아 있는 동전들 중 액면가가 가장 큰 동전을 선택한다.
2. 선택한 동전을 거스름돈에 추가하면 거스름돈이 주어야 할 금액을 초과한다면 그 동전을 버린다. 아니면 그 동전을 거스름돈에 추가하고 주어야 할 거스름돈을 추가한 동전의 액면가만큼 감소시킨다.

이 아이디어에 따라 작성한 탐욕적인 알고리즘은 다음과 같다.

알고리즘

```
알고리즘 coinChange(d[ ], m, n)
// 거스름돈에 포함되는 동전들의 수를 최소화시킨다.
// 입력: m — 액면가가 다른 동전들의 수
//        d[1 . . m] — 동전들의 액면가를 저장하는 배열
//        n — 거스름돈
// 출력(반환값): 거스름돈에 포함된 동전들의 최소 개수
1  count = 0
2  i = 1

// 거스름돈이 남아 있는 동안 거스름돈에 포함되는 동전들의 최소 개수를 계산한다
3  while (n > 0 && i ≤ m) {
       // 가치가 가장 큰 동전들을 최대한 많이 선택한다
4      count = count + ⌊n / d[i]⌋
5      n = n mod d[i]        // 남은 거스름돈을 계산한다
6      i = i + 1             // 다음으로 가치가 큰 동전을 선택한다
   }
7  return count
```

시간 복잡도

위 알고리즘의 시간 복잡도를 분석해 보자. 입력의 크기는 액면가가 다른 동전들의 수인 m이다. 기본 연산은 4번 줄의 count를 계산하는 배정문이다. 이 배정문은 최대 i = 1부터 m까지 m번 수행된다. 따라서 시간 복잡도는 $\theta(m)$이다. 현재 우리나라에서 발행된 동전들만을 가지고 이 알고리즘을 적용하여 거스름돈을 주면, 항상 동전의 개수는 최소가 된다. 따라서 이 알고리즘은 최적이다.

[프로그램 7-1]은 위 알고리즘을 자바로 구현한 프로그램이다. 이 프로그램에서는 동전들의 최소 개수 뿐만이 아니라 거스름돈에 포함된 각 동전의 수를 계산한 후 출력한다.

프로그램 7-1 거스름돈 주기

```
// 프로그램 7-1: 거스름돈에 포함되는 동전들의 개수가 최소가 되도록 각 동전의
//               개수를 계산한다
import java.util.Scanner;

public class coinChange {
  public static void main (String[] args) {
    // 동전들의 액면가 배열
    int[ ] coinValue = {500, 100, 50, 10, 5, 1};
    int i;                  // 동전들의 액면가 배열 지수
    int[ ] numCoin;         // 거스름돈에 포함되는 각 동전의 수 배열
    int change;             // 남은 거스름돈
    int count = 0;          // 거스름돈에 포함되는 동전들의 수

    numCoin = new int[6];

    Scanner scan = new Scanner(System.in);

    // 거스름돈에 포함되는 각 동전의 수를 0으로 초기화한다
    for (i = 0; i < numCoin.length; i++)
      numCoin[i] = 0;

    System.out.print("거스름돈을 입력하세요[0-999]: ");

    // 거스름돈을 입력 받는다
    change = scan.nextInt();

    // 가치가 가장 큰 동전으로 500원짜리 동전을 선택한다
    i = 0;

    System.out.println (change + "원의 거스름돈은 다음과 같다:");
```

```
        // 거스름돈이 남아 있는 동안 거스름돈에 포함되는 각 동전의 개수를 계산한다
        while (change > 0) {
          // 거스름돈에 포함되는 남아 있는 동전들 중 가치가 가장 큰 동전들의
          // 수를 계산한다
          numCoin[i] = change /  coinValue[i];

          count = count + numCoin[i];

          // 남은 거스름돈을 계산한다
          change = change % coinValue[i];

          if (numCoin[i] > 0)
                // 거스름돈에 포함되는 남아 있는 동전들 중 가치가 가장 큰
                // 동전들의 개수를 출력한다
                System.out.println(coinValue[i] + "원짜리 동전  " +
                                        numCoin[i] + "개");

          // 남아 있는 동전들 중 다음으로 가치가 가장 큰 동전을 선택한다
          i++;
        }

        // 거스름돈에 포함되는 동전들의 수를 출력한다
        System.out.println ("₩n거스름돈에 포함되는 동전들의 수:  " + count);
        scan.close();
    }
}
```

실행 결과

다음은 **[프로그램 7-1]**을 실행한 결과이다.

거스름돈을 입력하세요[0−999]: 674

674원의 거스름돈은 다음과 같다:

500원짜리 동전 1개

100원짜리 동전 1개

50원짜리 동전 1개

10원짜리 동전 2개

1원짜리 동전 4개

거스름돈에 포함되는 동전들의 수: 9

7-2 최소 비용 신장 트리 찾기

한 국가에 $n(>1)$개의 도시들이 있다고 하자. 최소한의 비용으로 이 도시들을 서로 연결하는 고속 철도망을 새로 구축하려고 한다. 모든 도시들을 서로 연결하기 위해 도시간 고속 철도를 최소한 $(n-1)$개 깔아야 한다. 각 고속 철도는 두 도시를 연결한다. 이러한 고속 철도망들 중에서 고속 철도 노선들의 총 길이가 최소가 되도록 철도망을 구축해야 한다. 예를 들어 보자. **[그림 7-1]**의 (a)는 도시간의 거리를 보여주는 그래프이다. **[그림 7-1]**의 (b)는 이 그래프에 대해 모든 도시들을 연결하면서 철도망의 총 길이가 최소인 철도망을 보여준다.

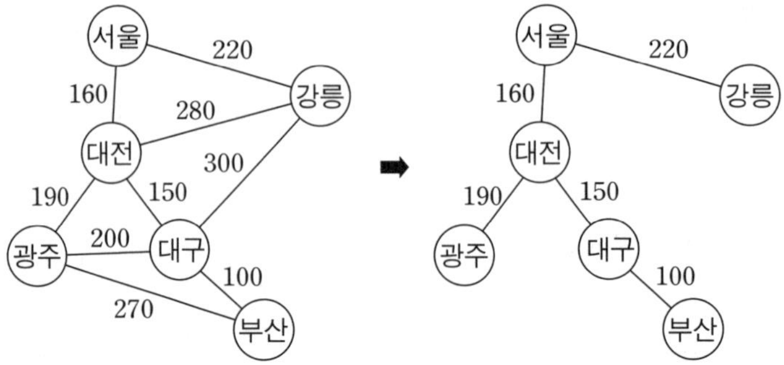

(a) 그래프 (b) 최소 길이 철도망

[그림 7-1] 최소 길이 철도망

이 문제를 연결된 비방향 가중 그래프 $G = (V, E)$로 모델할 수 있다. V는 도시들의 집합이고 E는 두 도시를 연결하는 고속 철도들의 집합이다. 도시 u와 도시 v를 연결하는 고속 철도 $(u, v) \in E$ 에 대해 가중치 $w(u, v)$가 대응된다. $w(u, v)$는 도시 u와 도시 v사이의 고속 철도 구간의 거리이다. 그러면 이 문제를 해결하기 위해 모든 도시들을 최소한의 비용으로 고속 철도로 연결하는 부분 그래프(subgraph) $T \subseteq E$를 찾아야 한다. T는 연결된 그래프이어야 하고 순환을 포함해서는 안 된다. 그러면 T는 트리여야 한다. T는 모든 도시(정점)들을 포함하므로 신장 트리(spanning tree)라고 부른다. 또한 T안에 포함된 모든 고속 철도(간선)들의 가중치들의 합은 최소가 되어야 한다. 그러한 신장 트리를 최소 비용 신장 트리(minimum spanning tree)라고 부른다. 따라서 이 문제는 연결된 비방향 가중 그래프가 주어지면 최소 비용 신장 트리를 구하는 문제가 된다. 이 문제는 전화망, 컴퓨터 통신망, 도로망과 전자 회로와 같은 모든 종류의 네트워크 설계에서 발생한다. **[그림 7-2]**는 연결된 무방향 그래프, 신장 트리와 최소 비용 신장 트리를 보여 준다

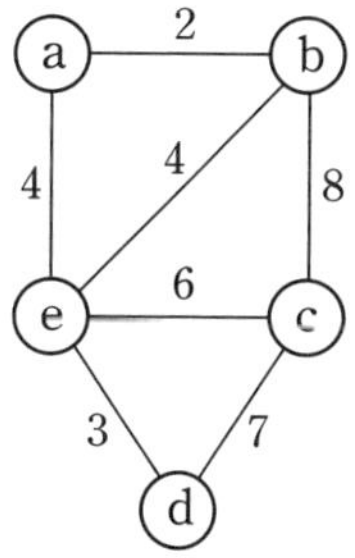

(a) 그래프

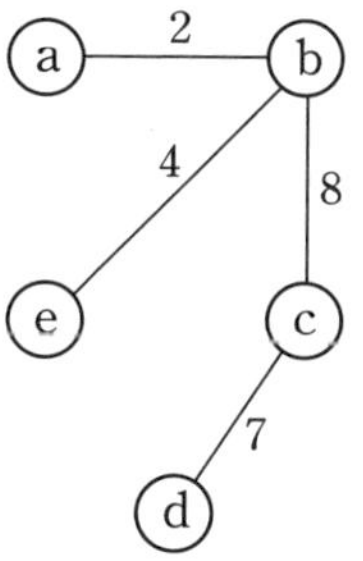

(b) 신장 트리

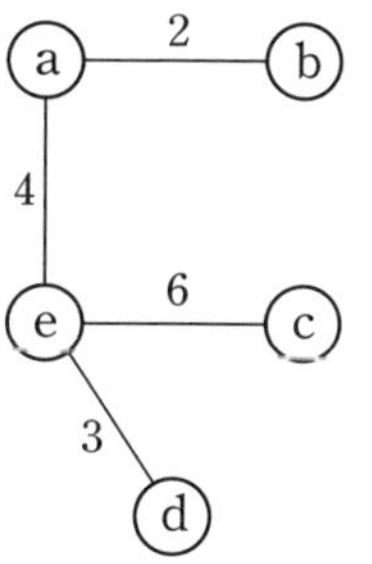

(b) 최소 비용 신장 트리

[그림 7-2] 그래프와 신장 트리들

이 절에서 최소 비용 신장 트리를 찾는 문제에 대한 대표적인 프림(Prim) 알고리즘과 크루스칼(Kruskal) 알고리즘을 다룬다. 이 알고리즘들은 같은 문제를 탐욕 기법을 다르게 적용하여 해결한다. 두 알고리즘은 항상 최적의 해를 찾아 낸다.

최소 비용 신장 트리 찾기 문제에 대한 억지 기법(완전 탐색) 알고리즘은 모든 신장 트리를 다 고려해 보고 그 중에서 최소 비용 신장 트리를 선택하는 것이다. 이 알고리즘은 두 가지 문제점이 있다. 첫 번째로 그래프의 크기가 증가함에 따라 신장 트리들의 수는 기하급수적으로 증가한다. 두 번째로 주어진 그래프에 대한 모든 신장 트리들을 찾는 문제는 최소 비용 신장 트리를 찾는 것보다 훨씬 더 어렵다.

$n(>0)$개의 정점들을 가진 연결된 무방향 그래프가 주어지면 최소 비용 신장 트리를 찾는 탐욕적인 전략은 다음과 같다.

1. 신장 트리에 추가할 최선의 간선들을 반복적으로 한 번에 하나씩 선택한다. 선택 시점에서 추가할 최선의 간선을 쉽게 알 수 있다고 가정한다. $(n-1)$개의 간선들이 신장 트리에 포함된다면 종료한다.
2. 한 간선이 선택되면 그 간선의 정점들을 합친다.

이 전략이 적절한 이유는 간선 (a, b)가 신장 트리에 추가되어 정점 a와 b가 연결되면 정점 a에 연결하는 것은 정점 b에 연결하는 것과 같다. **[그림 7-3]**은 **[그림 7-2]** (a)의 그래프에서 간선 (a, b)를 선택한 후 정점 a와 b를 합친 그래프를 보여 준다.

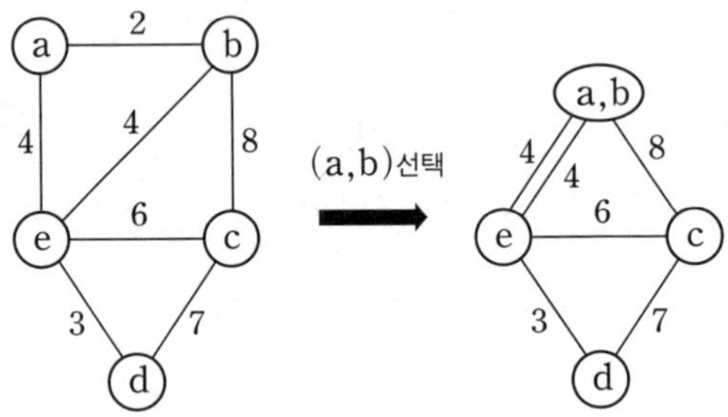

[그림 7-3] 간선 선택 후 정점들의 통합

이 전략에서 종료 조건과 추가할 최선의 간선을 선택하는 기준을 정하는 데 도움이 되는 사실들을 살펴 보자. 트리에 대한 다음 명제는 참(true)이다.

> **:: 명제** $n(>0)$개의 정점들을 가진 그래프 G는 $(n-1)$개의 간선들을 가지고 순환이 없으면 트리이다. 또한 G가 트리이면 $(n-1)$개의 간선들이 있고 비순환(acyclic) 그래프이다.

또한 최소 비용 신장 트리에 대해 다음 정리(theorem)가 성립한다.

> **:: 정리** 간선 e가 정점 v에 접합한 가장 가중치가 작은 간선이라면 e를 포함하는 최소 비용 신장 트리가 있다.

최소 비용 신장 트리를 찾기 위한 두 개의 탐욕적인 전략은 다음과 같다.

1. 정점 지향 전략

   처음 시작할 때 한 정점 v_0에서 나가는 가장 가중치가 작은 간선 (v_0, x)를 선택한다. 그 간선을 최소 비용 신장 트리 T에 추가하고 v_0와 x를 합친다(그림 7.3 참고). 모든 정점이 T에 포함될 때까지 이 과정을 반복한다.

2. 간선 지향 전략

   그래프에 남아 있는 가장 가중치가 작은 간선을 선택한다. 선택된 간선이 합쳐진 두 개의 정점들 사이에 있다면 그 간선을 버리고 아니면 최소 비용 신장 트리에 추가한다. $(n-1)$개의 간선들이 추가될 때까지 이 과정을 반복한다.

정점 지향 전략은 프림 알고리즘이 채택한 전략이고 간선 지향 전략은 크루스칼 알고리즘이 채택한 전략이다.

프림 알고리즘

먼저 정점 지향 전략을 **[그림 7-2]** (a)의 그래프에 적용하여 최소 비용 신장 트리를 구하는 과정의 각 단계를 설명하면 다음과 같다.

1. 그래프 G의 임의의 한 정점을 시작 정점으로 선택한다. 정점 a를 선택하여 최소 비용 신장 트리 T에 포함시킨다.

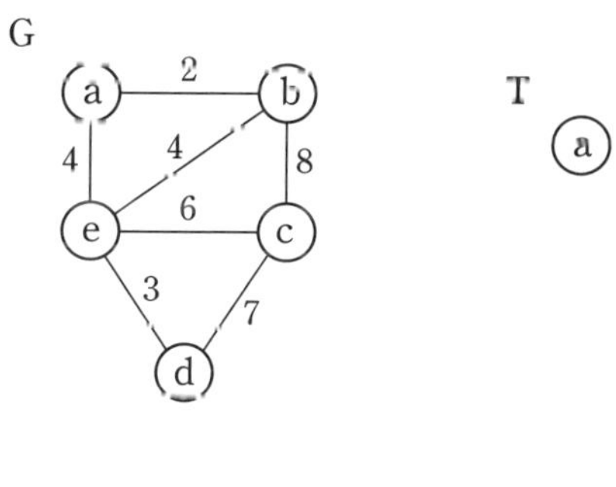

2. 간선 (a, b)가 정점 a에서 나가는 가장 가중치가 작은 간선이므로 T에 추가하고 그래프 G의 정점 a와 b를 합친다.

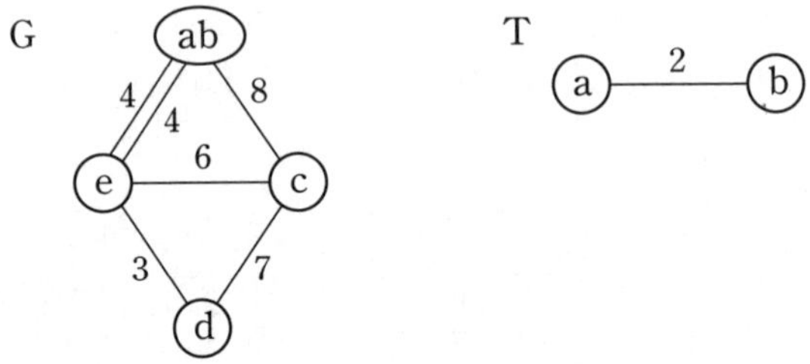

3. (a, e)나 (b, e)가 G의 통합 정점 ab에서 나가는 가장 가중치가 작은 간선들이다. 이 간선들 중 어느 간선을 선택해도 된다. (a, e)를 선택하여 T에 추가하고 그래프 G의 정점 ab와 e를 합친다.

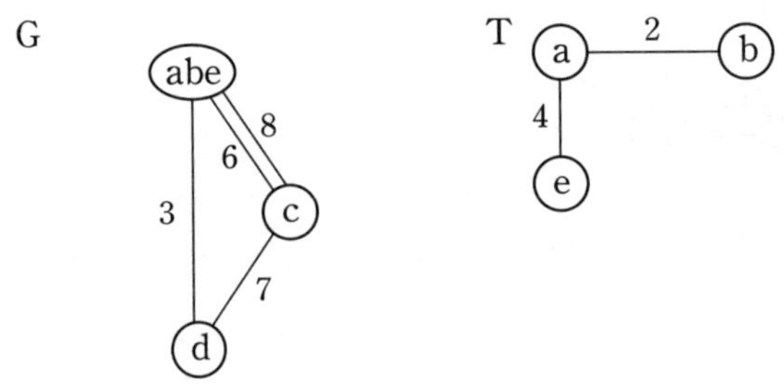

4. (e, d)가 G의 통합 정점 abe에서 나가는 가장 가중치가 작은 간선이므로 T에 추가하고 그래프 G의 정점 abe와 d를 합친다.

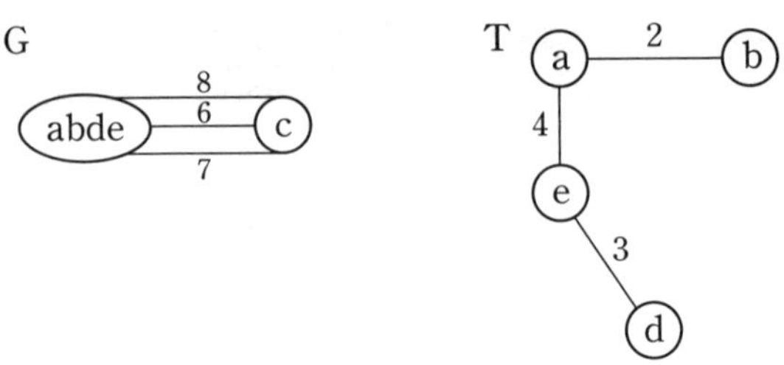

5. (e, c)가 G의 통합 정점 abde에서 나가는 가장 가중치가 작은 간선이므로 T에 추가하고 그래프 G의 정점 abde와 c를 합친다. 모든 정점이 T에 포함되었으므로 종료한다.

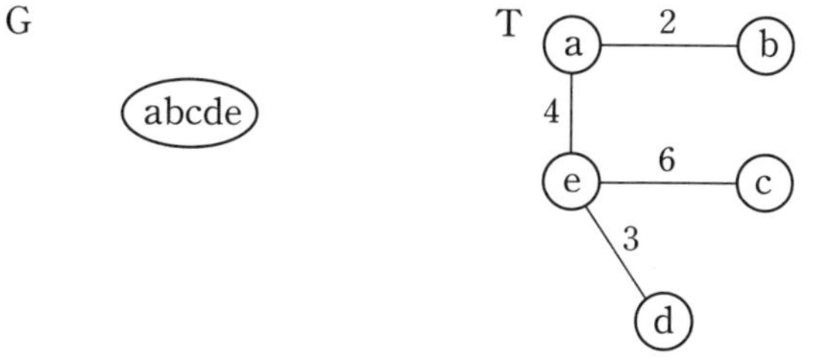

프림의 알고리즘을 작성해 보자. 처음에 선택된 정점 v_0와 합쳐진 정점들을 적색 정점들이라고 하자. 그 외 다른 정점들을 청색 정점들이라고 하자. 주어진 그래프 G=(V, E)는 비용 행렬 W에 의해 나타낸다. 알고리즘의 아이디어는 다음과 같다.

다음을 $(n-1)$번 반복한다.

1. 한 적색 정점과 한 청색 정점을 연결하는 가장 가중치가 작은 간선을 선택한다.
2. 선택된 간선의 청색 정점을 적색으로 바꾸고 그 간선을 트리에 추가한다

이 아이디어에 따라 작성한 프림 알고리즘은 다음과 같다. R과 B는 각각 적색 정점들의 집합과 청색 정점들의 집합이다. 정점들은 0부터 $(n-1)$사이의 정수 번호로 나타낸다.

: 알고리즘

```
알고리즘 Prim(W[ ][ ], n)
// 최소 비용 신장 트리를 구하는 Prim 알고리즘
// 입력: W[0 . . n-1, 0 . . n-1] — 연결된 가중 그래프
//         G=(V, E)의 비용 행렬
//      n — 정점들의 수
// 출력: T — 트리 내에 포함되는 간선들의 집합
1  R={v0}          // 임의로 한 정점 v0를 선택하여 적색 정점으로 만든다
2  B=V-{v0}        // v0를 제외한 모든 정점들을 청색 정점으로 만든다
3  T=∅             // T를 공집합으로 초기화한다

4  for (i=1;i<n;i++) {
5       "W[r, b]가 최소인 r∈R과 b∈B를 선택한다
6       T=T∪{(r, b)} // 간선 (r, b)를 트리에 추가한다
7       B=B-{b}
8       R=R∪{b} // 정점 b를 적색으로 바꾼다
   }
```

: 시간 복잡도

위 알고리즘의 시간 복잡도를 분석해 보자. 입력 크기는 그래프내의 정점들의 수인 n이다. 기본 연산은 5번 줄의 W의 요소들에 대한 참조 횟수이다. i가 1일 때는 적색 정점은 1개이고 청색 정점들은 $(n-1)$개이므로 W의 요소들을 $(n-1)$번 참조한다. i가 2일 때는 적색 정점은 2개이고 청색 정점들은 $(n-2)$개 이므로 $2 \times (n-2)$번 참조한다. 일반적으로 i가 k, $1 \leq k < n$일 때 적색 정점은 k개이고 청색 정점들은 $(n-k)$개이므로 $\mathrm{k} \times (n-k)$번 참조한다. 따라서 W의 요소들에 대한 총 참조 횟수는 다음과 같다.

$$\sum_{i=1}^{n-1} \mathrm{i}\,(n-\mathrm{i}) = \sum_{i=1}^{n-1} (n \times \mathrm{i}) - \sum_{i=1}^{n-1} \mathrm{i}^2$$

$$= n \sum_{i=1}^{n-1} i - \sum_{i=1}^{n-1} \mathrm{i}^2$$

$$= n \times \frac{n(n-1)}{2} - \frac{n(n-1)(2n-1)}{6}$$

$$= \frac{n^3}{2} - \frac{2n^3}{6} - \frac{n^2}{2} + \frac{3n^2}{6} - \frac{n}{6}$$

$$= \frac{n^3}{6} - \frac{n}{6} \in \theta(n^3)$$

이 알고리즘은 중복 계산을 많이 한다. 매번 반복할 때마다 최소 간선을 거의 같은 집합에서 찾는다.

중복 계산을 피하기 위해 위 알고리즘을 자세히 관찰해 보자. **[그림 7-4]**는 적색 정점의 관점을 보여 준다. 정점 a만 적색이고 다른 정점들(b, c, d, e)은 청색이다. {b, c, d, e} 중 정점 b가 적색이 된다고 가정하자. 그러면 다음 반복에서 간선 (a, b)만 비교 대상에서 빠지고 간선 (a, c), (a, d), (a, e)는 계속 비교 대상에 포함된다.

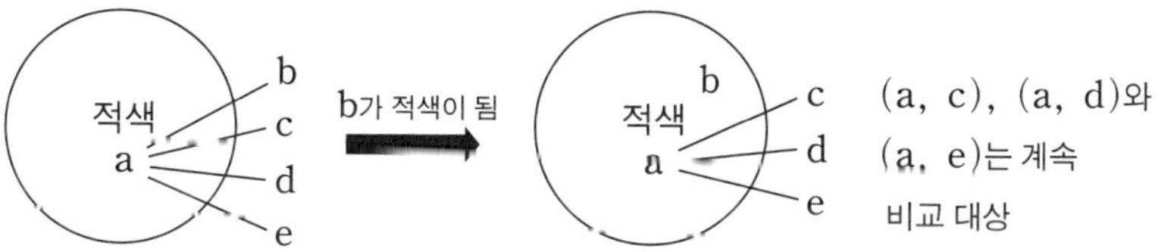

[그림 7-4] 프림 알고리즘에서 적색 정점의 관점

[그림 7-5]는 청색 정점의 관점을 보여준다. 정점 w, x, y, z는 적색이고 정점 a와 q는 청색이다. 정점 q가 적색이 된다고 가정하자. 그러면 다음 반복에서 w[a, q]가 정점 a에 대한 최소 간선의 비교 대상에 포함된다. 이 때 (a, w), (a, x), (a, y)와 (a, z)

중 가장 가중치가 작은 간선 (a, w)와 (a, q)만 비교 대상에 포함시키면 W의 요소들에 대한 참조 횟수를 많이 줄일 수 있다. 이를 위해 모든 청색 정점에 대해 어느 적색 정점이 자신으로부터 가장 가까운 지만 기억한다. 이 정보는 한 정점이 적색이 될 때 쉽게 갱신될 수 있다. 따라서 명확하게 청색 정점의 관점을 취해야 한다.

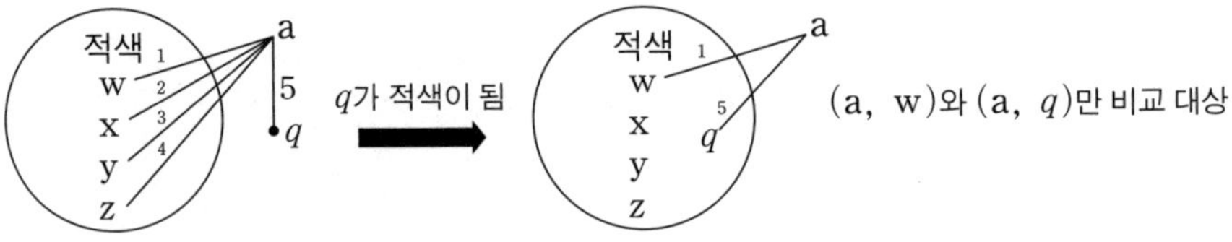

[그림 7-5] 프림 알고리즘에서 청색 정점의 관점

개선된 프림의 알고리즘은 다음과 같다. near[0 . . $n-1$]은 각 청색 정점에 가장 가까운 적색 정점을 저장하는 배열이다. isblue[0 . . $n-1$]은 각 정점이 청색이면 true를 저장하고 아니면 false를 저장하는 배열이다. 정점들은 0부터 $(n-1)$사이의 정수 번호로 나타낸다.

알고리즘

```
알고리즘 Prim2(W[ ][ ], n)
// 최소 비용 신장 트리를 구하는 개선된 Prim 알고리즘
// 입력: W[0 . . n-1, 0 . . n-1] — 가중치가 있는 연결된 그래프
//          G=(V, E)의 비용 행렬
//        n — 정점들의 수
// 출력: T — 최소 비용 신장 트리에 포함되는 간선들의 집합
isblue[i]=false              // 정점 0은 적색이다
newred=0
T=∅
for (i=1; i < n; i++) {
     isblue[i]=true          // 다른 정점들은 청색이다
     near[i]=0           }   // 가장 가까운 적색 정점은 0이다
}
// 각 반복에서 한 적색 정점과 한 청색 정점을 연결하는 가장 가중치가 작은
// 간선을 선택한 후 그 간선을 최소 비용 신장 트리에 추가한다
for (i=1; i < n; i++) {
     minval=∞
     // 적색 정점들에 가장 가까운 청색 정점을 찾는다
     for (b=0; b < n; b++)
          if (isblue[b])
               if (W[b, near[b]]<minval) {
                    minval=W[b, near[b]]
                    newred=b             }
}
isblue[newred]=false  // 정점 newred를 적색으로 바꾼다
// 가장 가중치가 작은 간선을 최소 비용 신장 트리에 추가한다
T=T ∪ {(newred, near[newred])}
// 청색 정점에 가장 가까운 적색 정점을 새로이 적색이 된 정점을
// 반영하여 갱신한다
for (b=0; b<n; b++)
```

```
17        if (isblue[b])
18            if (W[b, newred] < W[b, near[b]]) near[b] = newred
```

시간 복잡도

위 알고리즘의 시간 복잡도를 분석해 보자. 입력 크기는 그래프 내의 정점들의 수인 n이다. 기본 연산은 10번(혹은 17번) 줄의 isblue의 요소들에 대한 참조 횟수이다. 이 참조 횟수는 각 i, $1 \leq \mathrm{i} < n$, 에 대해 항상 n이다. 따라서 총 참조 횟수는 $(n-1) \times n \in \theta(n^2)$이다.

[프로그램 7-2]는 위 알고리즘을 자바로 구현한 프로그램이다.

프로그램 7-2: Prim 알고리즘

```
// 프로그램 7.2: Prim 의 최소 비용 신장 트리 알고리즘
public class PrimMST {
   final static int INF = 9999;

   public static void primMST(int[][] w, int n) {
      int[] near = new int[n];
      boolean[] isblue = new boolean[n];
      int i, b, minval, newred;

      // 정점 0을 적색 정점으로 초기화한다
      isblue[0] = false;
      newred = 0;

      System.out.println("최소 비용 신장 트리에 포함된 간선 목록₩n");
      System.out.println("간선₩t가중치");

      // 정점 0을 제외한 모든 정점을 청색으로 가장 가까운 정점을
      // 정점 0으로 초기화한다
      for (i = 1; i < n; i++) {
           isblue[i] = true;
           near[i] = 0;
      }
      // 각 반복에서 한 적색 정점과 한 청색 정점을 연결하는 가장 가중치가 작은
      // 간선을 선택한 후 그 간선을 최소 비용 신장 트리에 추가한다
      for (i = 1; i <= n - 1; i++) {
             minval = INF;

             // 적색 정점들에 가장 가까운 청색 정점을 찾는다
             for (b = 0; b < n; b++) {
                  if (isblue[b])
```

```
                if (w[b][near[b]] < minval) {
                    minval = w[b][near[b]];
                    newred = b;
                }
            }
            // 청색 정점  newred를 적색으로 변경한다
            isblue[newred] = false;

            // 최소 비용 신장 트리에 새로이 추가된 간선을 출력한다
            System.out.println(near[newred] + " - " + newred+ "\Wt " +
                                w[newred][near[newred]]);
            // 청색 정점에 가장 가까운 적색 정점을 새로이 적색이 된 정점을
            // 반영하여 갱신한다.
            for (b = 0; b <  n; b++) {
                if (isblue[b])
                    if (w[b][newred] < w[b][near[b]])
                        near[b] = newred;
            }
        }
    }

    public static void main(String[] args) {
        int graph[][] = new int[][] {{0, 2, INF, INF, 4},
            {2, 0, 8, INF, 4},
            {INF, 8, 0, 7, 6},
            {INF, INF, 7, 0, 3},
            {4, 4, 6, 3, 0},
          };
        // 최소 비용 신장 트리에 포함된 간선들을 찾아서 출력한다
        primMST(graph, 5);
    }
}
```

[프로그램 7-2]를 **[그림 7-2]** (a)의 그래프에 대해 실행한 결과는 다음과 같다. 정점 a, b, c, d와 e는 각각 0, 1, 2, 3과 4의 정수 번호로 나타낸다.

실행 결과

최소 비용 신장 트리에 포함된 간선 목록

간선	가중치
0-1	2
0-4	4
4-3	3
4-2	6

크루스칼 알고리즘

간선 지향 전략을 다음 그래프에 적용해 보자.

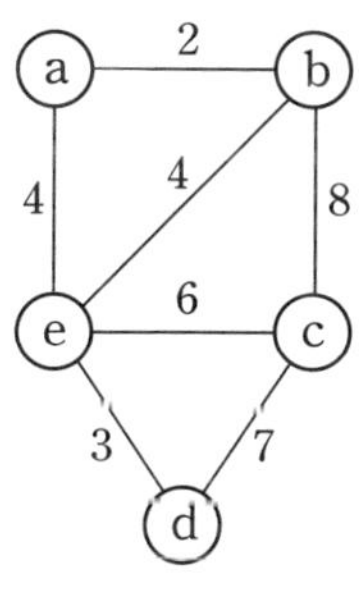

1. 최소 비용 신장 트리를 구하는 첫 번째 과정은 간선들을 가중치에 의해 정렬하는 것이다. 정렬 결과는 다음과 같다.

   W(a, b) = 2
   W(d, e) = 3
   W(a, e) = 4
   W(b, e) = 4
   W(c, e) = 6
   W(c, d) = 7
   W(b, c) = 8

다음 과정들에서 마지막 단계 전의 T는 신장 트리가 아닌 트리들의 모음이다. T는 마지막 단계에서 최소 비용 신장 트리가 된다.

2. 간선 (a, b)가 가중치가 가장 작으므로 선택하여 T에 추가하고 그래프의 정점 a와 b를 합친다.

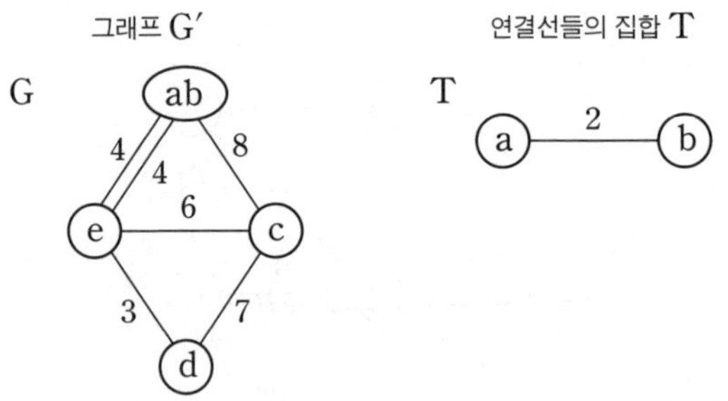

3. 선택되지 않은 간선들 중 (d, e)가 가중치가 가장 작으므로 선택하여 T에 추가하고 그래프의 정점 d와 e를 합친다.

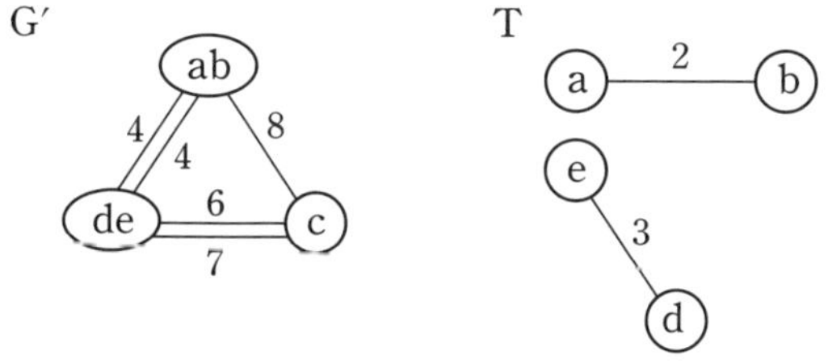

4. 선택되지 않은 간선들 중 (a, e)와 (b, e)가 가중치가 가장 작으므로 둘 중 하나인 (a, e)를 선택하여 T에 추가하고 그래프의 정점 ab와 de를 합친다.

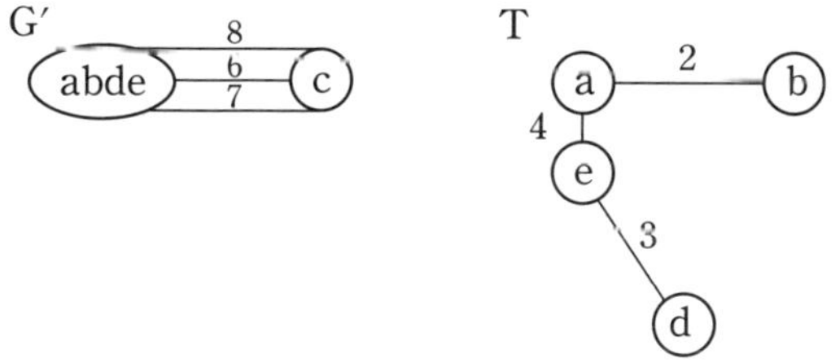

5. 선택되지 않은 간선들 중 가중치가 가장 작은 (b, e)는 이미 합쳐진 정점들 사이의 간선이므로 버린다.

6. 선택되지 않은 간선들 중 (c, e)가 가중치가 가장 작으므로 선택하여 T에 추가하고 그래프의 정점 abde와 c를 합친다. 모든 정점들이 합쳐졌음으로 종료한다.

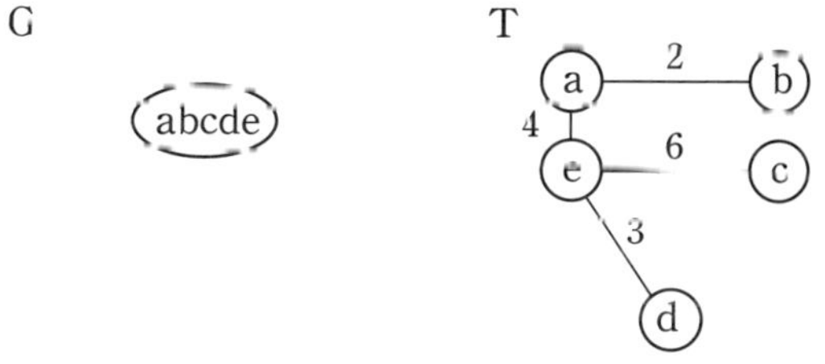

간선 지향 전략에 따라 작성한 크루스칼 알고리즘은 다음과 같다. together (v, w)는 정점 v와 정점 w가 합쳐졌으면 true이고 아니면 false이다.

: 알고리즘

```
알고리즘 Kruska(W[ ][ ], n)
// 최소 비용 신장 트리를 구하는 Kruskal 알고리즘
// 입력: W[0 . . n-1, 0 . . n-1] — 연결된 가중 그래프
//            G=(V, E)의 비용 행렬
//         n — 정점들의 수
// 출력: 최소 비용 신장 트리에 포함되는 간선들의 집합 T
"그래프의 간선들을 가중치 기준으로 오름차순으로 정렬하여 배열
EDGELIST[1 . . e]에 저장한다"          // e는 간선들의 수이다
T=∅
ecount=0        // 최소 비용 신장 트리에 추가된 간선들의 수
k=0             // 처리된 간선들의 수

while (ecount < n-1) {
  k=k+1
  (v, w)=EDGELIST[k]
  if (not together(v, w)) {
      T=T ∪ {(v, w)}
      v와 w를 합친다
      ecount=ecount+1
  }
}
```

위 알고리즘에서 간선 (v, w)를 T에 추가하기 전에 정점 v와 w가 합쳐졌는지를 점검한다. 두 정점이 합쳐져 있다면 (v, w)를 T에 추가하는 것은 순환을 만든다. 따라서 이 경우에는 간선 (v, w)를 버려야 한다. 예를 들면, 위의 5단계에서 간선(b, e)의 두 정점 b와 e는 이미 합쳐져 있어 (b, e)를 T에 추가하면 순환 a − b − e − a가 생긴다. 따라서 (b, e)는 T에 추가하지 않는다. 또한 크루스칼 알고리즘의 실행 중에 만들어지는 한 부분 그래프의 각 연결된 컴포넌트는 순환이 없기 때문에 트리이다. 위의 단계 2-6에서 만들어진 T가 이를 보여준다.

이러한 관찰에 따라 크루스칼 알고리즘을 다르게 해석할 수 있다. 그 알고리즘은 주어진 그래프의 모든 정점들과 일부 간선들을 포함하는 트리들의 모음인 숲(forest)을 만들어 간다. 처음에는 숲은 n개의 간단한 트리들로 이루어진다. 각 트리는 주어진 그래프의 한 정점을 포함한다. 마지막 숲은 한 개의 트리로 구성되고 그 트리가 최소 비용 신장 트리이다. 반복문을 매번 반복할 때마다 간선들의 정렬된 목록에서 다음 간선 (u, v)를 선택한 후 정점 u와 v를 포함하는 트리들을 찾는다. 만약 이 트리들이 같지 않다면 다음과 같이 (u, v)를 추가하여 트리들을 더 큰 트리로 만든다.

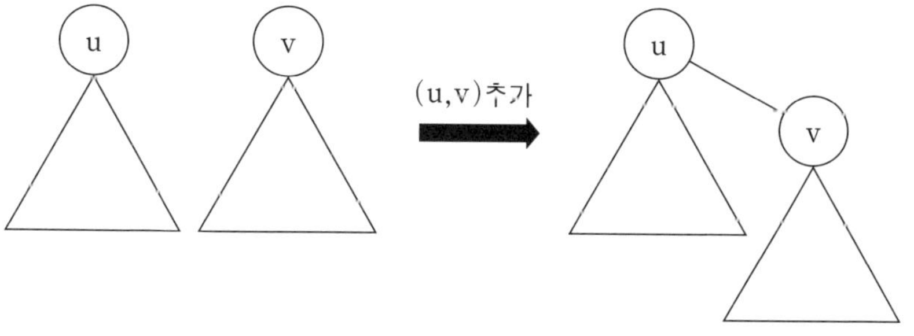

트리들이 같다면 정점 u와 v는 이미 합쳐졌으므로 (u, v)를 버린다.

위에서 설명한 대로 두 정점들이 같은 트리에 있는지를 알려주고 두 트리를 하나로 합치는 효율적인 알고리즘(들)이 있다. 그 알고리즘이 **union-find 알고리즘**이다. 두 정점들이 같은 트리에 속하는지를 알려주는 연산이 find이고 두 정점들이 속한 트리를 하나로 합치는 연산이 union이다.

Union-Find 알고리즘

크루스칼 알고리즘에서는 n개의 정점들의 집합 V를 서로소 집합(disjoint set)들의 모음 $V_1, V_2, \cdots, V_k$로 동적으로 분할한다. 처음에는 n개의 한 정점들의 모음 {0},{1}, ⋯ , {$n-1$}로 시작한다. 알고리즘이 진행됨에 따라 find 연산과 union 연산을 반복하면서 이 모음이 계속 변화한다. 마지막에는 이 모음이 모든 정점들을 포함하는 집합이 된다. 이 과정에서 union 연산은 $(n-1)$번 수행되고 find 연산은 최대 |E|(간선들의 수)번 수행된다. 따라서 크루스칼의 알고리즘의 시간 복잡도는 다음에 기술하는 빠른 union을 사용한다고 하더라도 간선들의 정렬 시간이 지배하여 $O(|E|\log|E|)$이다.

유한 집합 S의 서로소 부분 집합들의 모음에 적용 가능한 연산들은 다음과 같다.

- makeSet(x): 한 요소 x로 이루어진 부분 집합 {x}를 새로 만든다. 이 연산은 집합 S의 각 요소에 대해 정확히 한번 수행된다.
- find(x): 요소 x를 포함하는 부분 집합을 반환한다.
- union(x, y): 요소 x와 y를 각각 포함하는 서로소 부분 집합 S_x와 S_y의 합집합을 만들고 그 합집합을 모음에 추가한다. 그리고 S_x와 S_y는 모음에서 삭제한다.

크루스칼 알고리즘의 **[그림 7-2]** (a)의 그래프에 대한 실행 과정을 서로소 부분 집합들의 모음 연산들로 나타내 보자.

1. S = {a, b, c, d, e}이다. makeSet(x), $x \in$ S는 집합 {x}를 만든다. 이 연산을 5번 수행하여 다음과 같은 5개의 단일 요소 집합들의 모음을 만든다.

   {a}, {b}, {c}, {d}, {e}

2. 2단계에서 (a, b)가 선택되면 find(a)는 {a}이고 find(b)는 {b}이므로 union(a, b)가 수행된 결과는 다음과 같다.

{a, b}, {c}, {d}, {e}

3. 3단계에서 (d, e)가 선택되면 find(d)는 {d}이고 find(e)는 {e}이므로 union(d, e)가 수행된 결과는 다음과 같다.

{a, b}, {c}, {d, e}

4. 4단계에서 (a, e)가 선택되면 find(a)는 {a, b}이고 find(e)는 {d, e}이므로 union(a, e)가 수행된 결과는 다음과 같다.

{a, b, d, e}, {c}

5. 5단계에서 (b, e)가 선택되면 find(b)와 find(e)가 똑같이 {a, b, d, e}이므로 union(b, e)는 수행되지 않는다.

5. 6단계에서 (c, e)가 선택되면 find(c)는 {c}이고 find(e)는 {a, b, d, e}이므로 union(c, e)가 수행된 결과는 {a, b, c, d, e}이다.

각 단계의 수행 결과는 그래프 G의 정점들의 모음과 같음에 유의하라.

서로소 부분 집합들의 모음에서 각 부분 집합은 한 요소를 대표로 선택하여 나타낸다. 예를 들면, 위의 3단계에서 {a, b}는 a로 {d, e}는 d로 나타낸다. 각 부분 집합의 대표는 요소들이 숫자인 경우에는 대개 최솟값 요소로 정한다. 서로소 부분 집합들의 모음을 구현하는 두 가지 주요 대안이 있다. 첫 번째 대안은 find 연산을 최대한 빠르게 하여 빠른 find라고 부른다. 두 번째 대안은 union 연산을 최대한 빠르게 하여 빠른 union이라고 부른다.

빠른 find는 배열 S의 요소들을 지수로 사용하는 배열을 사용한다. 그 배열의 각 요소의 값은 그 요소를 포함하는 부분 집합의 대표를 나타낸다. 각 부분 집합은 연결 목록으로 구현된다. 각 연결 목록의 헤더(header)는 목록에 있는 요소들의 수와 함께 목록의 첫 번째와 마지막 요소를 가리키는 포인터(pointer)를 포함한다.

부분 집합 {1, 4, 3}과 {2, 5}를 나타내는 부분 집합의 대표를 저장하는 배열은 다음과 같다.

배열 요소	대표
1	1
2	2
3	1
4	1
5	2

[그림 7-6]은 두 부분 집합을 표현한 연결 목록을 보여준다.

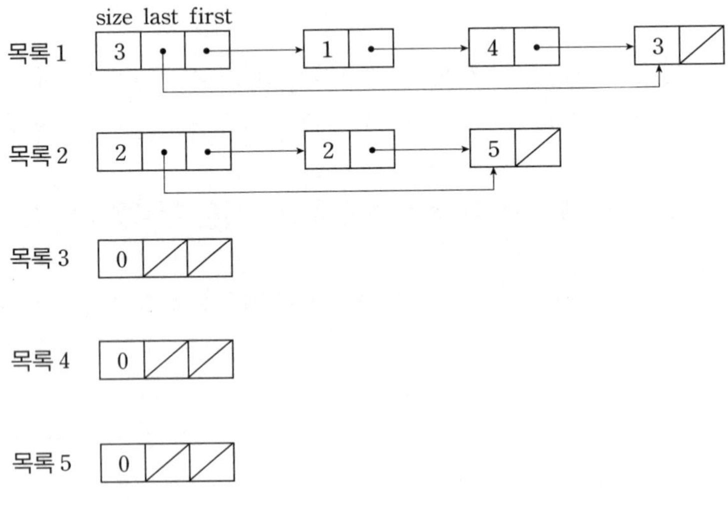

[그림 7-6] 부분 집합 {1, 4, 3}와 {2, 5}의 연결 목록

빠른 union은 각 부분 집합을 루트 노드가 있는 트리로 나타낸다. 트리의 노드들은 부분 집합의 요소들을 저장한다. 각 노드에 한 요소를 저장한다. 트리의 루트 노드는 부분 집합의 대표를 저장한다. 트리의 간선들은 자식 노드에서 부모 노드로 향한다. **[그림 7-7]**의 (a)는 부분 집합 {1, 4, 3}과 {2, 5}를 루트 노드가 있는 트리로 나타낸다.

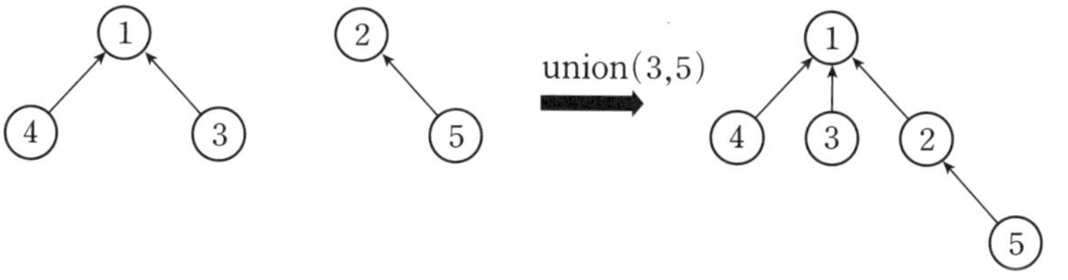

(a) {1, 4, 3}과 {2, 5}의 트리　　(b) union(3, 5) 수행 결과

[그림 7-7] 트리들에 union 연산 수행 결과

빠른 union의 트리 구현에서 makeSet(x)는 한 노드를 가진 트리를 만든다. 이 연산은 $\theta(1)$시간이 걸린다. 그러므로 n개의 한 요소로 이루어진 부분 집합들을 처음에 만들기 위해 $\theta(n)$ 시간이 필요하다. union(x, y) 연산은 y가 속한 트리의 루트 노드를 x가 속한 트리의 루트 노드의 자식 노드로 만든다. 그 결과 y가 속한 트리는 트리들의 모음에서 빠지게 된다. **[그림 7-7]**의 (b)는 (a)의 트리들에 union(3, 5)를 수행한 후의 트리를 보여준다.

union(x, y)는 $\theta(1)$ 시간이 걸린다. find(x)는 x를 포함하는 노드로부터 x가 속한 트리의 루트 노드까지 포인터를 따라가면서 수행된다. 따라서 한 번의 find(x) 연산의 시간 복잡도는 $O(n)$이다. 왜냐하면 한 부분 집합을 나타내는 트리가 n개의 노드들을 가진 연결 목록이 될 수 있기 때문이다.

find 연산의 소요 시간 상한은 개선할 수 있다. 가장 쉽고 명확한 방법은 union 연산을 수행할 때마다 더 작은 트리의 루트 노드를 더 큰 트리의 루트 노드의 자식 노드로 만드는 것이다. 크기가 같은 경우에는 둘 중 하나를 임의로 큰 트리라고 정한다. 트리의 크기는 트리 안에 있는 노드들의 수(union by size)나 트리의 높이(union by rank)에 의

해 결정된다. 물론 이를 위해 트리의 각 노드는 자손 노드들의 수나 자신이 루트 노드가 되는 부분 트리의 높이를 추가적으로 저장해야 한다. 어느 경우에나 트리의 높이는 $O(\log n)$임을 증명할 수 있다. 그러면 find(x)는 $O(\log n)$시간에 수행할 수 있다. 따라서 빠른 union에서는 최대 $(n-1)$번의 union 연산들과 m번의 find 연산들이 수행되므로 시간 복잡도는 $O(n + m \log n)$이다.

두 가지 빠른 union의 소요 시간을 경로 압축(path compression)을 사용하여 더욱 단축할 수 있다. 경로 압축은 find(x) 연산 중에 노드 x가 자신이 속한 트리의 루트 노드를 가리키게 하는 것이다. **[그림 7-8]**은 find(7)수행 후 경로 압축을 보여 준다.

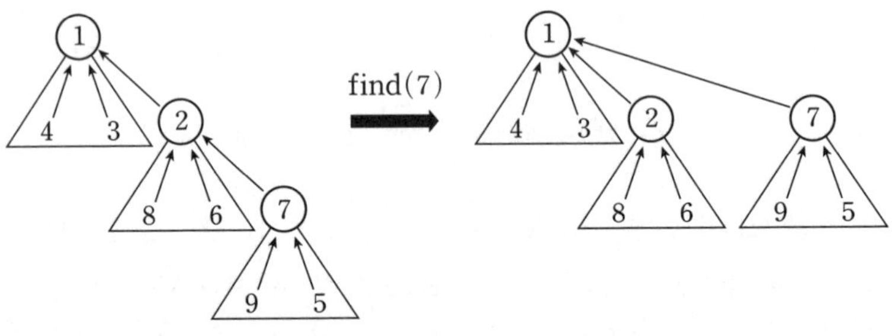

[그림 7-8] 경로 압축

[프로그램 7-3]은 앞에서 작성한 크루스칼 알고리즘을 경로 압축을 적용하는 빠른 union을 사용하여 자바로 구현한 프로그램이다.

프로그램 7-3: Kruskal 알고리즘

```
// 프로그램 7-3: 주어진 연결된 비방향 가중 그래프의 최소 비용 신장 트리를
//                  찾는 Kruskal 알고리즘
import java.util.*;

public class KruskalMST {
    // 그래프의 한 간선을 나타내는 클래스
    private class Edge implements Comparable<Edge> {
        int src, dest, weight;

        // 간선들을 가중치에 기초하여 정렬하기 위해 사용되는 비교 메소드
        public int compareTo(Edge compareEdge) {
            return this.weight - compareEdge.weight;
        }
    };
    // union-find를 위한 서로소 부분집합(disjoint subset)을 나타내는 클래스
    private class subset {
        int parent;         // 대표
        int rank;           // 순위
    };

    int V; // 정점들의 수
    int E; // 간선들의 수
    Edge edge[]; // 모든 간선들의 배열

    // V 개의 정점들과 E개의 간선들을 가진 그래프를 만든다
    KruskalMST(int v, int e) {
        V = v;
        E = e;
        edge = new Edge[E];
```

```
    for (int i = 0; i < E; ++i)
        edge[i] = new Edge();
}

// 경로 압축 기법을 사용하여 요소 i가 속한 부분집합을 찾는 메소드
int find(subset subsets[], int i) {
    // 찾은 루트 노드를 요소 i의 부모로 만든다
    if (subsets[i].parent != i)
        subsets[i].parent = find(subsets, subsets[i].
        parent);

    return subsets[i].parent;
}

// x가 속한 집합과 y가 속한 집합의 합집합을 순위를 이용하여 구하는 메소드
void Union(subset subsets[], int x, int y) {
     int xroot = find(subsets, x);

     int yroot = find(subsets, y);

     // 순위가 낮은 트리를 순위가 높은 트리의 루트 노드의 바로 아래에 놓는다
     if (subsets[xroot].rank < subsets[yroot].rank)
         subsets[xroot].parent = yroot;
     else if (subsets[xroot].rank > subsets[yroot].
     rank)
          subsets[yroot].parent = xroot;

    // 두 트리의 순위가 같다면 한 트리를 루트 노드로 만들고 그 트리의 순위를
    // 1만큼 증가시킨다
    else {
         subsets[yroot].parent = xroot;
         subsets[xroot].rank++;
```

```
    }
}

// Kruskal 알고리즘을 이용하여 최소 비용 신장 트리를 찾는 메소드
void KruskalMST( ) {
    // 찾은 최소 비용 신장 트리에 포함되는 간선들의 배열
    Edge result[] = new Edge[V];
    int e = 0;  // 최소 비용 신장 트리에 포함되는 간선들의 배열 지수
    int i = 0;  // 정렬된 간선들의 배열의 지수를 저장하는 변수

    for (i = 0; i < V; ++i)
        result[i] = new Edge();

    // 단계 1: 모든 간선들을 가중치 순서로 오름차순으로 정렬한다
    Arrays.sort(edge);

    // V개의 부분집합들을 위한 배열을 만든다
    subset subsets[] = new subset[V];

    // 각 부분집합을 초기화한다
    for(i = 0; i < V; ++i)
        subsets[i] = new subset();

    // 한 개의 요소를 갖는 V 개의 부분집합들을 생성한다
    for (int v = 0; v < V; ++v) {
        subsets[v].parent = v;
        subsets[v].rank = 0;
    }

    i = 0; // 다음 간선을 선택하기 위해 사용되는 지수
    // 트리에 추가된 간선들의 수가 (V - 1)이 될 때까지 반복한다
    while (e < V - 1) {
```

```
            // 가중치가 가장 작은 간선을 선택한다.
            // 다음 반복을 위해 지수를 1만큼 증가시킨다
            Edge next_edge = new Edge();
            next_edge = edge[i];
            i++;

            // 선택된 간선의 정점들이 속한 부분집합을 찾는다
            int x = find(subsets, next_edge.src);
            int y = find(subsets, next_edge.dest);

            // 찾은 부분집합들이 서로 다르다면 간선을 트리에 추가하고
            // 다음에 추가할 간선을 위해 지수를 1만큼 증가시킨다.
            // 찾은 부분집합들이 같다면 선택된 간선을 버린다
            if (x != y) {
               result[e++] = next_edge;
               Union(subsets, x, y);
            }
        }
        // 최소 비용 신장 트리에 포함된 간선들을 가중치와 같이 출력한다
        System.out.println("₩n찾은 최소 비용 신장 트리₩n");
        System.out.println("간선₩t가중치");

        for (i = 0; i < e; ++i)
             System.out.println("(" + result[i].src + ", " +
                     result[i].dest + ")₩t  " + result[i].
                     weight);
}

// main 메소드
public static void main (String[] args) {
    int V = 5;  // 그래프내의 정점들의 수
    int E = 7;  // 그래프내의 간선들의 수
```

```
        Scanner scan = new Scanner(System.in);

        // 주어진 연결된 가중치가 있는 비방향 그래프를 만든다
        KruskalMST graph = new KruskalMST(V, E);

        // 그래프내의 간선의 두 정점들과 가중치를 키보드릉 통해 입력받는다
        System.out.println("간선의 두 정점들과 가중치를 차례대로 입력하세요");

        for (int i = 0;  i < E; i++) {
             graph.edge[i].src = scan.nextInt();
             vgraph.edge[i].dest = scan.nextInt();
             graph.edge[i].weight = scan.nextInt();
        }
        // Kruskal  알고리즘을 이용하여 최소 비용 신장 트리를 찾는다
        graph.KruskalMST();
    }
}
```

[프로그램 7-3]을 **[그림 7-2]** (a) 그래프에 대해 실행한 결과는 다음과 같다. 그래프의 정점 a, b, c, d와 e는 각각 0, 1, 2, 3, 4의 정수 번호로 나타낸다.

: 실행 결과

```
간선의 두 정점들과 가중치를 차례대로 입력하세요
    0       1       2
    0       4       4
    1       2       8
    1       4       4
    2       3       7
    2       4       6
    3       4       3


찾은 최소 비용 신장 트리
    간선     가중치
    (0, 1)     2
    (3, 4)     3
    (0, 4)     4
    (2, 4)     6
```

7-3 단일 출발점 최단 경로 찾기

이 절에서 다루는 단일 출발점 최단 경로 찾기 문제는 연결된 가중 그래프에서 한 특정 정점(source)에서 다른 모든 정점으로 가는 최단 경로를 찾는 문제이다. 모든 간선의 가중치는 음이 아닌 값이다. 예를 들면, 한 사람이 집 근처의 식당, 편의점, 은행과 영화관을 자주 이용한다고 하자. 그는 이런 장소에 최대한 빨리 가고 싶다. 집에서 이런 장소들까지 가는 도로들과 각 도로의 소요 시간과 최단 경로 찾는 문제들은 **[그림 7-9]**에 보여진다. 집에서 각 장소까지 가는데 걸리는 최소 시간을 구하는 문제가 단일 출발점 최단 경로 찾기 문제이다. 집이 출발 정점이고 가중치는 소요 시간이다.

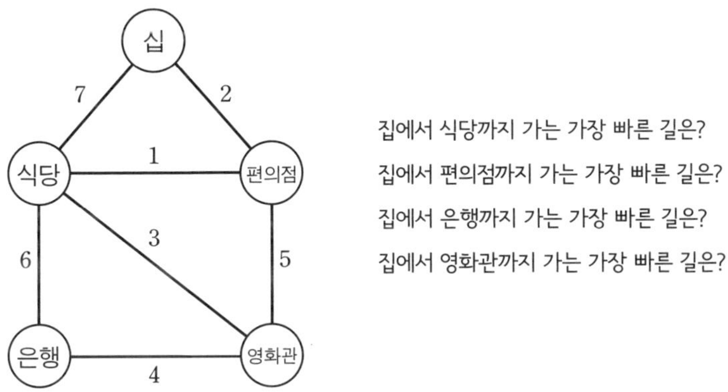

[그림 7-9] 무방향 그래프와 빠른 길 찾기 문제

이 문제는 웹사이트 지도 서비스, 자동차 내비게이션, 컴퓨터 네트워크에서 패킷 라우팅, 로봇 공학, 산업 공학 등과 같은 다양한 응용 분야에서 탐구되었다. 이 절에서는 이 문제에 대해 가장 잘 알려진 다익스트라(Dijkstra) 알고리즘을 다룬다. 이 알고리즘은 음이 아닌 가중치들을 가진 비방향 및 방향 그래프에 적용 가능하다.

다익스트라 알고리즘의 주 아이디어는 출발 정점으로부터 가까운 순서로 다른 정점들까지의 최단 경로를 찾는다. 알고리즘은 먼저 출발 정점으로부터 가장 가까운 경로를 찾는다. 다음으로 출발 정점으로부터 두 번째로 가까운 경로를 찾는다. 이 과정을 모든 최단 경로를 찾을 때까지 반복한다.

일반적으로 i번째 반복이 시작되기 전에 알고리즘은 출발 정점에 가장 가까운 (i − 1)개의 다른 정점들까지의 최단 경로들을 이미 찾았다. 이 정점들, 출발 정점과 최단 경로들 상의 간선들은 주어진 그래프의 부분 트리 T_i를 형성한다. 모든 간선의 가중치가 음이 아닌 값이기 때문에 출발 정점에 가장 가까운 다음 정점은 T_i내에 있는 정점들에 인접한 정점들 중에서 찾을 수 있다. 이러한 정점들은 '가장자리 정점' 이라고 부른다. 가장자리 정점들이 다익스트라 알고리즘이 출발 정점에 가장 가까운 다음 정점을 선택하는 후보들이다.

알고리즘은 i번째로 가까운 정점을 찾아내기 위해서 모든 가장자리 정점 u에 대해서 u에 인접한 트리 내의 정점 v까지의 거리, w(u, v)와 출발 정점에서 v까지의 최단 경로의 길이, d_V의 합을 계산한다. u에 인접한 트리 내의 정점들이 2개 이상인 경우에는 각 인접 정점에 대해 합을 계산한다. 그리고 나서 그러한 합들 중 가장 작은 합을 갖는 가장자리 정점을 트리에 추가할 다음 정점으로 선택한다.

다익스트라 알고리즘을 **[그림 7-9]**의 그래프에 적용시켜 보자. 편의상 이 그래프의 정점 '집' , '편의점' , '영화관' , '은행' 과 '식당' 을 정점 0, 1, 2, 3과 4로 바꾼 그래프는 다음과 같다

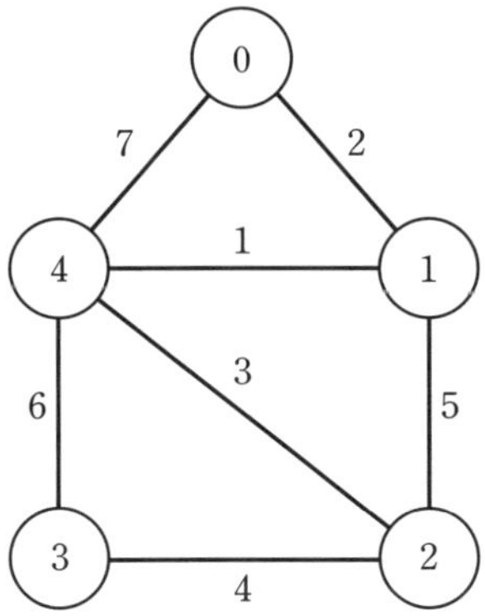

위 그래프에 적용한 다익스트라 알고리즘의 진행 과정은 다음과 같다.

1. 정점 0이 출발 정점이다. 정점 0에 인접한 정점들(1과 4)이 가장자리 정점들이다. 1이 0에 가장 가깝기 때문에 1을 선택한다. 가장자리 장점들 중 선택된 정점과 그 결과로 만들어진 트리는 다음과 같다.

가장 자리 정점

1 :　　$0 \overset{2}{-} 1$　　(2) ← 최소

4 :　　$0 \overset{7}{-} 4$　　7

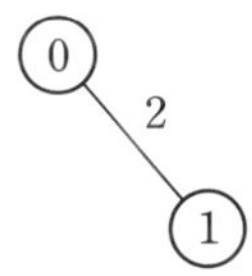

2. 다음으로 트리 내의 정점 0과 1에 인접한 가장자리 정점들은 2와 4이다. 트리 내에 있는 정점들만을 거쳐서 0에서 2까지 가는 최단 경로는 0 − 1 − 2이고 그 경로의 거리는 7이다. 트리 내에 있는 정점들만을 거쳐서 0에서 4까지 가는 경로는 0 − 4와 0 − 1 − 4이다. 이 경로들 중 최단 경로는 0 − 1 − 4이다. 그 경로의 거리는 2 + 1 − 3이다. 출발 정점 0에서 가장자리 정점 2와 4까지 가는 최단 경로들 중 0 − 1 − 4의 거리 3이 0 − 1 − 2의 거리 7보다 작으므로 트리에 추가할 다음 정점으로 4를 선택한다. 가장자리 정점들 중 선택된 정점과 그 결과로 만들어진 트리는 다음과 같다.

가장 자리 정점

2: $0 \overset{2}{-} 1 \overset{5}{-} 2$ 7

4: $0 \overset{7}{-} 4$ 7

$0 \overset{2}{-} 1 \overset{1}{-} 4$ ③ ← 최소

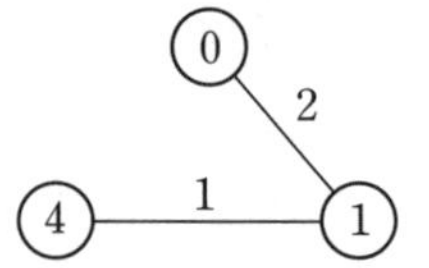

3. 다음으로 트리 내의 정점 0, 1, 4에 인접한 가장자리 정점들은 2와 3이다. 트리 내에 있는 정점들만을 거쳐서 0에서 2까지 가는 경로는 0 − 1 − 2와 0 − 1 − 4 − 2이다. 이 경로들 중 최단 경로는 0 − 1 − 4 − 2이다. 그 경로의 거리는 2 + 1 + 3 = 6이다. 트리 내에 있는 정점들만을 거쳐서 0에서 3까지 가는 경로는 0 − 1 − 4 − 3과 0 − 4 − 3이다. 이 경로들은 둘 다 마지막에 정점 4를 통과하여 3으로 간다. 정점 4가 트리 내에 있기 때문에 0에서 4까지 가는 최단 경로(0 − 1 − 4)는 이미 찾았다. 따라서 경로 0 − 4 − 3은 고려할 필요가 없다. 그러므로 0에서 3까지 가는 최단 경로는 0 − 1 − 4 − 3이고 그 경로의 거리는 2 + 1 + 6 = 9이다. 출발 정점 0에서 가장자리 정점 2와 3까지 가는 최단 경로들 중 0 − 1 − 4 − 2의 거리 6이 0 − 1 − 4 − 3의 거리 9보다 작으므로 트리에 추가할 다음 정점으로 2를 선택한다. 가장자리 장점들 중 선택된 정점과 그 결과로 만들어진 트리는 다음과 같다.

가장 자리 정점

2: $0 \overset{2}{-} 1 \overset{5}{-} 2$ 7

$0 \overset{2}{-} 1 \overset{1}{-} 4 \overset{3}{-} 2$ ⑥ ← 최소

3: $0 \overset{2}{-} 1 \overset{1}{-} 4 \overset{6}{-} 3$ 9

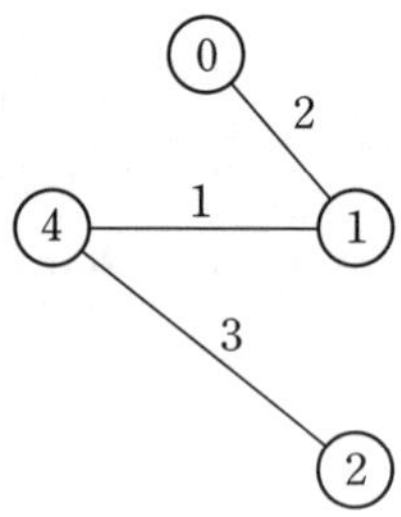

4. 마지막으로 트리 내의 정점 0, 1, 4와 2에 인접한 가장자리 정점은 3이다. 트리 내의 정점들만을 거쳐서 0에서 3까지 가는 경로는 트리에 새로 추가된 2를 거치지 않는 0 − 1 − 4 − 3과 2를 거치는 0 − 1 − 4 − 2 − 3

이다. 이 경로들 중 최단 경로는 $0-1-4-3$이다. 그 경로의 거리는 $2+1+6=9$이다. 가장자리 장점들 중 선택된 정점과 그 결과로 만들어진 트리는 다음과 같다.

가장 자리 정점

3 : $0 \overset{2}{-} 1 \overset{1}{-} 4 \overset{6}{-} 3$ ⑨ ← 최소

$0 \overset{2}{-} 1 \overset{1}{-} 4 \overset{3}{-} 2 \overset{4}{-} 3$ 10

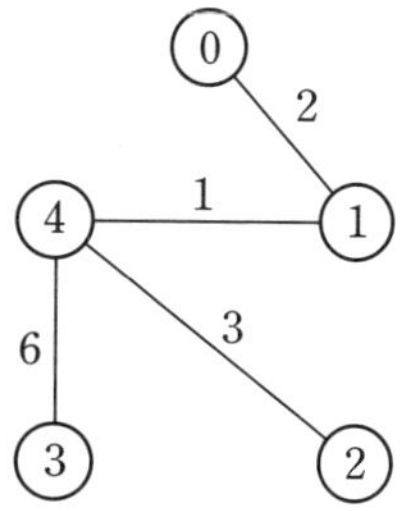

다익스트라 알고리즘의 연산들을 용이하게 하기 위해 각 정점은 0부터 $(n-1)$사이의 정수로 나타낸다. $n(>0)$은 그래프 내의 정점들의 수이다. 출발 정점은 0이다. 또한 각 정점에 두 개의 값을 저장한다. 첫 번째 값은 지금까지 찾은 최단 경로 트리 내에 포함된 출발 정점에서 각 정점까지의 최단 경로의 거리이다. 이 값은 크기 n의 배열 d에 저장된다. 출발 정점 0의 값은 $d[0]=0$이다. 최단 경로 트리 내에 포함되지 않은 정점 i의 값은 $d[i]=\infty$이다. 두 번째 값은 출발 정점에서 각 정점까지의 최단 경로 상의 마지막에서 두 번째 정점(트리에서 부모 노드)의 번호를 저장한다. 출발 정점이나 아직 최단 경로 트리안에 포함되지 않은 정점들에 대해서는 이 값을 정점 번호가 아닌 -1로 할 수 있다. 이 값은 크기 n의 배열 p에 저장한다. 각 정점에 대해 저장되는 두 개의 값은 가장자리 정점들 중에서 최단 경로 트리에 포함될 정점을 선택하는 일을 쉽게 만든다. 즉, 가장자리 정점들에 저장된 첫 번째 값들 중 가장 작은 값에 대응된 가장자리 정점을 선택하면 된다. **[그림 7-10]**은 위의 다익스트라 알고리즘의 진행 과정 중 2단계의 결과를 보여 준다.

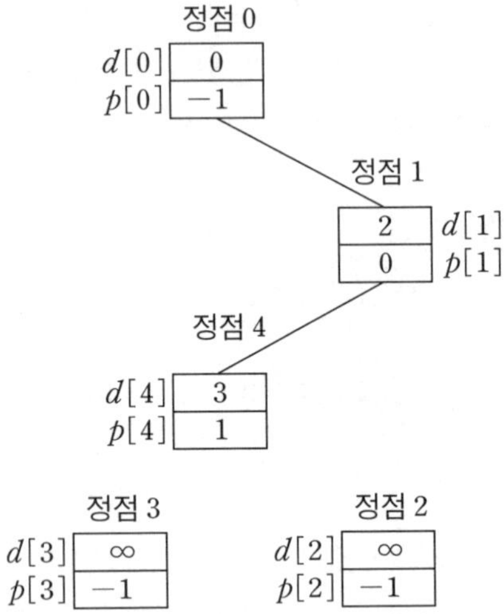

[그림 7-10] 각 노드의 최단 경로 길이와 부모 노드

최단 경로 트리에 추가할 정점 u*를 선택한 후에 다음 연산들을 수행해야 한다.

1. u*를 가장자리 정점에서 최단 경로 트리 내에 포함되는 정점으로 바꾸어야 한다.
2. u*에 인접한 최단 경로 트리에 포함되지 않은 각 가장자리 정점 v에 대해 다음 조건을 확인한다.

   $$d[u^*] + w(u^*,\ v) < d[v]$$

   이 조건은 u*를 통과하여 0에서 v까지 가는 새 경로(0에서 u*까지 가는 최단 경로와 간선 (u*, v)를 합친 경로)가 u*를 통과하지 않고 0에서 v까지 가는 최단 경로보다 더 짧은 지를 나타낸다. 만약 이 조건이 만족된다면 최단 경로 트리 내에 포함된 정점들만을 거쳐 0에서 v까지 가는 더 나은 최단 경로를 찾은 것이다. 따라서 d[v]를 d[u*]+w(u*, v)로 변경하고 p[v]를 u*로 바꾼다.

지금까지 설명한 내용들을 반영하여 다익스트라 알고리즘을 다음과 같이 작성할 수 있다. T는 최단 경로 트리에 포함된 정점들의 집합이다. 주어진 그래프는 인접 행렬 w로 나타낸다.

: 알고리즘

```
알고리즘 Dijkstra(w[ ][ ], s, n)
// 단일 출발점 최단 경로를 찾는다
// 입력: w[0 . . n-1, 0 . . n-1] — 가중치가 있는 연결된 그래프의 인접 행렬
//        s — 출발 정점
//        n — 정점들의 수
// 출력: d[0 . . n-1] - s로부터 각 정점까지의 최단 경로의 거리
//        p[0 . . n-1] - 최단 경로 트리에서 각 정점의 부모 노드
T = ∅

for (i = 0; i < n; i++) {
      d[i] = ∞              // 정점 i의 최단 거리를 ∞로 초기화한다
      p[i] = -1             // 정점 i의 부모 노드를 -1(없음)으로 초기화한다
}
d[s] = 0                    // 출발 정점의 최단 거리를 0으로 한다

while (|T| < n) {           // 첫 반복시 u는 출발 정점이다
   T에 포함되지 않은 정점들 중에서 배열 d의 요소값이 가장 작은 정점 u를 선택한다
   T = T ∪ {u}              // 선택된 정점을 트리에 추가한다
   // 최단 경로 트리에 새로 추가된 정점의 인접 정점들의 출발 정점으로부터 최단
   // 거리를 갱신한다
   for (v = 0; v < n; v++) {
         if ((v ∉ T and w[u, v] ≠ 0 and d[v] < ∞ and
                                   d[u] + w[u,v] < d[v])   {
               d[v] = d[u] + w[u, v]
               p[v] = u
         }
   }
}
```

위 알고리즘에서 배열 p는 출발 정점으로부터 각 정점까지의 최단 경로를 구하기 위해 사용될 수 있다.

시간 복잡도

위 알고리즘의 10번 줄에서 최단 경로 트리에 추가할 다음 정점을 선택하기 위해 배열 d의 값들 중 최솟값을 찾기 위해 n번 비교해야 한다. 또한 트리에 모든 정점이 포함되어야 하므로 위 알고리즘의 시간 복잡도는 $\theta(n^2)$이다.

[프로그램 7-4]는 위의 다익스트라 알고리즘을 자바로 구현한 프로그램이다. 최단 경로 트리 T는 배열로 구현한다. T에 포함시킬 정점을 찾기 위해 findMinDistance라는 메소드를 이용한다. 출발 정점 0으로부터 각 정점까지 최단 경로를 출력하기 위해 printShortestPath라는 메소드를 이용한다 . 이 메소드에서는 최단 경로 트리에서의 각 정점의 부모 노드(배열 p에 저장)를 거꾸로 따라가면서 최단 경로를 찾는다.

프로그램 7-4: Dijkstra 알고리즘

```
// 프로그램 7-4: Dijkstra의 알고리즘
// 출발 정점으로부터 모든 다른 정점까지 가는 최단 경로를 찾는다

public class SingleSourceShortestPath {
    final static int INF = 9999; // 무한대 대신 사용

    // 최단 경로 트리에 아직 포함되지 않는 정점들의 집합에서 출발 정점으로부터
    // 최소 거리에 있는 정점을 찾는다
    static int findMinDistance(int d[], boolean T[], int n) {
        // min 값을 가장 큰 정수로 조기화한다
        int min = Integer.MAX_VALUE;
        int min_index = -1;

        for (int v = 0; v < n; v++)
            if (T[v] == false && d[v] <= min) {
                min = d[v];
                min_index = v;
            }

        return min_index;
    }

    // 모든 정점이 출발 정점으로부터 최단 경로를 길이와 함께 출력한다
    static void printShortestPath(int d[], int p[], int n) {
        String sp;          // 최단 경로
        int v;

        System.out.println("정점\t거리\t최단 경로");

        // 각 정점의 출발 정점으로부터 최단 경로를 최단 경로 트리에서
```

```
        // 그 정점의 부모 노드를 거꾸로 따라가면서 찾아서 출력한다
        for (int i = 0; i < n; i++) {
            v = i;
            sp = v + "";
            while (p[v] != -1) {
                sp = p[v] + " - " + sp;
                v = p[v];
            }
            System.out.println(i + "\t" + d[i] + "\t" + sp);
        }
    }
    // 출발 정점 최단 경로를 찾는 Dijkstra 알고리즘
    // 주어진 그래프는 인접 행렬로 나타낸다
    static void dijkstra(int W[][], int src, int n) {
        // d[i]는 출발 정점으로부터 정점 i까지 최단 거리를 저장한다
        int d[] = new int[n];

        // T[i]는 정점 i가 최단 경로 트리에 포함된다면 true이다
        boolean T[] = new boolean[n];

        // p[i]는 최단 경로 트리에서 정점 i의 부모 노드를 저장한다
        int p[] = new int[n];

        // 모든 정점의 출발 정점으로부터 최단 거리를 가장 큰 정수로 초기화하고
        // 모든 정점이 최단 경로 트리에 포함되지 않게 하고
        // 모든 정점의 최단 경로 트리에서 부모 노드를 -1로 초기화한다
        for (int i = 0; i < n; i++) {
            d[i] = Integer.MAX_VALUE;
            T[i] = false;
            p[i] = -1;
        }
        // 출발 정점의 최단 거리를 0으로 한다.
```

```
d[src] = 0;

// 모든 정점의 출발 정점으로부터 최단 경로를 찾는다
for (int count = 0; count < n - 1; count++) {
        // 최단 경로 트리에 아직 포함되지 않는 정점들의 집합에서
        // 출발 정점으로부터 최소 거리에 있는 정점을 선택한다.
        // 첫 반복시 정점 u는 출발 정점이다.
        int u = findMinDistance(d, T, n);

        // 선택된 정점을 최단 경로 트리에 포함시킨다
        T[u] = true;

        // 선택된 정점의 인접 정점들의 출발 정점으로부터 최단 거리를 갱신한다
        for (int v = 0; v < n; v++)
                // 정점 v가 최단 경로 트리에 포함되지 않고 정점 u와
                // 정점 v사이에 간선이 있고 출발 정점부터 u를 거쳐
                // v까지 가는 경로의 거리가 d[v]의 현재 값보다
                // 작다면 d[v]를 갱신한다
                if ( !T[v] && W[u][v] != 0 &&
                             d[u] ! = Integer.MAX_VALUE &&
                        d[u] + W[u][v] < d[v]) {
                       d[v] = d[u] + W[u][v];
                       p[v] = u;
                }
        }
        // 최단 경로를 길이와 함께 출력한다
        printShortestPath(d, p, n);
}

// 시작 메소드 main
public static void main (String[] args) {
       // 각 정점은 0이상의 정수로 표현한다
```

```
            // 출발 정점은 0이다
            // W[ ][ ]: 주어진 그래프의 인접 행렬 표현
            int W[][] = new int[][] {{0, 2, INF, INF, 7},
                                     {2, 0, 5, INF, 1},
                                     {INF, 5, 0, 4, 3},
                                     {INF, INF, 4, 0, 6},
                                     {7, 1, 3, 6, 0},
                                    };

            // 출발 정점으로부터 모든 다른 정점까지 가는 최단 경로를 찾아 출력한다
            dijkstra(W, 0, 5);
        }
    }
```

실행 결과

[프로그램 7-4]를 **[그림 7-9]**의 그래프에 대해 실행한 결과는 다음과 같다.

정점	거리	최단경로
0	0	0
1	2	0-1
2	6	0-1-4-2
3	9	0-1-4-3
4	3	0-1-4

7-4 배낭 빈틈없이 채우기

이 절에서는 6.4절에서 다룬 배낭 채우기 문제를 다시 고려한다. 6.4절에서와는 달리 배낭에 물건의 일부를 넣을 수 있다.

배낭 채우기 문제는 $n(> 0)$개의 물건과 한정된 용량의 배낭이 있을 때, 배낭의 용량을 초과하지 않고 배낭에 넣을 수 있는 물건들의 최대 가치를 구하는 문제이다. 각 물건의 무게와 가치는 주어져 있다. 이 문제를 정식으로 정의하면 다음과 같다.

n개의 물건들의 목록 $S = \{$ 물건$_1$, 물건$_2$, $\cdots$, 물건$_n\}$, 물건 i, $1 \le i \le n$, 의 무게 w_i와 가치 v_i와 배낭의 용량 W가 주어질 때 $\sum_{물건_i \in A} w_i \le W$를 만족하면서 $\sum_{물건_i \in A} v_i$가 최대가 되도록 $A \subseteq S$가 되는 A를 결정하는 문제이다. 이 문제에서 본래 한 물건을 배낭에 전부 넣거나 넣지 않거나 선택한다. 따라서 이 문제를 $0-1$배낭 채우기 문제라고 부른다. 하지만 배낭 빈틈없이 채우기 문제에서는 물건의 일부분을 잘라서 넣을 수 있다.

억지 기법 알고리즘

$0-1$배낭 채우기 문제에 대한 억지 기법 알고리즘은 n개의 물건들의 모든 부분 집합을 다 고려하고 각 부분 집합에 속한 물건들의 총 가치를 계산한 후 총 가치가 가장 큰 부분 집합을 찾는 것이다. 그러나 크기가 n인 집합의 부분 집합의 수는 2^n이다. 따라서 이 알고리즘은 지수 시간 알고리즘이므로 n이 매우 커지면 실질상 사용할 수 없다.

탐욕 알고리즘

0 − 1배낭 채우기 문제에 탐욕 기법을 적용할 수도 있다. 가장 비싼 물건부터 배낭에 우선적으로 넣는다. 안타깝게도 이 탐욕 알고리즘은 최적이 아니다. 최적이 아닌 예를 들어보자. 배낭에 넣을 수 있는 3개의 물건이 있다. 각 물건의 무게와 가치는 [표 7-1]에 보여 진다. 배낭의 용량 W는 30g 이다.

물건	무게(g)	가치(원)
1	25	10
2	10	9
3	10	8

[표 7-1] 물건들의 무게와 가치

탐욕적인 알고리즘은 가장 비싼 물건 1을 먼저 배낭에 넣는다. 그러면 배낭의 남은 용량은 30 − 25 = 5이므로 물건 2와 물건 3중 어느 것도 넣을 수 없다. 이 경우 배낭에 있는 물건의 총 가치는 10이다. 하지만 물건 2와 물건 3을 배낭에 넣으면 총 무게는 20(< 30)이고 총 가치는 9 + 8 = 17이다. 이 경우가 최적이다.

0 − 1배낭 채우기 문제에 대한 두 번째 탐욕적인 알고리즘은 단위 무게당 가치가 가장 높은 물건부터 우선적으로 배낭에 넣는 것이다. 이 알고리즘도 최적이 아니다. 최적이 아닌 예를 들어 보자. 배낭에 넣을 수 있는 3개의 물건이 있다. 각 물건의 무게, 가치와 단위 무게당 가치는 [표 7-2]에 보여진다. 배낭의 용량은 30g이다.

물건	무게(g)	가치(원)	단위 무게당 가치(원/g)
1	5	50	10
2	10	60	6
3	20	140	7

[표 7-2] 물건들의 무게, 가치와 단위 무게당 가치

물건 1이 단위 무게당 가치가 가장 높으므로 물건 1을 먼저 배낭에 넣는다. 그러면 배낭에 남은 용량은 30 − 5 = 25이므로 다음으로 단위 무게당 가치가 높은 물건 3을 배낭에 넣는다. 배낭의 남은 용량은 25 − 20 = 5이므로 무게가 10g인 물건 2를 넣을 수 없다. 이 경우 배낭에 있는 물건들의 총 가치는 50 + 140 = 190원이다. 하지만, 물건 2와 물건 3을 배낭에 넣으면 총 무게는 30g이고 총 가치는 200원이다. 이 경우가 최적이다.

만약 물건의 일부분을 잘라서 배낭에 넣을 수 있다고 문제를 변경하면 위에서 언급한 두 번째 탐욕적인 알고리즘으로 최적 해를 구하는 알고리즘을 만들 수 있다. [표 7-2]의 경우에 두 번째 탐욕적인 알고리즘을 적용시켜 보자. 위에서 다룬 대로 단위 무게당 가치가 높은 순서로 물건 1과 물건 3을 배낭에 넣으면 남은 배낭 용량은 5g이다. 그러면 배낭에 물건의 일부를 넣는 것이 가능하므로 물건 2의 반만을 넣을 수 있다. 이 경우 배낭의 용량은 꽉 차게 되고 배낭에 있는 물건들의 가치의 합은 $50 + 140 + 60 \times \frac{1}{2} = 220$원이다. 이 경우가 최적이다.

탐욕적인 알고리즘을 예를 들어 설명해 보자. 배낭에 넣을 수 있는 물건들의 수는 4이다. 각 물건의 무게와 가치는 [표 7-3]에 보여진다. 배낭의 용량은 50g이다.

물건	무게(g)	가치(원)	단위 무게당 가치(원/g)
1	5	20	4
2	15	90	6
3	20	110	5.5
4	30	150	5

[표 7-3] 물건들의 무게, 가치와 단위 무게당 가치

먼저 각 물건에 대해 단위 무게당 가치를 계산한다. 계산 결과는 [표 7-3]의 가장 오른쪽 칸에 보여진다. 다음으로 단위 무게당 가격을 기준으로 내림차순으로 정렬하면 <물건 2, 물건 3, 물건 4, 물건 1>이 된다. 다음으로 단위 무게당 가격이 가장 높은 물건 2를 가져온다. 물건 2의 무게(15)가 배낭의 용량(50)보다 작으므로 물건 2를 배낭에

넣는다. 배낭의 남은 용량은 $50-15=35$ 이다. 다음으로 남은 물건 중 단위 무게당 가격이 가장 높은 물건 3 을 가져온다. 물건 3 의 무게(20)이 배낭의 남은 용량(35)보다 작으므로 물건 3 을 배낭에 넣는다. 배낭의 남은 용량은 $35-20=15$ 이다. 다음으로 남은 물건 중 단위 무게당 가격이 가장 높은 물건 4 를 가져온다. 무게 4 의 무게(30)이 배낭의 남은 용량(15) 보다 크므로 물건 4 를 배낭의 남은 용량만큼만 배낭에 넣는다. 따라서 배낭에 넣은 물건들의 총 가격은 $90+110+150\times\frac{1}{2}=275$원이다.

지금까지 설명한 내용을 반영하여 배낭 빈틈없이 채우기 알고리즘을 다음과 같이 작성할 수 있다

알고리즘

```
알고리즘 FractionalKnapsack(weight[ ], value[ ], n, W)
// 배낭 빈틈없이 채우기 알고리즘. 물건의 일부만을 배낭에 넣을 수 있다.
// 입력: weight[0 . . n-1] — 각 물건의 무게
//       value[0 . . n-1] — 각 물건의 가치
//       n — 물건들의 수
//       W — 배낭의 용량
// 출력: 배낭에 담은 물건들의 목록 L과 총 가치 cV

각 물건의 단위 무게당 가치를 계산한다.

물건들을 단위 무게당 가치를 기준으로 내림차순으로 정렬하고, 정렬된 물건 목
록을 S라고 하자.

cW = 0      // 배낭에 담긴 물건들의 무게의 합을 0으로 초기화한다
L = ∅       // 배낭은 처음에 비어 있다
cV = 0      // 배낭에 담긴 물건들의 가치의 합을 0으로 초기화한다

S에서 단위 무게당 가치가 가장 큰 물건 x를 가져온다

while ((cW+weight[x]) ≤ W) {
    물건 x를 L에 추가한다
    cW = cW+weight[x]
    cV = cV+value[x]
    물건 x를 S에서 제거한다
    S에서 단위 무게당 가치가 가장 큰 물건 x를 가져온다
}
if ((W - cW) > 0) { // 배낭의 용량이 남아 있으면 물건 x의 일부를 넣는다
    물건 x를 (W - cW) 만큼만 L에 추가한다
    cV = cV+(W - cW) 만큼의 가치
}
```

: 시간 복잡도

위 알고리즘의 시간 복잡도를 분석해 보자. 입력 크기는 물건들의 수인 n이다. 기본 연산은 단위 무게당 가치를 비교하는 횟수이다. 2번 줄의 물건의 단위 무게당 가치를 기준으로 정렬하기 위해 $\theta(n \log n)$시간이 걸린다. 7번 줄부터 12번 줄까지의 반복문의 수행은 최대 n번 수행된다. 단위 무게당 가치가 가장 큰 물건 x를 가져오는데 $\theta(1)$ 시간이 걸린다. 따라서 알고리즘의 시간 복잡도는 $\theta(n \log n) + \theta(n) = \theta(n \log n)$이다.

[프로그램 7-5]는 위 알고리즘을 자바로 구현한 프로그램이다. 물건들의 수와 배낭 용량을 저장하는 변수들(n과 W)와 각 물건의 무게, 가치와 단위 무게당 가치를 저장하는 배열들(weight, value와 unitValue)은 객체 변수로 선언한다. 프로그램은 4개의 메소드로 이루어져 있다. inputData 메소드는 물건들의 수, 각 물건의 무게와 가치, 배낭의 용량을 키보드를 통해 입력 받는다. getNextItem 메소드는 배낭에 다음에 넣을 물건의 지수를 찾는다. fractionalKnapsack 메소드는 배낭에 담긴 물건들, 물건들의 무게의 합과 가치의 합을 계산한 후 출력한다. main 메소드는 inputData 메소드와 fractionalKnapsack 메소드를 호출한다.

fractionalKnapsack 메소드가 위의 알고리즘을 구현한다. 알고리즘과는 달리 프로그램을 이해하기 쉽게 하기 위해 물건들을 단위 무게당 가치를 기준으로 내림차순으로 정렬하는 대신에 getNextItem 메소드를 이용한다. 이 메소드는 남아 있는 물건들 중 단위 무게당 가치가 가장 높은 물건의 지수를 찾는다. 한 물건을 배낭에 넣은 후에 그 물건의 단위 무게당 가치를 0으로 변경하여 사실상 배낭에 다음에 넣을 물건들의 목록에서 제거한다.

프로그램 7-5: 배낭 빈틈없이 채우기

```
// 프로그램 7-5: 배낭 빈틈없이 채우기
import java.util.Scanner;

class FractionalKnapsack {
    int n;                    // 물건들의 수
    double weight[ ];         // 각 물건의 무게
    double value[];           // 각 물건의 가치
    double W;                 // 배낭의 용량
    double[] unitValue;       // 단위 무게당 가치

   // 물건들의 수, 각 물건의 무게, 각 물건의 가치와 배낭의 용량을 입력받는다
   public void inputData( ) {
      int i;

      Scanner sc = new Scanner(System.in);

      System.out.print("물건들의 수를 입력하세요: ");

      n = sc.nextInt();

      weight = new double[n];
      value = new double[n];

      System.out.print("각 물건의 무게를 입력하세요: ");

      for (i = 0; i < n;i++)
           weight[i] = sc.nextDouble();

      System.out.print("각 물건의 가치를 입력하세요: ");
```

```
    for (i = 0; i < n;i++)
        value[i] = sc.nextDouble();

    System.out.print("배낭의 용량을 입력하세요: ");
    W = sc.nextDouble();

    sc.close();
}

// 배낭에 다음에 넣을 물건의 지수를 찾는다
public int getNextItem() {
    double highest = 0;
    int index = -1;

    // 남아 있는 물건들중 단위 무게당 가치가 가장 높은 물건의 지수를 찾는다
    for (int i = 0; i < value.length; ++i) {
        if (unitValue[i] > highest) {
            highest = unitValue[i];
            index = i;
        }
    }
    return index;
}

// 배낭에 담긴 물건들, 물건들의 무게의 합과  물건들의 가치의 합을
// 계산한 후 출력한다
public void fractionalKnapsack( ) {
    unitValue = new double[n]; // 단위 무게당 가치
    int i, item;

    // 각 물건의 단위 무게당 가치를 계산한다
    for (i = 0; i < n;i++)
```

```
            unitValue[i] = value[i] / weight[i];

        System.out.println();

        double cW = 0; // 배낭에 담긴 물건들의 무게의 합을 0으로 초기화한다
        double cV = 0; // 배낭에 담긴 물건들의 가치의 합을 0으로 초기화한다

        // 단위 무게당 가치가 가장 큰 물건을 찾는다
        item = getNextItem();

        // 배낭에 채울 물건들이 남아 있고 배낭이 채워지지 않은 동안 반복한다
        while ((item != -1) && (cW + weight[item] <= W)) {
            // 배낭에 물건 item의 전부를 넣는다
            cW += weight[item];
            cV += value[item];
            System.out.println("물건 " + (item + 1) + "의"
                                + weight[item] + "을 배낭에 넣는다");

            // 물건 item을 배낭에 다음에 넣을 물건들의 목록에서 제거한다
            unitValue[item] = 0;
            // 남아 있는 물건들중에서 단위 무게당 가치가 가장 큰 물건을 찾는다
            item = getNextItem();
    }

        // 배낭의 용량이 남아 있으면 배낭에 물건 item의 일부를 넣는다
        if (W - cW > 0) {
            System.out.println("물건" + (item + 1) + "의" + (W - cW)
                                + "을 배낭에 넣는다");
            cV += (unitValue[item] * (W - cW));
            cW += (W - cW);
        }
```

```
        System.out.println("₩n총 가치 = " + cV + ", 총 무게 = " + cW);
    }

    public static void main(String args[]) {
        FractionalKnapsack fks = new FractionalKnapsack();

        // 물건들의 수, 각 물건의 무게, 각 물건의 가치와 배낭의 용량을 입력받는다
        fks.inputData();

        // 배낭에 담긴 물건들, 물건들의 무게의 합과 물건들의 가치의 합을 계산한다
        fks.fractionalKnapsack();
    }
}
```

실행 결과

[프로그램 7-5]을 [표 7-3]의 사례에 대해 실행한 결과는 다음과 같다

```
물건들의 수를 입력하세요: 4
각 물건의 무게를 입력하세요: 5 15 20 30
각 물건의 가치를 입력하세요: 20 90 110 150
배낭의 용량을 입력하세요: 50

물건 2의 15.0을 배낭에 넣는다.
물건 3의 20.0을 배낭에 넣는다.
물건 4의 15.0을 배낭에 넣는다.

총 가치 = 275.0, 총 무게 = 50.0
```

요약

- 탐욕 기법은 최적화 문제를 일련의 단계들을 거치면서 해를 만든다. 각 단계는 지금까지 구한 부분 해를 최종적인 해를 얻을 때까지 확장한다. 각 단계마다 모든 실현 가능한 선택들 중에서 최적이라고 여겨지는 선택을 한다. 한 번 선택하면 나중에 되돌릴 수 없다.

- 거스름돈 주기 문제는 탐욕 기법을 사용하여 최적의 해를 구할 수 있다. 핵심 아이디어는 남은 거스름돈을 초과하지 않는 동전들 중 액면가가 가장 큰 동전을 선택하는 것이다.

- 프림 알고리즘은 연결된 무방향 그래프의 최소 비용 신장 트리를 찾는 탐욕적인 알고리즘이다. 핵심 아이디어는 각 단계에서 이미 구축된 부분 트리에 트리안에 포함된 정점들에 가장 가까운 정점을 추가하는 것이다.

- 크루스칼 알고리즘은 최소 비용 신장 트리를 찾는 또 다른 탐욕적인 알고리즘이다. 핵심 아이디어는 각 단계에서 그래프에 남아 있는 가장 가중치가 작은 간선이 순환을 만들지 않는다면 선택하는 것이다. Union−Find 알고리즘을 이용하여 순환 여부를 효율적으로 확인할 수 있다.

- 다익스트라 알고리즘은 연결된 가중 그래프에서 출발 정점에서 다른 모든 정점으로 가는 최단 경로를 찾는 탐욕적인 알고리즘이다. 핵심 아이디어는 출발 정점으로부터 가까운 순서로 다른 정점들까지의 최단 경로를 찾는다.

- 배낭 빈틈없이 채우기 문제는 0−1 배낭 채우기 문제와는 달리 배낭에 물건의 일부분을 넣을 수 있다. 핵심 아이디어는 배낭에 용량을 초과하지 않는 한 단위 무게당 가치가 가장 높은 물건부터 우선적으로 배낭에 넣는 것이다. 배낭의 용량이 남아 있으면 남은 물건들 중 단위 무게당 가치가 가장 높은 물건의 일부로 배낭을 채운다.

연습문제 EXERCISE

1 거스름돈이 652원일 때 탐욕적인 거스름돈 주기 알고리즘이 수행되는 과정을 보여라.

2 두 개 이상의 최소 비용 신장 트리를 가진 그래프를 하나 보이고 그 그래프의 모든 최소비용 신장 트리를 찾아라.

3 다음 그래프에 대해서 최소 비용 신장 트리를 구하려고 한다.

(1) 프림 알고리즘을 이용하여 최소 비용 신장 트리를 구하는 과정을 보여라.

(2) 크루스칼 알고리즘을 이용하여 최소 비용 신장 트리를 구하는 과정을 보여라.

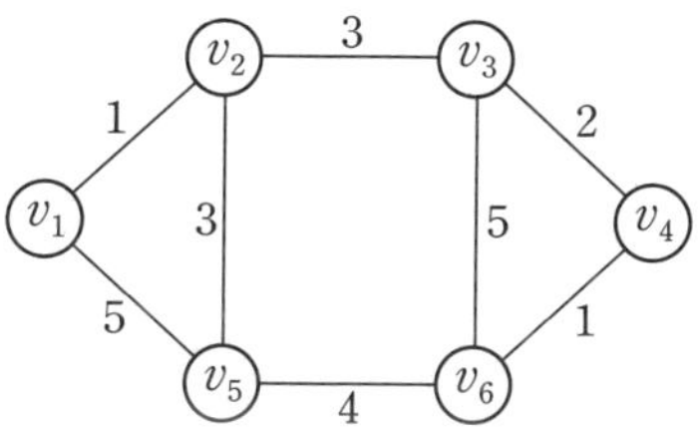

4 연결된 가중 그래프의 최대 비용 신장 트리를 찾는 탐욕적인 알고리즘을 작성하라. 최대 비용 신장 트리는 가능한 최대 가중치를 가진 신장 트리이다.

5 (1) 아래 그래프에서 정점 F에서 정점 D까지 가는 최단 경로는 세 개가 있다. 그 경로들을 찾아라.

(2) (1)에서 구한 세 경로들 중 어느 경로가 다익스트라의 최단 경로 찾기 알고리즘에 의해 구해지는가? 그 경로를 구하기까지 주요 단계를 다익스트라의 알고리즘을 이용하여 보여라

연습문제 EXERCISE

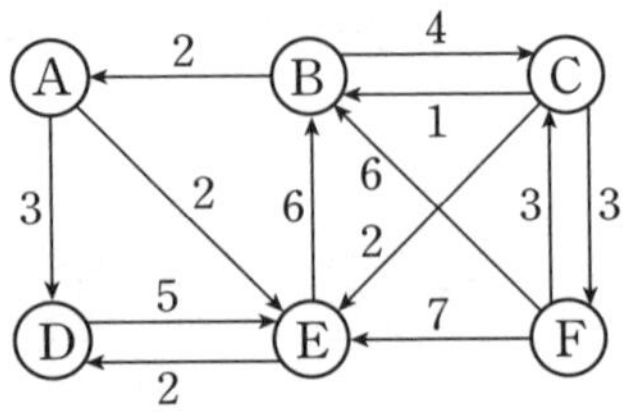

6 다음의 입력에 대하여 배낭 빈틈없이 채우기 알고리즘의 수행 결과를 보여라. 배낭의 용량은 30kg이다. 배낭에 넣을 수 있는 3개의 물건들의 가격과 무게는 다음과 같다:

물건	가격(원)	무게(kg)
1	50	5
2	60	10
3	140	20

7 다음 이진 트리에서 루트 노드에서 잎 노드까지의 경로 상에 있는 노드들 내의 숫자들의 최대 합을 탐욕적인 알고리즘을 사용하여 구하라. 탐욕적인 알고리즘은 항상 한 노드의 두 자식 노드들 중 숫자가 큰 노드를 선택한다.

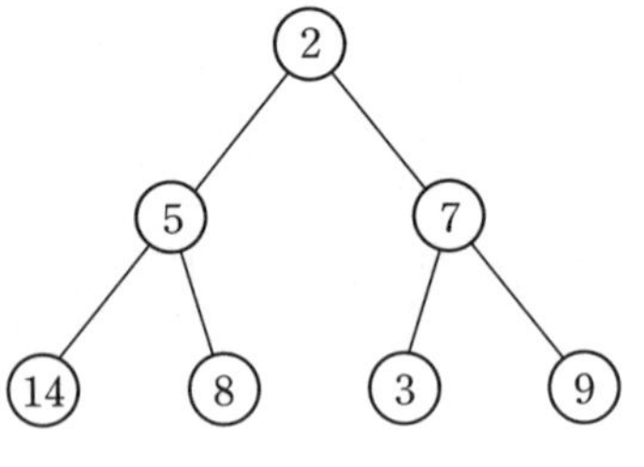

8 이진 트리에서 루트 노드에서 잎 노드까지의 경로 상에 있는 노드들 내의 숫자들의 최대 합을 구하는 탐욕적인 알고리즘을 작성하라. 탐욕적인 알고리즘은 항상 한 노드의 두 자식 노드들 중 숫자가 큰 노드를 선택한다.

9 사람들이 $n(>1)$명 있다. 사람마다 서로 다른 소문 하나를 알고 있다. 그들은 전자 메시지(문자 혹은 이메일 등)들을 보내서 모든 소문들을 서로 공유하기를 원한다. 메시지 송신자는 메시지를 보내는 순간에 그가 알고 있는 모든 소문들을 메시지에 포함하고 메시지 수신자는 단지 한 사람이라고 가정한다. 항상 가장 적은 수의 메시지들을 보내서 모든 사람이 모든 소문들을 알 수 있게 하는 탐욕적인 알고리즘을 작성하라. 작성한 알고리즘의 시간 복잡도를 O(혹은 θ)−표기법으로 표시하라.

10 $n(>1)$명이 오래된 다리를 건너려고 한다. 모든 사람들은 모두 강의 한 쪽에 있다. 그들은 모두 다리를 건너 다른 쪽으로 가야 한다. 때는 밤이다. 그들은 회중 전등 1개를 가지고 있다. 한 번에 많아야 2명이 다리를 건널 수 있다. 다리를 건너는 일행은 반드시 회중 전등을 휴대해야 한다. 회중 전등은 강 건너 편으로 던질 수 없다. 일행이 두 명이라면 느린 사람의 걷는 속도로 함께 걸어가야 한다. 사람 i, $1 \le i \le n$, 가 다리를 건너는 데 걸리는 시간은 t_i이다. $t_1 \le t_2 \le ... \le t_n$이라고 가정한다.

(1) $n = 4$인 경우에 모든 사람들이 17분만에 다리를 건너는 순서를 적어라. 각 사람이 다리를 건너는 데 걸리는 시간은 다음과 같다.

사람	소요 시간(분)
P1	1
P2	2
P3	5
P4	10

(2) 이 문제에 대한 탐욕적인 알고리즘을 작성하라.
(힌트: 간단히 현 상황에서 탐욕적으로 접근하라.)

(3) (2)의 알고리즘을 사용하면 n명 모두가 다리를 건너는 데 시간이 얼마나 걸리는가?

(4) (2)의 알고리즘은 최적인가? 최적이라면 최적임을 증명하고 아니라면 최적이 아닌 예를 들어라.

연습문제 EXERCISE

11 한 개의 프로세서에서 실행할 $n(>1)$개의 작업들이 있다. i, $1 \le i \le n$, 번째 작업의 실행 시간은 t_i이다. 이 작업들은 어떤 순서로도 실행될 수 있다. 그러나 프로세서는 한 번에 한 개의 작업만을 수행할 수 있다. 모든 작업들이 컴퓨터 시스템에서 보내는 총 시간이 최소가 되는 일정을 찾아야 한다. 한 작업이 시스템에서 보내는 시간은 시스템에서 기다리는 시간과 실행 시간의 합이다.

(1) $n=3$인 경우를 고려하라. 예를 들면, 첫 번째 작업은 2초가 걸리고 두 번째 작업은 4초가 걸리고 세 번째 작업은 3초가 걸린다. 작업들을 어떤 순서로 수행하는 것이 세 개의 작업들이 시스템에서 보내는 총 시간을 최소화하는가?

(2) 이 문제를 위한 탐욕적인 알고리즘을 작성하라.

(3) (2)에서 작성한 탐욕적인 알고리즘은 항상 최적의 해답을 만들어 내는가?

12 $m(>1)$명의 작업자들이 수행할 $n(>1)$개의 작업들이 있다. i, $1 \le i \le n$, 번째 작업의 수행 시간은 t_i이다. 이 작업들은 어떤 순서로도 수행될 수 있다. 그러나 각 작업자는 한 번에 한 개의 작업만을 수행할 수 있다. 모든 작업들이 시스템에서 보내는 총 시간이 최소가 되는 순서를 찾아야 한다. 한 작업이 시스템에서 보내는 시간은 시스템에서 기다리는 시간과 수행 시간의 합이다. 이 문제를 위한 탐욕적인 알고리즘을 작성하라.

13 $N(>1)$개의 일을 N명의 사람에게 배정하려고 한다. 배정 비용을 나타내는 행렬 C는 주어져 있다. 모든 사람에게 서로 다른 일을 배정해야 하고 총 배정 비용이 가장 작아야 한다.

(1) $n=4$인 경우를 고려하라. 배정 비용은 다음과 같다. 총 비용이 최소가 되도록 일을 배정하는 탐욕적인 알고리즘을 작성하라.

(힌트: 배정 비용 행렬의 전체 혹은 각 행에 대해서 탐욕적인 해결 방법을 적용할 수 있다.)

사람	일 1	일 2	일 3	일 4
1	8	3	6	5
2	4	9	2	8
3	8	1	5	4
4	9	3	7	5

(2) 이 문제에 대한 억지 기법 알고리즘을 작성하라.

(3) 이 문제에 대한 탐욕적인 알고리즘을 작성하라.
(힌트: 배정 비용 행렬의 전체 혹은 각 행에 대해서 탐욕적인 해결 방법을 적용할 수 있다.)

(4) (3)에서 작성한 알고리즘은 항상 최적의 해답을 만들어 내는가?

14 한 결혼식장에 하루에 여러 결혼식들의 일정을 잡는 문제이다. 결혼식장을 이용하기 원하는 $n(>1)$개의 결혼식들이 있다. 한 번에 단지 한 결혼식이 결혼식장을 이용할 수 있다. 각 결혼식 i, $1 \le i \le n$, 는 시작 시간 s_i와 종료 시간 f_i를 가진다. $s_i \le f_i$ 이다. 결혼식 시간이 겹치지 않으면서 가능한 최대로 많은 결혼식의 일정을 잡아야 한다. 이 문제를 해결하는 탐욕적인 알고리즘을 작성하라.

15 여러 개의 강당들에 하루에 배정할 행사들의 목록이 있다. 모든 행사들을 가능한 최소 개수의 강당들을 사용하여 배정해야 한다. 예를 들면, 3개의 강당들에 세 행사의 일정을 잡아야 한다고 하자. 행사 1은 9시부터 11시까지이고 행사 2는 10시부터 13시까지이고 행사 3은 11시부터 15시까지이다. 이 경우 필요한 최소 강당들의 수는 2이다. 한 강당에 행사 1과 행사 3을 배정하고 다른 강당에 행사 2를 배정하면 된다. 최소 개수의 강당들을 사용하면서 어느 행사가 어느 강당을 사용할 지를 결정하는 최적의 탐욕적인 알고리즘을 작성하라. 충분한 수의 강당이 있다고 가정한다.

연습문제 EXERCISE

16 가중치를 포함하는 비방향그래프가 연결되어 있는지를 검사하는 알고리즘을 프림 알고리즘을 수정하여 작성하라. 수정한 알고리즘의 시간 복잡도를 O(혹은 θ)−표기법으로 표시하라.

17 방향그래프에 순환이 있는지를 검사하는 알고리즘을 다익스트라 알고리즘을 수정하여 작성하라. 수정한 알고리즘의 시간 복잡도를 O(혹은 θ)−표기법으로 표시하라.

8장

NP-완전

8장

NP-완전

지금까지 다룬 거의 대부분의 알고리즘들은 시간 복잡도가 $O(1)$, $O(\log n)$, $O(n)$, $O(n \log n)$, $O(n^2)$과 $O(n^3)$이다. 이런 알고리즘들은 다항 시간(polynomial-time) 알고리즘들이다. 즉, 알고리즘은 크기가 n인 입력에 대해 최악의 실행 시간이 $O(n^k)$이다 (k는 양의 정수인 상수이다.) 반면에 억지 기법 알고리즘들을 포함한 일부 알고리즘들의 시간 복잡도는 $O(2^n)$과 $O(n!)$이다. 이런 알고리즘은 다항 시간 알고리즘이 아니다.

모든 문제를 다항 시간에 해결할 수 있는지가 컴퓨터 과학자들의 가장 큰 관심사였다. 하지만 어떤 문제들은 다항 시간에 풀 수 없다는 것이 밝혀졌다. 대표적인 문제가 튜링의 유명한 정지 문제(Halting Problem)이다. 이 문제는 어떤 컴퓨터도 아무리 많은 시간이 주어진다고 하더라도 풀 수 없다. 또한 어떤 문제들은 풀 수는 있으나 아직까지 다항 시간 알고리즘이 발견되지 않았다. 이 문제들은 NP-완전(nondeterministic polynomial-complete) 문제들이다.

뛰어난 알고리즘 개발자가 되기 위해서는 NP-완전 이론을 정확하게 이해해야 한다. 어떤 문제를 푸는 효율적인 알고리즘을 도저히 생각해 낼 수 없다면 그 문제가 혹시 NP-완전 문제가 아닌가 의심해 보아야 한다. 한 문제가 NP-완전 문제임을 증명한다면 그 문제를 완벽하게 해결하는 빠른 알고리즘을 찾기 보다는 근사 알고리즘을 개발하는 것이 더 나은 현실적 선택일 수 있다. 더욱이 정렬이나 그래프 탐색보다 더 어렵게 보이지 않는 많은 재미있는 문제들이 사실상 NP-완전 문제들인 경우가 많다. 따라서 NP-완전 문제들에 익숙해 지는 것이 중요하다. 이 장에서는 다항 시간 알고리즘에 의해 해결할 수 없는 NP-완전 문제들을 소개하고 이런 문제들 간의 관계를 배운다.

8-1 문제의 분류

컴퓨터로 풀 수 있는 문제들은 해결 가능성에 따라 풀 수 있는(solvable) 문제와 풀 수 없는(unsolvable) 문제로 나눌 수 있다. 튜링의 정지 문제가 대표적인 풀 수 없는 문제이다. 수학자 괴델이 어떤 완벽한 논리 체계에서도 근본적으로 풀 수 없는 문제가 존재함을 증명하였다.

풀 수 있는 문제는 해결하는 데 걸리는 시간에 따라 다항 시간 내에 풀 수 있는 P 문제와 다항 시간 내에 풀 수 없는 NP 문제로 나눌 수 있다. 다항 시간 내에 풀 수 없는 문제는 시간이 너무 많이 걸려 사실상 현실적인 시간 내에 풀 수 없다. NP 문제는 여러 가지 문제들로 다시 나눌 수 있다. 그 중에 가장 중요한 문제는 지수 시간(exponential time)의 시간복잡도를 가진 알고리즘으로 풀 수 있는 NP-완전 문제이다. NP-완전 문제의 특성은 어떤 NP-완전 문제를 다항 시간 알고리즘에 의해 풀 수 있다면 나머지 모든 NP-완전 문제들도 다항 시간 알고리즘에 의해 풀 수 있다는 것이다.

P 문제들과 NP-완전 문제들을 모두 포함하는 NP 문제들이 있다. NP 문제는 비결정론적 다항 시간(Nondeterministic polynomial time) 알고리즘으로 해결할 수 있는 문제이다. NP 문제는 8.3 절에서 자세하게 다룬다. **[그림 8-1]**은 P 문제들, NP-완전 문제들과 NP 문제들 사이의 관계를 보여준다.

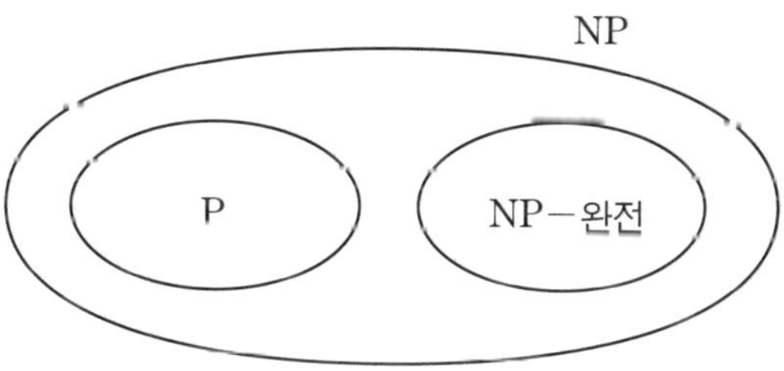

[그림 8-1] 문제의 분류

8-2 결정 문제와 최적화 문제

문제는 어떤 해를 요구하는가에 따라 다음과 같이 두 유형으로 나눌 수 있다.

1. Yes 혹은 No의 해를 요구하는 문제
2. 최적의 해를 요구하는 문제

첫 번째 유형의 문제는 결정(decision) 문제라고 부른다. 예를 들면, "한 무방향 그래프의 정점 s에서 정점 f까지 가는 경로의 거리가 K(상수) 이하인 경로가 있는가?" 라는 문제의 해는 그러한 경로가 있으면 'Yes' 없으면 'No' 이다. 따라서 결정 문제는 Yes/No 문제라고도 한다. 두 번째 유형의 문제는 최적화 문제라고 부른다. 예를 들면, "한 무방향 그래프의 정점 s에서 정점 f까지 가는 최단 경로의 거리는 얼마인가?" 라는 문제의 해는 최단 경로의 거리이다.

NP-완전 문제는 이론의 전개를 쉽게 하기 위해서 결정 문제만으로 국한한다. 따라서 최적화 문제는 모두 대응하는 결정 문제로 바꾼 다음 해결한다. 예를 들어 보자.

예 8.1 외판원 문제

최적화 문제: [그림 8-2]의 무방향 그래프에서 서울에서 출발하여 다른 모든 도시를 1번씩만 방문하고 서울로 돌아오는 최단 거리를 구하라.

이 문제를 다음과 같은 결정 문제로 바꾼다.

결정 문제: 서울에서 출발하여 다른 모든 도시를 1번씩만 방문하고 출발 도시인 서울로 돌아오는 경로의 거리가 K 이하인 경로가 있는가?

이렇게 바꾼 문제의 해는 그러한 경로가 있으면 'Yes' 없으면 'No' 가 된다.

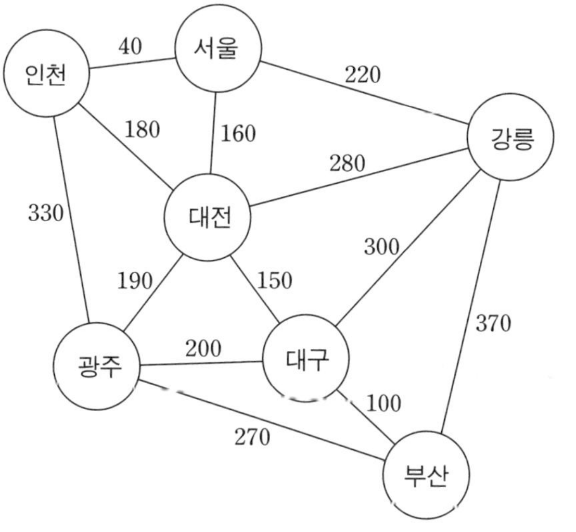

[그림 8-2] 도시 간 거리 그래프

최적화 문제는 대응하는 결정 문제보다 풀기가 쉽지 않다. 그러므로 결정 문제가 어렵다면 대응하는 최적화 문제도 어렵다고 말할 수 있다. NP-완전은 어떤 문제가 어렵다는 사실을 입증하는 것이다. 이를 위해 결정 문제만 다루고 결정 문제가 어려우면 대응하는 최적화 문제도 똑같이 어렵다는 것을 알려 준다. 어떤 결정 문제를 다항 시간에 풀 수 있으면 현실적인 시간에 풀 수 있는 것이고 그렇지 않으면 현실적인 시간에 풀 수 없는 것이다.

NP-완전 문제들은 다항 시간에 해결할 수 없다고 강력하게 추정되는 문제들이다. 어떤 NP-완전 문제도 다항 시간에 해결할 수 있는 알고리즘은 아직까지 발견되지 않았다. 그렇다고 NP-완전 문제들을 다항 시간에 해결하는 것이 불가능하다고 증명된 것도 아니다. 그러나 만약 NP-완전 문제들 중 한 문제가 다항 시간에 해결된다면 모든 NP-완전 문제를 다항 시간에 해결할 수 있다는 사실은 증명이 되었다. 따라서 전 인류는 어떤 NP-완전 문제를 다항 시간에 해결하는 알고리즘을 찾아내는 천재 과학자를 학수고대하고 있다.

8-3 NP

NP는 비결정론적 다항 시간 알고리즘에 의해 해결될 수 있는 결정 문제들의 집합이다. 비결정론적 다항 시간 알고리즘은 한 결정 문제의 사례(instance) I를 입력으로 받아 다음을 수행하는 2단계 알고리즘이다(사례는 문제의 구체적인 예이다. 예를 들면, 외판원 문제에서 사례는 주어진 무방향 그래프이다.)

1. 비결정론적 '추측' 단계: 주어진 사례 I에 대한 하나의 해 S를 '추측(guess)'한다.
2. 결정론적 '확인' 단계: 사례 I와 해 S를 입력으로 받아 S가 I에 대한 해임을 결정론적 다항 시간에 확인하고 그 해가 맞으면 'Yes' 라고 답한다. S가 I에 대한 해가 아니라면 'No' 라고 답하거나 알고리즘이 종료되지 않게 한다.

비결정론적 다항 시간 알고리즘은 한 결정 문제에 대한 해를 찾는 알고리즘이 아니라 추측한 해를 다항 시간에 확인하는 알고리즘이다. 예를 들어보자.

예 8.2 정렬 문제(결정 문제)

- 입력 사례: 배열 A = { 5, 3, 2, 9, 1, 7, 4, 8 }
- 추측 단계: 배열 A = { 1, 2, 3, 4, 5, 7, 9, 8 }
- 확인 단계: A[6] = 9 > 8 = A[7]이므로 해 = 'No'

위의 예에서는 추측 단계에서 크기 n의 배열 A가 정렬되어 있는지를 이웃한 배열 요소들을 처음부터 순서대로 비교하여 $\theta(n)$시간에 확인할 수 있으므로 이 문제는 NP에 속한다.

예 8.3 외판원 문제(결정 문제)

- 입력 사례: [그림 8-3]의 비방향 가중 그래프, 양의 정수 K = 10
- 추측 단계: $< 1 - 2 - 3 - 4 - 1 >$
- 확인 단계: $2 + 5 + 1 + 6 = 14 > 10$ 이므로 해 = 'No'

위의 외판원 문제에서는 추측 단계에서 추측한 임의의 경로 $< i_1 - i_2 - \cdots - i_n - i_1 >$ 의 가중치들의 합 $w(i_1, i_2) + w(i_2, i_3) + . . . + w(i_n, i_1)$ 이 주어진 양의 정수 K 보다 작거나 같은지를 $\theta(n)$ 시간에 확인할 수 있으므로 이 문제는 NP에 속한다.

P는 NP에 대비된다. P는 결정론적 다항 시간 알고리즘에 의해 해결될 수 있는 문제들의 집합이다. 7장까지 다룬 거의 모든 문제는 P에 속한다.

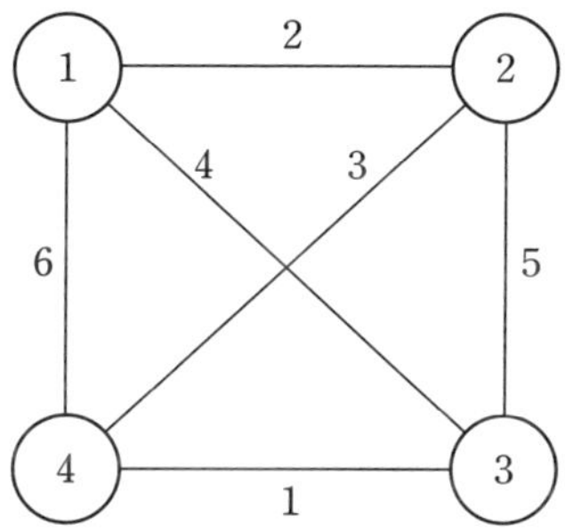

[그림 8-3] 외판원 문제

NP에 속하는 문제는 그 문제의 해가 Yes라는 근거가 주어졌을 때 그 해가 옳은 근거임을 다항 시간에 확인해 줄 수 있는 문제이다. 반면에 P에 속하는 문제는 그 문제의 질문에 대한 답이 Yes냐 No인가를 다항 시간에 알려줄 수 있는 문제이다.

대부분의 결정 문제들은 NP에 속한다. 특히 NP는 P의 모든 문제들을 포함한다. 즉, P ⊆ NP이다. 왜냐하면, 한 문제가 P에 속한다면 비결정론적 다항 시간 알고리즘의 추측 단계를 생략하고 확인 단계의 결정론적 다항 시간 알고리즘을 이용하여 문제를 풀 수 있기 때문이다. 그러나 NP에 P에 속하지 않는 문제가 포함되어 있는 지는 아직 밝혀지지 않았다. 즉, "P = NP?" 문제는 엄청난 현상금이 걸려 있는 미해결 문제이다. **[그림 8-4]**는 P와 NP의 가능한 두 가지 포함 관계를 보여 준다.

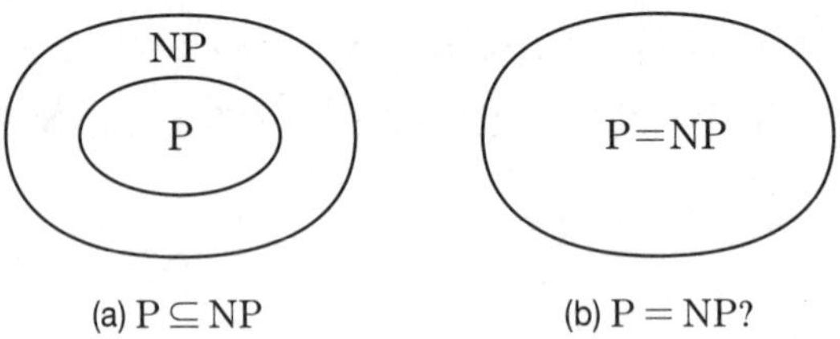

[그림 8-4] P와 NP의 가능한 포함 관계

8-4 NP-완전

NP-완전 문제는 NP에 속하는 문제이면서 현재까지 알려진 바로는 다항 시간에 풀 수 없지만 다른 NP-완전 문제와 어렵다는 점에서 밀접한 논리적 연결 관계를 가진 문제이다. NP-완전에 대한 이해를 돕기 위해 Garey와 Johnson의 책[6]에 있는 NP-완전과 관련된 재미있는 비유를 소개한다. 직장 상사가 한 직원에게 아주 어려운 문제를 해결하라고 한다. 이 직원은 이 문제를 도저히 풀 수가 없다. 이 직원은 이 상황에 대처하기 위해 상사를 찾아가 다음과 같이 보고할 수 있다.

1. "제가 능력이 부족하여 문제를 풀 수 없습니다."
2. "이 문제는 풀 수 없습니다."
3. "이 문제는 저는 물론이고 천재들도 풀 수 없습니다."

첫 번째 보고는 솔직하지만 재치가 없어 보인다. 두 번째 보고는 답이 존재하지 않는다는 것을 증명해 보이기 전에는 건방진 대답이다. 세 번째 보고가 가장 현명한 대답 중의 하나라고 볼 수 있다. 상사가 준 문제가 NP-완전 문제라는 것을 안다면 세 번째 보고와 같이 설득력이 있는 대답을 할 수 있을 것이다.

NP-완전 문제의 핵심 원리를 정확히 이해하기 위해서는 먼저 어떤 문제를 다른 문제로 변환(reduction)하는 과정을 알아야 한다. 결정 문제 A를 다항 시간에 해결할 수 있는지 알고 싶다고 하자. 그런데 다항 시간에 해결 가능한 결정 문제 B를 이미 알고 있다고 하자. 문제 A를 다항 시간에 문제 B로 변환할 수 있고 문제 B의 해(Yes 혹은 No)가 문제 A의 해와 항상 일치한다고 하자. 즉, 문제 B의 해가 Yes이면 문제 A의 해도 Yes이고 문제 B의 해가 No이면 문제 A의 해도 No이다. 그러면 문제 A도 다항 시간에 해결할 수 있다. 따라서 문제 A를 푸는데 걸리는 시간은 문제 B로 변환하는 다항 시간과 문제 B를 푸는 다항 시간을 합한 시간이다. 다시 말하면 문제 A를 다항 시간에 해결할 수 있다. 하지만 다항 시간에 해결할 수 있는 결정 문제가 아직까지 발견되지 않았다. 따라서 문제 A를 다항 시간에 해결할 수 있는지는 알 수 없다. 그럼에도 불구하고 NP-완전에 속하는 모든 문제들은 서로 다항 시간에 변환 가능한 관계를 가지고 있다.

다항 시간 변환을 이용하여 결정 문제 A를 결정 문제 B로 변환하여 해결하는 과정은 **[그림 8-5]**에 보여진다. 먼저 문제 A를 해결하기 위해서 문제 A의 사례를 문제 B의 사례로 변환한다. 변환된 문제 B의 사례를 문제 B의 알고리즘을 이용하여 해결한다. 문제 B의 해는 문제 A의 해이다.

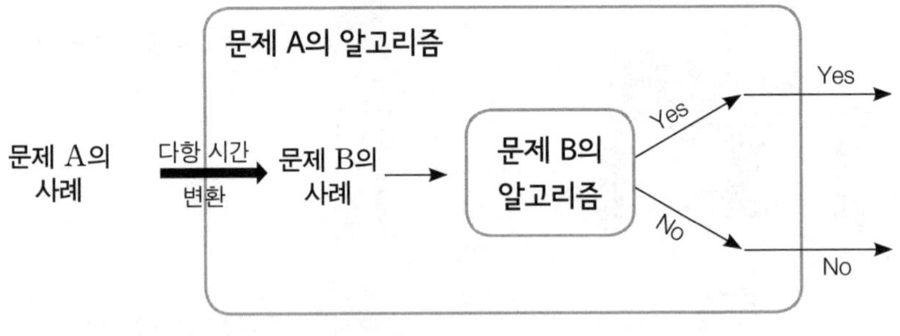

[그림 8-5] 변환을 이용한 결정 문제의 해결 과정

NP-완전을 정식으로 정의해 보자. 한 결정 문제 D는 다음 조건들을 만족시키면 NP-완전이다.

1. 문제 D는 NP에 속한다.
2. NP에 속한 모든 문제는 다항 시간에 문제 D로 변환 가능하다.

밀접하게 관련된 결정 문제들이 서로 다항 시간에 변환될 수 있다는 사실을 간단한 예를 통하여 확인해 보자. 해밀토니안 회로(Hamiltonian circuit)는 무방향 그래프의 모든 정점을 정확히 한 번씩만 방문하고 출발 정점으로 돌아오는 경로를 의미한다. 예를 들면, [그림 8-6]은 주어진 무방향 그래프의 정점 1에서 시작하는 모든 해밀토니안 회로를 보여 준다. 해밀토니안 회로 문제는 주어진 무방향 그래프에서 해밀토니안 회로가 있는지 묻는 문제이다. 외판원 문제는 양의 가중치를 갖는 비방향 완전(complete) 그래프에서 거리가 K(양의 실수) 이하인 해밀토니안 회로가 있는지 묻는 문제이다.

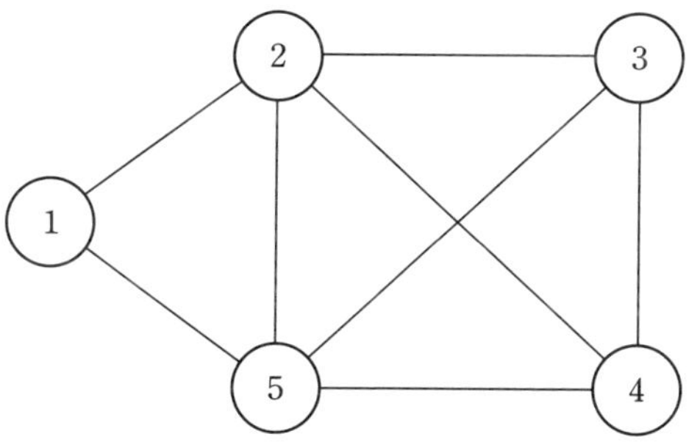

해밀토니안 회로

1. 1 − 2 − 3 − 4 − 5 − 1
2. 1 − 5 − 4 − 3 − 2 − 1
3. 1 − 2 − 4 − 3 − 5 − 1
4. 1 − 5 − 3 − 4 − 2 − 1

[그림 8-6] 해밀토니안 회로

완전 그래프는 모든 정점 사이에 간선이 있는 그래프이므로 해밀토니안 회로는 반드시 존재한다. 실제로 정점들의 수가 $n(> 0)$인 비방향 완전 그래프에는 총 $(n-1)!$ 개의 해밀토니안 회로가 존재한다. 본래 외판원 문제는 이 중 가장 짧은 회로를 찾는 문제이다. NP-완전 이론은 결정(Yes/No) 문제만을 대상으로 하므로 이 문제를 결정 문제로 바꾼 것이 위에 언급한 외판원 문제이다.

해밀토니안 회로 문제의 사례를 외판원 문제의 사례로 다항 시간에 변환하는 두 개의 예가 **[그림 8-7]**에 보여진다. 외판원 문제는 완전 그래프를 대상으로 하므로 모든 정점 사이에 간선이 있어야 한다. 해밀토니안 회로 문제의 사례에서 간선이 있으면 외판원 문제의 사례에서 대응하는 간선의 가중치를 1로 하고 간선이 없으면 가중치를 2로 준다. **[그림 8-7]** (a)는 해밀토니안 회로가 있는 사례에 해당되고 (b)는 그 사례를 외판원 문제의 사례로 변환한 사례이다. (a)에서는 경로 a − b − c − d − a가 해밀토니안 회로이다. 이 경로가 (b)에서는 거리가 4인 해밀토니안 회로가 된다. **[그림 8-7]** (c)는 해밀토니안 회로가 없는 사례에 해당되고 (d)는 그 사례를 외판원 문제의 사례로 변환한 사례이다. (d)에서는 모든 해밀토니안 회로가 (c)에 없는 간선을 적어도 하나 포함하게 된다. (c)에 없는 간선은 가중치가 2이므로 모든 해밀토니안 회로의 거리는 4보다 크게 된다.

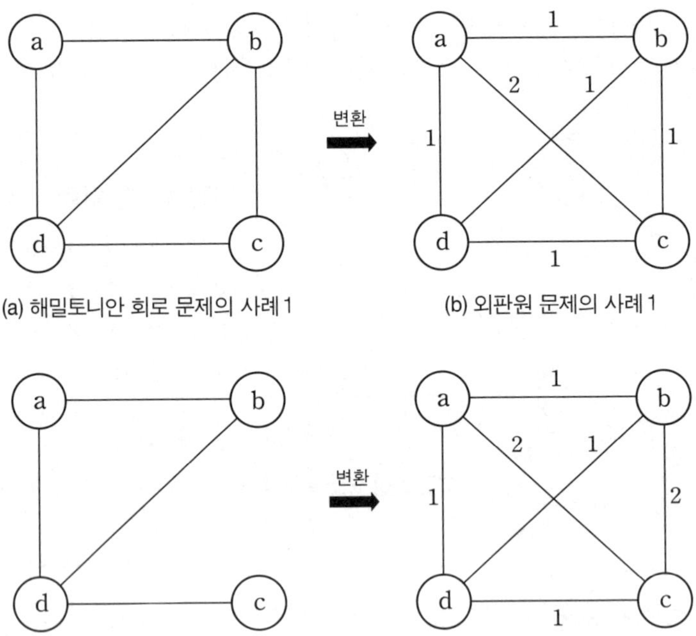

(a) 해밀토니안 회로 문제의 사례 1 (b) 외판원 문제의 사례 1

(a) 해밀토니안 회로 문제의 사례 2 (b) 외판원 문제의 사례 2

[그림 8-7] 다항 시간 변환 후 두 사례의 관계

해밀토니안 회로 문제의 사례가 주어지면 이 문제를 직접 해결하는 대신 위와 같이 외판원 문제의 사례로 변환한다. 그러면 해밀토니안 회로 문제의 사례에서 "해밀토니안 회로가 있는가?" 라는 질문은 변환된 외판원 문제의 사례에서 "길이가 n 이하인 해밀토니안 회로가 있는가?" 라는 질문이 된다. 후자의 질문에 대한 답은 전자의 질문에 대한 답과 일치한다. 변환된 외판원 문제의 사례에서 해밀토니안 회로의 거리는 절대로 n보다 작을 수 없으므로 후자의 질문은 "길이가 n인 해밀토니안 회로가 있는가?" 라는 질문과 같다. 즉 외판원 문제를 다항 시간에 풀 수 있는 알고리즘이 있으면 해밀토니안 회로 문제도 다항 시간에 풀 수 있게 된다. 하지만 아직까지 외판원 문제를 다항 시간에 푸는 알고리즘은 알려지지 않았다. 따라서 해밀토니안 회로 문제는 외판원 문제만큼 어렵다는 결론을 내릴 수 있다.

NP-hard는 NP-완전보다 넓은 범위의 문제를 포함한다. NP-hard를 정식으로 정의해 보자. 문제 A가 다음 조건을 만족하면 NP-hard이다.

> NP에 속한 모든 문제는 다항 시간에 문제 A로 변환 가능하다.

위 정의에 따라 NP-완전 문제는 NP-hard에 속한다. 모든 NP 문제가 NP-hard 문제로 다항 시간에 변환 가능함에도 불구하고 NP-hard문제는 반드시 NP 문제일 필요는 없다 **[그림 8-8]**은 NP, NP-hard, NP-완전 사이의 관계를 보여 준다. 또한 NP-완전은 결정 문제만 포함하지만 NP-hard는 최적화 문제도 포함한다.

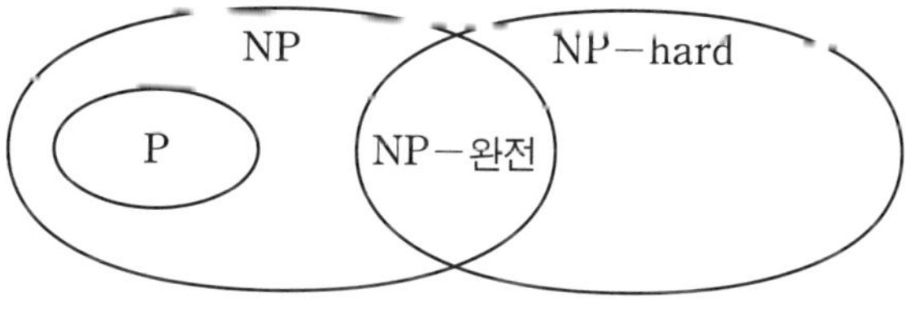

[그림 8-8] NP, NP−hard, NP-완전 사이의 관계

NP-완전을 NP-hard를 이용하여 정의할 수 있다. 문제 A가 다음 조건들을 만족하면 NP-완전이다.

1. 문제 A는 NP에 속한다.
2. 문제 A는 NP-hard이다.

어떤 문제가 NP-hard에 속한다는 것을 증명하는 것은 매우 어렵다. 왜냐하면 NP에 속한 모든 문제를 다항 시간에 그 문제로 변환 가능함을 보여야 하기 때문이다. 수많은 NP문제들이 있기 때문에 이렇게 증명하는 것은 사실상 불가능하다. 다행스럽게도 어떤 NP-hard문제를 다항 시간에 주어진 문제로 변환 가능하다면 그 문제는 NP-hard에 속한다는 정리가 있다. 어떤 문제가 NP-hard에 속한다는 증명은 이 정리를 이용한다.

8-5 NP-완전 문제

NP-완전에 속하는 문제들은 컴퓨터 분야만이 아니라 광범위한 분야에서 실제로 발생하는 문제들이 포함되어 있다. 어떤 문제를 다항 시간에 해결하는 효율적인 알고리즘을 도저히 찾을 수가 없으면 그 문제가 NP-완전 문제가 아닐까 생각해 보아야 한다. 따라서 어떤 문제가 NP-완전 문제인지를 증명하는 방법을 정확히 알아야 한다.

어떤 문제 A가 NP-완전 문제임을 증명하기 위해 다음과 같은 일을 해야 한다.

1. 문제 A가 NP에 속함을 보인다
2. 한 NP-hard 문제 C의 사례를 다항 시간에 문제 A의 사례로 변환하는 알고리즘을 작성한다.
3. 2의 알고리즘을 수행하여 얻은 결과 사례 C와 사례 A의 Yes/No 해가 일치함을 보인다.

어떤 문제가 NP-완전 문제임을 증명하는 것은 쉽지 않다. 지금까지 잘 알려진 NP-완전 문제들의 증명은 참고 문헌을 참조하기 바란다[2, 5, 6]. 이 절에서는 대표적인 NP-완전 문제들을 소개한다.

NP-완전의 핵심 개념은 NP에 속한 모든 문제들을 다항 시간에 주어진 문제로 변환 가능 여부이다. 실제로는 모든 NP 문제들을 변환할 필요 없이 알려진 하나의 NP-완전(또는 NP-hard) 문제만 변환할 수 있으면 된다. 따라서 NP-완전 문제라고 알려진 문제가 있어야 한다. 다행히 Cook이 CNF-만족 문제(CNF-satisfiability problem)가 NP-완전이라는 것을 증명하였다. 이 문제는 부울 연산식들을 다룬다. 각 부울 연산식은 논리곱 정규형(Conjunctive Normal Form 혹은 CNF)로 표현될 수 있다. 예를 들면, 3개의 부울 변수들 a, b, c와 그들의 역 $\overline{a}$, $\overline{b}$, $\overline{c}$을 포함하는 다음 부울 연산식이 논리곱 정규형의 예이다.

$$(\overline{a} \lor \overline{b} \lor c) \land (\overline{a} \lor b) \land (a \lor \overline{b} \lor \overline{c})$$

일반 부울식 만족 문제는 논리곱 정규형의 주어진 부울 연산식의 값이 true가 되도록 부울 연산식의 변수들에 true나 false값을 할당할 수 있는지를 묻는 문제이다. 위의 부울 연산식의 예에서는 a, b와 c가 각각 true라면 전체 부울 연산식의 값이 true가 된다. 따라서 위의 부울 연산식은 만족시킬 수 있다.

완전 부분 그래프(clique)는 주어진 무방향 그래프 G = (V, E)에서 모든 정점들 사이를 연결하는 간선이 있는 부분 그래프이다. 완전 부분 그래프의 크기는 부분 그래프가 포함하는 정점들의 수이다. 예를 들면, **[그림 8-9]** (a)의 무방향 그래프는 두 개의 완전 부분 그래프를 가진다. 즉, 크기 3과 크기 4(최대 크기)의 완전 부분 그래프는 각각 **[그림 8-9]**의 (b)와 (c)에 보여진다. 완전 부분 그래프 문제는 주어진 무방향 그래프내에 있는 최대 크기의 완전 부분 그래프를 찾는 최적화 문제이다.

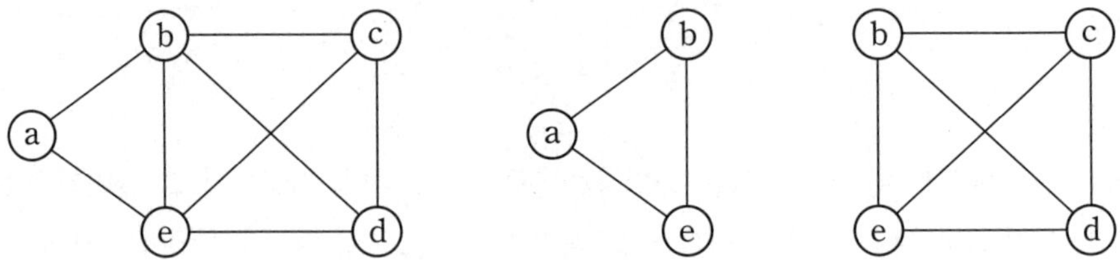

(a) 무방향 그래프　　(b) 크기 3의 완전 부분 그래프　　(c) 최대 크기(4)의 완전 부분 그래프

[그림 8-9] 무방향 그래프와 완전 부분 그래프들

정점 커버(vertex cover)는 주어진 무방향 그래프 G = (V, E)에서 각 간선의 양쪽 끝의 두 정점들 중에서 적어도 1개의 정점을 포함하는 정점들의 집합이다. 정점 커버의 크기는 정점 커버내에 있는 정점들의 수이다. 예를 들면, **[그림 8-10]**의 무방향 그래프는 크기 2의 정점 커버 {a, d}를 가진다. 정점 커버 문제는 주어진 무방향 그래프내에 있는 최소 크기의 정점 커버를 찾는 문제이다.

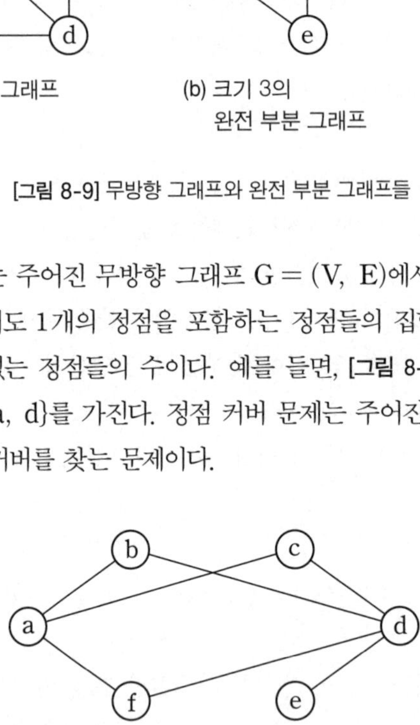

[그림 8-10] 정점 커버를 가진 무방향 그래프

부분 집합의 합(subset sum)은 주어진 정수들의 집합 S의 요소들의 합이 K가 되는 S의 부분 집합을 찾는 문제이다. 예를 들면, S = {10, 20, 50, 70, 80}일 때 S의 요소들의 합이 160이 되는 부분 집합은 {10, 70, 80}이다.

0−1 배낭 채우기 문제는 배낭의 용량 C, $n(>0)$개의 물건들, 물건 i, $1 \le i \le n$, 의 무게 w_i와 가치 v_i가 주어질 때 배낭의 용량을 초과하지 않으면서 배낭에 넣을 수 있는 물건들의 최대 가치를 구하는 문제이다. 예를 들면, 배낭의 용량 C가 60이고 4개의 물건들의 무게와 가치가 **[표 8-1]**과 같다면 물건 2와 물건 3을 배낭에 넣는 경우 무게의 합은 55가 되고 가치의 합은 140이다. 이 경우가 얻을 수 있는 최대 가치이다.

물건	무게	가치
1	10	40
2	25	50
3	30	90
4	40	60

[표 8-1] 물건들의 무게와 가치

그래프 색칠하기(graph coloring)는 주어진 무방향 그래프 $G=(V, E)$에서 인접한 정점들을 서로 다른 색으로 색칠하는 것이다. 그래프 색칠하기 문제는 가장 적은 수의 색을 사용하여 주어진 그래프를 색칠하는 문제이다. 예를 들면, **[그림 8-11]**의 무방향 그래프에서 정점 a와 c를 빨간색, 정점 b와 d를 노란색, 정점 e를 파란색으로 칠할 수 있다. 이 그래프를 3개의 색보다 적은 수의 색으로 칠할 수 없다.

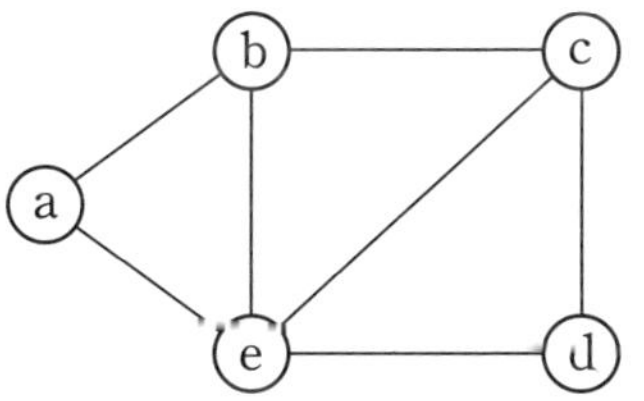

[그림 8-11] 무방향 그래프

요약

- 컴퓨터로 풀 수 있는 문제는 결정 문제와 최적화 문제로 나눌 수 있다. 결정 문제는 Yes 혹은 No의 해를 요구하고 최적화 문제는 최적의 해를 요구한다.
- 컴퓨터로 풀 수 있는 문제들은 풀 수 있는 문제와 풀 수 없는 문제로 나눌 수 있다.
- 튜링의 정지 문제가 대표적인 풀 수 없는 문제이다.
- 풀 수 있는 문제는 다항 시간 내에 풀 수 있는 P 문제와 다항 시간 내에 풀 수 없는 NP 문제로 나눌 수 있다.
- P 는 다항 시간 내에 풀 수 있는 모든 결정 문제들의 집합이다.
- NP 는 비결정론적 다항 시간 알고리즘으로 풀 수 있는 모든 결정 문제들의 집합이다.
- NP 문제들은 P 문제들과 NP-완전 문제들을 모두 포함한다.
- NP-완전 문제는 지수 시간의 시간 복잡도를 가진 알고리즘으로 풀 수 있는 문제이다. NP-완전 문제는 결정 문제만으로 국한한다. 최적화 문제는 모두 대응하는 결정 문제로 바꾼 다음 해결한다.
- 어떤 NP-완전 문제를 다항 시간 알고리즘에 의해 풀 수 있다면 나머지 모든 NP-완전 문제들도 다항 시간 알고리즘에 의해 풀 수 있다.
- NP-hard는 NP-완전보다 넓은 범위의 문제를 포함한다. NP 에 속한 모든 문제가 다항 시간에 문제 A 로 변환 가능하다면 문제 A 는 NP-hard이다.
- NP-hard는 결정 문제와 최적화 문제를 포함한다.
- 어떤 문제가 NP-완전 문제임을 증명하는 방법은 알려진 NP-완전(또는 NP-hard) 문제를 다항 시간에 주어진 문제로 변환하는 것이다.
- P = NP 혹은 P ⊆ NP 인가는 컴퓨터 과학의 가장 중요한 미해결 문제이다.

연습문제 EXERCISE

1 모든 문제를 다항 시간에 풀 수 있는가?

2 P에 속하는 결정 문제의 예를 3개만 들어라.

3 NP에 속하는 결정 문제의 예를 3개만 들어라.

4 이 책에서 다루지 않은 NP－완전 문제들을 5개만 들어라.

5 NP－hard 문제들을 5개만 들어라.

6 [그림 8-2]의 비방향 가중 그래프에서 서울에서 출발하여 다른 모든 도시를 1번씩만 방문하고 출발 도시인 서울로 돌아오는 최단 거리를 구하라.

7 [그림 8-2]의 비방향 가중 그래프에서 서울에서 출발하여 다른 모든 도시를 1번씩만 방문하고 출발 도시인 서울로 돌아오는 경로의 거리가 1400 이하인 경로가 있는가?

8 다음 CNF－만족 문제의 해를 구하라.

(1) $(a \vee b \vee c) \wedge (\overline{a} \vee \overline{b}) \wedge (\overline{a} \vee \overline{c})$

(2) $(a \vee \overline{b}) \wedge (\overline{b} \vee \overline{c}) \wedge (\overline{a} \vee c)$

9 집합 S＝{20, 50, 60, 70, 90, 100}의 요소들의 합이 160이 되는 S의 부분 집합을 모두 찾아라.

연습문제 EXERCISE

10 다음 그래프의 해밀토니안 회로를 모두 찾아라.

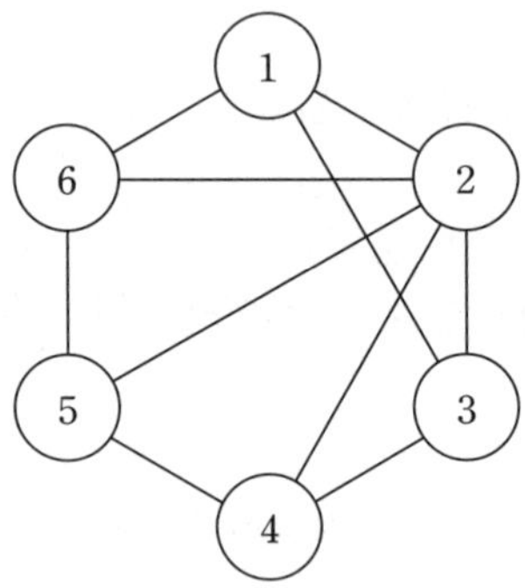

11 집합 S = {20, 30, 50, 70, 90, 120}을 2 개의 부분 집합 X와 Y로 분할하라. X에 속한 원소들의 합과 Y에 속한 원소들의 합이 동일하여야 한다.

12 다음 그래프에서 최소 개수의 정점 커버를 찾아라.

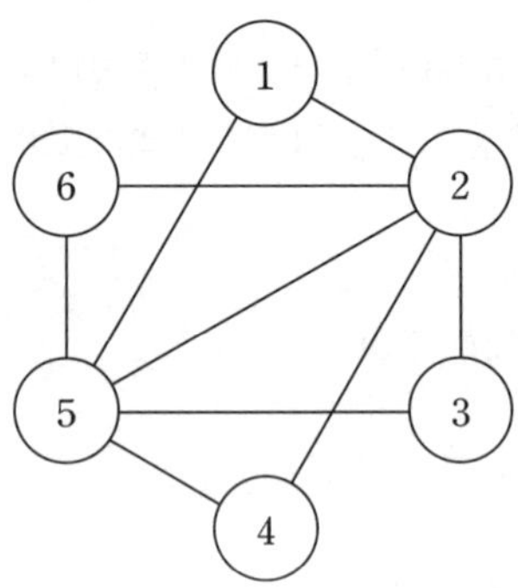

13 다음의 0–1 배낭 채우기 문제에 대한 해를 구하라. 배낭의 용량은 10이다.

물건	무게	가치
1	3	20
2	4	30
3	6	40
4	2	50

14 다음 그래프에서 인접한 정점들을 서로 다른 색으로 색칠하는 최소 색들의 수를 구하라

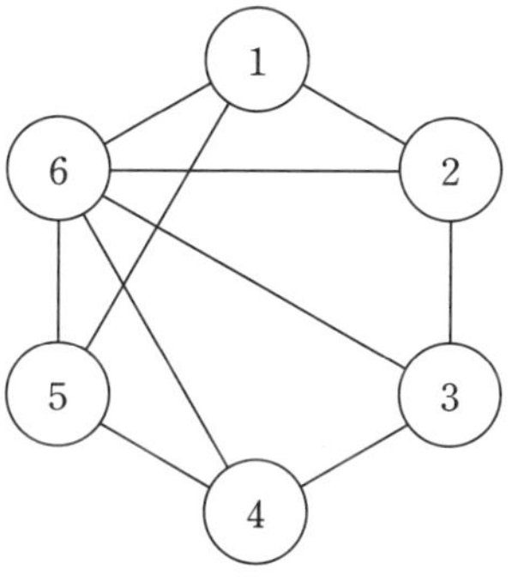

15 다음 그래프에서 해밀토니안 회로를 구하려고 한다. 이 문제를 외판원 문제로 바꾸어 풀어라

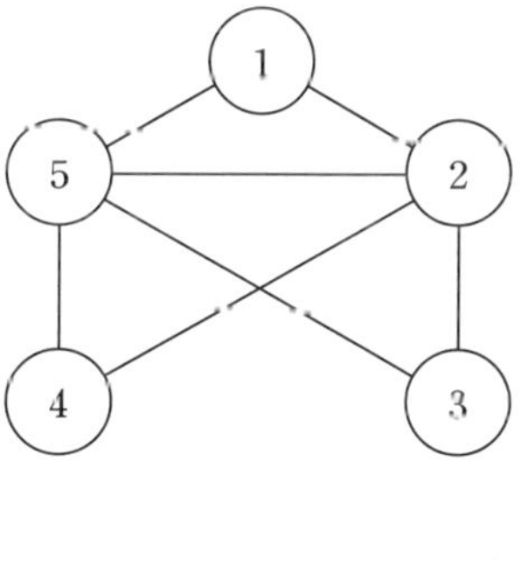

연습문제 EXERCISE

16 다음 그래프에서 크기가 가장 큰 완전 부분 그래프를 찾아라.

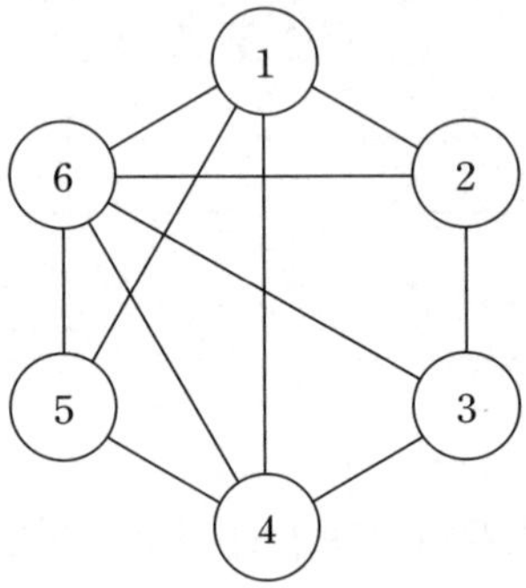

17 다음 그래프에서 정점 1에서 출발하여 다른 모든 정점을 1번씩만 방문하고 정점 1로 돌아오는 최단 거리를 구하라.

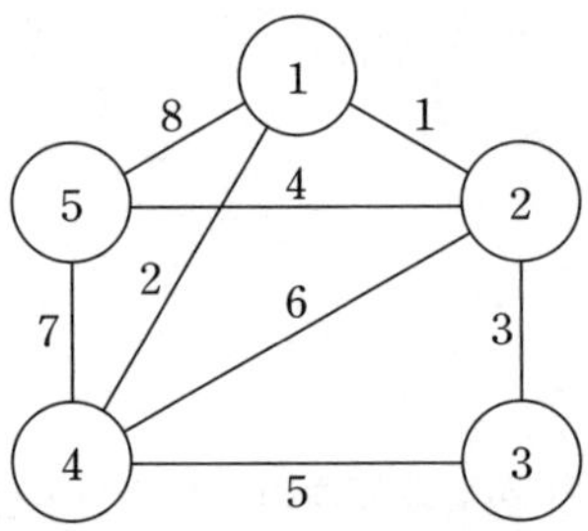

9장

되추적

9장

되추적

지난 장에서 살펴본 대로 현실적인 시간 내에 풀 수 없는 아주 어려운 문제들이 있다. 이런 문제들 중 일부는 매우 중요하여 어떻게든 풀려고 노력해야 한다. 이런 어려운 문제들의 해를 탐색하기 위한 대표적인 알고리즘 설계 기법들이 되추적(backtracking)과 분기 한정(branch-and-bound) 기법이다. 이 두 기법은 완전 탐색을 개선한 기법이다. 완전 탐색은 모든 가능한 경우를 탐색하여 해를 찾는 것이다. 완전 탐색과 달리 이 기법들은 후보 해들을 단계적으로 만들어 가는 과정에서 후보 해들을 평가한다. 만약 한 후보 해가 최종 해가 될 수 없다고 판단되면 탐색을 멈추고 다른 후보 해를 탐색한다.

한 등산객이 산의 정상을 등정한 후 하산 중에 날이 어두어져 하산 길을 찾기가 매우 어렵다고 하자. 하산 중에 갈림길이 나올 때 어느 길을 선택해야 할지 도무지 알 수 없을 때 어쩔 수 없이 채택하는 전략이 되추적이다. 갈림길에서 한 길을 선택한 후 그 길을 따라 계속해서 갈 수밖에 없다. 그러다가 길이 끝어 지거나 절벽에 도달하면 갈림길로 되돌아올 수밖에 없다. 그리고 나서 갈림길에서 다른 길을 선택해서 갈 수밖에 없다. 이렇게 선택하는 것의 가장 큰 문제는 하산하기까지 시간이 많이 걸린다는 것이다. 그 결과 탈진하여 생명을 잃을 수도 있다.

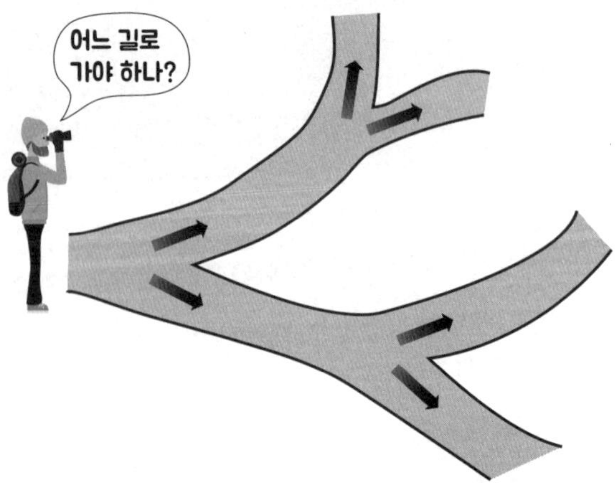

되추적과 분기 한정 기법은 문제 해결 과정에서 상태 공간 트리(state space tree)를 만든다. 상태 공간 트리는 특정 알고리즘의 진행 과정을 트리로 나타낸 것이다. 상태 공간 트리에서 각 노드는 한 해의 구성요소들에 대한 특정 선택들을 나타낸다. 상태 공간 트리에서 루트 노드에서 종단 노드까지의 경로가 후보 해가 된다. 두 기법들은 상태 공간 트리에서 해가 될 가능성이 전혀 없는 노드의 자손 노드들을 고려하지 않는다. 분기 한정 기법은 최적화 문제에만 적용 가능하다. 되추적 기법은 최적화 문제뿐만이 아니라 결정 문제도 해결할 수 있다. 이 장에서는 되추적 기법을 다루고 10장에서 분기 한정 기법을 다룬다.

9-1 상태 공간 트리

상태 공간 트리를 미로 찾기 문제를 예를 들어 설명해 보자. **[그림 9-1]**의 (a)는 미로를 보여준다. S와 T는 각각 미로의 입구와 출구이다. **[그림 9-1]**의 (b)는 미로 탐색 중 만나게 되는 분기점, 막다른 곳, 입구나 출구를 추가한 미로이다.

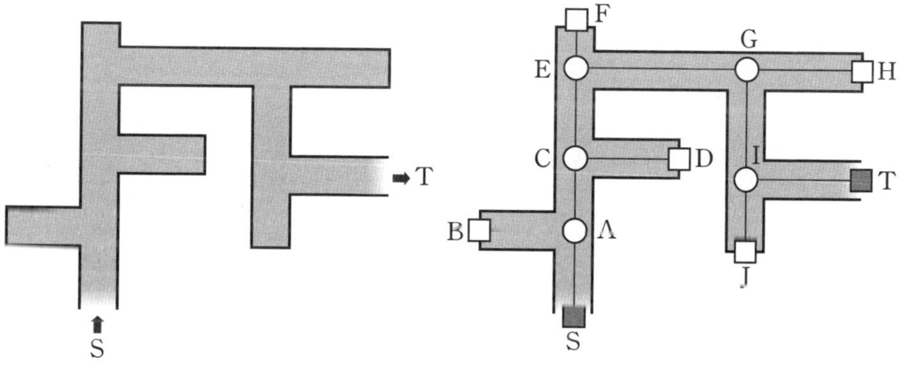

(a) 미로

(b) 분기점과 종단을 표시한 미로

[그림 9-1] 미로 찾기 문제

미로 찾기 문제에서 입구에서 출구까지 가는 경로를 찾기 위해서 선택할 수 있는 모든 경로를 상태 공간 트리로 나타낼 수 있다. 상태 공간 트리에서 미로의 입구가 시작 노드이고 막다른 곳이나 출구가 종단 노드이다. [그림 9-2]는 [그림 9-1] (b)의 미로에 대한 탐색 과정을 표현한 상태 공간 트리이다. 이 상태 공간 트리를 설명해 보자.

1. S에서 시작하여 분기점 A로 간다. A에서 B나 C로 갈 수 있다.
2. 임의로 B를 선택하고 가면 막다른 골목에 도달하게 된다. 그러면 바로 전 분기점 A로 되돌아 갈 수밖에 없다.
3. 분기점 A에서 다음 선택은 분기점 C이다. C에서 D나 E로 갈 수 있다.
4. 임의로 D를 선택하고 가면 막다른 골목에 도달하게 된다. 그러면 바로 전 분기점 C로 되돌아 갈 수밖에 없다.
5. 분기점 C에서 다음 선택은 분기점 E이다. E에서 F나 G로 갈 수 있다.
6. 임의로 F를 선택하고 가면 막다른 골목에 도달하게 된다. 그러면 바로 전 분기점 E로 되돌아 갈 수밖에 없다.
7. 분기점 E에서 다음 선택은 분기점 G이다. G에서 H나 I로 갈 수 있다.
8. 임의로 H를 선택하고 가면 막다른 골목에 도달하게 된다. 그러면 바로 전 분기점 G로 되돌아 갈 수밖에 없다.
9. 분기점 G에서 다음 선택은 분기점 I이다. I에서 J나 T로 갈 수 있다.
10. 임의로 J를 선택하고 가면 막다른 골목에 도달하게 된다. 그러면 바로 전 분기점 I로 되돌아 갈 수밖에 없다.
11. 분기점 I에서 다음 선택은 T이다. T가 출구이므로 탐색을 끝낸다.

위의 탐색 과정은 사실상 상태 공간 트리를 깊이 우선 탐색하는 것임에 유의하라.

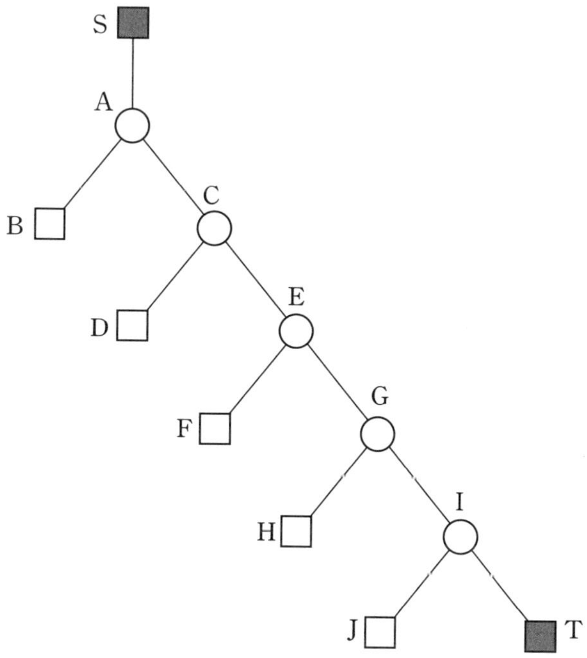

[그림 9-2] 미로에 대응되는 상태 공간 트리

상태 공간 트리의 다른 예로 동전 던지기 문제를 고려해 보자. 3개의 동전들을 던질 때 나올 수 있는 값들의 모든 가능한 조합들을 출력하는 문제를 고려하자. 동전의 앞면과 뒷면을 각각 0과 1이라고 가정한다. 이 문제에 대한 간단한 알고리즘은 다음과 같다. c1, c2와 c3는 각각 첫 번째, 두 번째와 세 번째 동전의 값을 저장한다.

```
for (c1 = 0; c1 <= 1; c1++)
    for (c2 = 0; c2 <= 1; c2++)
        for (c3 = 0; c3 <= 1; c3++)
            [c1, c2, c3]을 출력한다
```

[그림 9-3]은 위 알고리즘의 진행 과정을 상태 공간 트리로 나타낸 것이다. 트리에서 *는 정해지지 않은 값을 의미한다. 루트 노드는 동전들을 던지기 전의 상태를 나타낸다. 수준 1에 있는 노드들은 첫 번째 동전을 던진 결과를 나타낸다. 노드 (0, *, *)와

노드 (1, *, *)는 첫 번째 동전을 던진 결과가 각각 앞면과 뒷면임을 나타낸다. 수준 3에 있는 종단 노드들은 3개의 동전들을 던진 모든 결과를 나타낸다. 위 알고리즘을 수행한 결과는 다음과 같다.

[0, 0, 0], [0, 0, 1], [0, 1, 0], [0, 1, 1], [1, 0, 0],
[1, 0, 1], [1, 1, 0], [1, 1, 1]

위 결과는 **[그림 9-3]**의 상태 공간 트리에 깊이 우선 탐색을 할 때 방문하는 종단 노드들의 순서와 같다. 위 알고리즘은 깊이 우선 탐색의 변형임에 유의하라.

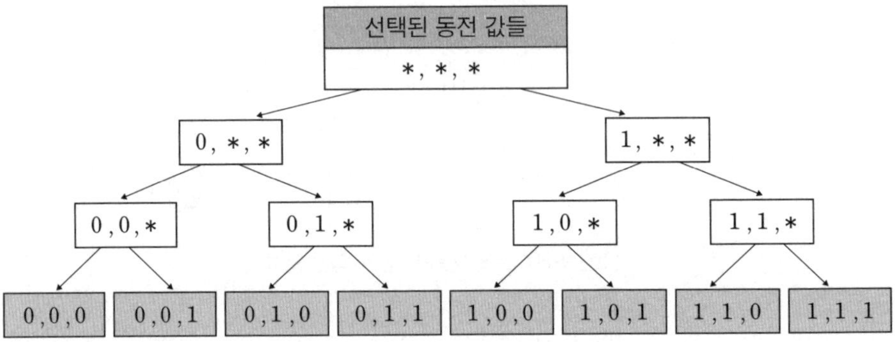

[그림 9-3] 동전 던지기의 상태 공간 트리

9-2 순열 생성

되추적 기법은 해를 탐색하는 과정에서 더 이상 갈 수 없으면 왔던 길을 되돌아가서 다른 해를 찾는 기법이다. 되추적 기법을 사용하여 해결할 수 있는 쉬운 문제로 순열 생성 문제를 고려해 보자. 순열 생성 문제는 <1, 2, . . . , N>의 모든 순열들을 생성하는 문제이다. 이 문제를 해결하는 알고리즘의 아이디어를 얻기 위해 N = 3인 경우를 고려하자. <1, 2, 3>의 모든 순열은 다음과 같다.

<1, 2, 3>, <1, 3, 2>, <2, 1, 3>, <2, 3, 1>,
<3, 1, 2>, <3, 2, 1>

위 결과를 얻기 위한 상태 공간 트리는 **[그림 9-4]**에 보여진다. 트리에서 *는 정해지지 않은 값을 의미한다. 루트 노드는 순열이 생성되기 전의 상태를 나타낸다. 수준 1에 있는 노드들은 순열의 첫 번째 값이 각각 1, 2와 3인 경우를 나타낸다. 노드 (1, *, *)에서 순열의 두 번째 값으로 1, 2, 혹은 3을 선택할 수 있다. 만약 1을 선택한다면 노드 (1, 1, *)는 순열이 아니므로 더 이상 고려하지 않고 부모 노드 (1, *, *)로 되돌아 간다. 두 번째 값의 다음 선택으로 2를 선택하면 노드 (1, 2, *)가 된다. 노드 (1, 2, *)에서 순열의 세 번째 값으로 1이나 2를 선택하면 순열이 아니므로 더 이상 고려하지 않는다. 세 번째 값으로 3을 선택한 노드 (1, 2, 3)은 찾는 순열이다. 상태 공간 트리의 다른 노드들도 같은 방식으로 만들어 진다. 상태 공간 트리의 구축 과정에 되추적 기법이 적용되고 있다. 즉, 한 노드가 해에 도달할 수 없다면 더 이상 자식 노드들을 만들지 않고 부모 노드로 되돌아 간다. 그리고 나서 가능한 다른 선택을 한다.

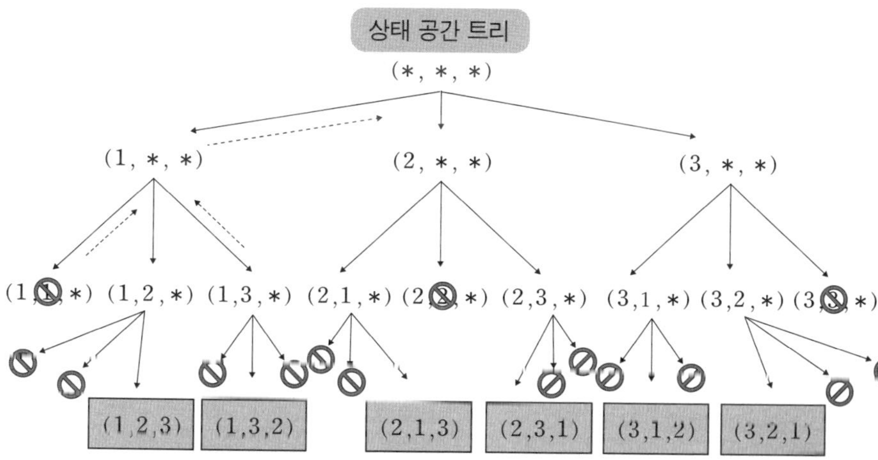

[그림 9-4] 순열 생성의 상태 공간 트리

<1, 2, 3>의 순열은 **[그림 9-5]**에 보여진 대로 3가지 경우로 나눌 수 있다. 배열 A에 <1, 2, 3>의 순열이 저장된다고 가정하자. 순열의 첫 번째 숫자는 1, 2혹은 3이

될 수 있다. 1인 경우에는 순열의 나머지 부분은 <2, 3>의 순열이므로 두 번째 숫자는 2와 3은 될 수 있지만 1은 될 수 없다. 따라서 순열의 k, $1 \le k \le 3$, 번째 숫자인 A[k − 1]를 모든 가능한 숫자들 중의 하나인 i(1, 2 혹은 3)으로 정하기 전에 그 숫자가 가능한지 여부를 확인해야 한다. 가능 여부는 i가 A[0 . . k − 2]내의 한 요소와 같으면 가능하지 않고 그렇지 않으면 가능하다. 가능하다면 A[k − 1]를 i로 정하고 순열의 남은 부분의 순열을 재귀적으로 생성한다. 가능하지 않다면 남은 숫자들에 대해 가능 여부를 확인해야 한다.

[그림 9-6]은 <1, 2, 3>의 순열을 생성하기 위한 3가지 경우의 시작 시점을 보여준다. 그렇게 만들기 위해 배열의 첫 번째, 두 번째와 세 번째 요소를 각각 첫 번째 요소와 교환한다. 그 다음에는 배열의 나머지 부분에 대해 순열을 생성하는 일을 재귀적으로 반복한다

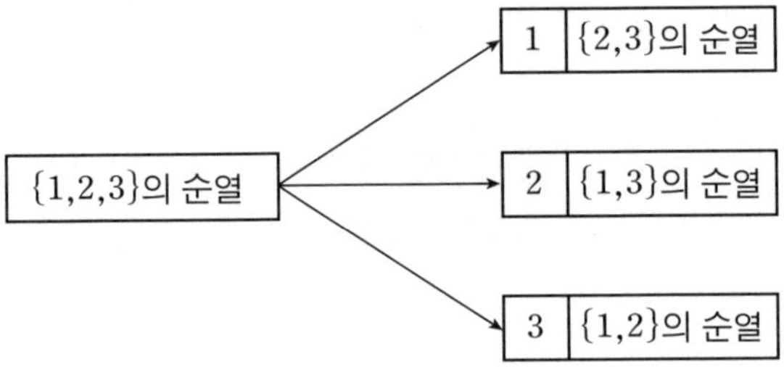

[그림 9-5] <1, 2, 3> 순열 생성의 3가지 경우

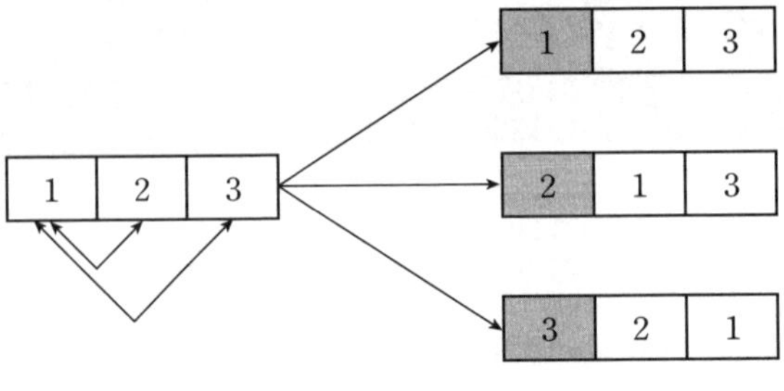

[그림 9-6] <1, 2, 3>의 순열 생성 아이디어

위의 아이디어를 일반화한 <1, 2, . . . , N>의 모든 순열들을 생성하는 되추적 알고리즘은 다음과 같다.

알고리즘

```
알고리즘 permute(A[ ], k)
// <A[k], A[k + 1], … , A[N – 1]> 의 모든 순열을 생성한 후 출력한다
// 입력: A[0 . . N – 1] — 순열을 저장하는 배열
//        k — 배열 A 의 지수
// 출력: <A[k], A[k+1], … , A[N–1]> 의 모든 순열
if (k = N) {
    A[0 . . N – 1] 을 출력한다
    return  }

// A[k] 를 i 로 정하기 전에 가능한지 확인한다
for (i = 1; i <= N ; i++)
    if (promising(A, k, i)) { //  A[k] 를 i 로 정하는 것이 가능한 경우
        A[k] = i
        // <A[k+1], A[k+2], … , A[N–1]> 의 모든 순열을 생성한 후
              출력한다
        permute(A, k+1);
    }
// A[k] 를 i 로 정하는 것이 가능한지 확인한다
boolean promising(A[ ], k, i) {
    flag = true
    j = 0
    // i 가 A[0 . . k - 1]내의 한 요소와 같으면 A[k] 를 i 로 정할 수
    // 없다고 알려 준다.
    // 그렇지 않으면 A[k] 를 i 로 정할 수 있다고 알려 준다.
    while (j < k && flag) {
        if (i = A[j]) flag = false;
        j++;            }
    return flag;
}
```

알고리즘 permute를 이용하여 <1, 2, . . . , N>의 모든 순열을 생성하기 위해서는 permute(A, 0)을 호출하면 된다.

[프로그램 9-1]은 알고리즘 permute를 자바로 구현한 프로그램이다.

프로그램 9-1: 순열 생성

```
// 프로그램 9-1: <1, 2, 3, . . . , N>의 모든 순열을 생성한 후 출력한다
public class Permute {
    public static void main(String[] args) {
        int N = 3;
        int [] A = new int[N];

        // <A[0], A[1], . . . , A[N-1]>의 모든 순열을 생성한 후 출력한다
        perm(A, 0, N);
    }
    // <A[k], A[k+1], . . . , A[N-1]>의 모든 순열을 생성한 후 출력한다
    public static void perm(int[] A, int k, int N) {
        int i = 0;

        if (k == N) {
            // 생성된 순열을 출력한다
            for (i = 0; i < N; i++)
                System.out.print(A[i] + " ");
            System.out.println();
            return;
        }

        // A[k]를 i로 정하기 전에 가능한지 확인한다
        for (i = 1; i <= N; i++) {
            if (promising(A, k, i)) {   // A[k]를 i로 정하는 것이 가능한 경우
                A[k] = i;
```

```
                // <A[k+1], A[k+2], . . . , A[N-1]>의 모든 순열을 생성한다
                perm(A, k + 1, N);
            }
        }
    }

    // A[k]를 i로 정하는 것이 가능한지 확인한다
    public static boolean promising(int[] A, int k, int i) {
        boolean flag;
        int j;

        flag = true;
        j = 0;

        // i가 A[0 . . k-1]내의 한 요소와 같으면 A[k]를 i로 정할 수 없다고 알려 준다.
        // 그렇지 않으면 A[k]를 i로 정할 수 있다고 알려 준다.
        while (j < k && flag) {
            if (i == A[j]) flag = false;
            j++;
        }
        return flag;
    }
}
```

다음은 **[프로그램 9-1]**을 $N = 3$인 경우에 실행 후 출력 결과이다.

생성된 순열

1 2 3

1 3 2

2 1 3

2 3 1

3 1 2

3 2 1

9-3 해밀토니안 회로 찾기

해밀토니안 회로는 연결된 무방향 그래프에서 한 정점에서 출발하여 그래프에 있는 모든 정점을 각각 정확히 한 번씩 방문하고 다시 시작 정점으로 돌아오는 경로이다. 예를 들면, **[그림 9-7]**의 그래프에서 경로 <1, 2, 4, 3, 1>은 해밀토니안 회로이다.

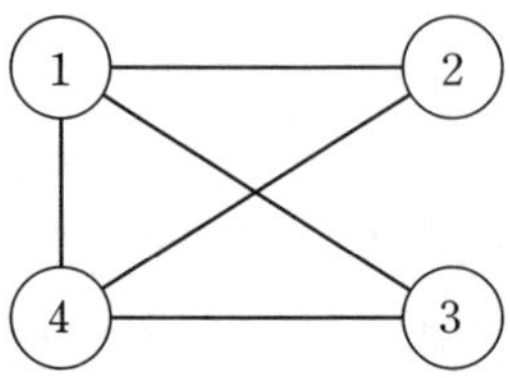

[그림 9-7] 무방향 그래프

[그림 9-8]은 위 그래프에서 해밀토니안 회로를 찾기 위한 상태 공간 트리를 보여준다. 각 노드의 숫자들의 목록은 순서대로 방문한 그래프의 정점들을 나타낸다. 정점 1이 시작 정점이다. 상태 공간 트리를 이용하여 해를 찾는 과정을 단계별로 설명해 보자.

1. 루트 노드는 시작 정점을 나타낸다. 다음에 방문할 정점으로 정점 2, 3혹은 4를 선택할 수 있다.
2. 임의로 정점 2를 선택한 경우가 노드 <1, 2>이다. 이 선택은 정점 1에서 정점 2로 가는 간선이 있으므로 유효하다. 다음에 방문할 정점으로는 정점 2, 3혹은 4를 선택할 수 있다.
3. 두 번째로 방문할 정점으로 정점 2를 선택한 경우가 노드 <1, 2, 2>이다. 이 선택은 정점 2를 이미 방문했으므로 유효하지 않다. 따라서 해 탐색을 중단하고 노드 <1, 2>로 되돌아간다.

4. 두 번째로 방문할 정점으로 정점 3을 선택한 경우가 노드 <1, 2, 3>이다. 이 선택은 그래프 내에 정점 2에서 정점 3으로 가는 간선이 없으므로 유효하지 않다. 따라서 해 탐색을 멈추고 노드 <1, 2>로 되돌아간다.
5. 두 번째로 방문할 정점으로 정점 4를 선택한 경우가 노드 <1, 2, 4>이다. 이 선택은 그래프에 정점 2에서 정점 4로 가는 간선이 있으므로 유효하다. 세 번째로 방문할 정점으로 정점 2, 3 혹은 4를 선택할 수 있다.
6. 세 번째로 방문할 정점으로 정점 2를 선택한 경우가 노드 <1, 2, 4, 2>이다. 이 선택은 정점 2를 이미 방문했으므로 유효하지 않다. 따라서 해 탐색을 중단하고 노드 <1, 2, 4>로 되돌아간다.
7. 세 번째로 방문할 정점으로 정점 3을 선택한 경우가 노드 <1, 2, 4, 3>이다. 이 선택은 그래프에 정점 4에서 정점 3으로 가는 간선이 있으므로 유효하다. 모든 정점들을 정확히 한 번씩 방문했으므로 다음으로 갈 수 있는 정점은 시작 정점이다.
8. 네 번째로 방문할 정점으로 시작 정점을 선택한 경우가 노드 <1, 2, 4, 3, 1>이다.

상태 공간 트리의 남은 노드들도 비슷한 과정을 통해 만들어진다.

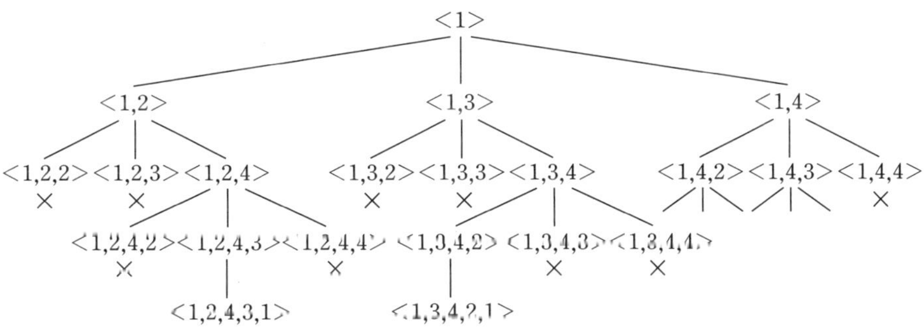

[그림 9-8] 해밀토니안 회로의 상태 공간 트리

연결된 정점이 $n(>1)$개인 무방향 그래프에서 해밀토니안 회로를 찾기 위한 상태 공간 트리를 만드는 아이디어는 다음과 같다.

1. 트리의 루트 노드에 시작 정점을 놓는다.
2. for $(i=1; i<n; i++)$

   트리의 수준 i에 i번째로 방문할 정점으로 시작 정점을 제외한 모든 정점을 선택하는 것을 고려한다.

위 과정의 단계 2에서 i번째로 방문할 정점으로 선택한 정점 j가 다음 조건들을 만족하는 지를 확인한다.

1. i가 $(n-1)$이라면 정점 j는 시작 정점과 인접해야 한다.
2. i가 $(n-1)$보다 작다면 트리의 루트 노드로부터 정점 j까지의 경로상의 $(i-1)$번째 정점과 인접해야 한다.
3. 정점 j는 트리의 루트 노드로부터 정점 j까지의 경로상에서 정점 j전에 방문한 $(i-1)$개의 정점들 중 하나가 되어서는 안된다.

위 조건들을 만족하면 트리의 다음 수준 $(i+1)$에 대해 같은 과정을 계속하고 만족하지 않으면 해 탐색을 멈추고 부모 노드로 되돌아 가서 i번째로 방문할 정점으로 아직 선택하지 않은 정점들중의 하나를 선택하고 조건 확인을 한다.

위의 아이디어에 따라 작성한 해밀토니안 회로를 찾는 되추적 알고리즘은 다음과 같다. 연결된 무방향 그래프 내의 정점들의 수는 n이고 각 정점은 1부터 n사이의 정수로 나타낸다. 시작 정점은 1이다. 그래프는 인접 행렬 G로 표현한다. 정점 i와 정점 j 사이에 간선이 있으면 $G[i-1][j-1]$은 1이고 없으면 0이다. 해밀토니안 회로내의 정점들을 저장하는 배열은 path이다. path[i]는 해밀토니안 회로에서 i번째 정점이다. 여기서 i는 $0 \le i \le n-1$인 정수이다.

알고리즘

```
알고리즘 hamiltonian(G[ ][ ], i)
// 연결된 비방향 그래프의 해밀토니안 회로를 모두 찾아 출력한다
// 입력: i — 그래프의 정점
//      G[0 . . n-1][0 . . n-1] — 그래프의 인접 행렬
// 출력: 해밀토니안 회로
if (valid(G, i))
    if (i=n-1) {
        path[0 . . n-1]을 출력한다 // 찾은 해밀토니안 회로를 출력한다
        return
    } else // i 번째로 방문할 정점으로 모든 정점을 시도해 본다
            for (j= 2; j≤n; j++) {
                path[i+1]=j
                hamiltonian(G, i+1)
            }

// 경로상의 i 번째 정점이 유효한 선택인지 확인한다
boolean valid(G[ ][ ], i) {
if (i=n-1 and G[path[n-1]-1][path[0]-1]=0)
    // 경로상의 마지막 정점이 첫 번째 정점과 인접하지 않은 경우
    return false
else if (i>0 and G[path[i-1]-1][path[i]-1] = 0)
        // 경로상의 i 번째 정점이 (i-1)번째 정점과 인접하지 않은 경우
        return false
else { // 경로상의 i번째 정점이 이미 선택되었는지를 확인한다
        j=1
        while (j<i) {
          if (path[i]=path[j]) return false
          j++    }
}
return true
```

```
    }
```

알고리즘 hamiltonian에서 n과 path는 입력 매개변수가 아닌 전역 변수이다. 위 알고리즘의 첫 호출 hamiltonian(G, 0)에 앞서 주어진 그래프에 대응하여 n과 G를 정하고 path[0] = 1로 한다.

: 시간 복잡도

알고리즘 hamiltonian을 수행하는 과정에 대응하는 상태 공간 트리 내의 노드들의 수는 주어진 그래프가 완전 그래프일 때 최대가 된다. 그 경우 트리의 각 수준에 있는 노드들의 수의 상한은 다음과 같다.

수준 0	1
수준 1	$n-1$
수준 2	$(n-1)^2$
. . .	. . .
수준 $n-1$	$(n-1)^{n-1}$

따라서 알고리즘 hamiltonian의 시간 복잡도는 다음과 같다.

$$1+(n-1)+(n-1)^2+\cdots+(n-1)^{n-1}=\frac{(n-1)^n-1}{n-2}=0(n^n)$$

이는 지수 함수보다 훨씬 더 안 좋다.

[프로그램 9-2]는 위 알고리즘을 자바로 구현한 프로그램이다.

: 프로그램 9-2: 해밀토니안 회로 찾기

```
// 프로그램 9-2: 연결된 비방향 그래프의 모든 해밀토니안 회로를 찾는다
public class Hamiltonian {
    int n;   // 그래프의 정점들의 수
    int[ ] path; // 해밀토니안 회로내의 정점들을 저장하는 배열

    public static void main(String[] args) {
        Hamiltonian hamil = new Hamiltonian();
        hamil.path = new int[10];

        // 그래프는 인접 행렬로 나타낸다
        int[ ][ ] G = {{0, 1, 1, 1},
            {1, 0, 0, 1},
            {1, 0, 0, 1},
            {1, 1, 1, 0}
        };

        hamil.n = 4;
        hamil.path[0] = 1; // 시작 정점을 정점 1로 한다

        // 해밀토니안 회로를 찾아서 출력한다
        hamil.hamiltonian(G, 0);
    }

    // 연결된 비방향그래프 G내의 모든 해밀토니안 회로를 찾아서 출력한다
    public void hamiltonian(int G[ ][ ], int i) {
        int j;

        if (valid(G, i))
            if (i == n - 1) { // 찾은 해밀토니안 회로 path[0 .. n-1]을 출력한다
                System.out.print("찾은 해밀토니안 회로: ");
```

```
            for (i = 0; i < n; i++)
                  System.out.print(path[i] + "->");
            System.out.println(path[0]);
            return;
          }
        else { // i 번째로 방문할 정점으로 시작정점이 아닌 모든 정점을 시도해 본다
            for (j = 2; j <= n ; j++) {
                  path[i + 1] = j ;
                  hamiltonian(G, i + 1) ;
            }
        }
    }
    // 경로상의 i 번째 정점이 유효한 선택인지를 확인한다
    public boolean valid(int G[ ][ ], int i) {
          int  j ;

          if (i == n - 1 && G[path[n-1] - 1][path[0] - 1] == 0)
               // 마지막 정점이 첫 번째 정점과 인접하지 않은 경우
               return  false;
          else if ( i > 0 && G[path[i-1] - 1][path[i] - 1] == 0)
                    // i 번째 정점이 (i-1)번째 정점과 인접하지 않은 경우
                    return  false;
          else { // i 번째 정점이 이미 선택되었는지를 확인한다
                j = 1;
                 while (j < i) {
                    if (path[i] == path[j] ) return false;
                    j++;
                 }
           }
           return true;
        }
    }
```

[프로그램 9-2]를 [그림 9-7]의 그래프에 대해 실행한 결과는 다음과 같다.

찾은 해밀토니안 회로: 1 → 2 → 4 → 3 → 1

찾은 해밀토니안 회로: 1 → 3 → 4 → 2 → 1

-4 그래프 색칠하기

그래프 색칠하기는 무방향 그래프에서 최대 $m(>1)$개의 다른 색들을 사용하여 인접한 정점들을 서로 다른 색으로 칠하는 문제이다. 이 문제는 m의 값에 따라 다른 문제로 다루어지므로 $m-$색칠하기라고 부른다. 예를 들면, [그림 9-9] (b)의 그래프에 대해 2−색칠하기 문제의 해는 없다. 왜냐하면, 정점 1을 첫 번째 색으로 칠하면 정점 1에 인접한 정점 2, 4, 와 5는 두 번째 색으로 칠할 수밖에 없다. 그러나 이렇게 칠하면 정점 4는 정점 2(5)와 인접함에도 불구하고 정점 2(5)와 같은 색으로 칠해진다. 따라서 이 문제의 해는 없다. 이 그래프에 대해 3−색칠하기 문제에 대한 해들 중의 하나는 정점 1과 3을 첫 번째 색으로 정점 2와 5를 두 번째 색으로 정점 4를 세 번째 색으로 칠하는 것이다.

그래프 색칠하기 문제는 지도를 색칠할 때 생기는 문제이다. 대부분의 세계 지도에서 인접한 국가들은 쉽게 구별하기 위하여 서로 다른 색으로 칠해져 있다. 모든 지도를 2개의 간선이 서로 교차하지 않는 평면 그래프(planar graph)로 나타낼 수 있다. 지도에서 각 국가는 그래프에서 한 정점으로 나타내고 국경을 맞대고 있는 두 개의 국가들은 대응하는 정점들 사이의 간선으로 나타내면 모든 지도는 그에 상응하는 평면 그래프로 표현할 수 있다. 예를 들면, [그림 9-9] (a)는 5개의 국가들을 포함하는 지도이다. 각 국가는 1부터 5사이의 정수로 나타낸다. 그래프에서 국가 i는 정점 i로 나타낸다. 이 지도에 대응하는 그래프가 [그림 9-9] (b)에 보여 진다. 지도에서 국가 1은 국가 2, 4와 5와 국경을 접하고 있으므로 그래프에 간선 (1, 2), (1, 4)와 (1, 5)가 있다. 평면 그래프에서 $m-$색칠하기 문제는 지도에서 최대 m개의 다른 색들을 사용하여 인접한 국가들을 서로 다른 색으로 칠하는 문제와 같다.

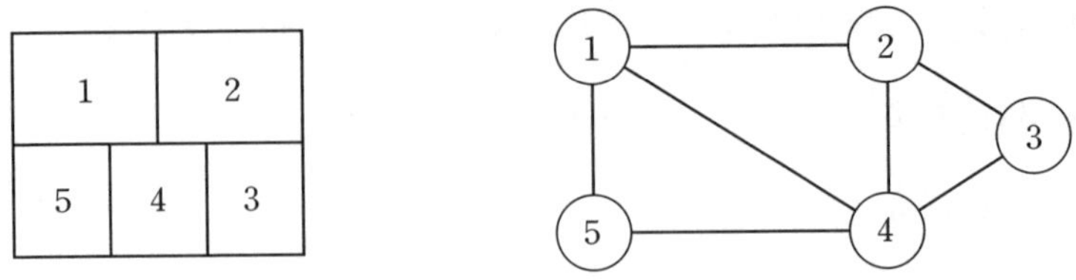

(a) 지도 (b) 그래프

[그림 9-9] 지도와 대응된 그래프

m − 색칠하기 문제에 대한 상태 공간 트리는 수준 i, $1 \leq i \leq n$,에서 정점 i에 가능한 m개의 색들을 각각 시도해 본다. 여기서 n은 그래프 내의 정점들의 수이다. 상태 공간 트리에서 루트 노드에서 종단 노드까지의 경로가 각각 후보 해가 된다. 이 경로상의 어떤 두 개의 인접한 정점들이 같은 색인지를 확인하여 같은 색이면 그 경로는 더 이상 고려하지 않고 가지친다.

[그림 9-10]은 **[그림 9-9]** (b)의 그래프에 대한 3 − 색칠하기 문제를 되추적 기법을 사용하여 해결하기 위한 가지친 상태 공간 트리를 보여준다. 트리 상에 해에 이르지 못한다고 확인된 노드는 밑에 X로 표시되어 있고 최종 해에 해당되는 노드는 밑에 O로 표시되어 있다. 3개의 색은 각각 r, g와 y로 나타낸다. 해를 얻기까지 과정을 설명하면 다음과 같다.

1. 정점 1을 색 r로 칠한다.
2. 정점 2를 색 r로 칠할 수 없다. 왜냐하면 정점 2는 정점 1과 인접하므로 같은 색으로 칠하면 안 되기 때문이다.
3. 정점 2를 색 g로 칠한다.
4. 정점 3를 색 r로 칠한다.
5. 정점 4를 색 r이나 색 g로 칠하면 인접한 정점들이 같은 색이 되므로 안된다.
6. 정점 4를 색 y로 칠한다.
7. 정점 5를 색 r이나 색 y로 칠하면 인접한 정점들이 같은 색이 되므로 안된다.
8. 정점 5를 색 g로 칠한다. 모든 정점들이 다 칠해졌고 인접한 정점들은 서로 다

른 색이므로 찾는 해이다.

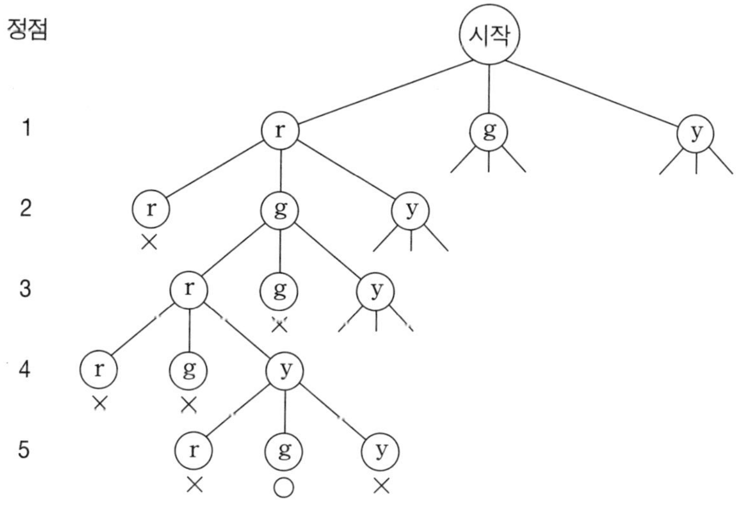

[그림 9-10] 3－색칠하기의 상태 공간 트리

지금까지 설명한 것에 기초하여 작성한 되추적 알고리즘은 다음과 같다. 무방향 그래프 내의 정점들의 수는 n이고 칠할 수 있는 색들의 수는 m이다. 각 정점은 1부터 n 사이의 정수로 나타낸다. 각 색은 1부터 m사이의 정수로 나타낸다. 그래프는 인접 행렬 G로 표현한다. 정점 i와 정점 j사이에 간선이 있으면 G[i − 1][j − 1]은 1이고 없으면 0이다. 각 정점에 칠해진 색들을 저장하는 배열은 vcolor이다. vcolor[i]는 정점 i에 칠해진 색이다. 여기서 i는 $1 \le i \le n$인 정수이다.

알고리즘

```
알고리즘 m_coloring(G[ ][ ], i)
// 비방향 그래프에서 m개의 색들만을 사용하여 인접한 정점들이 다른 색이 되도록
   모든 정점을 색칠하는 모든 방법을 출력한다
// 입력: G[0 . . n-1][0 . . n-1] — 그래프의 인접 행렬
         i — 그래프의 정점
// 출력: vcolor[1 . . n] — 정점들에 칠해진 색들의 배열
if (valid(G, i))
    if (i=n) {
        vcolor[1 . . n] 을 출력한다
        return
    } else { // 다음 정점에 모든 색을 시도해 본다
            for (c=1; c≤m; c++) {
                vcolor[i+1]=c
                m_coloring(G, i+1) }
    }

// 정점 i에 칠해진 색이 유효한지 확인한다
boolean valid(int G[ ][ ], i) {
j=1
while (j<i) { // 정점 i의 색이 인접한 정점(들)의 색과 같은지를 확인한다
    if (G[i-1][j-1]=1 and vcolor[i]=vcolor[j])
        return false
    j++
}
return true
}
```

알고리즘 m_coloring에서 n, m과 vcolor는 전역 변수이다. 알고리즘 m_coloring의 첫 호출 m_coloring(G, 0)에 앞서 주어진 그래프에 대응하여 n과 G를 정하고 m은 주어진 값으로 한다.

시간 복잡도

알고리즘 m_coloring을 수행하는 과정에 대응하는 상태 공간 트리 내의 노드들의 수는 주어진 그래프가 완전 그래프일 때 최대가 된다. 그 경우 트리의 각 수준에 있는 노드들의 수의 상한은 다음과 같다.

수준 0	1
수준 1	m
수준 2	m^2
. . .	. . .
수준 n	m^n

따라서 트리 내의 총 노드들의 수는 다음과 같다.

$$1 + m + m^2 + \cdots + m^n = \frac{m^{n+1} - 1}{m - 1} = 0(m^n)$$

따라서 위 알고리즘의 시간 복잡도는 $m > 2$인 경우에는 지수 함수보다 훨씬 더 안 좋다.

[프로그램 9-3]은 위 알고리즘을 자바로 구현한 프로그램이다.

: 프로그램 9-3: m-색칠하기

```
// 프로그램 9-3:  비방향그래프에서 m개의 색만을 사용하여 인접한 정점들이
                 다른 색이 되도록 모든 정점을 색칠하는 모든 방법을 출력한다.
public class Coloring {
   int N;          // 그래프의 정점들의 수
   int m;          // 색들의 수
   int[ ] vcolor;  // 정점들에 칠해진 색들의 배열

   public static void main(String[] args) {
      Coloring col = new Coloring();
      col.vcolor = new int[10];

      // 그래프는 인접 행렬로 나타낸다
      int graph1[ ][ ] = {{0, 1, 0, 1, 1},
        {1, 0, 1, 1, 0},
        {0, 1, 0, 1, 0},
        {1, 1, 1, 0, 1},
        {1, 0, 0, 1, 0}
      };

      col.N = 5;
      col.m = 3;

      // 비방향그래프의  정점들을 색칠하는 모든 방법을 출력한다
      col.m_coloring(graph1, 0);
   }

   // 비방향그래프  G의 정점들을 색칠하는 모든 방법을 출력한다
   public void m_coloring(int G[ ][ ], int i) {
        int color;
```

```
            if (valid(G, i))
                    if (i == N) { // 정점들에 칠해진 색들의 배열
                                  // vcolor[1 . . N]을 출력한다
                        System.out.print("색칠 하기: ");
                        for (i = 1; i <= N; i++)
                            System.out.print("정점 " + i
                            + "의 색 = " + vcolor[i] + " ");
                        System.out.println();
                        return;
                    }
                    else { // 다음 정점에 모든 색을 시도해 본다
                        for (color = 1; color <= m ; color++) {
                                vcolor[i + 1] = color ;
                                m_coloring(G, i + 1) ;
                        }
                    }
    }

    // 정점 i에 칠해진 색이 유효한지 확인한다
    public boolean valid(int G[ ][ ], int i) {
        int j = 1;

        while (j < i) {
                // 정점 i의 색이 인접한 정점(들)의 색과 같은지를 확인한다
                if (G[i-1][j-1] == 1 && vcolor[i] == vcolor[j] )
                        return false;
                j++;
        }

        return true;
    }
}
```

[프로그램 9-3]을 **[그림 9-9]** (b)의 그래프에 대해 실행한 결과는 다음과 같다.

색칠하기: 정점 1의 색=1, 정점 2의 색=2, 정점 3의 색=1, 정점 4의 색=3, 정점 5의 색=2

색칠하기: 정점 1의 색=1, 정점 2의 색=3, 정점 3의 색=1, 정점 4의 색=2, 정점 5의 색=3

색칠하기: 정점 1의 색=2, 정점 2의 색=1, 정점 3의 색=2, 정점 4의 색=3, 정점 5의 색=1

색칠하기: 정점 1의 색=2, 정점 2의 색=3, 정점 3의 색=2, 정점 4의 색=1, 정점 5의 색=3

색칠하기: 정점 1의 색=3, 정점 2의 색=1, 정점 3의 색=3, 정점 4의 색=2, 정점 5의 색=1

색칠하기: 정점 1의 색=3, 정점 2의 색=2, 정점 3의 색=3, 정점 4의 색=1, 정점 5의 색=2

요약

- 되추적은 선택들의 수가 입력 크기에 따라 기하급수적으로 증가하는 문제들을 해결하기 위한 대표적인 알고리즘 설계 기법이다. 되추적은 최적화 문제뿐만이 아니라 결정 문제도 해결할 수 있다.

- 되추적은 후보 해들을 단계적으로 만들어 가는 과정에서 후보 해들을 평가한다. 만약 한 후보 해가 최종 해가 될 수 없다고 판단되면 탐색을 멈추고 왔던 길을 되돌아가서 다른 후보 해를 탐색한다.

- 되추적은 문제 해결 과정에서 상태 공간 트리를 만든다. 상태 공간 트리는 특정 알고리즘의 진행 과정을 트리로 나타낸 것이다. 되추적은 상태 공간 트리에서 깊이 우선 탐색을 이용하여 해를 찾는다.

- 되추적 기법의 시간 복잡도는 상태 공간 트리의 노드 수에 비례하고 대부분 지수 시간이다. 그러나 되추적은 '가지치기' 를 하므로 완전 탐색보다 아주 효율적이다.

- 순열 생성 문제는 되추적 기법을 사용하여 해결할 수 있다.

- 해밀토니안 회로는 연결된 무방향 그래프에서 한 정점에서 출발하여 그래프에 있는 모든 정점을 각각 정확히 한 번씩 방문하고 다시 시작 정점으로 돌아오는 경로이다.

- 연결된 무방향 그래프에서 해밀토니안 회로를 찾기 위해 상태 공간 트리를 만든다. 기본 아이디어는 트리의 루트 노드에 시작 정점을 놓고 트리의 각 수준에 시작 정점을 제외하고 인접 조건들을 만족하는 정점들을 놓는다.

- m−색칠하기는 무방향 그래프에서 최대 m 개의 다른 색들을 사용하여 인접한 정점들을 서로 다른 색으로 칠하는 문제이다.

- m−색칠하기 문제를 해결하기 위해 상태 공간 트리를 만든다. 트리의 각 수준에서 해당 정점에 가능한 m 개의 색들을 각각 시도해 본다. 이때 루트 노드에서 종단 노드까지의 경로상의 어떤 두 개의 인접한 정점들이 같은 색인지를 확인한다. 인접한 정점들이 같은 색이면 다른 색을 시도한다.

연습문제 EXERCISE

1 다음 미로를 상태 공간 트리로 표현하라.

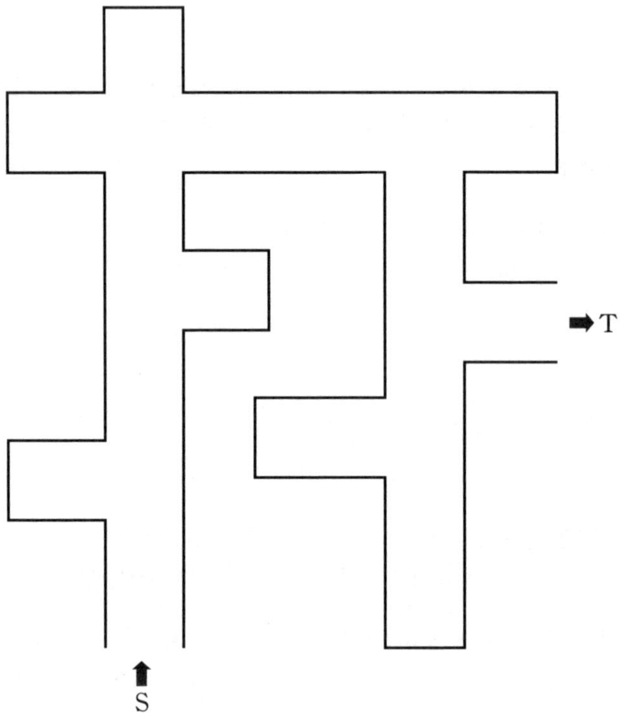

2 다음 그래프에서 인접한 정점들이 같은 색을 갖지 않도록 3가지 색(빨강, 초록, 파랑)을 이용하여 칠하는 모든 방법을 적어라.

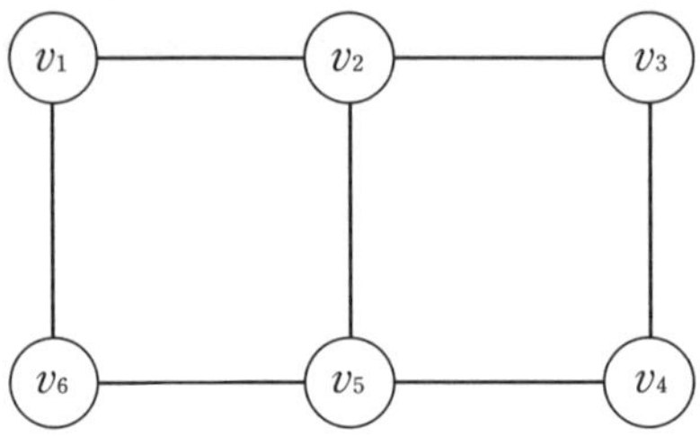

3 서울, 싱가포르, 상하이, 동경 사이에 모두 비행기 직항 항로가 있다. 서울과 싱가포르 사이의 비행시간은 6시간이 걸린다. 그리고 서울과 상하이는 2시간, 서울과 동경은 2.3시간, 싱가포르와 상하이는 3시간, 싱가포르와 동경은 5시간, 동경과 상하이는 3시간이 걸린다. 갈 때와 올 때 걸리는 시간은 동일하다. 서울에서 출발해서 각 도시를 정확히 한 번씩 들린 다음 다시 서울로 돌아와야 한다. 가장 빠른 시간 내에 여행을 끝마치려면 어떤 경로를 선택해야 하는가?

4 N(>1)개의 동전들을 던질 때 나올 수 있는 값들의 모든 가능한 조합들을 출력하는 알고리즘을 작성하라.

5 N(>1)개의 주사위들을 던질 때 나올 수 있는 값들의 모든 가능한 조합들을 구하는 알고리즘을 작성하라.

6 주어진 문자열 내의 문자들의 모든 가능한 재배열들을 출력하는 알고리즘을 작성하라.

7 m−색칠하기 되추적 알고리즘을 사용하여 다음 그래프의 정점들을 3가지 색(R, Y, G)을 이용하여 색칠하라. 실행 과정을 상태 공간 트리로 보여라. 상태 공간 트리의 특정 노드에서 더 이상 탐색하지 않은 경우 탐색하지 않는 이유를 명확하게 적어라.

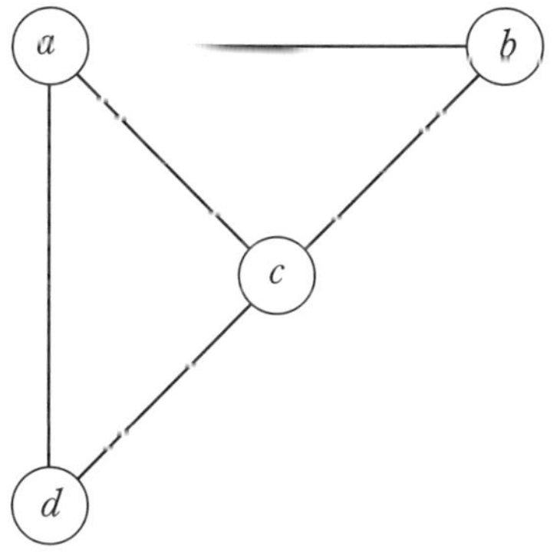

연습문제 EXERCISE

8 7번의 그래프에서 해밀토니안 회로를 찾는 되추적 알고리즘을 사용하여 해밀토니안 회로를 모두 찾아라. 실행 과정을 상태 공간 트리로 보여라. 정점 a에서 시작한다고 가정한다. 상태 공간 트리의 특정 노드에서 더 이상 탐색하지 않은 경우 탐색하지 않는 이유를 적어라.

9 $n(>1)$개의 동전들을 던졌을 때 앞면이 나온 횟수가 k, $0 \le \mathrm{k} \le n$, 인 경우를 출력해야 한다.

(1) $n = 3$이고 $\mathrm{k} = 2$인 경우의 상태 공간 트리를 그려라. 트리에서 찾는 해에 해당하는 노드는 특별하게 표시하라.

(2) 상태 공간 트리의 모든 가지를 방문할 필요가 없다. 어떤 가지들은 분명히 해를 만들지 않는다. 이러한 가지들을 선제적으로 가지치기를 할 수 있다. 선제적으로 가지치기를 할 수 있는 두 가지 경우를 구체적으로 적어라.

(3) (2)에서 찾아 낸 가지치기 경우들을 반영하면서 이 문제를 해결하는 되추적 알고리즘을 작성하라.

10 $\mathrm{A} = \{1, 2, ... , n\}$는 유한 집합이다. A의 모든 부분집합들의 집합인 멱집합을 생성하는 재귀 알고리즘을 작성하라. 예를 들면, $\{1, 2, 3\}$의 멱집합은 $\{\varnothing, \{1\}, \{2\}, \{3\}, \{1, 2\}, \{1, 3\}, \{2, 3\}, \{1, 2, 3\}\}$이다.

11 $\mathrm{A} = \{a_1, a_2, ... , a_n\}$은 유한 집합이다. m개의 요소들을 가지는 A의 모든 부분집합들을 생성하려고 한다. 예를 들면, $\mathrm{A} = \{1, 2, 3\}$이고 $m = 2$일 때 A의 모든 부분집합들의 집합 S는 $\{\{1, 2\}, \{1, 3\}, \{2, 3\}\}$이다.

(1) m개의 요소들을 가지는 A의 모든 부분집합들을 생성하는 재귀 알고리즘을 작성하라.

(2) m개의 요소들을 가지는 A의 모든 부분집합들을 생성하는 비재귀 알고리즘을 작성하라.

12 $n(>1)$개의 주사위를 던졌을 때 눈들의 합이 k, $1<k\leq 6n$, 인 경우만 출력해야 한다. 예를 들면, 2개의 주사위를 던졌을 때 눈들의 합이 7인 경우만 출력하면 [1, 6], [2, 5], [3, 4], [4, 3], [5, 2], [6, 1]이다.

(1) $n=2$이고 $k=7$인 경우의 상태 공간 트리를 그려라. 트리에서 찾는 해에 해당하는 노드는 특별하게 표시하라.

(2) 상태 공간 트리의 모든 가지를 방문할 필요가 없다. 어떤 가지들은 분명히 해를 만들지 않는다. 이러한 가지들을 선제적으로 가지치기를 할 수 있다. 선제적으로 가지치기를 할 수 있는 두 가지 경우를 구체적으로 적어라.

(3) 이 문제를 해결하는 알고리즘을 작성하라.

13 n과 k를 입력 받아 1, 2, 3, . . . , n중에서 k개를 뽑는 중복 순열을 모두 출력하는 문제를 고려한다. 여기서 n은 0보다 큰 정수이고 $k(0\leq k\leq n)$도 정수이다. n이 3이고 k가 2인 경우의 출력은 다음과 같다:

<1 1>, <1 2>, <1 3>, <2 1>, <2 2>, <2 3>, <3 1>, <3 2>, <3 3>

(1) n이 4이고 k가 2인 경우의 상태 공간 트리를 그려라.

(2) n과 k를 입력 받아 1, 2, 3, . . . , n중에서 k개를 뽑는 중복 순열을 모두 출력하는 재귀 알고리즘을 작성하라.

14 n과 k를 입력 받은 후 1, 2, 3, . . . , n중에서 중복을 허용하여 k개를 뽑는 중복조합을 모두 출력하는 문제를 고려하라. 여기서 n은 1보다 큰 정수이고 $k(0\leq k\leq n)$도 정수이다. 예를 들면 1, 2, 3, 4중에서 중복을 허용하여 2개를 뽑는 모든 중복 조합은 다음과 같다:

{1, 1}, {1, 2}, {1, 3}, {1, 4}, {2, 2}, {2, 3}, {2, 4}, {3, 3}, {3, 4}, {4, 4}

연습문제 EXERCISE

(1) H(A, k)를 크기가 k 인 A의 중복조합들의 집합이라고 하자. 예를 들면 H({1, 2, 3}, 2) = {{1, 1}, {1, 2}, {1, 3}, {2, 2}, {2, 3}, {3, 3}}.
집합 A의 한 원소를 e라 하고, A′ = A − {e}라고 하자. 크기가 k인 A의 중복조합들은 e를 포함하는 중복조합들과 e를 포함하지 않는 중복조합들로 나뉘며, 이 둘은 서로 겹치지 않는다. e를 포함하는 중복조합은 A에서 (k − 1)개를 뽑는 중복조합에 e를 포함시키면 된다. e를 포함하지 않는 중복조합은 A′ 에서 k개를 뽑는 중복조합이다. 이 관계를 이용하여 H(A, k)를 구하는 점화식을 적어라.

(2) (1)에서 찾아 낸 점화식을 이용하여 1, 2, 3, . . . , n중에서 중복을 허용하여 k개를 뽑는 중복 조합을 모두 출력하는 재귀 알고리즘을 작성하라.

15 n과 k를 입력 받아 값이 1인 비트(bit)가 k개인 길이 n인 이진수를 모두 출력하는 재귀 알고리즘을 작성하라. 여기서 n은 0보다 큰 정수이고 $k(0 \le k \le n)$도 정수이다. 예를 들면 n이 4이고 k가 2인 경우의 출력은 다음과 같다:

0 0 1 1
0 1 0 1
0 1 1 0

1 0 0 1
1 0 1 0
1 1 0 0

힌트: 첫 번째 비트가 1이면 나머지 비트들은 값이 1인 비트가 $(k-1)$개인 길이 $(n-1)$인 이진수에 해당된다. 첫 번째 비트가 0이면 나머지 비트들은 값이 1인 비트가 k개인 길이 $(n-1)$인 이진수에 해당된다.

10장

분기 한정

10장

분기 한정

한 등산객이 산의 정상을 등정한 후 하산 중에 날이 어두어져 하산 길을 찾기가 쉽지 않다고 하자. 만약 하산 중에 만나게 되는 갈림길마다 등산로 안내 표지판이 있다면 목적지까지 안전하게 갈 수 있을 것이다. 분기 한정은 안내 표지판과 같은 지표를 활용하여 최종 해를 찾는 기법이다.

되추적의 핵심 아이디어는 상태 공간 트리의 한 노드가 최종 해에 이를 수 없다고 판단되면 그 노드로부터의 탐색을 중단하는 것이다. 분기 한정도 되추적과 같이 상태 공간 트리를 이용하여 문제를 해결한다. 하지만 분기 한정은 최적화 문제에만 적용할 수 있다. 최적화 문제는 주어진 제약 조건들을 만족시키면서 목적 함수의 최댓값(혹은 최솟값)을 찾는 것이다. 따라서 분기 한정은 되추적의 아이디어를 더 강력하게 적용할 수 있다.

분기 한정의 핵심 원리는 다음과 같다.

1. 상태 공간 트리의 각 노드를 탐색할 때마다, 그 노드가 유망한 지의 여부를 결정하기 위해 한계값(bound)을 계산한다. 한계값은 그 노드로부터 확장하여 얻을 수 있는 실현 가능한 해의 한계를 나타낸다.
2. 만약 그 한계값이 그 때까지 찾은 최고 해의 값보다 더 좋으면 그 노드는 유망하다고 판단하고 확장을 하면서 탐색을 계속한다. 그렇지 않으면 그 노드는 유망하지 않다고 판단하고 탐색을 멈춘다.

노드를 확장한다는 것은 노드의 자식 노드들을 만드는 것을 의미한다. 분기 한정 알고리즘에서 상태 공간 트리의 한 노드에서 탐색을 중단하는 세 가지 이유들은 다음과 같다.

1. 그 노드의 한계값이 그 때까지 찾은 최고 해의 값보다 좋지 않다.
2. 그 노드는 주어진 문제의 제약 사항들을 만족시키지 못하므로 실현 가능한 해가 될 수 없다.
3. 그 노드가 나타내는 실현 가능한 해들의 부분 집합이 더 이상의 추가 선택들을 할 수 없는 경우에 해당한다. 이 경우에도 이 실현 가능한 해에 대한 목적 함수의 값이 그때까지 찾은 최고 해의 값보다 더 좋다면 최고 해의 값을 목적 함수의 값으로 갱신한다.

10-1 최선 우선 탐색

주어진 문제의 해를 깊이 우선 탐색으로 찾는 되추적과 달리 분기 한정은 최적의 해를 구하기 위해서 모든 해를 다 고려해 보아야 한다. 따라서 분기 한정에서는 상태 공간 트리의 노드들을 어떤 순서로 탐색해도 된다. 하지만 최적의 해에 더 빨리 도달하기 위해 분기 한정에서는 가장 좋은 한계값을 가진 노드를 먼저 탐색하는 최선 우선 탐색(Best-First Search)를 사용한다.

최선 우선 탐색은 너비 우선 탐색을 간단히 수정한 것이다. 너비 우선 탐색은 다음과 같은 순서로 트리의 노드들을 탐색한다.

1. 트리의 루트 노드를 먼저 탐색한다.
2. 다음으로 트리의 수준 1에 있는 모든 노드를 왼쪽에서 오른쪽으로 탐색한다.
3. 다음으로 수준 2에 있는 모든 노드들을 왼쪽에서 오른쪽으로 탐색한다.
4. 마지막 수준까지 이 과정을 반복한다.

최선 우선 탐색은 기본적으로 너비 우선 탐색을 사용한다. 추가적으로 한 유망한 노드의 모든 자식 노드들을 만든 후 남아 있는 유망한 확장되지 않은 노드들 중에서 가장 좋은 한계값을 가진 노드를 먼저 확장한다. 최고의 한계값을 가진 노드를 우선적으로 선택하기 위해서 우선순위 큐를 사용한다. 우선순위 큐는 힙을 사용하여 효과적으로 구현할 수 있다.

분기 한정 가지치기(pruning)를 하는 최선 우선 탐색의 일반 알고리즘은 다음과 같다. 여기서 상태 공간 트리 T는 형식적으로만 존재한다. v와 u는 트리의 노드를 나타낸다. value(v)와 bound(v)는 각각 트리의 각 노드에 대응되는 실현 가능한 해의 값과 한계값을 나타낸다. best는 현재까지 찾은 최고 해의 값이다. PQ는 사실상 T를 대신하는 우선순위 큐를 나타낸다. PQ는 트리의 유망한 확장되지 않은 노드들을 포함한다.

알고리즘

```
알고리즘 Best-First-Branch-and-Bound(state-space-tree T)
// 최선 우선 탐색을 사용하여 가지치기를 하는 분기 한정 알고리즘
// 입력: T — 상태 공간 트리
// 출력: 최적 해의 값
initialize(PQ) // PQ를 빈 대기열로 초기화한다
v = T의 루트 노드
best = value(v)
insert(PQ, v) // 노드 v를 PQ에 집어 넣는다

while (not empty(PQ)) { // PQ에 노드들이 남아 있는지 확인한다
  remove(PQ, v) // PQ에서 최고 한계값을 가진 노드를 제거한다
  if (bound(v) > best) // 노드 v가 유망한지 확인한다
      for (each child u of v) {
            if (value(u) > best) best = value(u)
            if (bound(u) > best) insert(PQ, u)
      }
}

return best
```

위 알고리즘은 다음 절에서 배낭 채우기 문제와 일 배정 문제를 해결하기 위해 사용된다.

III-2 배낭 채우기

배낭 채우기 문제를 풀기 위해 분기 한정 기법을 적용해 보자. 배낭 채우기 문제는 배낭에 넣을 수 있는 $N(\geq 1)$개의 물건들 중에서 배낭의 용량 C를 초과하지 않고 배낭에 넣을 수 있는 물건들의 최대 가치를 구하는 것이다. 각 물건은 배낭에 넣거나 넣지 않을 수 있다. 각 물건 $i, 1 \leq i \leq N$, 의 무게와 가치는 각각 w_i와 v_i이다. 이 문제를 쉽게 만들기 위해 물건들이 단위 무게당 가치(v_i / w_i)의 내림차순으로 정렬되어 있다고 가정한다. 그러면 첫 번째 물건을 배낭에 넣으면 최고의 가치를 얻고 마지막 물건을 배낭에 넣으면 최저의 가치를 얻는다. 단위 무게당 가치가 같은 물건들 중에서는 임의로 선택한다.

배낭 채우기 문제에 대한 상태 공간 트리를 이진 트리로 만드는 것은 아주 자연스럽다. 루트 노드는 배낭에 물건들을 넣기 전의 초기 상태를 나타낸다. 트리의 수준 $i, 1 \leq i \leq N$, 에 있는 각 노드는 첫 번째 물건부터 i번째까지의 물건들 중에서 배낭에 포함된 물건들의 특정 선택을 나타낸다. 이 특정 선택은 루트 노드부터 그 노드까지의 경로에 의해 유일무이하게 결정된다. 한 노드의 왼쪽에 있는 자식 노드는 다음 물건을 배낭에 넣는 경우를 나타내고 오른쪽에 있는 자식 노드는 다음 물건을 배낭에 넣지 않는 경우를 나타낸다. 이 선택의 총 무게 w와 총 가치 v를 해당 노드에 한계값과 같이 저장한다. 그 노드의 한계값은 이 선택 후 남은 물건들 중 일부를 포함시킴으로써 얻을 수 있는 배낭의 물건들의 가치에 대한 상한을 나타낸다.

한 노드의 bound를 구하는 여러 방법들이 있을 수 있다. 간단한 방법은 배낭에 이미 포함된 물건들의 총 가치 v에 배낭의 남은 용량(C − w)를 전부 다음 물건으로만 채운 경우의 가치를 더하는 것이다(w는 배낭에 이미 포함된 물건들의 총 무게이다). 즉, 트리의 수준 $i, 0 \leq i < N$, 에 있는 노드의 한계값은 다음과 같이 계산된다.

$$\text{bound} = v + (C - w)\left(\frac{v_{i+1}}{w_{i+1}}\right)$$

이 한계값은 실현 가능한 해의 값보다 항상 크거나 같다. 트리의 수준 n에 있는 노드의 한계값은 더 이상 선택할 물건이 남아 있지 않으므로 v와 같다.

배낭 채우기 문제를 최선 우선 탐색을 이용하는 분기 한정 알고리즘으로 최적의 해를 찾는 과정을 사례를 통해 설명해 보자. [표 10-1]은 배낭에 넣을 물건들의 가치, 무게와 단위 무게당 가치를 보여준다. 배낭의 용량은 30이다.

물건	가치	무게	가치/무게
1	72	12	6
2	70	14	5
3	60	15	4

[표 10-1] 배낭 문제 사례

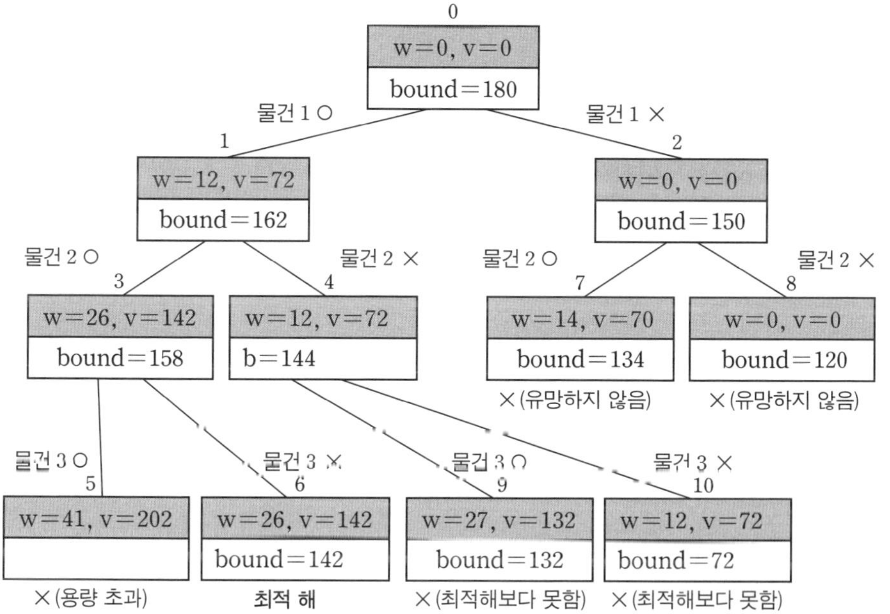

[그림 10-1] 배낭 채우기 사례에 대한 상태 공간 트리

[그림 10-1]은 [표 10-1]의 배낭 문제 사례에 위의 최선 우선 탐색을 이용하여 가지쳐진 상태 공간 트리를 보여 준다. 트리의 각 노드 위의 숫자는 그 노드가 트리에 추가되는 순서를 나타낸다. 상태 공간 트리가 만들어지는 과정은 다음과 같다.

1. 트리의 루트 노드는 어떤 물건도 선택되기 전의 상태이다. 따라서 그 노드의 w와 v는 각각 0이다. bound는 배낭의 남은 용량 30을 전부 물건 1로만 다 채우는 경우이므로 다음과 같이 계산한다.

$$\text{bound} = 0 + (30 - 0) \times 6 = 180$$

2. 노드 1은 배낭에 넣을 첫 번째 물건으로 물건 1을 선택하는 경우를 나타낸다. 따라서 이 노드의 w와 v는 각각 12와 72이다. bound는 배낭의 남은 용량 18을 전부 물건 2로만 다 채우는 경우이므로 다음과 같이 계산한다.

$$\text{bound} = 72 + (30 - 12\ ) \times 5 = 162$$

3. 노드 2는 배낭에 넣을 첫 번째 물건으로 물건 1을 선택하지 않는 경우를 나타낸다. 따라서 이 노드의 w와 v는 각각 0이다. bound는 다음과 같이 계산된다.

$$\text{bound} = 0 + (30 - 0) \times 5 = 150$$

4. 노드 1의 한계값(162)이 노드 2의 한계값(150)보다 크므로 노드 1을 먼저 확장한다. 즉, 노드 1의 자식 노드들을 왼쪽에서 오른쪽 순서로 모두 만든다.

5. 노드 3은 배낭에 넣을 다음 물건으로 물건 2를 선택하는 경우를 나타낸다. 이 경우 배낭에는 물건 1과 물건 2가 들어 있다. 따라서 이 노드의 w와 v는 각각 26과 142이다. bound는 다음과 같이 계산된다.

$$\text{bound} = 142 + (30 - 26) \times 4 = 158$$

6. 노드 4는 배낭에 넣을 다음 물건으로 물건 2를 선택하지 않은 경우를 나타낸다. 이 경우 배낭에는 물건 1만 들어있다. 따라서 이 노드의 w와 v는 각각 12과 72이다. bound는 다음과 같이 계산된다.

$$\text{bound} = 72 + (30 - 12) \times 4 = 144$$

7. 다음에 확장할 노드로 노드 2, 3과 4중에서 한계값이 가장 큰 노드 3을 선택한다. 즉, 노드 3의 자식 노드들을 왼쪽에서 오른쪽 순서로 만든다.

8. 노드 5는 배낭에 넣을 다음 물건으로 물건 3을 선택하는 경우를 나타낸다. 이 경우 배낭에는 물건 1, 2와 3이 모두 들어 있다. 따라서 이 노드의 w와 v는 각각 41과 202이다. 이 경우 배낭의 용량을 초과하므로 해가 될 수 없다.

9. 노드 6은 배낭에 넣을 다음 물건으로 물건 3을 선택하지 않은 경우를 나타낸다. 이 경우 배낭에는 물건 1과 2만 들어있다. 따라서 이 노드의 w와 v는 각각 26과 142이다. bound는 더 이상 선택할 물건이 남아 있지 않으므로 v와 같은 142이다.

10. 다음에 확장할 노드로 노드 2의 한계값이 노드 4의 한계값보다 크므로 노드 2를 선택한다. 즉, 노드 2의 자식 노드들을 만든다.

11. 노드 7은 배낭에 넣을 다음 물건으로 물건 2를 선택하는 경우를 나타낸다. 이 경우 배낭에는 물건 2만 들어 있다. 따라서 이 노드의 w와 v는 각각 14와 70이다. bound는 다음과 같이 계산된다.

$$\text{bound} = 70 + (30 - 14) \times 4 = 134$$

12. 노드 8은 배낭에 넣을 다음 물건으로 물건 2를 선택하지 않은 경우를 나타낸다. 이 경우 배낭은 비어 있다. 따라서 이 노드의 w와 v는 각각 0이다. bound는 다음과 같이 계산된다.

$$\text{bound} = 0 + (30 - 0) \times 4 = 120$$

13. 남아있는 노드들 중 노드 7과 8의 한계값이 지금까지 찾은 최고 해(노드 6)의 값(142)보다 작으므로 노드 7과 8은 유망하지 않다. 따라서 그 노드들은 더 이상 확장하지 않고 가지친다. 다음에 확장할 노드로 노드 4를 선택한다.

14. 노드 9는 배낭에 넣을 다음 물건으로 물건 3을 선택하는 경우를 나타낸다. 이 경우 배낭에는 물건 1과 3이 들어 있다. 따라서 이 노드의 w와 v는 각각 27과 132이다. bound는 더 이상 선택할 물건이 남아 있지 않으므로 v와 같은 132이다. 이 노드의 v가 지금까지 찾은 최고 해(노드 6)의 값(142)보다 작으므로 최적 해가 아니다.

15. 노드 10은 배낭에 넣을 다음 물건으로 물건 3을 선택하지 않는 경우를 나타낸다. 이 경우 배낭에는 물건 1만 들어 있다. 따라서 이 노드의 w와 v는 각각 12와 72이다. bound는 v와 같은 72이다. 이 노드의 v가 지금까지 찾는 최고 해의 값(142)보다 작으므로 최적 해가 아니다.

 따라서 노드 6이 최적 해를 나타낸다. 즉, 배낭에 물건 1과 2를 넣는 것이 최적 해이고 이 경우 얻을 수 있는 최대 가치는 142이다.

지금까지 설명한 내용을 반영하여 배낭 채우기 문제를 해결하는 분기 한정 가지치기 최선 우선 탐색 알고리즘은 다음과 같이 작성할 수 있다. 상태 공간 트리의 각 노드에 다음 값들을 저장한다.

level: 트리에서 노드의 수준
weight: 이미 선택된 물건들의 총 무게
value: 이미 선택된 물건들의 총 가치
bound: 한계값

또한 알고리즘에서 u와 v는 상태 공간 트리의 한 노드를 나타낸다. PQ는 사실상 상태 공간 트리를 대신하는 우선순위 큐를 나타낸다. PQ는 트리의 유망하면서 확장되지 않은 노드들을 포함한다. maxValue는 지금까지 찾은 최고 해의 값이다. root는 트리의 루트 노드이다.

알고리즘

```
알고리즘 KnapsackBandB(N, Wt[0 . . n-1], Val[0 . . n-1], C)
// N개의 물건들 중에서 배낭의 용량 C를 초과하지 않고 배낭에 넣을 수 있는 물
   건들의 최대 가치를 계산한다
// 입력: N — 물건들의 수
//       Wt[0 . . n-1] — 각 물건의 무게를 저장하는 배열
//       Val[0 . . n-1] — 각 물건의 가치를 저장하는 배열
//       C — 배낭의 용량
// 출력: 배낭에 넣을 수 있는 물건들의 최대 가치
initialize(PQ) // PQ를 빈 대기열로 초기화한다
maxValue = 0      // maxValue를 0으로 초기화한다
root.level = 0
root.weight = 0
root.value = 0
root.bound = computeBound(root) // 루트 노드의 한계값을 계산한다
insert(PQ, root) // root를 PQ에 집어 넣는다

// PQ가 비어 있지 않은 동안 반복한다
while (not empty(PQ)) {
  remove(PQ, v) // PQ에서 최대 한계값을 가진 노드 v를 끄집어 낸다
  if (v.bound > maxValue) { // 노드 v가 유망하면 확장한다
      u.level = v.level + 1            // 노드 u를 노드 v의 자식 노드로 만든다
      u.weight = v.weight + Wt[v.level] // u는 다음 물건을 넣는 경우
      u.value = v.value + Val[v.level];
      if (u.weight <= C and u.value > maxValue)
          maxValue = u.value // maxValue를 더 나은 해의 값으로 바꾼다
      u.bound = computeBound(u) // 자식 노드의 한계값을 계산한다
      if (u.bound > maxValue)
          insert(PQ, u); // u가 유망하므로 PQ에 집어 넣는다

      w.level = v.level + 1 // 노드 w는 다음 물건을 넣지 않는 경우
```

```
        w.weight = v.weight
        w.value = v.value
        w.bound = computeBound(w)  //  자식 노드의 한계값을 계산한다
        if  (w.bound > maxValue)
            insert(PQ,  w);  //  w가 유망하므로 PQ에 집어 넣는다
    }

  }
return maxValue

알고리즘 computeBound(u)
//  노드 u의 한계값을 계산한다
//  입력:  u — 트리의 노드
//  출력:  u의 한계값
if  (u.weight >= C)  return  0
else  if  (u.level < N)  return  u.value + (C - u.weight) ×
                                        (Val[u.level] / Wt[u.level])
else  return  u.value
```

: 시간 복잡도

위 알고리즘을 수행하는 과정에서 유망함을 확인하는 노드들의 수의 상한은 수준 별로 다음과 같다.

수준 0	1
수준 1	2
수준 2	2^2
. . .	
수준 N	2^N

따라서 위 알고리즘의 시간 복잡도는 다음과 같다.

$$1 + 2 + 2^2 + \cdots 2^N = 2^{N+1} - 1 = O(2^N)$$

[프로그램 10-1]은 위 알고리즘을 자바로 구현한 프로그램이다. 상태 공간 트리의 각 노드는 Node 클래스에 의해 모델한다. 각 노드의 트리에서의 수준, 이미 선택된 물건들의 총 무게와 총 가치, 한계값은 각각 level, weight, value와 bound라는 객체 변수로 나타낸다. 노드들의 우선순위는 한계값에 의해 정해진다.

한계값이 가장 크면 우선순위가 가장 높다. compareTo 메소드가 이렇게 우선순위를 정해 준다. KnapsackBandB 클래스가 위 알고리즘을 구현한다. 상태 공간 트리를 대신하는 우선순위 큐는 queue 이다. queue 는 PriorityQueue<Node>로 구현한다.

프로그램 10.1: 분기 한정 배낭 채우기

```
// 프로그램 10.1: 분기 한정을 이용하여 배낭 채우기 문제를 해결하는 프로그램
import java.util.*;
public class KnapsackBandB {
   public int maxValue; // 현재까지 찾은 최고 해의 값
   public int N; // 물건들의 수
   public int C; // 배낭의 용량
   public int[] Wt;       // 각 물건의 무게를 저장하는 배열
   public int[] Val;      // 각 물건의 가치를 저장하는 배열

   // 상태 공간 트리를 대신하는 우선순위 큐
   public PriorityQueue<Node> queue;

   // 노드 u의 한계값을 계산한다
   public int computeBound(Node u) {
     if (u.weight >= C) return 0;
     else if (u.level < N)
                return u.value + (C - u.weight) *
                       (Val[u.level]/Wt[u.level]);
             else return u.value;
   }

   // 객체 변수들의 값들을 주어진 값으로 초기화하면서 우선순위 큐를 만든다
   public KnapsackBandB(int num, int[] wt, int[] val, int cap) {
      queue = new PriorityQueue<Node>(); // 우선순위 대기열을 만든다
      maxValue = 0;
      N = num;
      C = cap;
      Wt = wt;
      Val = val;
   }
```

```
// N개의 물건들 중에서 배낭의 용량 C를 초과하지 않고 배낭에 넣을 수 있는
// 물건들의 최대 가치를 계산한다
public int knapsack() {
  Node root = new Node();
  root.bound = computeBound(root); // 루트 노드의 한계값을 계산한다

  // 루트 노드를 queue(우선순위 큐)에 집어 넣는다
  queue.add(root);

  // queue가 비어 있지 않은 동안 반복한다
  while(!queue.isEmpty()) {
    // 최대 한계값을 가진 노드 temp를 queue에서 끄집어 낸다
    Node temp = queue.remove();

    if (temp.bound > maxValue) { // 노드 temp가 유망하면 확장한다
        // 다음 물건을 넣는 경우에는 노드 u를 자식 노드로 만든다
        Node u = new Node();
        u.level = temp.level + 1;
        u.weight = temp.weight + Wt[temp.level];
        u.value = temp.value + Val[temp.level];
        if (u.weight <= C && u.value > maxValue)
            // maxValue를 더 나은 해의 값으로 바꾼다
            maxValue = u.value;

            u.bound = computeBound(u);
            // 자식 노드의 한계값을 계산한다

            if (u.bound > maxValue)
            queue.add(u);   // u가 유망하므로 queue에 집어 넣는다

            // 다음 물건을 넣지 않는 경우에는 노드 w를 자식 노드로 만든다
            Node w = new Node();
```

```
                w.level = temp.level + 1;
                w.weight = temp.weight;
                w.value = temp.value;

                w.bound = computeBound(w);
                // 자식 노드의 한계값을 계산한다
                if (w.bound > maxValue)
                    queue.add(w); // w가 유망하므로 queue에 집어 넣는다
            }
        }

        return maxValue;
    }

    // 시작 메소드
    public static void main(String[] args) {
      int[] wt = {12, 14, 15}; // 물건들의 무게를 저장하는 배열
      int[] val = {72, 70, 60}; // 물건들의 가치를 저장하는 배열

      // 객체 변수들의 값들을 초기화하면서 KnapsackBandB 객체를 생성한다
      KnapsackBandB kbb = new KnapsackBandB(3, wt, val, 30);

      // 분기 한정을 이용하여 배낭에 넣을 수 있는 물건들의 최대 가치를 계산한다
      System.out.println("배낭에 넣을 수 있는 물건들의 최대 가치
                         = " + kbb.knapsack());
    }
}

// 프로그램 10.1: 상태 공간 트리의 노드를 나타낸다
class Node implements Comparable<Node> {
   int level;              // 노드의 수준
   int weight;             // 선택된 물건들의 총 무게
```

```
    int value;              // 선택된 물건들의 총 가치
    int bound;              // 한계값

    public Node() {
        this.level = 0;
        this.weight = 0;
        this.value = 0;
        this.bound = 0;
    }

    // bound(한계값)이 큰 노드가 우선순위가 높다
    public int compareTo(Node other) {
      // 최대힙
      if (bound < other.bound) return 1;
      else if (bound > other.bound) return -1;
      else return 0;
    }
}
```

[프로그램 10-1]을 [표 10-1]의 배낭 문제 사례에 대해 실행한 결과는 다음과 같다.

배낭에 넣을 수 있는 물건들의 최대 가치 = 142

III-3 일 배정

일 배정 문제를 풀기 위해 분기 한정 기법을 적용해 보자. 일 배정 문제는 N(> 1)명의 사람에게 N개의 일을 배정하는 것이다. 한 사람에게 정확하게 하나의 일만 배정해야 하고 모든 일은 정확하게 한 사람에게 배정되어야 한다. 각각의 사람을 각각의 일에 배정하는 데 드는 비용은 비용 행렬 C에 저장되어 있다. C[i, j], $1 \leq i, j \leq N$, 는 사람 i를 일 j에 배정하는 데 드는 비용이다. 총 배정 비용이 최소가 되도록 일을 배정해야 한다.

특정한 일 배정 문제는 비용 행렬로 나타낼 수 있다. 그러면 문제는 비용 행렬의 각 행에서 한 요소를 선택하는 문제와 같다. 선택된 요소들은 다른 열에 있어야 하고 총 배정 비용이 가장 작아야 한다. 배정 문제의 가능한 해는 n−짝(n−tuple) (j_1, j_2, ⋯ , j_n)으로 나타낼 수 있다. j_i, $1 \leq i \leq n$, 는 사람 i에게 배정된 일의 번호이다.

일 배정 문제의 한 사례를 이용하여 설명해 보자. 4명의 사람에게 배정할 4개의 일이 있다. 배정 비용을 나타내는 비용 행렬 C는 [표 10-2]에 보여진다.

	일 1	일 2	일 3	일 4
사람 1	5	3	6	7
사람 2	4	6	2	5
사람 3	6	3	5	4
사람 4	9	6	8	5

[표 10-2] 일 배정 문제 사례

비용 행렬 C에 대해 <1, 3, 2, 4>는 사람 1에게 일 1, 사람 2에게 일 3, 사람 3에게 일 2, 사람 4에게 일 4의 배정을 의미한다. 이 경우 총 비용은 5 + 2 + 3 + 5 = 15이다. 이 배정이 최적이라는 사실을 분기 한정 기법을 적용하여 보여줄 것이다.

완전 탐색 알고리즘

일 배정 문제를 해결하는 완전 탐색 알고리즘은 가능한 일 배정과 1부터 N사이의 정수들의 순열과 일 대 일 대응 관계가 있다는 사실을 이용한다. 이 알고리즘은 1부터 N사이의 정수들의 모든 순열을 생성하고 각 순열에 대응하는 일 배정의 총 비용을 계산한 후 총 비용이 가장 작은 일 배정을 선택하는 것이다. 이 알고리즘의 시간 복잡도는 1부터 N사이의 정수들의 모든 순열의 수는 $N!(> 2^N)$이므로 $O(N!)$이다. 따라서 이 알고리즘은 매우 비효율적이다. 다행스럽게도 일 배정 문제에 대한 매우 효율적인 Hungarian 알고리즘이 있다. 이 알고리즘의 시간 복잡도는 $0(n^3)$이다.

분기 한정 알고리즘

다음으로 일 배정 문제를 해결하는 최선 우선 탐색을 이용하는 분기 한정 알고리즘을 다룬다. 이 알고리즘은 일 배정 문제에 대한 상태 공간 트리를 N 항(N-ary) 트리로 만든다. 이 트리에서 루트 노드로부터 잎까지의 경로는 주어진 문제에 대한 하나의 해를 나타낸다. 마지막 유망한 노드의 자식 노드를 하나만 생성하는 되추적과 달리 현재 트리의 살아 있는 노드들중에서 가장 유망한 노드의 모든 자식 노드들을 생성한다. 살아 있는 노드는 아직 가지치지 않은 유망한 잎을 나타낸다. 여기서 상태 공간 트리 상에서 최선 우선 탐색을 사용한다. 살아있는 노드들 중에서 가장 유망한 노드는 한계값이 가장 작은 노드이다.

한 노드의 한계값 b를 구하는 여러 방법들이 있을 수 있다. 간단한 방법은 비용 행렬의 각 행에서 가장 작은 요소들의 합을 한계값으로 사용하는 것이다. 어떤 유효한 배정의 비용은 이 한계값보다 작을 수 없다는 사실은 명백하다. [표 10-2]의 사례에서 이 한계값은 비용 행렬의 각 행에서 가장 작은 요소들의 합인 $3+2+3+5=13$이다. 하지만 이 선택은 유효한 배정이 아니다. 왜냐하면 일 2를 사람 1과 사람 3에 동시에 배정하는 경우이기 때문이다. 다만 이 한계값은 어떤 유효한 배정의 총 비용의 하한이다. 위의 한계값을 계산하는 방법을 부분적으로 만들어진 해에도 적용할 수 있다. 예를 들면, 사람 1에 일 1을 배정한 경우의 한계값은 일 1의 비용(5)에 비용 행렬의 첫 번째 행과 첫 번째 열을 제외하고 남은 부분 행렬의 각 행의 가장 작은 요소들의 합을 디한 5 + 2 + 3 + 5 = 15이다.

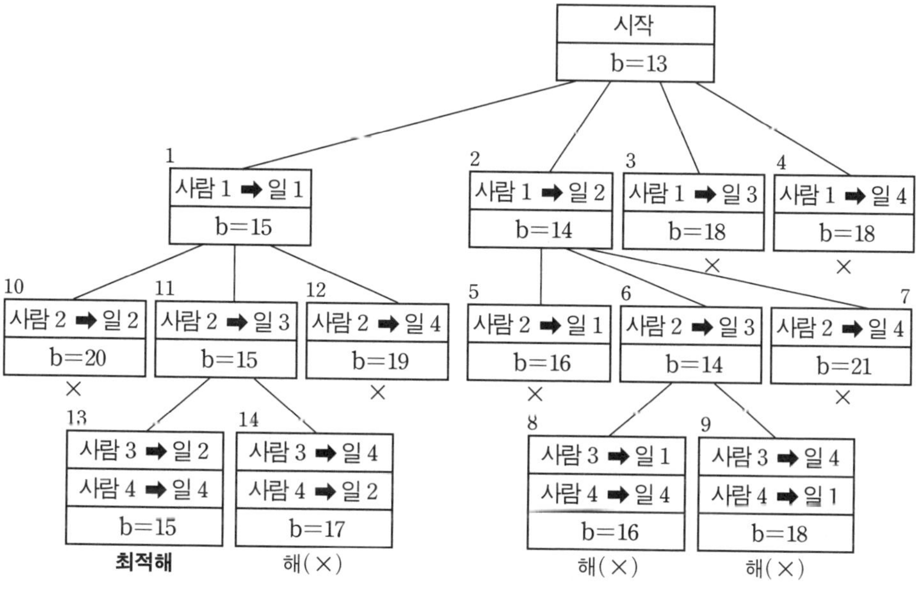

[그림 10-2] 일 배정 문제의 사례에 대한 상태 공간 트리

일 배정 문제를 최선 우선 탐색을 이용하는 분기 한정 알고리즘으로 최적의 해를 찾는 과정을 **[표 10-2]**의 사례를 통해 설명해 보자. **[그림 10-2]**는 이 사례에 최선 우선 탐색을 이용하여 가지친 상태 공간 트리를 보여준다. 트리의 각 노드위의 번호는 그 노드가 트리에 추가되는 순서를 나타낸다. 상태 공간 트리가 만들어지는 과정은 다음과 같다.

1. 트리의 루트 노드는 비용 행렬의 어떤 요소도 선택되기 전의 상태이다. 그 노드의 한계값은 위에서 계산한 대로 3 + 2 + 3 + 5 = 13이다. 처음에는 루트 노드가 유일한 살아 있는 노드가 된다.

2. 루트 노드를 확장한다. 즉, 루트 노드의 모든 자식 노드들 (1, 2, 3, 4)를 왼쪽에서 오른쪽 순서로 모두 만든다. 확장 후 루트 노드를 살아 있는 노드들에서 삭제한다.

3. 노드 1은 사람 1에 일 1을 배정하는 경우를 나타낸다. 이 노드의 한계값은 위에서 계산한 대로 $5 + 2 + 3 + 5 = 15$이다. 노드 1을 살아있는 노드들에 추가한다.

4. 노드 2는 사람 1에 일 2를 배정하는 경우를 나타낸다. 이 노드의 한계값은 일 2의 비용(3)에 비용 행렬의 첫 번째 행과 두 번째 열을 제외하고 남은 부분 행렬의 각 행의 가장 작은 요소들의 합을 더한 $3 + 2 + 4 + 5 = 14$이다. 노드 2를 살아 있는 노드들에 추가한다.

5. 노드 3은 사람 1에 일 3을 배정하는 경우를 나타낸다. 이 노드의 한계값은 노드 1(2)와 같은 방식으로 계산하며 구한 $6 + 4 + 3 + 5 = 18$이다. 노드 3을 살아있는 노드들에 추가한다.

6. 노드 4는 사람 1에 일 4를 배정하는 경우를 나타낸다. 이 노드의 한계값은 $7 + 2 + 3 + 6 = 18$이다. 노드 4를 살아있는 노드들에 추가한다.

7. 다음에 확장할 노드로 살아있는 노드들(1, 2, 3, 4)중에서 한계값이 가장 작은 노드 2를 선택한다. 즉, 노드 2의 모든 자식 노드들(5, 6, 7)을 왼쪽에서 오른쪽 순서로 만든다. 노드 2를 살아있는 노드들에서 삭제한다.

8. 노드 5는 사람 2에 일 1을 배정하는 경우를 나타낸다. 이 노드의 한계값은 사람 1에 일 2를 배정한 비용(3), 사람 2에 일 1을 배정한 비용(4)과 비용 행렬의 첫 번째 행, 두 번째 행, 첫 번째 열과 두 번째 열을 제외하고 남은 부분 행렬의 각 행의 가장 작은 요소들의 합을 더한 $3 + 4 + 4 + 5 = 16$이다. 노드 5를 살아있는 노드들에 추가한다.

9. 노드 6은 사람 2에 일 3을 배정하는 경우를 나타낸다. 이 노드의 한계값은 노드 5와 같은 방식으로 계산하여 구한 $3 + 2 + 4 + 5 = 14$이다. 노드 6을 살아있는 노드들에 추가한다.

10. 노드 7은 사람 2에 일 4를 배정한 경우를 나타낸다. 이 노드의 한계값은 3 + 5 + 5 + 8 = 21이다. 노드 7을 살아있는 노드들에 추가한다.

11. 다음에 확장할 노드로 살아있는 노드들(1, 3, 4, 5, 6, 7) 중에서 한계값이 가장 작은 노드 6을 선택한다. 즉, 노드 6의 모든 자식 노드들(8, 9)을 왼쪽에서 오른쪽 순서로 만든다. 노드 6을 살아있는 노드들에서 삭제한다.

12. 노드 8은 사람 3에 일 1을 배정한 경우를 나타낸다. 그러면 사람 4에 남아 있는 유일한 일인 일 4를 배정할 수 밖에 없다. 따라서 이 노드는 트리의 잎이고 한계값은 모든 사람에게 배정된 일의 비용들의 합인 3 + 2 + 6 + 5 = 16이다. 이 한계값은 한 유효한 배정의 총 비용이다. 처음으로 찾은 유효한 배정의 총 비용이므로 이 값(16)이 지금까지 찾은 최선의 해(bestSolution)이 된다. 노드 8을 살아있는 노드들에서 삭제한다.

13. 노드 9는 사람 3에 일 4를 배정한 경우를 나타낸다. 그러면 사람 4에 일 1을 배정할 수 밖에 없다. 따라서 이 노드도 트리의 잎이고 한계값은 모든 사람에게 배정된 일의 비용들의 합인 3 + 2 + 4 + 9 = 18이다. 이 노드의 총 비용이 bestSolution보다 크므로 이 노드는 최적의 해가 아니다. 노드 9를 살아있는 노드들에서 삭제한다. 이 시점에서 노드 3, 4, 7은 한계값이 bestSolution(16)보다 크므로 더 이상 유망하지 않게 된다. 따라서 이 노드들은 살아 있는 노드들에서 빠진다.

14. 다음에 확장할 노드로 살아있는 노드들(1과 5) 중에서 한계값이 가장 작은 노드 1을 선택한다. 즉, 노드 1의 모든 자식 노드들(10, 11, 12)을 왼쪽에서 오른쪽 순서로 만든다. 노드 1을 살아있는 노드들에서 삭제한다.

15. 노드 10은 사람 2에 일 2를 배정한 경우를 나타낸다. 이 노드의 한계값은 5 + 6 + 4 + 5 = 20이다. 노드 10을 살아있는 노드들에 추가한다

16. 노드 11은 사람 2에 일 3을 배정한 경우를 나타낸다. 이 노드의 한계값은 $5 + 2 + 3 + 5 = 15$이다. 노드 11을 살아있는 노드들에 추가한다.

17. 노드 12는 사람 2에 일 4를 배정한 경우를 나타낸다. 이 노드의 한계값은 $5 + 5 + 3 + 6 = 19$이다. 노드 12를 살아있는 노드들에 추가한다. 이 시점에서 노드 10과 노드 12는 한계값이 bestSolution(16)보다 크므로 더 이상 유망하지 않게 된다. 따라서 이 노드들은 살아있는 노드들에서 빠진다.

18. 다음에 확장할 노드로 살아있는 노드들(5와 11)중에서 한계값이 가장 작은 노드 11을 선택한다. 즉, 노드 11의 모든 자식 노드들(13, 14)을 만든다. 노드 11을 살아있는 노드들에서 삭제한다.

19. 노드 13은 사람 3에 일 2를 배정한 경우를 나타낸다. 그러면 사람 4에 일 4를 배정할 수 밖에 없다. 따라서 이 노드도 잎이고 한계값은 $5 + 2 + 3 + 5 = 15$이다. 이 한계값은 bestSolution(16)보다 작으므로 bestSolution의 새로운 값은 15가 된다. 노드 13을 살아있는 노드들에서 삭제한다.

20. 노드 14는 사람 3에 일 4를 배정한 경우를 나타낸다. 그러면 사람 4에 일 2를 배정할 수 밖에 없다. 따라서 이 노드도 잎이고 한계값은 $5 + 2 + 4 + 6 = 17$이다. 이 한계값은 bestSolution(15)보다 크므로 이 노드는 최적의 해가 아니다. 노드 14를 살아있는 노드들에서 삭제한다.

21. 이 시점에서 노드 5는 한계값(16)이 bestSolution(15)보다 크므로 더 이상 유망하지 않게 된다. 따라서 노드 5는 살아있는 노드들에서 빠진다.

22. 다음에 확장할 살아있는 노드가 남아 있지 않으므로 종료한다.

지금까지 설명한 내용을 반영하여 일 배정 문제를 해결하는 분기 한정 가지치기 최선 우선 탐색 알고리즘은 다음과 같이 작성할 수 있다. 상태 공간 트리의 각 노드에 다음 값들을 저장한다.

personNumber: 사람의 번호
jobNumber: 일의 번호
sumAssignedCost: 현재까지 배정된 일들의 비용들의 합
bound: 한계값
parent: 부모 노드
assigned: 사람들에 일들의 배정 여부를 저장하는 배열

사람과 일의 번호는 각각 비용 행렬의 행과 열의 지수로 사용되어 실제 값보다 1이 적다. 알고리즘에서 root는 상태 공간 트리의 루트 노드를 나타낸다. 따라서 root의 sumAssignedCost는 0이고 부모 노드는 없으므로 null이다. 일관성을 유지하면서 다른 노드들과 구별하기 위해 personNumber와 jobNumber는 각각 −1로 초기화한다. Child는 자식 노드를 나타낸다. queue는 살아 있는 노드들을 포함하는 우선순위 큐를 나타낸다.

알고리즘

```
알고리즘 JobAssignmentBandB(N, C[0 . . N - 1, 0 . . N - 1])
// 입력: N — 사람들(일들)의 수
// C[0 . . N - 1, 0 . . N - 1]) — 특정 사람에게 특정 일을 배정하는 비용을
                                   저장하는 배열
// 출력: 일 배정 결과와 최소 배정 비용
initialize(queue) // queue를 빈 큐로 초기화한다

// 루트 노드의 값들을 초기화한다
root.personNumber = -1
root.jobNumber = -1
root.sumAssignedCost = 0
root.parent = null

for (i = 0 ; i < N ; i++) root.assigned[i] = false

// 루트 노드의 한계값을 계산한다
root.bound = computeBound(-1, -1, root.assigned)

// 루트 노드를 queue에 집어 넣는다
queue.insert(root)

// queue가 비어 있지 않은 한 한계값이 최소인 살아 있는 노드를 찾아서
// 그 노드의 자식 노드들을 queue에 추가한다.
while ( not queue.empty( ) {
    // 최소 한계값을 가진 노드 minNode를 queue에서 끄집어 낸다
    minNode = queue.remove( )

    i = minNode.personNumber + 1 // i는 일을 배정할 다음 사람을 나타낸다

if (i == N) {
```

```
    모든 사람들에게 일들이 배정되면 배정 결과를 출력한다
    최소 배정 비용을 반환한다
  }

  // 사람 i 에 배정 가능한 일을 배정하는 모든 자식 노드를 만들어 queue 에 추가한다
  for (j=0;j<N;j++) {
      if (not minNode.assigned[j]){ // 일 j가 배정되지 않았은지 확인
         child.personNumber=i
         child.jobNumber=j

         for (k=0;k<N;k++)
               child.assigned[k]=minNode.assigned[k]
         child.assigned[j]=true
         child.parent=minNode
         // 배정된 일들의 총 비용에 새로 배정된 일의 비용을 더한다
         child.sumAssignedCost=minNode.sumAssignedCost
                                  +C[i][j]

         // 새 자식 노드의 한계값을 계산한다
         child.bound=child.sumAssignedCost
                         +computeBound(i, j, child.assigned)

         // 새 자식 노드를 queue 에 추가한다
         queue.insert(child)
      }
  }
}
```

알고리즘 computeBound(x, y, assigned)

```
// 사람 x를 일 y에 배정한 후 일들이 배정되지 않은 모든 사람들에게
// 남은 일들을 배정하는 데 드는 총 비용의 하한을 계산한다
// 입력: x — 방금 일이 배정된 사람의 번호
```

```
//          y — 방금 배정된 일의 번호
//          assigned — 사람들에 일들의 배정 여부를 알려 주는 배열
// 출력: 남은 사람들에게 남은 일들을 배정하는 데 드는 총 비용의 하한
bound = 0

for (i = x + 1 ; i < N ; i++) {
      minCost = ∞
      minIndex = -1

      //  사람 i 에 일을 배정하는 최소 비용을 찾는다
      for (j = 0 ; j < N ; j++) {
            if (not assigned[j] and (j ≠ y) and C[i][j] < minCost) {
                  minIndex = j
                  minCost = C[i][j]
            }
      }
      //  다음 사람에게 배정 가능한 일의 최소 비용을 더한다
      bound = bound + minCost
}

return bound
```

시간 복잡도

위 알고리즘을 수행하는 과정에서 살아 있는 노드들의 수의 상한은 수준 별로 다음과 같다.

수준 0	1
수준 1	N
수준 2	$N \times (N - 1)$

수준 3 $\qquad N \times (N-1) \times (N-2)$

. . .

수준 N − 1 $\qquad N \times (N-1) \times (N-2) \times \ldots \times 3 \times 2 = N!$

따라서 위 알고리즘의 시간 복잡도는 다음과 같다.

$$1 + N + N \times (N-1) + N \times (N-1) \times (N-2) + \ldots + N!$$
$$< N \times N! = O(N!)$$

[프로그램 10-2]는 위 알고리즘을 자바로 구현한 프로그램이다. 상태 공간 트리의 각 노드는 Node 클래스에 의해 모델한다. 노드들의 우선순위는 한계값에 의해 정해진다. 한계값이 가장 작으면 우선순위가 가장 높다. compareTo 메소드가 이렇게 우선순위를 정해 준다. JobAssignmentBandB 클래스가 위 알고리즘을 구현한다. 상태 공간 트리를 대신하는 우선순위 큐는 queue이다. queue는 우선순위 큐인 PriorityQueue<Node>로 구현한다.

프로그램 10.2: 분기 한정 일 배정

```
// 프로그램 10.2: 분기 한정을 이용하여 일 배정 문제를 해결하는 프로그램
import java.util.*;
public class JobAssignmentBandB {
  public int N;        // 사람들의 수
  public int[][] costMatrix;           // 비용 행렬
  public PriorityQueue<Node> queue; // 상태 공간 트리를 대신하는
                                    // 우선순위 큐

  // 객체 변수들의 값들을 초기화하면서 JobAssignmentBandB 객체를 생성한다
  public JobAssignmentBandB(int num, int[][] cost) {
    // 살아 있는 노드들을 포함하는 우선순위 대기열을 만든다
    queue = new PriorityQueue<Node>();

    N = num;
    this.costMatrix = cost;
  }

  // 사람 x를 일 y에 배정한 후 일들이 배정되지 않은 모든 사람들에게
  // 남은 일들을 배정하는 데 드는 총 비용의 하한을 계산한다
  public int computeBound(int x, int y, boolean[] assigned) {
    int i, j;
    int minCost;      // 최소 비용
    int minIndex;     // 최소 비용 일의 지수
    int bound = 0;    // 일들이 배정되지 않은 모든 사람들에게 남은 일들을
                      // 배정하는 총 비용의 하한
    // 일이 배정되지 않은 각 사람에게 일을 배정하는 최소 비용을 찾아 하한에 더한다
    for (i = x + 1; i < N; i++) {
     minCost = Integer.MAX_VALUE;
     minIndex = -1;
```

```
    // 사람 i에 일을 배정하는 최소 비용을 찾는다
    for (j = 0; j < N; j++) {
        if (!assigned[j] && j != y && costMatrix[i][j]
        < minCost) {
            minIndex = j; // 일 번호 저장
            minCost = costMatrix[i][j]; // 비용 저장
        }
    }

    bound = bound + minCost; // 다음 사람에게 배정 가능한 일의 최소
                                비용을 더한다
  }

  return bound;
}

// 일 배정 결과를 출력한다
public void printAssignment(Node minNode) {
  if (minNode == null) return;

  printAssignment(minNode.parent);

  if (minNode.personNumber != -1)
                System.out.println("사람 "
                + (minNode.personNumber + 1)
                + "을 일 " + (minNode.jobNumber + 1)
                + "에 배정한다.");
}

// 일들의 최소 배정 비용을 계산한다
public int findMinCost() {
  int i, j;
```

```
boolean[] assigned = new boolean[N];

// 상태 공간 트리의 루트 노드의 값들을 초기화하면서 만든다

for (i = 0; i < N; i++) assigned[i] = false;

Node root = new Node(N, -1, -1, assigned, null);
root.sumAssignedCost = 0;

// 루트 노드의 한계값을 계산한다
root.bound = computeBound(-1, -1, root.assigned);

// 루트 노드를 queue(우선순위 큐)에 집어 넣는다
queue.add(root);

// queue가 비어 있지 않은 한 한계값이 최소인 살아 있는 노드를 찾아서
// 그 노드의 자식 노드들을 queue에 추가한다.
while (!queue.isEmpty()) {
 // 최소 한계값을 가진 노드 minNode를 queue에서 끄집어 낸다
 Node minNode = queue.remove();

 i = minNode.personNumber + 1; // i는 일을 배정할 다음 사람을
                               // 나타낸다

 // 모든 사람들에게 일들이 배정되면 배정 결과를 출력하고
 // 최소 배정 비용을 반환한다
 if (i == N) {
     printAssignment(minNode);
     return minNode.sumAssignedCost;
 }

 // 사람 i에 배정 가능한 일을 배정하는 모든 자식 노드를 만들어 queue에
```

```
      추가한다
    for(j = 0; j < N; j++) {
        if (!minNode.assigned[j]) { // 일 j가 배정되지 않았은지 확인
                    // 사람 i에 일 j를 배정하면서 자식 노드를 만든다
            Node child = new Node(N, i, j, minNode.assigned,
                                minNode);

            // 배정된 일들의 총 비용에 새로 배정된 일의 비용을 더한다
            child.sumAssignedCost = minNode.sumAssignedCost
                                   + costMatrix[i][j];

            // 새 자식 노드의 한계값을 계산한다
            child.bound = child.sumAssignedCost
                         + computeBound(i, j, child.assigned);

            // 새 자식 노드를 queue에 추가한다
            queue.add(child);
        }
    }
  }
  return -1; // 컴파일 오류가 나지 않게 하기 위해 추가
}

// 시작 메소드
public static void main(String[] args) {
  // 일 배정 비용을 저장하는 배열
  // costMatrix[i][j]는 사람 i에 일 j를 배정하는 비용을 나타낸다
  int[][] costMatrix = {{5, 3, 6, 7}, {4, 6, 2, 5},
                        {6, 3, 5, 4}, {9, 6, 8, 5}};

  // 객체 변수들의 값들을 초기화하면서 JobAssignmentBandB 객체를 생성한다
  JobAssignmentBandB jabb = new JobAssignmentBandB
```

```
                                          (4, costMatrix);

        // 분기 한정을 이용하여 일들의 최소 배정 비용을 계산한 후 출력한다
        System.out.println("₩n최소 배정 비용 = " + jabb.findMinCost());
    }
}

// 프로그램 10.2: 상태 공간 트리의 노드를 나타낸다
public class Node implements Comparable<Node>{
    int personNumber;         // 사람의 번호
    int jobNumber;            // 일의 번호
    int bound;                // 한계값
    int sumAssignedCost;      // 현재까지 배정된 일들의 비용들의 합
    Node parent;              // 현 노드의 부모 노드
    boolean[] assigned = new boolean[10];
                              // 사람들에 일들의 배정 여부를 저장하는 배열

    // 상태 공간 트리의 노드를 사람 x에 일 y를 배정하면서 만든다
    public Node(int N, int x, int y, boolean[] assigned,
                Node parent) {
        this.personNumber = x;
        this.jobNumber = y;
        this.parent = parent;

        // 부모 노드의 일 배정 결과를 저장한다
        for (int i = 0; i < N; i++)
            this.assigned[i] = assigned[i];

        // 루트 노드가 아니면 일 y를 배정한다
        if (y >= 0) this.assigned[y] = true;
    }
    // bound(한계값)이 작은 노드가 우선순위가 높다
```

```
    public int compareTo(Node other) {
      if (bound > other.bound) return 1;
      else if (bound < other.bound) return -1;
      else return 0;
    }
  }
```

[프로그램 10-2]를 [표 10-2]의 비용 행렬에 대해 실행한 결과는 다음과 같다.

사람 1을 일 1에 배정한다.
사람 2을 일 3에 배정한다.
사람 3을 일 2에 배정한다.
사람 4을 일 4에 배정한다.

최소 배성 비용 = 15

요약

- 분기 한정은 되추적과 같이 상태 공간 트리를 이용하여 문제를 해결한다. 하지만 분기 한정은 최적화 문제에만 적용할 수 있다.
- 분기 한정의 핵심 원리는 상태 공간 트리의 각 노드를 탐색할 때마다, 그 노드가 유망한 지의 여부를 결정하기 위해 한계값을 계산한다. 만약 그 한계값이 그 때까지 찾은 최고 해의 값보다 더 좋으면 그 노드는 유망하다고 판단하고 확장을 하면서 탐색을 계속한다. 그렇지 않으면 그 노드는 유망하지 않다고 판단하고 탐색을 멈춘다.
- 분기 한정은 최적의 해에 더 빨리 도달하기 위해 가장 좋은 한계값을 가진 노드를 먼저 탐색하는 최선 우선 탐색을 사용한다.
- 최선 우선 탐색은 기본적으로 너비 우선 탐색을 사용한다. 추가적으로 한 유망한 노드의 모든 자식 노드들을 만든 후 남아 있는 유망한 확장되지 않은 노드들 중에서 가장 좋은 한계값을 가진 노드를 먼저 확장한다.
- 배낭 채우기 문제는 분기 한정 기법을 사용하여 해결할 수 있다. 이 문제에 대한 상태 공간 트리를 이진 트리로 만든다. 상태 공간 트리상에서 최선 우선 탐색을 사용한다.
- 일 배정 문제도 분기 한정 기법을 사용하여 해결할 수 있다. 이 문제에 대한 상태 공간 트리를 N 항 트리로 만든다. 상태 공간 트리상에서 최선 우선 탐색을 사용한다.

연습문제 EXERCISE

1 최선 우선 탐색을 이용하는 분기 한정 알고리즘에서 유망한 노드들을 파악하기 위한 적절한 자료 구조를 적어라.

2 배낭 채우기 문제를 고려한다. 배낭에 넣을 수 있는 무게의 한도는 16kg이다. 배낭에 넣을 수 있는 4개의 물건들의 가격과 무게는 다음과 같다.

물건	가격(원)	무게(kg)
1	100	10
2	63	7
3	56	8
4	12	4

분기 한성 가지치기로 최선 우선 탐색을 적용하여 가지 쳐진 상태 공간 트리를 그려라.

3 배낭 채우기 문제를 해결하는 최선 우선 탐색을 이용하는 분기 한정 알고리즘에서 한 노드의 한계값을 구하는 다른 방법을 제안하라.

4 문제 3에서 제안한 한계값을 구하는 방법을 이용하여 문제 2의 사례에 대해 분기 한정 가지치기로 최선 우선 탐색을 적용하여 가지 쳐진 상태 공간 트리를 그려라.

연습문제 EXERCISE

5 4명의 사람에게 배정할 4개의 일이 있다. 각 사람에게 서로 다른 일을 배정해야 한다. 배정 비용 행렬은 다음과 같다.

일 \ 사람	일 1	일 2	일 3	일 4
사람 1	3	7	4	9
사람 2	8	1	5	7
사람 3	6	2	10	8
사람 4	4	9	7	4

분기 한정 가지치기로 최선 우선 탐색을 적용하여 가지 쳐진 상태 공간 트리를 그려라.

6 일 배정 문제를 해결하는 최선 우선 탐색을 이용하는 분기 한정 알고리즘에서 한 노드의 한계값을 구하는 다른 방법을 제안하라.

7 문제 **6**에서 제안한 한계값을 구하는 방법을 이용하여 문제 **5**의 사례에 대해 분기 한정 가지치기로 최선 우선 탐색을 적용하여 가지 쳐진 상태 공간 트리를 그려라.

8 일 배정 문제를 해결하는 최선 우선 탐색을 이용하는 분기 한정 알고리즘에서 최선의 경우에 해당하는 입력의 예를 들어라.

9 최선의 경우에 일 배정 문제를 해결하는 최선 우선 탐색을 이용하는 분기 한정 알고리즘에 따라 만들어지는 상태 공간 트리에 몇 개의 노드들이 있는가?

11장

근사 알고리즘

11장

근사 알고리즘

8장에서 다룬 NP-완전 문제들은 실세계에서 해결해야 할 많은 중요한 문제들과 밀접한 관련이 있다. 9장과 10장에서는 NP-완전 문제의 해를 탐색하기 위한 가장 대표적인 기법인 되추적과 분기 한정을 다루었다. 하지만 이 기법들을 적용한 알고리즘들의 시간 복잡도는 대부분 지수 시간이다.

NP-완전 문제들을 해결하는 다른 접근법들은 다음과 같다.

1. 문제의 크기가 작다면 완전 탐색 알고리즘을 사용하여 해결한다.
2. 문제의 특별한 경우(들)에는 다항 시간 알고리즘을 찾으려고 노력한다.
3. 문제의 최적해에 매우 근사한 해를 구하는 것이 받아 들여진다면 비교적 빠른 근사 알고리즘(approximation algorithm)을 찾으려고 노력한다.

근사 알고리즘은 NP-완전 문제와 같이 지금까지 알려진 실용적인 다항 시간 알고리즘이 없거나 최적의 해를 반드시 찾을 필요가 없을 때 사용한다. 대부분의 근사 알고리즘들은 특정 문제에만 적용되는 휴리스틱(heuristics)에 기초한다. 휴리스틱은 경험을 통해 얻는 상식적인 접근법이다.

근사 알고리즘은 근사해가 얼마나 최적해에 가까운지를 나타내는 근사 비율을 제시해야 한다. 근사 비율은 근사해의 값과 최적해의 값의 비율이다. 최적화 문제는 목적 함수의 최솟값을 찾는 최소화 문제와 목적 함수의 최댓값을 찾는 최대화 문제로 나눈다. 근사 비율 ρ를 정식으로 정의해 보자. 최적화 문제의 목적 함수를 f 라 하자. S_a와 S^*를 각각 근사해와 최적해라고 하자. 근사 알고리즘의 근사해 S_a는 다음 부등식을 만족시켜야 한다.

- 최소화 문제: $\frac{f(S_a)}{f(S^*)} \le \rho$
- 최대화 문제: $\frac{f(S^*)}{f(S_a)} \le \rho$

근사 비율이 ρ인 알고리즘을 ρ−근사 알고리즘이라고 부른다. 근사 비율은 1에 가까울수록 정확도가 높은 알고리즘이다. 근사 비율은 보통 2를 사용한다. 이 경우 근사 알고리즘은 최적해보다 2배를 넘지 않는 근사해를 찾는다. 그러나 대부분의 경우에 목적 함수의 최적 값인 $f(S^*)$를 알 수 없기 때문에 근사 비율을 계산할 수 없다. 그러므로 $f(S^*)$를 대신할 수 있는 $f(S_a)$의 상한을 구하여 근사 비율을 계산한다.

이 장에서는 정점 커버 문제와 외판원 문제에 대한 근사 알고리즘을 다룬다.

9-1 정점 커버 찾기

정점 커버는 주어진 무방향 그래프 G = (V, E)에서 각 간선의 양쪽 끝의 두 정점들 중에서 적어도 1개의 정점을 포함하는 정점들의 집합이다. 정점 커버의 크기는 정점 커버내에 있는 정점들의 수이다. 한 무방향 그래프는 여러 개의 정점 커버들을 가진다. 예를 들면, 아래의 무방향 그래프의 모든 정점 커버는 다음과 같다.

{a, b, c, d}, {a, b, c}, {a, b, d}, {a, c, d}, {b, c, d}, {b, c}

그러나 {a, d}는 간선 (b, c)를 커버하지 못하므로 정점 커버가 아니다. 최적의 성점 커버는 {b, c}이다. 이 정점 커버의 크기는 2이다.

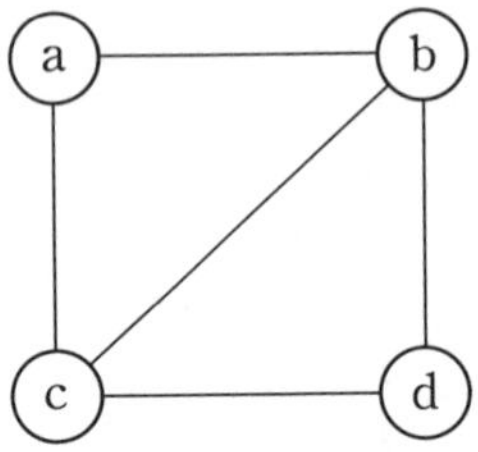

그래프의 모든 간선이 정점 커버에 속한 정점에 인접해 있다. 정점 커버가 실생활에서 적용되는 예는 한 동네의 모든 길을 커버하기 위한 최소의 CCTV 수와 각 CCTV의 위치를 찾는 경우이다.

정점 커버 문제는 주어진 무방향 그래프 내에 있는 최소 크기의 정점 커버를 찾는 문제이다. 이 문제는 NP-완전 정점 커버 문제의 최적화 버전이다. 주어진 그래프의 최적 정점 커버를 다항 시간에 찾는 방법을 모르더라도 최적에 가까운 정점 커버는 효율적으로 찾을 수 있다. 정점 커버를 찾기 위해 비교적 쉽게 생각해 낼 수 있는 두 개의 전략이 있다.

1. 정점 지향 전략

주어진 그래프의 모든 간선을 커버하려면 먼저 어떤 정점을 우선적으로 선택할지를 정해야 한다. 먼저 차수(한 정점에 인접한 정점들의 수)가 가장 큰 정점을 먼저 선택한다. 이 선택은 많은 수의 간선들을 커버할 수 있다. 그리고 나서 선택된 정점에 인접한 모든 간선을 그래프에서 제거한다. 다음으로 남은 그래프에서 같은 과정을 반복한다. 이 전략을 사용하려면 그래프의 모든 정점들을 차수 기준으로 내림차순으로 정렬해야 한다. 따라서 이 전략의 근사 비율은 $\log n$이라고 알려져 있다. n은 그래프 내의 정점들의 수이다.

2. 간선 지향 전략

주어진 그래프의 한 간선 (u, v)를 임의로 선택한다. 선택한 간선은 정점 u와 v에 인접한 모든 간선들을 커버한다. u와 v를 정점 커버에 포함시키고 u와 v에 인접한 간선들은 모두 그래프에서 제거한다. 그리고 나서 그래프에 남은 간선들 중 임의로 한 간선을 선택하고 같은 과정을 반복한다. 선택할 간선들이 더 이상 남아 있지 않으면 종료한다.

정점 커버를 찾기 위해 간선 지향 전략을 따르는 알고리즘은 간단한 2－근사 알고리즘이다. 이 알고리즘을 **[그림 11-1]**의 그래프에 대해 실행해 보자.

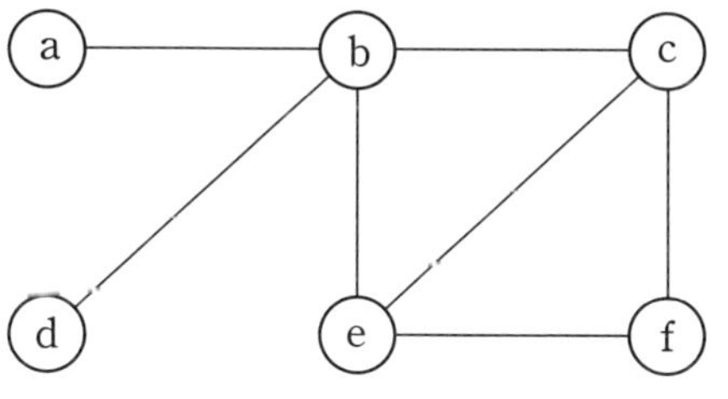

[그림 11-1] 무방향 그래프

1. 간선 (a, b)를 임의로 선택한다. 정점 a와 b를 정점 커버 C에 포함시키면 C는 {a, b}이다. a에 인접한 다른 간선이 없다. b에 인접한 간선들 (b, c), (b, d), (b, e)를 선택된 간선 (a, b)와 같이 그래프에서 제거한다. 남은 그래프는 다음과 같다

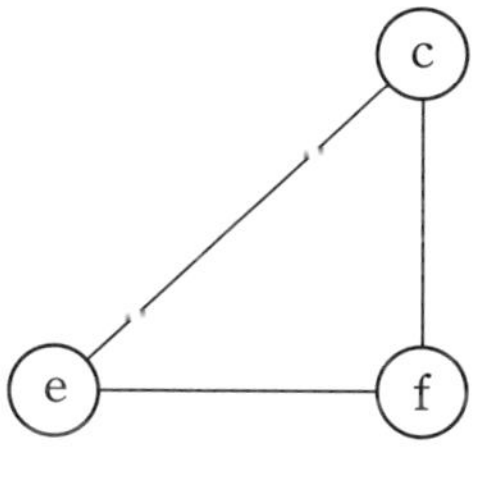

2. 간선 (c, e)를 임의로 선택한다. 정점 c와 e를 정점 커버 C에 포함시키면 C는 {a, b, c, e}이다. c에 인접한 간선 (c, f)와 e에 인접한 간선 (e, f)를 선택된 간선 (c, e)와 같이 그래프에서 제거한다. 남은 그래프는 없으므로 종료한다. {a, b, c, e}가 찾은 정점 커버이다.

이 그래프의 최적 정점 커버는 {b, c, e}, {b, c, f} 혹은 {b, e, f}이다.

위의 간선 지향 전략을 따르는 근사 알고리즘은 다음과 같다. 그래프 G = (V, E)에서 V와 E는 각각 그래프 내의 정점들의 집합과 간선들의 집합이다.

: 알고리즘

```
알고리즘 Approx_Vertex_Cover(G)
// 주어진 그래프 G = (V, E)의 정점 커버를 찾는다
// 입력: 그래프 G = (V, E)
// 출력: C – 정점 커버
1  C = ∅  // C를 공집합으로 초기화한다
2  E' = E
3  while (E' ≠ ∅) {
4    E' 에서 임의로 간선 (u, v)를 선택한다.
5    C = C ∪ {u} ∪ {v}
6    E' 에서 정점 u나 v에 인접한 모든 간선(들)을 제거한다
   }
7  return C
```

: 시간 복잡도

위 알고리즘의 시간 복잡도를 분석해 보자. 집합 S의 크기(요소들의 수)는 |S|로 나타낸다. 입력 크기는 그래프 내의 정점들의 수인 |V|와 간선들의 수인 |E|이다. 기본 연산은 알고리즘의 4번 줄의 임의로 한 간선을 선택하는 횟수이다. 5번 줄의 선택된 간선의 정점들을 정점 커버에 추가하는 횟수는 4번 줄이 수행되는 횟수의 2배이다. 아

래 그림과 같은 최악의 경우에 모든 간선이 선택되고 모든 정점들이 정점 커버에 추가된다. 따라서 시간 복잡도는 O(|E|)이다.

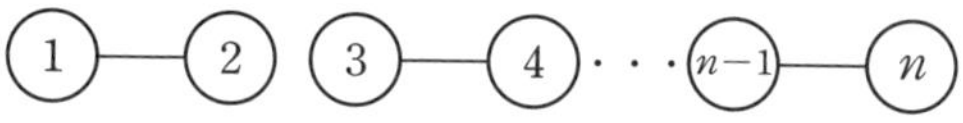

근사 정점 커버 알고리즘이 2의 근사 비율을 가진다는 것을 간단히 증명해 보자. A를 알고리즘의 4번 줄에서 선택되는 간선들의 집합이라고 하자. 4번 줄에서 한 간선 (u, v)가 선택되면 정점 u나 v에 인접한 모든 간선들이 E′에서 제거되므로 A내의 어떤 두 간선들도 한 정점을 공유하지 않는다. 그러므로 5번 줄을 실행할 때마다 집합 C에 두 개의 정점들을 추가한다. 따라서 $|C| = 2|A|$이다. 그러나 A내에 있는 간선들을 커버하기 위해서 최적 정점 커버 C^*는 A내의 각 간선의 적어도 한 정점을 포함해야 한다. A내의 어떤 두 간선들도 한 정점을 공유하지 않으므로 C^*내의 어떤 정점도 A내의 한 개보다 많은 간선에 인접해 있지 않다. 그러므로 $|A| \le |C^*|$이다. 따라서 $|C| = 2|A|$이므로 $|A| \le |C^*|$는 $\frac{|C|}{2} \le |C^*|$이다. 그러므로 $|C| \le 2|C^*|$이다.

[프로그램 11-1]은 위 알고리즘을 자바로 구현한 프로그램이다. 이 프로그램을 **[그림 11-1]**의 그래프에 대해 실행한 결과는 다음과 같다. 그래프의 정점 a, b, c, d, e와 f는 각각 정점 0, 1, 2, 3, 4와 5로 나타낸다.

정점 커버 ={0, 1, 2, 4}

: 프로그램 11.1: 근사 정점 커버 찾기

```
// 프로그램 11-1: 주어진 비방향 그래프의 정점 커버를 찾은 후 출력한다
import java.io.*;
import java.util.*;
import java.util.LinkedList;

// 연결 목록을 사용하여 나타낸 비방향 그래프에서 정점 커버를 찾는다.
class  Approx_Vertex_Cover {
    private int n;     // 그래프 내의 정점들의 수

    // 그래프를 나타내는 연결 목록들의 배열
    private LinkedList<Integer> adj[ ];

    // 생성자 메소드
    Approx_Vertex_Cover(int num) {
        n = num;

        // n개의 연결 목록 객체들을 생성한다.
        adj = new LinkedList[n];

        // 각 정점의 연결 목록을 비어 있게 한다.
        for (int i = 0; i < n; i++)
            adj[i] = new LinkedList();
    }

    // 그래프에 간선을 추가한다.
    void addEdge(int a, int b) {
        adj[a].add(b);   // 정점  a의 연결 목록에 정점  b를 추가한다.
        adj[b].add(a);   // 정점  b의 연결 목록에 정점  a를 추가한다.
    }
```

```
// 그래프의 정점 커버를 찾은 후 반환한다.
LinkedList vertexCover() {
    // 모든 정점들의 방문 여부를 알려 주는 배열
    boolean visited[ ] = new boolean[n];

    // 그래프의 정점 커버를 비어 있는 연결 목록으로 초기화한다.
    LinkedList vertexCover = new LinkedList();

    // 모든 정점들을 '방문 안함'으로 초기화한다.
    for (int i = 0; i < n; i++)
        visited[i] = false;

    // 각 정점에 인접한 정점들을 나타내는 연결 목록 내의 노드들을
    // 차례대로 처리하기 위한 Iterator 변수
    Iterator<Integer> i;

    // 모든 간선들을 한 번에 하나씩 고려한다
    for (int u = 0; u < n; u++) {
        // 그래프에 남아 있는 간선들 중 한 간선 (u, v)을 임의로 선택한다.
        // 선택시 정점 u와 정점 v는 모두 '방문 안함'으로 표시되어
           있어야 한다.
        if (visited[u] == false) {
            i = adj[u].iterator();

        // 정점 u에 인접한 정점들 중 처리할 정점이 남아 있는 동안 반복한다
        while (i.hasNext()) {
            // 처리할 정점들 중 다음 정점을 끄집어 낸다
            int v = i.next();

            // 정점 u와 정점 v는 모두 '방문 안함'으로 표시되어 있다면
            // 간선 (u, v)를 선택한다
            if (visited[v] == false) {
```

```
                    // 정점 u와 v를 각각를 정점 커버에 추가한다.
                    vertexCover.add(u);
                    vertexCover.add(v);

                    // 정점 u와 정점 v를 '방문함'으로 표시하여
                    // 정점 u와 v에 인접한 모든 간선들을 그래프에서 제거한다
                    visited[u] = true;
                    visited[v]  = true;
                    break;
                }
            }
        }
    }

    return vertexCover;
}

// 시작 메소드
public static void main(String args[ ]) {
    // 주어진 그래프를 생성한다
    Approx_Vertex_Cover g = new Approx_Vertex_Cover(6);

    g.addEdge(0, 1);
    g.addEdge(1, 2);
    g.addEdge(1, 3);
    g.addEdge(1, 4);
    g.addEdge(2, 4);
    g.addEdge(2, 5);
    g.addEdge(4, 5);

    // 정점 커버를 구한다
    LinkedList vc = g.vertexCover();
```

```
        // 정점 커버를 출력한다
        Iterator<Integer> i = vc.iterator();

        vSystem.out.print("정점 커버 = { ");

        while (i.hasNext()) {
                int v = i.next();
                System.out.print(v + " ");
        }

        System.out.println("}");
    }
}
```

11-2 외판원 문제

해밀토니안 회로는 그래프의 한 정점에서 출발하여 다른 모든 정점을 1번씩만 방문하고 출발 정점으로 돌아오는 경로이다. 모든 그래프가 해밀토니안 회로를 갖는 것은 아니다. **[그림 11-2]** (a)의 그래프는 해밀토니안 회로 a－b－f－c－e－d－a를 가지나 (b)의 그래프에는 해밀토니안 회로가 없다. 주어진 그래프가 해밀토니안 회로를 갖는가를 결정하는 문제는 NP-완전 문제이다.

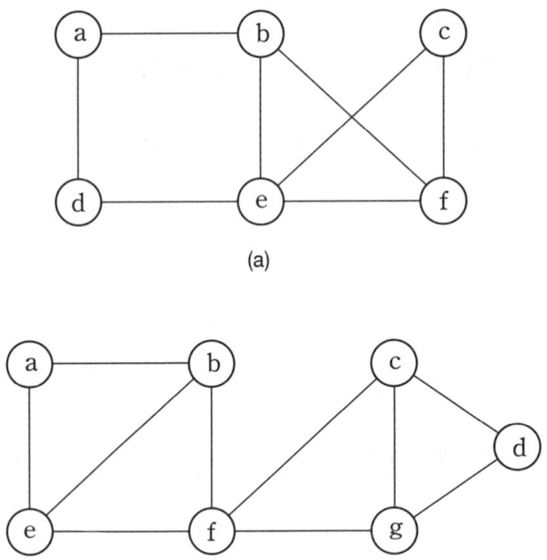

(a)

(b)

[그림 11-2] (a) 해밀토니안 회로가 있는 그래프와 (b) 없는 그래프

그래프가 완전 그래프라면 반드시 해밀토니안 회로가 있다. **[그림 11-3]** (a)의 그래프는 완전 그래프이다. **[그림 11-3]** (b)는 a 에서 출발하는 6개의 해밀토니안 회로들을 보여 준다. 각 해밀토니안 회로의 정점들을 역순으로 방문하는 경로도 해밀토니안 회로이다. 예를 들면, 해밀토니안 회로 a − b − c − d − a 의 역순의 경로인 a − d − c − b − a 도 해밀토니안 회로이다.

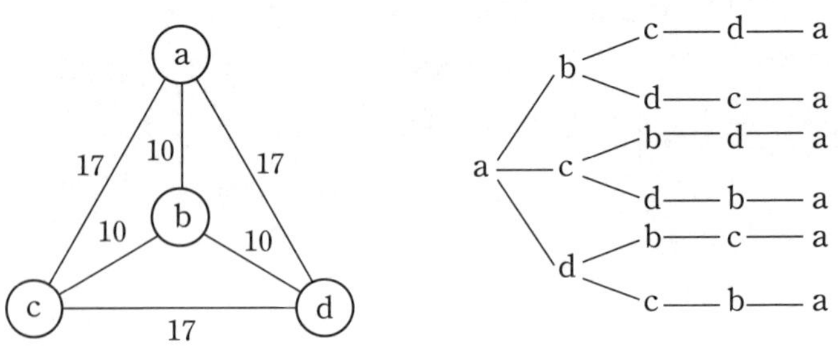

(a) (b)

[그림 11-3] (a) 완전 그래프 (b) 해밀토니안 회로

그래프가 가중치가 있는 완전 그래프라면 해밀토니안 회로를 찾을 수 있다. 외판원 문제는 가중치가 있는 완전 그래프의 최단 거리 해밀토니안 회로를 찾는 문제이다. 이 문제도 NP-완전 문제이다. 따라서 이 문제에 대한 다항 시간 알고리즘은 지금까지 알려지지 않았다.

이 절에서 다루는 외판원 문제는 다음 조건들을 만족시켜야 한다.

1. 그래프 $G = (V, E)$는 2차원 평면상에서 정의된 가중치가 있는 완전 무방향 그래프이다. 그래프의 각 간선 $(u, v) \in E$는 음이 아닌 가중치 $c(u, v)$를 가진다.
2. 정점 u에서 정점 v로 가는 거리는 정점 u에서 다른 정점 w를 경유하여 정점 v로 가는 거리보다 짧다. 즉, 모든 정점 $u, v, w \in V$에 대해서 가중치 함수 c가 다음과 같은 삼각 부등식을 만족한다.

$$c(u, v) \le c(u, w) + c(w, v)$$

외판원 문제를 해결하는 근사 알고리즘의 아이디어는 7장에서 다루었던 최소 비용 신장 트리와 해밀토니안 회로의 유사한 특성에서 얻을 수 있다. 최소 비용 신장 트리는 그래프의 모든 정점들을 순환없이 연결하는 최소 가중치를 갖는 트리이다. 해밀토니안 회로는 모든 정점을 중복없이 연결하는 순환이다. 따라서 해밀토니안 회로에서 간선 하나를 제거하면 신장 트리가 된다. 그러므로 최소 비용 신장 트리의 가중치들의 합은 바로 해밀토니안 회로의 가중치들의 합의 하한이다.

근사 외판원 알고리즘의 핵심 아이디어는 먼저 프림의 최소 비용 신장 트리 알고리즘을 이용하여 주어진 그래프의 최소 비용 신장 트리를 찾는다. 다음으로 이 트리에 깊이 우선 탐색을 하여 정점들의 방문 순서를 구한다. 마지막으로 이 순서를 따라 정점들을 방문하면서 다시 방문하는 정점을 순서에서 제거하여 외판원 문제의 근사해를 구한다.

근사 외판원 알고리즘을 **[그림 11-3]** (a)의 그래프에 대해 실행해 보자. 먼저 프림의 최소 비용 신장 트리 알고리즘을 이용하여 최소 비용 신장 트리를 찾아 보자. 출발 정점을 a로 하자.

1. 정점 a에서 나가는 간선들 중 간선 (a, b)가 가중치가 가장 작으므로 최소 비용 신장 트리 T에 추가한다.

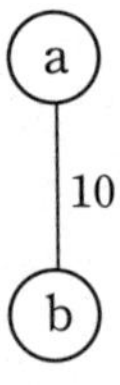

2. 간선 (b, c)나 (b, d)가 T 내의 정점들에서 나가는 가장 가중치가 가장 작은 간선이므로 임의로 (b, c)를 선택하여 T에 추가한다.

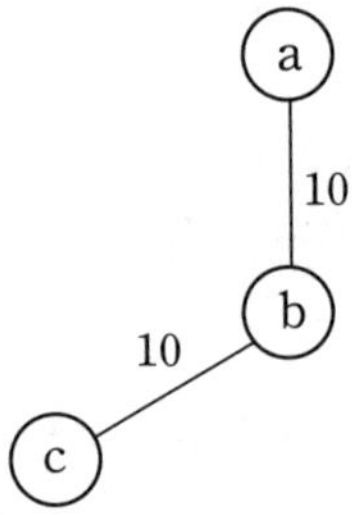

3. 간선 (b, d)가 T 내의 정점들에서 나가는 가장 가중치가 가장 작은 간선이므로 (b, d)를 T에 추가한다.

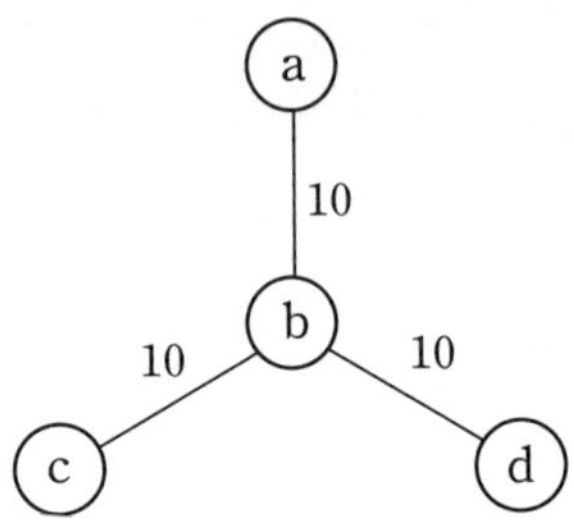

4. 모든 정점들이 T에 포함되었으므로 종료한다.

다음으로 트리 T 에 깊이 우선 탐색을 해 보자. 루트 노드 a 에서 시작한다. 노드 b 를 처음 방문하고 다음으로 노드 c 나 d 를 방문할 수 있지만 c 를 먼저 방문한다. c 의 자식 노드가 없으므로 b 로 되돌아가면서 b 를 다시 방문한다. 다음으로 b 의 방문하지 않은 자식 노드 d 를 방문한다. d 의 자식 노드가 없으므로 b 로 되돌아가면서 b 를 다시 방문한다. 다음으로 b 의 방문하지 않은 자식 노드가 더 이상 없으므로 a 로 되돌아가면서 a 를 다시 방문한다. 출발 정점으로 돌아 왔으므로 종료한다. 이렇게 해서 구한 트리 노드들의 방문 순서는 다음과 같다.

a − b − c − b − d − b − a

위 순서를 따라 노드들을 방문하면서 출발 정점을 제외하고 다시 방문하는 정점들을 순서에서 제거한 최종 방문 순서는 다음과 같다.

a − b − c − d − a

이 순서는 트리 T 에 깊이 우선 탐색을 할 때 노드들을 처음 방문하는 순서에 루트 노드를 마지막에 추가한 것과 같다. 이 순서는 해밀토니안 회로이고 이 회로를 그래프로 나타내면 다음과 같다.

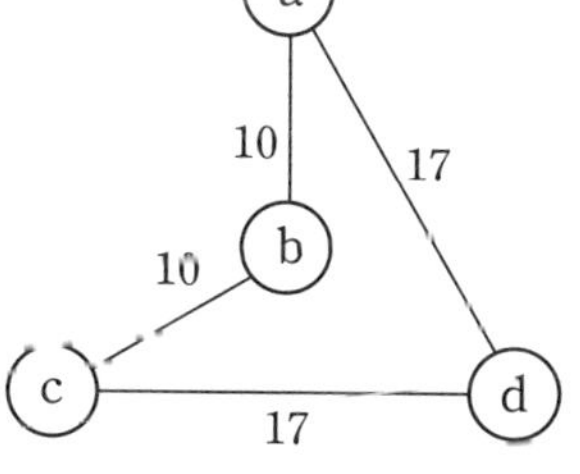

중복하여 방문하는 노드들을 제거하는 과정에서 바로 삼각 부등식 원리가 적용됨에 유의하라. 즉, a－b－c다음에 다시 b를 방문하고 d로 간다. 이 부분 경로 c－b－d의 거리(20)는 삼각 부등식 원리에 따라 c－d의 거리(17)보다 크므로 c－d로 대체한다. 또한 a－b－c－d다음에 다시 b를 방문하고 a로 간다. 이 부분 경로 d－b－a의 거리(20)는 삼각 부등식 원리에 따라 d－a의 거리(17)보다 크므로 d－a로 대체한다.

위의 아이디어를 따르는 근사 외판원 알고리즘은 다음과 같다.

: 알고리즘

```
알고리즘 Approx_MST_TSP(G, c)
// 입력: G = (V, E) － 가중 완전 그래프
//        c - G의 간선들의 가중치(삼각 부등식을 만족한다)
// 출력: 해밀토니안 회로 H
1  임의의 정점 r ∈ V를 출발 정점으로 선택한다.
2  Prim의 최소 비용 신장 트리 알고리즘을 이용하여 r이 루트 노드인 그래프 G
   의 최소 비용 신장 트리 T를 구한다.
3  트리 T의 루트 노드에서 시작하여 깊이 우선 탐색을 하면서 노드들을 방문한
   순서대로 나열한 목록 H를 구한다.
4  목록 H에 있는 정점들을 출발 정점을 제외하고 처음부터 순서대로 스캔하면서
   중복하여 나타나는 정점들을 H에서 제거한다.
5  H를 반환한다.
```

: 시간 복잡도

위 알고리즘의 시간 복잡도를 분석해 보자. 입력 크기는 그래프 내의 정점들의 수인 $n = |V|$이다. 기본 연산은 알고리즘의 2번 줄의 프림 알고리즘의 실행이다. 프림 알고리즘의 시간 복잡도는 $\theta(n^2)$이다. 3번 줄은 트리 내의 간선들의 수가 $(n-1)$이므로 $\theta(n)$이다. 4번 줄에서 H에서 중복하여 나타나는 정점들을 제거하는 데 $\theta(n^2)$시간이 걸린다. 따라서 근사 외판원 알고리즘의 시간 복잡도는 $\theta(n^2)$이다.

근사 외판원 알고리즘이 제공하는 근사해의 거리는 최적해의 거리의 2배를 넘지 않는다는 것을 간단히 증명해 보자. 주어진 그래프에 대한 최적 해밀토니안 회로를 H^*라고 하자. H^*에서 간선 하나를 제거하면 신장 트리가 된다. 각 간선의 가중치는 음이 아니므로 알고리즘의 2번 줄에서 얻은 최소 비용 신장 트리 T의 가중치들의 합 c(T)는 c(H^*)의 하한이다. 따라서 다음 식이 성립한다.

$$\mathrm{c(T)} \le \mathrm{c}(H^*)$$

알고리즘의 3번 줄의 깊이 우선 탐색을 하면서 얻어지는 경로를 W라 하자. 경로 W는 트리 T의 각 간선을 정확히 두 번 지나가므로 다음 식이 성립한다.

$$\mathrm{c(W)} = 2\ \mathrm{c(T)}$$

따라서 $\mathrm{c(W)} = 2\ \mathrm{c(T)} \le 2\ \mathrm{c}(H^*)$ 이므로 다음 식이 성립한다

$$\mathrm{c(W)} \le 2\ \mathrm{c}(H^*)$$

경로 W에서 중복하여 나타나는 정점들을 제거한 경로가 해밀토니안 회로 H이다. 따라서 다음 식이 성립한다.

$$\mathrm{c(H)} \le \mathrm{c(W)} \le 2\ \mathrm{c}(H^*)$$

따라서 $\mathrm{c(H)} \le 2\ \mathrm{c}(H^*)$이다.

[프로그램 11-2]는 근사 외판원 알고리즘을 자바로 구현한 프로그램이다. 프로그램에서 완전 그래프 G는 인접 행렬로 표현한다. 프림의 알고리즘을 호출하여 얻는 최소 비용 신장 트리는 인접 목록에 의해 나타낸다. **[프로그램 4-2]**는 트리의 각 정점을 나타내는 Node 클래스이다. 각 노드 객체는 정점에 대응된 데이터, 방문 여부와 인접한 정점들의 연결 목록을 가진다. 최소 비용 신장 트리를 깊이 우선 탐색할 때 트리의 각 노드를 처음 방문할 때 그 노드의 번호를 출력한다. 마지막에 출발 정점을 추가하여 해밀

토니안 회로를 구한다.

이 프로그램을 **[그림 11-3]** (a)의 완전 그래프에 대해 실행한 결과는 다음과 같다. 그래프의 정점 a, b, c와 d는 각각 정점 0, 1, 2와 3으로 나타낸다.

```
최소 비용 신장 트리에 포함된 간선 목록

간선        가중치
0 - 1        10
1 - 2        10
1 - 3        10

깊이 우선 탐색을 이용하여 얻은 해밀토니안 회로

0  1  2  3  0
```

: 프로그램 11.2: 근사 외판원 알고리즘

```
// 프로그램 11-2: Prim의 최소 비용 신장 트리 알고리즘을 이용하여
// 해밀토니안 회로를 구한다
import java.util.List;

public class Approx_MST_TSP {
    final static int INF = 9999;

    // 정점 v에 연결된 방문하지 않은 정점들을 깊이 우선 탐색을 이용하여 방문한다
    public static void DFS(Node v) {
        // 방문하는 정점 v에 대응된 데이터를 출력한다
        System.out.print(v.info + " ");

        // 정점 v를 '방문함'으로 표기한다
        v.visited = true;

        // 정점 v에 인접한 정점들의 연결 목록을 끄집어 낸다
        List<Node> neighbours = v.getNeighbours();

        // 정점 v에 인접한 방문 안한 모든 정점들에 대해 깊이 우선 탐색을 수행한다
        for (int i = 0; i < neighbours.size(); i++) {
            Node w = neighbours.get(i);

            if (w != null && !w.visited)
                DFS(w);
        }
    }

    // Prim의 알고리즘을 이용하여 주어진 그래프의 최소 비용 신장 트리를 구한다
    // 매개변수: w - 주어진 그래프를 나타내는 인접 행렬
    //           n - 그래프 내의 정점들의 수
```

```
public static Node[ ] primMST(int[ ][ ] w, int n) {
   int[ ] near = new int[n];
   boolean[ ] isblue = new boolean[n];
   int i, b, minval, newred;

   // 최소 비용 신장 트리를 인접 목록으로 나타낸다
   Node[ ] mst = new Node[n];

   for (i = 0; i < n; i++)
        mst[i] = new Node(i);

   // 정점 0을 적색 정점으로 초기화한다
   isblue[0] = false;
   newred = 0;

   System.out.println("최소 비용 신장 트리에 포함된 간선 목록Wn");
   System.out.println("간선Wt가중치");

   // 정점 0을 제외한 모든 정점을 청색으로 가장 가까운 정점을
   // 정점 0으로 초기화한다
   for (i = 1; i < n; i++) {
        isblue[i] = true;
        near[i] = 0;
   }

   // 각 반복에서 한 적색 정점과 한 청색 정점을 연결하는 가장 가중치가 작은
   // 간선을 선택한 후 그 간선을 최소 비용 신장 트리에 추가한다
   for (i = 1; i <= n - 1; i++) {
        minval = INF;

        // 적색 정점들에 가장 가까운 청색 정점을 찾는다
        for (b = 0; b < n; b++) {
```

```
            if (isblue[b])
                if (w[b][near[b]] < minval) {
                    minval = w[b][near[b]];
                    newred = b;
                }
        }

        // 청색 정점  newred를 적색으로 변경한다
        isblue[newred] = false;

        // 최소 비용 신장 트리에 새로이 추가된 간선을 출력한다
        System.out.println(near[newred] + " - " + newred
                + "\t  " + w[newred][near[newred]]);

        // 최소 비용 신장 트리에 새로이 찾은 간선을 추가한다
        mst[near[newred]].addNeighbours(mst[newred]);

        // 청색 정점에 가장 가까운 적색 정점을 새로이 적색이 된 정점을
        // 반영하여 갱신한다.
        for (b = 0; b <  n; b++) {
            if (isblue[b])
                if (w[b][newred] < w[b][near[b]])
                    near[b] = newred;
        }
    }
    return mst;
}

public static void main(String[ ] args){
    // graph는 완전 그래프
    int graph[ ][ ] = new int[ ][ ] {
          {0, 10, 17, 17},
```

```
                {10, 0, 10, 10},
                {17, 10, 0, 17},
                {17, 10, 17, 0},
        };

        Node[ ] node = new Node[4];

        // 최소 비용 신장 트리를 구하기 위해  Prim의 알고리즘을 호출한다
        node = primMST(graph, 4);

        System.out.println("\n깊이 우선 탐색을 이용하여 얻은 해밀토니안 회로");

        // 최소 비용 신장 트리를 깊이 우선 탐색하여 노드들의 방문 순서를 구한다
        DFS(node[0]);

        // 깊이 우선 탐색으로 얻은 경로에 출발 정점을 추가하여 해밀토니안 회로를
        // 완성한다
        System.out.println(node[0].info);
    }
}

// 프로그램 4-2: 그래프의 한 정점을 나타낸다.
import java.util.List;
import java.util.ArrayList;

public class Node {
    int info;                        // 정점에 대응된 데이터
    boolean visited;                 // 방문 여부
    List<Node> neighbours;           // 정점에 인접한 정점들의 연결 목록

    // Node 객체를 생성한다
    public Node(int info) {
```

```
        this.info = info;
        this.visited = false;
        this.neighbours = new ArrayList<>();

    }

    // 정점에 인접한 정점들의 연결 목록에 새 정점을 추가한다
    public void addNeighbours(Node neighboursNode) {
        this.neighbours.add(neighboursNode);
    }

    // 정점에 인접한 정점들의 연결 목록을 반환한다
    public List<Node> getNeighbours() {
        return neighbours;
    }

    // 정점에 인접한 정점들의 연결 목록을 주어진 연결 목록으로 변경한다
    public void setNeighbours(List<Node> neighbours) {
        this.neighbours = neighbours;
    }

    // 정점에 대응된 데이터를 반환한다
    public String toString( ) {
        return "" + info;
    }
}
```

요약

- 근사 알고리즘은 NP-완전 문제와 같이 지금까지 알려진 실용적인 다항 시간 알고리즘이 없거나 최적의 해를 반드시 찾을 필요가 없을 때 사용한다. 대부분의 근사 알고리즘들은 특정 문제에만 적용되는 휴리스틱에 기초한다.
- 근사 알고리즘은 근사해가 얼마나 최적해에 가까운지를 나타내는 근사 비율을 제시해야 한다. 근사 비율은 1 에 가까울수록 정확도가 높은 알고리즘이다. 근사 비율은 보통 2 를 사용한다.
- 정점 커버 문제는 주어진 무방향 그래프 내에 있는 최소 크기의 정점 커버를 찾는 문제이다.
- 근사 정점 커버 알고리즘의 핵심 아이디어는 주어진 그래프의 한 간선 (u, v)를 임의로 선택한 후 u 와 v 를 정점 커버에 포함시키고 u 와 v 에 인접한 간선들을 모두 그래프에서 제거하는 것이다. 그리고 나서 그래프에 남은 간선들중 임의로 한 간선을 선택하고 같은 과정을 반복한다.
- 근사 정점 커버 알고리즘의 근사 비율은 2 이다.
- 외판원 문제는 가중치가 있는 완전 무방향 그래프의 최단 거리 해밀토니안 회로를 찾는 문제이다.
- 근사 외판원 알고리즘의 핵심 아이디어는 먼저 프림의 최소 비용 신장 트리 알고리즘을 이용하여 주어진 그래프의 최소 비용 신장 트리를 찾는다. 다음으로 이 트리에 깊이 우선 탐색을 하면서 정점들의 방문 순서를 구한다. 마지막으로 이 순서를 따라 정점들을 처음부터 순서대로 방문하면서 다시 방문하는 정점을 순서에서 제거하여 외판원 문제의 근사해를 구한다.
- 근사 외판원 알고리즘의 근사 비율은 2 이다.

연습문제 EXERCISE

1 다음 그래프의 최적 정점 커버를 찾아라.

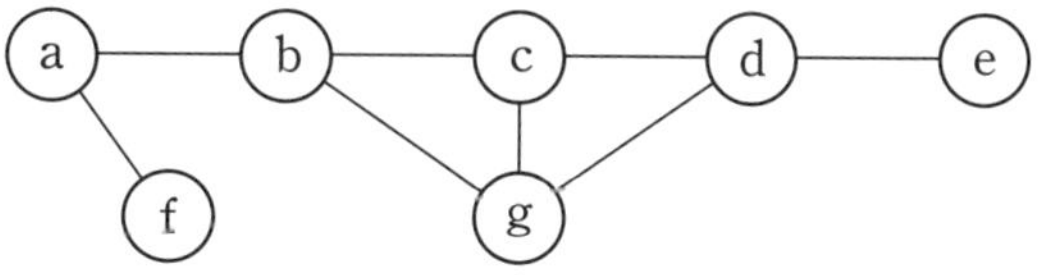

2 위 그래프에 대해 근사 정점 커버 알고리즘의 실행 과정을 보여라.

3 정점 커버 문제를 해결하기 위해 11.1절에서 소개한 정점 지향 전략에 기초한 알고리즘을 작성하라. 작성한 알고리즘이 2의 근사 비율을 가지지 않는 예를 들어라.

4 트리에 대한 최적 정점 커버를 다항 시간에 찾는 효율적인 탐욕 알고리즘을 작성하라.

5 다음 그래프의 최적 해밀토니안 회로를 모두 찾아라.

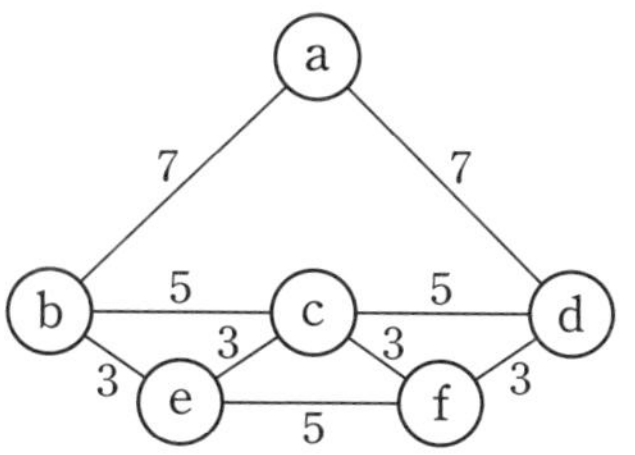

연습문제 EXERCISE

6 다음 그래프에 대해 근사 외판원 알고리즘의 실행 과정을 보여라.

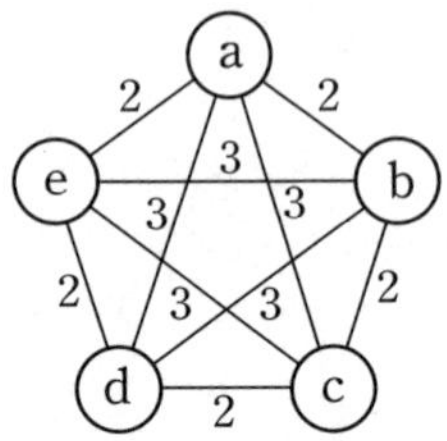

참고 문헌

1. 도경구, 알고리즘(Foundations of Algorithms using Java Pseudocode), 사이텍미디어, 2004.
2. 문병로, 쉽게 배우는 알고리즘: 관계 중심의 사고법, 한빛아카데미, 2018.
3. 브라이언 크리스천 외 1인, 알고리즘 인생을 계산하다, 청림출판, 2018.
4. 양성봉, 알기 쉬운 알고리즘, 생능출판사, 2013.
5. T. Cormen, C. Leiserson, R. Rivest and C. Stein, Introduction to Algorithms, 3rd Edition, MIT Press, 2009.
6. M. Garey and D. Johnson, Computers and Intractability: A Guide to the Theory of NP-Completeness, W. H. Freeman, 1979.
7. A. Levitin, Introduction to the Design and Analysis of Algorithms, 3rd Edition, Pearson, 2012.

찾아보기

●● memo

●● memo

●● memo